우리에게 **왕**을 주소서

Appoint a King to lead us:
the Books of Samuel and the Kingdom of God
by Jin Soo Kim, Th.D.
Published by Hapdong Theological Seminary Press
50, Gwanggyojungang-Ro, Youngtong-Gu,
Suwon, Kyeonggi-Do, Korea 16517
Telephone | +82-31-217-0629
Fax | +82-31-212-6204
homepage |www.hapdong.ac.kr
e-mail | press@hapdong.ac.kr

Printed in Korea

우리에게 **왕**을 주소서

초판 1쇄 발행 | 2011년 9월 7일
　　2쇄 인쇄 | 2015년 10월 23일
　　3쇄 인쇄 | 2018년 8월 6일

지은이 | 김진수
발행인 | 정창균
펴낸곳 | 합동신학대학원출판부
주　소 | (16517) 수원시 영통구 광교중앙로 50(원천동)
전　화 | (031)217-0629
팩　스 | (031)212-6204
홈페이지 | www.hapdong.ac.kr
출판등록번호 | 제 22-1-1호
출판등록일 | 1987년 11월 16일
인쇄처 | 예원프린팅
총　판 | (주)기독교출판유통(031)906-9191
값 16,500원

ISBN 978-89-97244-01-0 93230

*잘못된 책은 교환해 드립니다

이 도서의 국립중앙도서관 출판시도록목록(CIP)은 e-CIP 홈페이지
(http://www.nl.go.kr/cip.php)에서 이용하실 수 있습니다.
(CIP제어번호 : CIP2011003686)

우리에게 **왕**을 주소서

– 사무엘서와 하나님 나라 –

합신대학원출판부

서 문

구약의 여러 책들 가운데 특히 사무엘서는 성경 독자들에게 매우 친숙한 책이다. 이 책에는 어린아이로부터 노년에 이르기까지 모든 사람들의 마음을 사로잡는 이야기들로 가득하다. 그 가운데는 불임으로 고통당하던 한 여인이 눈물로 기도한 끝에 훗날 민족의 지도자로 자라날 아이를 낳게 된 이야기와 준수한 용모의 청년이 아버지의 잃어버린 나귀를 찾다가 선지자를 만나 이스라엘의 왕으로 기름부음을 받은 놀라운 이야기가 들어 있다. 그뿐이 아니다. 아직 나이 어린 소년이 물맷 돌을 날려 적국의 거인 장수를 쓰러뜨린 이야기는 독자들의 손에 땀을 쥐게 만들고, 왕에 의해 사랑하는 아내가 유린당하고 억울하게 죽음의 자리로 내어 몰린 한 신하의 이야기는 독자들의 가슴을 저민다. 이렇듯 사무엘서는 흥미진진한 이야기들로 가득하기에 신학자나 설교자들뿐 아니라 문학가를 비롯하여 음악가, 화가 등 예술가들에게까지 영감을 불어넣는 책으로 애독되어 왔다.

그런데 사무엘서가 이처럼 독자들에게 흥미롭게 다가오는 책이다 보니 거기서 생겨나는 문제점들도 없지 않다. 사무엘서의 각 본문들이 가진 심오한 신학적 내용들을 간과한 채 이 책을 가볍게 흥미거리로 읽으려 하는 것이 그 한 예이다. 사무엘서를 전문으로 연구하는 신학자도 예외가 아니다. 영국의 저명한 사무엘서 연구가 군(D. M. Gunn)은 사무엘서를 "예술과 오락이란 의미에서의 이야기"라고 말하기까지 한다. 이런 문제와 아울러 평소 사무엘서를 읽으면서 은연중 형성된 독서습관으로 인해 사무엘서에 수록된 여러 이야기들과 에피소드들을 전체와의 구조적, 신학적 연결 속에 읽지 못하고 단편적으로 읽는 경우들도 있다. 그 결과 안타깝게도 사무엘서가 가진 문학적 탁월함과 신학적 깊이를 제대로 음미하지 못하고 저자가 말하고자 하는 바를 놓치는 일이 생기기도 한다. 이런 경우 사무엘서로부터 얻을 수 있는 것이란 몇 가지 신앙적, 도덕적 교훈들이나 일반 문학작품을 읽을 때 느끼는 유의 감동과 흥미 정도가 전부일 것이다.

그러므로 위의 문제점들을 최소화하고 가능한 한 사무엘서를 그 고유한 문학적 특징과 신학적 의도에 충실하게 읽는 것은 무엇보다 중요한 일이다. 오직 그러한 독서를 통해서만이 사무엘서에 계시된 하나님 나라의 일을 올바로 이해하고, 개인과 교회의 삶을 말씀의 반석 위에 굳게 세울 수 있기 때문이다. 따라서 필자는 본서에서 사무엘서의 각 본문들이 그 다양한 수사적 장치들(rhetorical devices)을 통해 표현해 내는 신학적 메시지들을 탐구하고 이 본문들이 사무엘서 전체 맥락에서 차지하는 위치와 기능을 파악하는데 주된 관심을 기울였다. 개별 본문들이 가진 메시지들은 책 전체를 아우르는 신학적 관심사와 놀라우리만치 정교하게 연결되어 있기 때문이다. 본서의 각 장(chapter)에서 해당 본문들의 문학적 통일성과 중심 메시지에 대해 다루고, 다시 그 본문들의 중심 이슈들을 전체 책의 신학적 주제와 연결하여 요약정리한 것은 사무엘서를 그 원래 의도에 따라 읽고자 하는 노력의 하나에 해당한다. 본서의 마지막 장에서는 사무엘서의 핵심 내용이 어떻게 구약을 넘어 신약으로 이어지는가를 추적함으로써 독자들이 구속사적 흐름 안에서 사무엘서의 메시지를 이해하도록 돕고자 하였다.

본서는 필자가 화란 아펠도른 신학대학에서 사무엘서를 전공하고 귀국하여 수년간 신학생들에게 강의한 내용들을 다듬고 정리한 책이다. 그러므로 본서가 의도하는 독자들은 우선 사무엘서를 배우고자 하는 신학생들이나 사역의 현장에서 참고자료를 필요로 하는 설교자들과 목회자들이다. 그분들에게 본서가 조금이라도 도움이 될 수 있다면 필자에겐 더할 나위 없이 기쁘고 감사한 일일 것이다. 물론 성경을 더 깊이 알기 원하는 평신도 사역자나 일반 성도들 또한 이 책을 통해 유익을 얻을 수 있으리라 생각한다. 사무엘서의 본문들을 평이한 언어로 설명하고자 하였기에 전문적인 신학 지식이 없어도 본서를 이해하는데 큰 어려움이 없을 것이다. 필요한 경우 원어성경이 사용되기도 하였지만 원어에 익숙하지 않은 일반 독자들을 위해 해석을 제공하였으므로 부담을 덜 수 있으리라고 본다. 성경을 인용할 때는 필자가 원문을 직접 번역한 경우들을 제외하면 모두 대한성서공회에서 발행한 『성경전서 개정개역판』(4판)을 사용하였다. 그 밖에 학자들의 글을 인용하거나 그들의 견해를 소개할 때는 간단히 해당 학자의 이름과 책(또는 논문)의 출판 연도 및 쪽을 표시하였고, 자세한 서지정보를 원하는 독자들을 위해 책의 뒷부분에 참고문헌 목록을 따로 첨부하였다. 본서 1장의 일부와 8장은 「신학정론」에 실은 글로 이루어져 있으며, 7장의 일부는 「성경과 신학」제50권과 「Canon & Culture」 제2권에 실린 글 일부를 수정한 것임을 밝혀 둔다.

본서가 나오기까지 많은 분들의 도움이 있었다. 먼저 필자를 구약학의 넓고도 깊은 세계로 안내해 주시고, 학위과정 동안 언제나 고매한 인격과 탁월한 학문적 통찰력으로 필자의 미숙한 신학적 안목을 열어 주시고 본문을 어떻게 주해해야 하는지 가르쳐 주신 페일스(H.G.L. Peels) 교수님께 감사의 말씀을 전하고 싶다. 그분의 가르침이 없었다면 이 책은 나올 수 없었을 것이다. 필자의 은사로서 올바른 학문과 참다운 경건의 길을 가르쳐 주시고, 특별히 이 책이 나올 수 있도록 배려와 격려를 아끼지 않으신 성주진 총장님께 감사를 드린다. 또한 사무엘서를 강의하며 책을 집필하는 동안 언제나 따뜻한 마음으로 관심을 가져주시고 이끌어 주신 박형용 총장님과 조병수 교수님께 깊은 감사를 드리며, 이 책이 나올 수 있도록 후원해 주신 합신 18회 동문들께도 감사를 드린다. 오래전 신대원에서 공부하던 시절부터 지금까지 줄곧 필자에게 많은 격려와 도움을 주신 예수비전교회 도지원 목사님, 숭신교회 임형택 목사님, 남은교회 정성엽 목사님께도 이 자리를 빌어 감사의 마음을 전한다. 이 책이 나오기까지 원고를 교정하는 등 출판과 관련된 모든 일들을 도맡아 해주신 출판부 신현학 실장님과 최문하 자매에게도 감사를 드린다.

끝으로 필자가 아내와 결혼한 이래 외국에서 학업을 마치고 신대원에서 강의하기에 이르기까지 늘 눈물의 기도로 후원해 주신 함안읍 교회 김성민 원로목사님께 감사의 말씀을 올린다. 이 작은 책을 세상에 내놓으면서 받은 사랑이 큼에도 열매가 보잘것없는 것 같아 송구할 따름이다. 책을 집필하는 동안 "동산의 샘이요 생수의 우물"과 같이 필자를 돕고 격려해준 사랑하는 아내 은실에게 감사의 마음을 전하며, 말할 수 없이 어려운 한국의 학교생활에도 불구하고 이름 그대로 필자에게 항상 기쁨이 되어주는 사랑하는 아들 희범에게 고마운 마음을 전한다.

2011년 8월
합신 연구실에서
김진수

Contents

서문 ▪ 4

제 1 장: 사무엘서 개관 ▪ 13

1. 시작하는 말 ·· 15

2. 저자 및 저작연대 ·· 17

3. 사무엘서와 역사 ·· 19

4. 사무엘서의 구조와 메시지 ································· 28

5. 마무리하는 말 ·· 52

제 2 장: 왕의 선구자 사무엘(삼상 1–7장) ▪ 55

1. 시작하는 말 ··· 57

2. 사무엘의 출생 ·· 62

3. 한나의 노래 ·· 74

4. 사무엘과 엘리의 아들들 ····································· 81

5. 법궤 이야기 I ·· 94

6. 사무엘의 리더십 ·· 100

7. 마무리하는 말 ·· 108

제 3 장: 왕권의 도입과 초대 왕 사울(삼상 8-14장) ▪ 111

1. 시작하는 말 ··· 113

2. 왕을 구한 이스라엘 백성 ·································· 117

3. 왕이 세워지다 ··· 124

4. 기스의 아들 사울 ··· 137

5. 마무리하는 말 ··· 146

제 4 장: 사울의 몰락과 다윗의 등장(삼상 15-31장) ▪ 149

1. 시작하는 말 ··· 151

2. 버림받은 왕 사울 ··· 161

3. 다윗의 등장 ·· 168

4. 다윗과 요나단 ··· 180

5. 사울의 몰락 ·· 186

6. 마무리하는 말 ··· 199

제 5 장: 다윗왕권의 확립(삼하 1-8장) ▪ 203

1. 시작하는 말 ··· 205

2. 새로운 시작 ·· 209

3. 사울의 집과 다윗의 집 ···································· 215

4. 다윗왕권의 견고화 ·· 231

5. 법궤 이야기 II ·· 239

6. 다윗언약 ··· 243

7. 마무리하는 말 ··· 251

제 6 장: 다윗왕권의 위기(삼하 9-20장) ▪ 261

1. 시작하는 말 ·· 263

2. 헤세드 엘로힘 ··· 268

3. 밧세바 이야기 I ·· 274

4. 밧세바 이야기 II ··· 280

5. 죄와 시련의 용광로 ·· 288

6. 마무리하는 말 ·· 314

제 7 장: 인애와 정의로 세우는 왕권(삼하 21-24장) ▪ 317

1. 시작하는 말 ·· 319

2. 사울의 피흘린 죄 ··· 323

3. 왕권을 남용한 다윗 ·· 336

4. 전쟁 에피소드 ··· 343

5. 감사의 노래와 유언시 ·· 348

6. 마무리하는 말 ·· 356

제 8 장: 사무엘서와 구속사 ▪ 361

1. 시작하는 말 ·· 363

2. 왕국이전 시대 ··· 363

3. 열왕들의 시대 ··· 370

4. 포로/포로후기 시대 ·· 378

5. 신약시대 ··· 382

6. 마무리하는 말 ·· 389

부록: 사무엘서 해석사 ▪ 390

1. 자료비평 ·· 390

2. 양식비평 ·· 391

3. 전승사비평 ·· 393

4. 편집비평 ·· 395

5. 현대문학비평 ······································ 397

6. 정경적 접근법 ···································· 398

7. 종합적 평가 ·· 400

약어표 ▪ 403

참고문헌 ▪ 406

찾아보기 – 주제 ▪ 415

찾아보기 – 인명 ▪ 421

찾아보기 – 성구 ▪ 424

제 1장

사무엘서 개관

1. 시작하는 말

신약성경은"아브라함과 다윗의 자손 예수 그리스도의 계보라"(마 1:1)는 말로 시작한다. 이것은 신약이 예수 그리스도와 더불어 도래한 하나님의 나라를 아브라함과 다윗의 역사의 연장선에서 바라보고 있음을 보여준다. 왜 신약은 구약의 수많은 인물들(아담, 노아, 모세, 욥, 이사야 등) 가운데서 하필이면 아브라함과 다윗을 예수 그리스도와 연결되는 대표적인 인물들로 꼽고 있는 것일까? 그것은 창조/타락에서 구속 및 완성으로 나아가는 하나님의 구원 역사에 있어서 아브라함과 다윗이 차지하는 특수한 위치 때문일 것이다.

잘 알려진 대로 아브라함은 노아홍수와 바벨탑 사건으로 이어지는 타락과 반역의 역사를 배경으로 등장하는 인물이다. 하나님은 이 불행한 역사의 한 가운데서 아브라함을 부르시고 그에게 특별한 약속을 주셨다: "내가 너로 큰 민족을 이루고 네게 복을 주어 네 이름을 창대하게 하리니 너는 복이 될지라"(창 12:2). 여기서 우리는 하나님께서 아브라함을 통하여 타락한 세상과 구별되는 새로운 민족을 형성하고자 하셨다는 것을 알 수 있다. 세상을 향한 하나님의 이 원대한 뜻은 언약의 형태로 아브라함의 후손들에게 전수되었고, 다윗은 가나안 땅에 하나님만을 섬기는 크고 강대한 나라를 세움으로써 아브라함이 받은 약속을 잠정적으로나마 실현시킬 수 있었다. 따라서 신약이 예수님과 다윗을 직접 연결하는 것은 결코 무리가 아니다. 예수님은 혈통적으로 다윗의 후손일 뿐 아니라 다윗 시대로 이어지는 아브라함 언약을 영원히 완전하게 성취하셨기 때문이다. 이런 까닭에 복음서의 여러 곳에서(마 20:30; 막 11:10; 눅 20:41 등) 예수님은 '다윗의 자손'으로 불리고 있다.

사실상 다윗은 구약에서 매우 중요한 인물로 다루어진다. 예컨대 열왕기 사가는 이스라엘 열왕들의 행위를 평가함에 있어서 다윗을 규범적인 인물로 삼고 있다. 왕들은 한편으로 "그의 조상 다윗의 모든 행위와 같이 여호와께서 보시기에 정직하게 행하여"(왕하 18:3)라고 평가 받았는가 하면, 다른 한편으로 "그의 조상 다윗의 마음 같지 아니하여 그의 하나님 여호와 앞에 온전하지 못하였다"(왕상 15:3)고 평가 받았다. 나아가서 선지자들은 장래에 있을 하나님의 구원사건을 내다 보면서 "이새의 줄기"에서 나올 구원자와(사 11:1) 회복된 이스라엘과 유다를 이끌 한 임금 '다윗'에 대해 예언하였다(호 3:5). 또한 포로기의 이스라엘 백성들은 다윗에게 주어진 하나님의 약속에 근거하여 현재를 성찰하고 더 나은 미래를 고대하였다(시 89:38-52). 이와 같이 다윗은 옛 언약 백성들에게 이상적인 왕으로 기억되었을 뿐 아니라 미래에 도래할 회복에 대한 소망의 중심에 섰던 인물이다.

사무엘서는 이처럼 하나님의 구원역사에 큰 기둥과도 같은 인물인 다윗의 역사를 담고 있는 책이다. 따라서 우리가 사무엘서를 읽고 연구함으로써 얻는 유익은 매우 크다 하겠다. 먼저 사무엘서를 통하여 우리는 아브라함에게 약속의 형태로 주어졌고 예수 그리스도를 통하여 궁극적으로 성취된 하나님 나라의 축복이 구약 이스라엘의 역사적 현장 속에서 얼마나 실제적이고도 다채롭게 예시되었는가를 볼 수 있다. 가령 다윗이 블레셋의 거인장수 골리앗을 물리치고 이방 민족들을 정복하는 모습 속에서 우리는 여호수아를 통해 시작된 정복전쟁의 완성과 함께 예수 그리스도의 복음이 가져온 구원과 승리의 그림자를 목격한다. 마찬가지로 다윗의 공의로운 통치하에 온 백성들이 기뻐하며 평화를 누리는 모습(삼하 3:36; 8:15)에서 우리는 예수 그리스도 안에서 도래한 '의와 평강과 희락'의 시대의 서막이 열리는 것을 본다(롬 14:17 참조). 사무엘서가 제공하는 이러한 구속사적 안목은 또한 우리로 하여금 자기 백성과 더불어 언약을 맺으시고, 역사의 모든 우여곡절에도 불구하고 그 언약을 지켜내고야 마는 하나님의 불변하는 사랑과 신실하심을 재발견하게 해 준다.

무엇보다도 사무엘서는 다윗왕권이 맞이하였던 모든 영광과 수욕의 역사를 예리한 영적 통찰력과 아름다운 수사(rhetoric)를 통해 묘사함으로써 하나님이 자기 백성들에게 주시고자 하는 나라가 무엇이며 어떤 성격을 갖는 것인지를 생생히 증거해 준다. 따라서 신약의 성도들은 사무엘서에 나타난 왕들의 성공과 실패의 이야기를 통해 오늘 이 시대에 어떻게 하나님의 백성으로 살아갈 수 있는가에 대한 교훈과 가르침을 받을 수 있다. 사울이 하나님의 말씀에 불순종함으로 왕권을 박탈당한 것은 순종의 중요성을 일깨워 주며, 다윗이 범죄함으로 말할 수 없이 큰 불행을 겪은 일들은 죄의 파괴적 결과를 경고하고 있다. 특히 신약성경은 예수 그리스도 안에 있는 성도들을 가리켜 "왕 같은 제사장"이라고 일컫는다(벧전 2:9). 이 말은 예수를 믿는 모든 성도들이 그리스도 안에서 왕의 지위를 얻게 되었다는 것을 의미한다. 이렇게 보면 사무엘서에 기록된 왕들의 이야기는 보다 직접적인 의미에서 오늘 이 시대를 향한 말씀이 된다. 오늘의 성도들이 사무엘서를 통하여 어떻게 자신들에게 주어진 왕으로서의 소임을 수행할 것인지를 배울 수 있기 때문이다.

2. 저자 및 저작 연대

사무엘서는 원래 한 권의 책이었으나 기원전 2, 3세기경 칠십인 번역자들에 의해 두 권(βασιλειῶν α, β)으로 나누어지게 되었다. 추측건대 그 이유는 히브리어가 모음이 없는데 반해 헬라어는 모음이 있으므로 번역하는 과정에서 부피가 늘어났기 때문이었을 것이다 (Harrison 1969:695). 칠십인경 전통은 후에 라틴어역에 영향을 주고 다시 히브리어 성경에 역 영향을 주어 1448년엔 히브리어 필사본도 사무엘서를 두 권으로 나누기 시작하였다. 인쇄본으로는 이탈리아의 베니스에서 출간된 봄베르그 성경(Daniel Bomberg's Hebrew Bible, 1516-17)이 처음으로 사무엘서를 두 권으로 나누었다.

그렇다면 책의 이름으로 '사무엘'이란 명칭이 사용된 이유는 무엇일까? 본서의 저자가 사무엘이기 때문일까? 탈무드(Baba Bathra)에 따르면 선지자 사무엘이 사무엘서를 기록하였다고 한다. 그러나 성경 자체의 증거로 미루어 볼 때(삼상 25:1; 28:3) 사무엘이 자신의 이름으로 불리는 책 전체를 썼다고 보기는 어렵다. 아마도 사무엘서의 내용 가운데 사무엘의 손으로부터 말미암은 부분은 이 책의 초반부(그의 출생기사 – 다윗의 등장)에 국한된다고 봄이 옳을 것이다.[1] 그런데도 이 책이 '사무엘서'로 불리게 된 것은 사무엘이 본서의 초반부에 중심 인물로 등장할 뿐 아니라, 이 책의 두드러진 두 인물인 사울과 다윗을 기름 부어 왕으로 세우는 일을 하였기 때문일 것이다(Harrison 1969:695).

여기서 사무엘이 이스라엘의 선지운동의 선두에 있었던 인물임을

---

1) 구약성경에 사무엘서의 저자와 저작연대에 대한 정보들은 많지 않다. 역대기가 "선견자 사무엘의 글과 선지자 나단의 글과 선견자 갓의 글"(대상 29:29)에 대해 말하는 것으로 미루어 사무엘서에는 이 세 선지자들의 글이 들어있을 것으로 짐작할 수 있다. 책의 저작시기에 대한 정보로는 사무엘상 27: 6 –"아기스가 그 날에 시글락을 그에게 주었으므로 시글락이 오늘까지 유다 왕에게 속하니라"(이텔릭체는 저자의 것) – 이 유일하다. 이 구절은 사무엘서의 저자가 적어도 왕국분열 이후의 인물이었음을 시사한다.

상기할 필요가 있다. 물론 사무엘 이전에도 선지자로 불린 이들이 없지 않았고(창 20:7; 출 15:20; 삿 6:8) 모세는 선지자의 원형으로 평가되지만(신 18:15; 34:10), 사무엘의 출현 이후부터 이스라엘에 왕정이 존속하는 동안 줄곧 선지적 움직임이 이어졌다는 점에서 그를 선지운동의 효시라 할 수 있다(VanGemeren 1993:54-7). 사무엘서가 이처럼 중요한 선지자의 이름으로 불린다는 것은 이 글의 이해를 위한 해석학적 지침이 된다: 사무엘서는 *선지적 관점에서* 초기 이스라엘 왕정시대를 기술한 책이다. 히브리 성경이 이 책을 선지서에 포함시킨 것 또한 같은 이유에서일 것이다.

3. 사무엘서와 역사

사무엘서는 대략 주전 11세기부터 10세기 초반에 이르는 기간 동안 이스라엘에서 일어난 역사를 배경으로 하고 있다. 따라서 사무엘서가 배경으로 하고 있는 역사에 대해 간략히 살펴보는 것이 유익할 것이다. 나아가서 사무엘서는 이야기체, 즉 내러티브라는 문학양식으로 되어있다. 이것은 다음과 같은 해석학적 문제를 불러일으킨다: 사무엘서를 역사기록으로 보아야 하는가? 아니면 그것은 그저 역사의 형식을 취한 이야기(Story)일 뿐인가? 먼저 이 책의 역사적 배경에 대한 이야기로부터 시작하고자 한다.

1) 역사적 배경

사무엘서는 고대 이스라엘이 지파 중심적 부족사회에서 왕정사회로 나아가는 과정에서 일어난 정치적, 종교적 변화를 보여준다. 이러한 변화의 궁극적인 동인은 물론 역사 배후에서 섭리하시고, 역사를 이끌어가시는 야웨 하나님이시다. 옛날 하나님은 아브라함을 통하여 '큰 나라'(גּוֹי גָּדוֹל, 창 12:2)를 이루실 것과 그의 아내 사라를 통하여 '백성들의 왕들'(מַלְכֵי עַמִּים, 창 17:16)이 나게 하실 것을 약속하셨다. '나라', '백성' 그리고 '왕'과 같은 말들이 암시하듯 이 약속은 정치적인 공동체로서의 '나라' 혹은 '국가'의 형성을 염두에 둔 것임이 분명하다. 따라서 족장시대로부터 시작하여 출애굽 및 가나안 점령기를 거쳐 사사시대에 이르는 역사의 과정들은 아브라함 언약, 곧 왕이 통치하는 큰 나라의 형성을 향한 긴 여정이었으며, 사무엘 시대에 태동하여 예루살렘에 세워지게 된 다윗왕권은 아브라함 언약의 성취라 할 수 있다.

여기서 잠시 사사시대를 돌아볼 필요가 있다. 사사시대 이스라엘은 각 지파들이 나름대로 독립성을 유지하며 지내다가 외적의 침입 등 위급한 상황이 벌어지면 카리스마적 지도자를 중심으로 연합하여 대응하는 비교적 느슨한 체제를 유지하고 있었다. 폰라트는 이러한 체제야 말로 야웨의 왕권에 여지를 남겨두는 것으로서 이스라엘에 가장 적합한 통치형태라 하였다(von Rad 1992[10]:340). 그러나 사사기에 묘사된 사사시대의 형편은 폰라트의 말에 선뜻 동의하기 어렵게 만든다. 정치적으로 '느슨한' 지파연합체는 오히려 종교적인 가나안화(Canaanization)를 용이하게 하였고, 정치적으로는 지파들 간의 분열과 대립을 심화시키는 결과를 가져왔다. 사사기의 종결부(17-21장)에 이르면 이스라엘이 종교적으로나 정치적으로 극도의 혼란에 빠져있는 모습을 발견하게 된다. 동시에 여기서 일종의 후렴구처럼 반복되는 문구 "그 때에 이스라엘에 왕이 없으므로 사람이 각각 그 소견에 옳은 대로 행하니라"(삿 17:6; 21:25, 참조 18:1; 19:1)는 왕이 세워질때야 비로소 예의 혼란들이 가시게 될

것을 내다보고 있다 하겠다.[2]

이렇게 볼 때 주전 12, 11세기의 이스라엘의 사회적 형편이 왕정출현의 직접적 배경이 되었다고 할 수 있을 것이다. 그러나 사무엘서로 넘어오면 이스라엘의 내부적 문제 이외에 또 다른 중요한 요인이 왕정사회로의 발전을 촉진시킨 것을 보게 된다. 그것은 다름 아닌 블레셋이나 암몬과 같은 주변민족들이다. 블레셋 사람들은 에게해 출신의 '해양민족'(sea people)으로서 청동기시대 말기(1250-1100 BC) 정치적 격변기에 남하하여 지중해 연안지역에 정착한 민족이었다(암 9:7 참조). 그들은 '펜타폴리스'(pentapolis)로 불리는 다섯 성읍 – 아스돗, 아스글론, 가사, 에그론, 가드 – 에 거주하며 도시국가를 발전시켰다.[3] 각 성읍에는 '방백'(סֶרֶן)이라 일컫는 지배자가 있었지만, 동시에 그들은 외부세계와의 관계에서 언제나 통일체로 활동하는 응집력을 가지기도 했다.

블레셋과 관련하여 더 언급되어야 할 것은 그들이 이스라엘에 비해 먼저 철기문명의 혜택을 누리고 있었다는 사실이다. 이것은 군사적으로나 경제적으로 의미하는 바가 매우 크다. 사무엘서의 증거에 따르면 블레셋 사람들은 전쟁에서 이미 칼이나 창, 그리고 병거와 같은 철제무기를 사용하고 있었을 뿐 아니라 철로 된 농기구들 – 보습, 삽, 도끼, 괭이 – 까지 쉽게 사용하고 있었던 것으로 보인다(삼상 13:5, 19-23 참조).[4] 말하자면 블레셋 사람들은 철제 무기와 농기구들을 사용함으로써 군대와 농업에서 소위 '선진화'를 구가하고

---

2) 하워드는 사사기의 저자가 왕의 통치하에 모든 것이 잘 될 것이라고 주장하고 있다고 하면서 사사기는 왕정을 소개하고 정당화하는 기능을 한다고 옳게 말한다 (Howard 1993:140).

3) 사실상 블레셋과 같은 해양민족들의 등장 이전에도 가나안 지역에는 이미 도시국가들이 존재하였었고, 블레셋 사람들은 이들 기존의 도시국가를 그대로 흡수 발전시켰다고 보는 것이 옳을 것이다(Alt 1959²:2; Dietrich 1997:109).

4) 브라이트(Bright 1972²:169)는 블레셋인들이 힛타이트로부터 철 생산기술을 배웠을 것이라고 한다.

있었던 셈이다. 이러한 상황은 아직도 청동기 문명의 그늘 아래 있었던 이스라엘에게는 큰 부담으로 작용하였을 것이 틀림 없다. 이것을 수 세기전 이스라엘이 애굽인들에게 억압받던 상황과 비교한다면 지나친 일일까? 아무튼 민족적 자부심이던 법궤가 블레셋 사람의 손에 넘어가고(삼상 4:1-11), 왕과 그의 아들들이 그들과의 싸움에서 목숨을 잃은 것(삼상 31:1-6)은 당시 블레셋의 위협이 어느 정도였는지를 짐작하게 해 준다.

게다가 트랜스요르단 고원지역에 세력을 형성하고 있었던 암몬족 또한 이스라엘에게 도전적인 존재였다. 이들은 이미 오래 전부터 왕정체제를 가지고 있었으며, 시시때때로 이스라엘(특히 길르앗 지역)을 침략하였다(삿 11; 삼상 11 참조). 따라서 훗날 사무엘 선지자가 이스라엘이 왕을 구하게 된 원인으로 암몬족의 군사적 도발을 언급한 것은 이해할만한 일이다(삼상 12:12). 결국 이스라엘의 주적(archenemy)이었던 블레셋 이외에도 암몬과 같은 이방민족들의 위협이 이스라엘로 하여금 왕의 제도를 받아들이도록 자극했던 것이다. 물론 이 모든 복잡한 역사의 배후에 자기 백성과 더불어 언약을 맺으시고 그것을 이루어가시는 하나님의 섭리가 있었다는 것은 새삼 말할 필요도 없다. 다만 하나님의 섭리의 하나로 언급하고자 하는 것은 당시 메소포타미아, 아나톨리아, 북아프리카의 강대국들의 세력이 약화되어 팔레스타인에 다윗 왕국과 같은 강국이 세워질 환경이 잘 조성되어 있었다는 사실이다(Merrill 1987:151-58; Hill 1996: 51; Provan 2003:254).

2) 역사인가 이야기인가?

사무엘서를 펴는 사람은 누구나 이 책이 고대 이스라엘에 일어났던 역사적 사건을 다루는 역사기록이라는 인상을 받는다. 그와 동시에 이 책에는 현대 역사기록과 현저하게 다른 요소들이 있다는 것 또한 사실이다. 예를 들자면 신(deity)이 사람의 이름을 부르며 말을 걸고(삼상 3:10), 인간과 더불어 대화를 나누기도 하며(삼상 16:1-3), 인간사에 일어나는 일들에 대해 자신의 결연한 의지를 나타내 보이기도 한다(삼상 8:22; 15:11; 삼하 7:4-16; 12:7-15). 인간사에 대한 신의 이러한 직접적인 개입 이외에도 가까운 장래 혹은 먼 미래에 일어날 일들에 대해 예언하는 '하나님의 사람'의 모습 또한 나타난다(삼상 2:27-36; 10:1-9; 삼하 7:16). 게다가 사무엘서에는 등장인물들이 은밀하게 나누는 대화들뿐만 아니라(삼상 9:5-10; 20:17-23; 삼하 11:14-21; 14:1-20), 그들이 혼자서 하는 말과(삼상 27:1; 삼하 15:31) 심지어 마음속의 생각과 감정까지 묘사되고 있다(삼상 18:25; 24:5; 삼하 11:2). 이 모든 것을 과연 역사적 사실로 받아들일 수 있을까? 그것들은 사무엘서가 역사기록이라기 보다 작자의 종교적, 문학적 상상력에서 나온 '이야기'라는 증거가 아닌가?

사실상 위에서 든 예들로 인해 여러 사무엘 연구가들은 사무엘서에 기록된 내용들을 역사적 사실로 받아들이지 않는다. 이들 비평가들 중 몇을 소개하자면, 횔셔(Hölscher 1952:77)는 "자연적인 소박한 민족들에게 역사적 정보를 보존하는 것은 관심밖의 일이었다"라고 하며 사무엘서에 기록된 "이야기는 원래 담소와 즐거움을 위한 것"이라고 하였다. 후에 군(Gunn 1978:38)은 그의 유명한 책 "다윗 왕 이야기"에서 사무엘하 2-4+9-20+왕상 1-2에 담긴 내용이 전형적(stereotyped)이고 전통적인 모티브들을 포함하고 있다는 사실을 지적하며 그것을 "예술과 오락이란 의미에서의 이야기"로 규정하였다. 보다 최근에 브루거만(Brueggemann 1990:4-5)은 사무엘서 주석의 서문에서 사무엘서는 "예술적인 언어로" 읽혀야 하는 "예술적인 문학작품"이라 주장하였다. 마찬가지로 포클만(Fokkelman 1981:6) 또한 사무엘서의 내러티브가 "예술적 상상의 산물"이라고 말한다.

　이러한 주장들 배후에 있는 해석학적 입장 가운데 하나는 사무엘서가 제시하는 신과 인간의 관계와 관련된 사건들은 역사적으로 되풀이되지 않을 뿐만 아니라 검증될 수도 없는 것들이라는 관점이다. 디트리히(Dietrich 1997:96)의 말을 들어보자:

> "역사적 자료들과 역사기록들의 신빙성은 그것들이 얼마나 이성적으로 납득될 수 있고, 추체험되어질 수 있으며, 개연성이 있어 보이며, 가능한 한 검증될 수 있는가 하는 것에 달려있다."

　디트리히의 말은 약 한 세기 전 트뢸취가 제시한 역사비평학적 방법론을 연상케 한다. 트뢸치는 유비(analogy), 비평(criticism), 상호관계(correlation)라는 세 가지 원리에 입각하여 계속해서 되풀이되는 일상적인 과정이나 상황과의 일치여부를 개연성을 가늠하는 표식으로 보았던 것이다(Troeltsch 1913:732). 그러나 판넨베르그가 잘 이야기하였듯이 트뢸취의 관점은 '처음부터 초월적인 실재를 배제하는 인간중심적 세계관'에 기초한 것이다.[5] 사실상 우리의 세계관이 인격적인 하나님에 대한 신앙을 포함하는 것이라면, 하

---

5) 판넨베르그(Pannenberg 1967:45)는 트뢸취의 관점에 반대하여 다음과 같이 말한다: "사실상 늘 새로운 것, 이전에 없었던 것이 나타나는 것은 초월적인 하나님의 역사하심에 특징적인 것이다. 그분의 존재는 어떤 우주적인 질서로도 적절히 표현되지 않으며, 오히려 모든 질서로부터 자유롭게 있다. 따라서 신학은 무엇보다도 개인들, 특수한 것들, 우발적인 것들에 관심을 갖는다."

나님께서 역사에 개입하셨다고 하는 성경의 증언이 낯설게 다가오지 않을 것이다(Long 1996:365).

사무엘서를 문학적인 예술작품으로 평가하는 또 다른 해석학적 입장이 있다. 이것은 사무엘서가 단순히 과거에 대한 정보를 제공할 목적이 아니라 현재의 독자들에게 감동과 교훈을 주기 위해 기록된 책이라는 인식에 기초한 것이다. 즉 사무엘서는 인간 삶의 보편적 진리에 대해 말하고 있기에 모든 시대의 모든 독자들의 마음을 사로잡는 것이며, 이것이야말로 사무엘서가 문학작품이라는 강력한 증거가 된다는 것이다. 클라인(Klein 2002:25, 27)의 말을 빌리자면 사무엘서는 '일반적인 실패, 일반적인 성공, 일반적인 간음, 일반적인 박해'를 묘사함으로써 독자들이 가진 삶의 결핍들을 치유해주며, 하나님이 자기 백성을 보호하신다는 유토피아적 소망을 가질 수 있게 해주는 '시문학'(Poesie)이라는 것이다.

　물론 이것은 사무엘서에 담긴 모든 내용이 '허구'라는 의미는 아니다. 그럼에도 불구하고 전반적으로 이 책을 지배하고 있는 것은 다름 아닌 '허구의식'(Fiktionalbewusstsein)이라는 것이다.[6] 그러나 클라인의 견해는 근대 서구의 합리주의적 역사관에 기초하고 있다는 점이 지적되어야 한다. 즉 그는 역사를 다만 '우발적인'(contingent) 것으로만 본 렛싱(G. E. Lessing)의 입장을 좇아 모든 역사적 사건들을 '오늘'(Now) 그리고 '여기'(Here)와는 관계없는 것으로 본다.[7] 이렇게 볼 경우 '역사기록'이란 장르는 사무엘서에

---

6) 페테르센(J. H. Petersen)에 따르면 '허구의식'이란 이야기의 내용이 사실이든 허구이든 간에 그것의 사실여부를 묻지 않고 참된 것으로 받아들이는 것을 의미한다고 한다(Klein 2002:20).

7) 렛싱은 "역사의 우발적인 진리는 결코 이성의 필연적인 진리에 대한 증명이 될 수 없다"("Zufällige Geschichtswahrheiten können der Beweis von notwendigen Vernunftswahrheiten nie werden")고 보았다(Klein 2002:12).

전혀 어울리지 않는다. 왜냐하면 사무엘서는 시대를 초월하여 독자의 마음을 사로잡는 힘이 있기 때문이다. 그러나 과연 모든 역사는 우발적이며, '시문학'만이 영속적인 진리를 담아낼 수 있는가?

우리가 보기에 사무엘서가 제시하는 역사는 '우발적인 것'이 아니라 살아계신 하나님의 주도권에 닻을 내리고 있는 것으로 하나님과 그 백성간의 관계에 대한 영속적인 모델을 제공하고 있다.[8] 이는 사무엘서에 담긴 글이 과거역사에 대한 것이면서도 오늘을 살아가는 하나님의 백성들에게 유효한 삶의 지침이 될 수 있다는 의미이다. 이와 더불어 사무엘서가 말하고자 하는 것은 인간 삶의 *보편적인 진리*가 아니라 이스라엘의 하나님 야웨와의 관계 안에서만 이해될 수 있는 *특수한 진리*라는 점 또한 강조되어야 한다. 사무엘서는 결코 일반적인 성공과 실패의 이야기를 들려주기 위한 이야기책이 아니다. 더나아가 사무엘서에서 우리는 바람직하긴 하지만 막연한 것일 따름인 '유토피아적 소망'(utopische Hoffnung)을 발견하는 것이 아니다. 사무엘서는 야웨 하나님과 그의 백성과의 언약관계에 뿌리를 둔 확고한 소망을 보여 주고 있다.

끝으로, 역사적 이유 때문에 역사기록으로서의 사무엘서의 가치가 부정되는 경우도 있다. 즉, 고대근동의 문서들이나 고고학적 발굴물에서 사무엘서의 내용을 뒷받침해주는 것을 찾을 수 없으므로, 그곳에 소개된 다윗 왕국은 후대 유대사회의 엘리트 그룹이 민족적 관심을 가지고 창작해낸 것일 뿐이라는 것이다(Davies 1997:111). 이러한 입장을 가진 이들을 흔히 '수정주의자'(revisionist) 내지는

---

8) 페일스(Peels 2003:363)는 "살아계신 하나님이 말씀과 행위로서 자기 백성 및 이 세상과 실질적인 관계를 맺으셨고, 우리는 구약에서 이에 대한 신뢰할만한 기록들을 받았다"고 잘 언급하였다.

'최소주의자'(minimalist)라 부른다. 이들은 심지어 다윗과 솔로몬으로 대표되는 이스라엘 왕국은 역사상에 존재하지 않았다고 말한다. 그들의 주장의 근거는 물론 다윗과 솔로몬이라는 이름이 성경 이외의 자료에서 나타나지 않는다는 것이다.[9] 여기서 우리가 기억해야 할 것은 성경역사기록의 진실성 여부가 다른 성경외적 사료들에 의해 검증 받아야만 하는 것은 아니라는 것이다. 성경은 독자적으로 그나름의 고유한 관점에 따라 역사적 인물과 사건들을 다루고 있으므로 성경증거의 역사성 여부를 제 이, 제 삼의 다른 자료들에 의거하여 평가하는 것은 옳지 않다.

다만 여기서 언급하고자 하는 것은 한 때 수정주의자들에 의해 다윗 왕국의 존재 자체가 의심되기도 하였으나 이러한 학문적 분위기에 경종을 준 사건에 대한 것이다. 그것은 다름 아닌 1993년과 1994년 두 차례에 걸쳐 북 갈릴리 지역 Tel Dan에서 비문들이 발굴된 사건이다. 이 비문은 주전 9세기경 아람 왕이 남긴 것으로 추정되며, 놀랍게도 이 비문에 성경외적 자료로는 처음으로 *"bytdwd"* (the house of David)이 나타나고 있다는 사실이다. 비문의 내용은 다음과 같다:

> [I killed Jeho]ram son of [Ahab] king of Israel,
> And [I] killed [Ahaz]iahu son of [Jehoram kin]g
> of the House of David.
> (Tel Dan Inscription, lines 7b–8a)[10]

---

9) 수정주의자 중 한 사람인 데이비스(Davies 1997:107)는 고고학적 자료가 성경기록의 진정성을 확인해 주거나 부인하는 역할을 해야 한다고 생각한다. 마찬가지로 수정주의자인 그레베는 신명기 역사서 보다 바벨론 연대기가 더 역사적으로 신뢰할만하다고 주장하며 다음과 같이 말한다: "the Babylonian Chronicles are primary sources with fewer problems and greater *prima facie* weight than the Deuternomistic History"(Grabbe 1997:33–4).

10) 이 인용문은 Provan/Long/Longman 2003:216에 소개된 것을 그대로 옮긴 것이다.

디트리히(Dietrich 1997:140–41)에 따르면 비문에 나타나는 히브리어 단어 '집'(*byt*)은 주전 9세기 경의 유다 방언이라고 한다. 수정주의자들은 비록 이 비문에 대하여서도 회의적 태도를 보이지만, 그것은 분명 역사상 다윗이라는 인물이 존재하였으며, 그가 한 왕조의 창시자였다는 점을 예증해 주고 있다.

이상에서 살펴본 바와 같이 사무엘서는 '이야기'가 아니라 '역사기록'이다. 물론 사무엘서의 저자는 역사적 사실들을 단순히 나열하는 것으로 그치지 않고 나름대로의 관점에 따라 자료들을 수집, 선별, 배열하는 등의 작업을 하였을 것이다. 필자가 보기에 사무엘서는 주전 11세기부터 10세기 초반 사이에 이스라엘에 일어났던 사회, 정치, 종교적 변화를 선지적 관점(prophetic viewpoint)에서 그려 보여주는 책이다. 이런 의미에서 사무엘서는 '선지적 역사기록'(prophetic historiography)이라 할 수 있다.[11] 그러니까 사무엘서에서 다루어지고 있는 모든 내용들은 기원전 11–10세기경 팔레스타인 땅에 살았던 인물들과 그들이 야웨 하나님 앞에서 걸어간 행적들을 선지적 관점에서 다룬 '역사기록'이다.

4. 사무엘서의 구조와 메시지

사무엘서는 여러 가지 측면에서 다양한 성격의 글들이 수록되어 있는 책이다. 여기에는 시나 노래들(예, 삼상 2:1–10; 삼상 17:7; 삼하 1:19–27; 삼하 22; 삼하 23:1–7)이 나타나는가 하면 짧

---

11) 이에 대한 보다 자세한 논의는 졸고, '사무엘서의 문학적 성격,' 『한국개혁신학』 26 (2009, 10), 239–72를 참조하라.

은 인명목록(예, 삼상 14:49-51; 삼하 3:2-5; 삼하 5:13-16; 삼하 8:15-18; 삼하 20:23-26)이나 일화들의 모음(예, 삼하 21:15-22; 삼하 23:8-39)과 같은 글들이 들어 있기도 하다. 그 외에도 사무엘서에서 다루어지는 내용들 또한 매우 다양하다: 불임으로 고생하는 여인, 부패한 제사장들, 법궤의 행적, 선지자의 활동, 왕이 세워지고 버림받는 이야기, 음모와 박해, 불륜과 살인, 전쟁들, 궁중에서 일어난 일들 등등. 여기서 다음과 같은 질문이 생겨난다: 이렇게 다양한 성격의 글들이 어떤 구성원리에 따라 서로 결합되어 하나의 책으로 되었는가? 이 글 안에 모든 내용들을 포괄하는 중심주제가 있는가?

1) 문학적 구성

노트(Noth 1957[2]:54-61)는 사무엘서 초반부에 묘사된 사무엘의 모습이 사사기에 나타나는 카리스마적 지도자들과 유사하다는 점을 지적하면서 사무엘상 1-12장을 사사기와 연결시킨다. 사무엘이 이스라엘을 블레셋의 위협에서 구원하여 내고 백성들을 다스린 것은 사사기에 묘사된 사사들의 모습과 같다는 것이다. 노트의 이런 관점은 그가 주장한 '신명기 역사이론' - 신명기부터 열왕기까지를 한 저자에 의한 한 권의 책으로 보는 이론 - 에 기초한 것이다. 그러나 사무엘의 활동이 사사들의 그것과 유사하다 할지라도 양자 사이에는 중요한 차이가 있다. 기드온이나 입다와 같은 사사들의 역할은 군사적 측면에 초점이 가 있었던 반면 사무엘에게 있어서는 특별히 선지적 기능이 강조되고 있다(삼상 3:20 참조). 또한 사사기에서 사사들의 등장은 '범죄 - 이방의 압제 - 부르짖음 - 구원'이란 일정한 패턴과 관련되는 반면 사무엘의 등장은 그러한 순환적 패턴의 한 현상이 아니라 왕권의 출현이라는 새로운 시작과 관계된다. 따라서 사무엘서와 사사기의 구분을 모호하게 하는 노트의 관점을 그대로 수용하기란 어렵다. 보다 바람직한 것은 현재 우리에게 전승된 형태의 사무엘서 본문이 가진 문학적 구성을 발견하는 일일 것이다.

차일즈(Childs 1979:271-272)는 사무엘상 13:1 - *"사울이 왕이 될 때에 사십 세라 그가 이스라엘을 다스린지 이 년에"* - 을 기준으로 하여 사무엘상을 크게 둘로 나눈다. 이유인즉 이 구절이 사울의 통치를 후에 이스라엘 왕들에게 할당되는 패턴에 따라 소개함으로써 사울을 이스라엘의 긴 왕정역사의 첫 왕으로 삼고 있기 때문이라고 한다. 이렇게 해서 차일즈는 사무엘서가 다음 세 부분으로 구성되어 있다고 본다: ① 사무엘의 출생부터 그의 고별설교까지(삼상 1-12), ② 사울의 통치시작부터 그의 죽음까지(삼상 13-31), ③ 다윗의 통치(삼하 1-24). 특히 차일즈는 다윗의 말년이 솔로몬의 통치시작을 다루는 열왕기상 1, 2장에 기록되고 있다는 사실을 지적하며 사무엘서가 연대기적 순서보다도 '실질적 원리'(material principle)에 따른 구성을 보여 주고 있다고 한다.

사무엘서가 '실질적 원리'에 따라 구성되었다고 하는 차일즈의 견해는 사무엘하 21-24장에 대한 그의 생각에 잘 반영된다. 그동안 사무엘하 21-24장은 주로 사무엘서에 느슨하게 첨가된 '부록'으로 취급되었다. 그 이유 가운데 하나는 사무엘하 21-24장이 다윗의 생애를 다루는 사무엘서의 전기적(biographical) 성격과 잘 부합되지 않는다고 여겨졌기 때문이다.[12] 이러한 관점이 차일즈에게서

---

12) 예컨대 테니우스(Thenius 1898³:LXVIII)는 사무엘하 21-24장에 나오는 시들과 용사들의 목록들은 모든 것이 다윗이란 인물의 특징을 그려내는데 이바지하고 있는 사무엘서와 맞지 않는다고 말한다.

완전히 바뀌었다. 그는 사무엘하 21-24장이 '어설픈 부록'이 아니라 다윗의 전 생애에 대한 고도의 신학적 해석을 제공함으로써 메시야 소망을 예시하고 있기에 사무엘서를 위한 '분명한 해석학적 지침'이 된다고 말한다. 그러나 위에서 보았듯이 차일즈는 사무엘서를 세 인물(사무엘, 사울, 다윗)의 행적을 중심으로 구성된 삼부구조의 책으로 보고 있다는 점에서 그의 분석은 여전히 전기적인 측면에 촛점을 두고 있다는 인상을 준다. 따라서 그의 구조분석은 사무엘서 구성의 '실질적 원리'를 드러내는데 한계가 있다고 볼 수밖에 없다.[13]

보다 실질적인 측면에서 사무엘서의 구성을 제시하였다고 여겨지는 학자는 칼슨이다. 칼슨은 전승사적 방법론을 적용하여 사무엘하를 분석한 자신의 학위논문에서 사무엘하가 '축복'(בְּרָכָה)과 '저주'(קְלָלָה)라는 두 개의 신명기적 주제를 중심으로 엮어져 있다고 보았다. 즉 사무엘하 2-7장은 하나님의 말씀에 순종함으로써 축복하에 있는 다윗의 모습을 보여 주는 반면, 사무엘하 9-24장은 하나님의 말씀에 불순종함으로 저주 아래 놓이게 된 다윗의 모습을 보여 주고 있다는 것이다. 칼슨에 따르면 이러한 다윗의 모습은 포로기의 백성들에게 '교훈적, 권고적 역할'을 하도록 의도된 것이라고 한다 (Carlson 1964, 22).

그러나 칼슨의 통찰력있는 연구는 사무엘하 21-24장을 앞부분(삼하 9-20)과 더불어 하나의 단위로 취급한다는 데서 문제를 드러내고 있다. 그는 신명기적 편집자들(D-group)이 밧세바 사건에 대한 하나님의 진노가 *온전히* 임하였다는 것을 보이기 위해 사무엘하 21-24장을 삽입하였다고 본다(197). 즉 사무엘하

---

13) 차일즈 외에도 카이저(Kaiser 1984⁵:155)나 포러(Fohrer 1979:234-35) 등과 같은 학자들 또한 사무엘서의 구성을 인물들과 그들의 행적이라는 관점에서 제시하고 있다.

13장부터 사무엘하 24장까지 모두 두 차례의 7년이 나타나는데 (13:23+13:38+14:28; 15:7+21:1+24:8), 이 기간은 신명기 편집자가 다윗에게 임한 진노의 '완전성'을 강조하기 위해 고안해 낸 장치(상징)라는 것이다. 그러나 예의 7년 기간이 과연 저자(또는 편집자)에 의해 의도적으로 고안된 것인지 의문이다.[14] 나아가서 사무엘하 24장을 제외한 나머지 부분 – 예컨대, 사울의 일곱 남자 후손들의 처형을 이야기하는 사무엘하 21:1-14이나 다윗의 감사시를 담고 있는 사무엘하 22장 – 을 밧세바 사건의 빛 아래서 읽어야 할 이유는 없다. 더욱이 사무엘하 20:23-26의 요약기사와 사무엘하 21:1에 나타나는 시점의 변화(미래적 → 회고적)는 사무엘하 21-24장이 앞부분과 구분된다는 인상을 강하게 준다.

다른 한편 사무엘서의 후반부(삼하 9-24)가 주로 다윗의 부정적인 측면에 초점을 두고 있다는 칼슨의 견해는 브루거만에게 영향을 주었다. 우선 브루거만은 사무엘하 21-24장이 교차구조로 이루어져 있다는 사실에 주목한다(Brueggemann 1988:383-97):

A	21:1-14	내러티브	사울의 피흘린 죄
B	21:15-22	목록	다윗의 용사들
C	22:1-51	시	다윗의 감사시
C´	23:1-7	시	다윗의 마지막 말
B´	23:8-39	목록	다윗의 용사들
A´	24:1-25	내러티브	다윗의 인구조사

브루거만은 이같은 교차구조가 사무엘하 5-8장과 유비관계에 있다고 본다. 그의 견해는 플라나간의 연구에 기초하고 있는데, 플라

---

14) 칼슨은 자신의 견해를 뒷받침하기 위하여 삼하 12:6의 "사배"(אַרְבַּעְתָּיִם)를 칠십인역의 독법을 좇아 "칠배"(ἑπταπλασίονα - שִׁבְעָתָיִם)로 읽어야 한다고 주장한다. 그러나 양을 도적질하여 잡거나 팔 경우에 대한 오경의 규정(출 22:1)은 맛소라 본문의 읽기("사배")를 지지한다.

나간은 사무엘하 5-8장이 교차구조를 통하여 다윗왕권의 정당성을 강조하는 기능을 한다고 본다(Flanagan 1983:361-71):

A	5:13-16	목록	다윗의 아들들
B	5:17-25	승리	블레셋에 대하여
C	6:1-23	법궤	법궤의 예루살렘 안착
C´	7:1-29	언약	다윗언약
B´	8:1-14	승리	민족들에 대하여
A´	8:15-18	목록	다윗의 신하들

브루거만에 따르면 사무엘하 21-24장과 사무엘하 5-8장이 이처럼 구성상의 대칭을 이루고 있는 것은 두 부분의 관련성을 암시하는 것이라고 한다. 그의 입장을 더 자세히 말하자면 사무엘하 5-8장은 지파중심의 부족사회에서 중앙집권적 왕정사회로의 변화를 확증하는 반면, 사무엘하 21-24장은 그러한 발전이 잘못된 것이었다는 점을 드러냄으로써 예루살렘에 기반을 둔 '높은 제왕신학'(high royal theology)을 해체하는 기능을 한다고 한다. 바로 여기에 사무엘하 21-24장을 다윗의 부정적인 부분을 부각시키는 것으로 본 칼슨의 영향이 감지된다. 아무튼 브루거만의 입장은 전통적으로 사무엘서에 느슨하게 첨가된 '부록'으로 인식되어왔던 사무엘하 21-24장을 사무엘서 전체와 구조적, 내용적 관련 속에서 보고자 했다는 점에서 높이 평가할만하다. 그러나 그의 입장은 사무엘하 21:1-14서에 묘사된 사울의 문제를 무리하게 다윗의 문제로 고쳐 읽음으로써 사무엘서의 결론부를 사울과 다윗의 관계를 다루는 사무엘서의 거시적인 맥락과 연결시키는데 실패하고 있다.[15]

---

15) 브루거만(Brueggemann 1988:386-87)에 따르면 사무엘하 21:1-14은 다윗이 교묘하게 신탁을 수단으로 이용하여 자신의 정치적 라이벌인 사울의 후손들을 제거하고자 한 이야기를 담고 있다고 한다.

브루거만의 이론을 더 발전시킨 것이 클레멘트(Klement 2000:61-85)이다. 클레멘트는 사무엘하 21-24장에서 발견되는 교차구조를 사무엘서 전체의 구조를 이해하는 출발점으로 삼는다. 특히 그는 사무엘하 3장 이후부터 인명목록이 주기적으로 반복되고 있다는 사실에 주목하고, 여기서부터 시작하여 사무엘하 3-20장 사이에 각각 다음과 같은 세 개의 '이항 쌍'(binary pair)을 가진 교차구조가 나타난다고 한다(Klement 2000:78):

3:1-5	┏━	목록 – 헤브론에서 태어난 다윗의 아들들
3:6-21	┏━	이스라엘의 왕 다윗, 언약: 아브넬/장로들
3:22-39	┏	아브넬의 죽음 – 명예로운 장례
4:1-12	┗	이스보셋의 죽음 – 명예로운 장례
5:1-12	┗━	이스라엘의 왕 다윗, 언약: 장로들
5:13-16	━	목록 – 예루살렘에서 태어난 다윗의 아들들
5:17-25	┏━	승리들 – 블레셋에 대하여
6:1-23	┏	예루살렘에 안착한 여호와의 법궤
7:1-29	┗	다윗 왕조에 대한 신탁
8:1-14	┗━	승리들 – 모든 주변 민족들에 대하여
8:15-18	━	목록 – 다윗의 신하들
9:1-13	┏━	므비보셋을 향한 헤셋
10:1-12:31	┏	암몬 전쟁: 밧세바/우리아의 죽음/나단
13:1-19:44	┗	시민전쟁: 다말/암논과 압살롬의 죽음/아히도벨
20:1-22	┗━	베냐민 사람 세바의 반란
20:23-26	━	목록 – 다윗의 신하들

이러한 구도 속에서 클레멘트는 사무엘하 3-20장을 사무엘하 21-24장과 연결시키기를 시도한다. 먼저 클레멘트는 사무엘하 9-20장이 다윗이 왕권을 남용하여 생긴 재난을 다루고 있다는 사실을 지적하면서, 이 부분이 다윗의 인구조사와 그로 인해 야기된 국가적 재난의 이야기를 담고 있는 사무엘하 24장과 내용상 평행을 이룬다고 말한다. 또한 클레멘트는 사무엘하 3:1-5:12이 사울가에 속한 아브넬과 이스보셋이 '피의 복수법'에 따라 죽은 사실을 묘사하며, 사무엘하 21:1-14은 사울의 일곱 남자 후손이 역시 '피의 복수법'에 따라 처형당한 것을 서술하고 있다는 점에 근거하여 두 부분이 내용상 서로 연결된다고 주장한다.

그렇다면 사무엘서의 나머지 부분(삼상 1장 – 삼하 2장)은 어떠한가? 클레멘트는 사무엘상이 왕의 등장을 예고하는 사무엘상 1-8장과 사울왕의 이야기를 다루는 사무엘상 9-31장 두 부분으로 구성되며, 이것은 다시 사울의 죽음 이후 다윗과 사울 집안 사이의 관계를 소개하는 사무엘하 1-2장을 거쳐 본격적으로 다윗 왕의 역사를 다루는 사무엘하 3-20장으로 연결된다고 본다. 클레멘트는 이것을 다음과 같이 도식화한다(Klement 2000:157):

I. Disposition   1 Sam. 1-8   Desire for a child and a king   *- Psalm*

> A. King *Saul*   1 Sam. 9-31   Beginning and fail   *climactic*

II. Transition   2 Sam. 1-2   Saul's death and two kings   *- Elergy*

> B. King *David*   2 Sam. 3-20   Dynasty - abiding   *climactic*

III.   Finale (A+B)   2 Sam. 21-24   Yahweh for David, not Saul   *- Two Psalms*

이와 같은 클레멘트의 분석은 사무엘서의 문학적 구성에 대한 많은 통찰을 제공해 준다. 그럼에도 불구하고 클레멘트의 이러한 분석에는 문제점도 없지 않다. 가령 사무엘하 3-20장의 구조분석에서 중요하게 취급되었던 목록이 사무엘상의 구조분석에서는 거의 무시되다시피 하고 있다. 사실상 사무엘상을 읽어가다 보면 목록(또는 요약기사)이 이야기의 전개에 중요한 역할을 한다는 것을 알 수 있다. 예컨대 사무엘상 7:15-17과 사무엘상 14:49-51은 각각 앞의 이야기를 종결하고 뒤이어 새로운 이야기가 시작된다는 것을 알리는 역할을 한다는 인상을 강하게 준다. 그런데 클레멘트는 이에 대해 별다른 관심을 기울이지 않는다. 필자가 보기에 클레멘트에게서 보이는 이러한 문제점은 그가 사무엘서를 분석함에 있어서 지나치게 교차구조에 집착하기 때문에 생긴 현상이라 판단된다.[16]

나아가서 사무엘하 21-24장이 '사울의 이야기'(삼상 9-31장)와 '다윗의 이야기'(삼하 3-20장)의 대단원을 형성한다는 클레멘트의 견해 또한 납득하기 어렵다. 그는 앞에서 사무엘하 21-24장이 사무엘하 3-20장과 문학적 구성면에서나 내용상의 측면에서 대응관계에 있다고 밝힌 바 있다. 그런데 그것(삼하 21-24장)이 어떻게 사무엘상에 나타난 '사울 이야기'(삼상 9-31장)의 대단원으로 이야기될 수 있는지 의문스럽다. 만일 클레멘트가 주장하는 대로 사무엘하 21-24장이 사무엘상에 나타나는 '사울 이야기'(삼상 9-31장)의 대단원으로 기능하는 것이 사실이라면 사무엘하 3-20장과 사무엘하 21-24장의 관계에 대한 그의 앞선 주장이 재고되어야 한다는 말

---

16) 예컨대 클레멘트(Klement 2000:157-58)는 아이를 갖고자 하는 한나의 소망(삼상 1장)이 왕을 갖고자 하는 백성들의 소망(삼상 8장)과 교차대구의 관계에 있다고 주장하며 사무엘상 1-8장을 한 단락으로 묶는다. 그는 또한 제비 뽑기에 의한 사울의 왕위등극(삼상 10장)과 아말렉 전쟁으로 인한 사울의 버림받음(삼상 15장)이 교차관계에 있다고 하면서 사무엘상 10-15장을 하나의 소단락으로 여긴다.

이 아닌가?

사실상 클레멘트가 사무엘하 21-24장과 사무엘하 3-20장을 연결시키는 방식에는 문제가 있다. 그는 사무엘하 21:1-14과 사무엘하 3:1-5:12이 모두 사울 집안에 속한 사람들이 동일한 문제("피의 복수")에 연루되어 죽게 된 사건을 다루기에 구조적 관계하에 있는 것이 틀림없다고 주장한다. 그러나 후에 보게 되겠지만 사무엘하 21:1-14은 단순히 사울 집안 사람의 죽음을 이야기하는 본문이 아니다. 그것은 사울의 치명적인 죄(기브온 족속과의 언약파기)와 그에 따른 하나님의 진노에 대해, 그리고 사울의 무모한 행위가 다윗에게 끼친 정치적 부담에 대해 말한다. 따라서 사무엘하 21:1-14은 아브넬과 이스보셋의 죽음이라는 특정한 사건을 넘어서서 왕으로 세움을 입었지만 버림받을 수 밖에 없었으며, 다윗과 항상 적대관계에 있었던 사울의 운명 전반과 관계를 맺고 있는 것이 분명하다.

클레멘트의 구조이해에 또 다른 문제점은 그가 사무엘서를 지나치게 교차구조의 잣대로 분석하고 있다는 점이다. 가령 클레멘트는 사무엘하 9-20장을 교차구조의 틀 속에 두기 위해 암논이 다말을 추행한 사건을 압살롬이 다윗을 반역한 정치적 사건과 함께 '시민전쟁'이란 제목하에 묶는다. 그러나 이런 관점은 본문을 무리하게 단순화시키는 것이 아닌가 하는 의구심을 가지게 만든다. 클레멘트가 '시민전쟁'에 포함시킨 사무엘하 13:1-19:44에는 몇 개의 이야기가 서로 결합되어 있다: 암논과 다말 이야기(13:1-14:33), 압살롬의 반역 이야기(15:1-19:44). 이처럼 복합적인 구성체를 '시민전쟁'이란 범주하에 하나로 묶어 '암몬전쟁'과 대조하는 것은 아무래도 저자의 의도라기보다 해석자의 의도라는 생각이 강하게 든다. 이런 문제점은 성격상 '압살롬의 반역'(15-19장)과 유사한 '세바의 난'

(20:1-22)을 따로 떼어내어 '므비보셋 이야기'(삼하 9장)와 대비시키는 것에서도 드러난다.

위에서 사무엘서의 문학적 구성에 대한 여러 견해들을 살펴보았다. 여기서 받는 인상은 신학적 혹은 방법론적 선입견이 오히려 본문을 있는 그대로 보지 못하도록 하는 장애요소로 작용하지 않는가 하는 것이다. 중요한 것은 해석자가 자신의 선입견을 무리하게 본문에 집어넣는 오류를 피하고 본문 자체가 제시하는 '구조적 표식' (structural markers)에 따라 사무엘서의 구성을 이해하는 것이다. 우리가 보기에 사무엘하 21-24장의 대칭구조(a b c c' b' a')는 사무엘서의 구조이해에 빛을 던져주는 중요한 '구조적 표식들' 가운데 하나이다. 이것은 최근들어 21-24장이 사무엘서의 이해를 위한 "해석학적 지침" 내지는 사무엘서의 "적당한 결론"으로 평가받는 사실에서도 뒷받침 된다(Childs 1979:275; Polzin 1993:210). 따라서 사무엘서의 구성을 이해하기 위해 우리가 해야 할 것은 우선 21-24장의 여러 본문들이 가진 의도를 파악하는 일이다. 그런 다음 이 본문들과 사무엘서에 나타나는 다른 '구조적 표식들'과의 관계를 검토하면 사무엘서 전체의 구성이 드러날 것이다.

사무엘하 21-24장의 본문들이 가진 의도를 알기 위해서는 서로 대칭을 이루는 본문들끼리 차례로 살피는 것이 바람직하다: 21:1-14 vs 24:1-25; 21:15-22 vs 23:8-39; 22:1-51 vs 23:1-7. 먼저 21:1-14은 사울의 피흘린 죄와 이에 대한 다윗의 대응을 다루는 본문이다. 여기서 사울은 언약파기의 죄로 인해 국가적 재난(삼년의 기근)과 집안의 몰락(일곱 남자후손의 처형)을 가져오고, 나아가 후임자 다윗에게 심각한 정치적 부담을 끼친 인물로 묘사된다. 반면 다윗은 언약관계에 신실함으로써 국가적 재난을 슬기롭게 극복하고, 자신의 왕권을 견고히 하며, 사울 집안에 대한 배려까지 잊지 않는 이상적인 지도자로 나타난다. 여기서 알 수 있듯이 21:1-14은 언약에 대한 사울과 다윗의 상반된 태도와 그에 따른 엇갈린 운명을 묘사함으로써 다윗왕권이 어떻게 견고히 세워지게 되었는가를 보여준다.

다른 한편 21:1-14와 대칭관계에 있는 24:1-25은 다윗이 왕권을 남용하여 그릇 인구조사를 함으로 인해 하나님의 진노를 사게 된 내용을 담고 있다. 요압 장군의 충고 -"이 백성은 얼마든지 왕의 하나님 여호와께서 백배나 더하게 하사 내 주 왕의 눈으로 보게 하시기를 원하나이다 그런데 내 주 왕은 어찌하여 이런 일을 기뻐하시나이까"(3절) - 로 미루어 짐작하건대 다윗은 백성들의 수효에 관심을 두고 인구조사를 행하였다. 하지만 그것은 '신정적 왕'으로서 취해야 할 태도가 아니었다. 말하자면 다윗은 백성들을 자신의 권력 유지와 확장의 수단으로 여기는 독재자 행세를 하고 있었던 것이다 (Dietrich 2002:141). 따라서 하나님은 백성들의 수효를 심각하게(*지리적*으로 단에서 브엘세바까지, *숫적*으로 칠만명) 감소시킴으로써 다윗을 징계하셨다. 이와 같이 24:1-25은 다윗의 왕권남용과 그에 따른 왕권의 위기를 중심내용으로 삼고 있다. 이렇게 보면 21:1-14와 24:1-25는 내용상으로도 대칭관계에 있음을 알 수 있다: 다윗왕권의 확립 vs 다윗왕권의 위기.

이제 21-24장의 두번째 '이항 쌍'(binary pair)인 21:15-22와 23:8-39을 살펴보자. 21:15-22은 다윗과 그의 용사들이 블레셋의 거인장수들과 싸워 이긴 내용들을 에피소드 형식을 빌어 소개한다. 여기서 다윗은 비록 무기력하고 수동적인 인물로 그려지고 있지만, 그럼에도 불구하고 그는 블레셋과의 전투에서 최후 승리자로 묘사되고 있다: "이 네 사람 가드의 장대한 자의 소생이 다윗의 손과 그 신복의 손에 다 죽었더라"(22절). 따라서 이 본문은 앞에 나오는 21:1-14와 좋은 짝을 이룬다. 21:1-14은 사울과의 관계에서 다윗이 지혜롭고 신실하게 행한 일에 초점을 두고 있다면, 21:15-22은 블레셋과의 관계에서 그가 거둔 승리에 초점을 맞춘다. 즉 21:1-14와 21:15-22은 각각 국내 정치영역과 국외 군사문제에서 다윗이 성공적으로 임무를 수행함으로써 자신의 왕권을 굳게 세웠다는 사실을 증거하고 있다.

그렇다면 23:8-39은 어떤가? 이 본문 역시 다윗과 그의 용사들이 거둔 여러 가지 군사적 업적들을 에피소드 및 목록 양식으로 소개한다. 그런데 여기서 주목해야 할 것은 다윗의 용사들의 명단을 소개하는 인명목록이다. 놀랍게도 이 목록은 밧세바의 남편 우리아의 이름으로 끝을 맺고 있다(39절). 역대기의 같은 목록이 우리아 다음에도 16명의 이름을 더 추가하고 있다는 사실을 감안하면(대상 11:10-47), 사무엘서 저자는 어떤 의도를 가지고 우리아의 이름을 명단 끝에 둔 것이 분명하다. 우리아가 어떤 인물인지 기억하는 독자라면 사무엘서 저자가 왜 23:8-39을 현재의 위치에 배치하였는지 짐작할 수 있다. 그것은 다윗의 왕권남용을 부각시키기 위함이다. 이렇게 보면 23:8-39은 뒤이어 나오는 24:1-25과 잘 조화를 이룬다. 24:1-25이 다윗의 권력욕이 백성의 생명을 위태롭게 한 문제를 다룬다면, 23:8-39은 그의 탐욕이 충성스러운 신하의 생명까지 희생시켰다는 것을 보여준다. 결국 24:1-25과 23:8-39의 요점은 이것이다: 국내 정치영역과 국외 군사영역에서 다윗이 왕권을 남용함으로 자신의 왕권을 위태롭게 하였다.

끝으로 살펴보아야 할 것은 21-24장의 중심부에 위치한 22:1-51와 23:1-7이다. 먼저 다윗의 감사시로 알려져 있는 22:1-51을 보자. 이 시는 다음과 같은 표제어로 시작한다: "여호와께서 다윗을 모든 대적의 손과 사울의 손에서 구원하신 그 날에 다윗이 이 노래의 말씀으로 여호와께 아뢰어"(1절). 이 표제어에서 우리는 다윗이 경험한 '이중적 구원'이 현재 시의 중심주제임을 짐작하게 된다: 사울의 박해와 이방민족들로부터의 구원. 놀랍게도 이 두가지는 21:1-14과 21:15-22에서 다루어진 내용과도 통한다. 따라서 다음과 같은 추론이 가능하다: 21장의 두 본문이 각각 내러티브와 에피소드 양식으로 묘사한 사울과 블레셋의 문제가 22장에서 시적 언어로 다시금 노래되고 있다. 요약하자면 22:1-51의 감사시는 다윗이 하나님의 도우심으로 사울의 문제를 해결하고 이방민족(블레셋)을 제압하여 자신의 왕권을 견고히 세운 것을 시적 언어로 장엄하게 송축하고 있다.

22:1-51의 기능과 역할에서 우리는 그것과 짝을 이루는 23:1-7에서도 비슷한 것을 기대하게 된다. 이 본문은 다윗의 '마지막 말'을 담고 있는 일종의 '유언시'이다. 이 시에서 다윗은 하나님을 경외하는 가운데 공의로써 나라를 다스리는 것의 중요성을 언급하며(3절), 왕권을 오용하는 사악한 통치자에 대한 강력한 경고로 시를 끝맺는다(6-7절). 따라서 다윗의 유언시는 무엇보다도 21-24장에서 왕권남용의 문제를 다루는 본문인 23:8-39, 24:1-25과 관계되는 것이 분명하다. 즉 23:8-39과 24:1-25에서 에피소드와 내러티브 차원에서 다루어진 왕권남용의 문제가 23:1-7에서 시적 언어로 재현되고 있다는 말이다. 결론적으로 23:1-7의 유언시는 다윗이 왕권을 남용함으로써 경험한 모든 위기의 순간들을 회고하며,

후세의 왕들이 취해야 할 올바른 왕도가 무엇인지 제시하고 있다.
지금까지 설명한 바를 도표로 제시하면 다음과 같다:

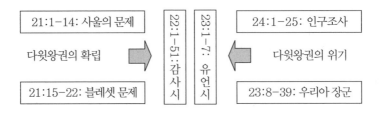

위에서 우리는 최근 학자들 사이에 사무엘서의 결론부로 평가받
고 있는 사무엘하 21-24장의 구성을 살펴보았다. 이제 우리에게
남은 일은 21-24장과 사무엘서의 다른 부분과의 관계를 검토하는
일이다. 이 일을 위해 우선 사무엘서의 다른 부분의 구성을 파악하
는 것이 중요하다. 필자가 보기에 사무엘서에서 반복적으로 나타나
는 요약기사/목록이 우리의 작업에 도움을 준다: 사무엘상 7:15-
17; 14:47-51; 사무엘하 8:15-18; 20:23-26. 이미 여러 학
자들이 사무엘서의 구조이해에 이들 요약기사/목록이 중요하다는 점
을 시사하였다.[17] 다음은 왈터스(Walters 2002:80)의 설명이다:

> "직분자 명단들은 연대기적 표식들이 아니다. 그것은 해석적인 기
> 능을 한다. 그것이 의도하는 것은 내러티브 상에서 새로운 시작, 즉
> 저자에게 신학적으로 중요한 사건들의 새로운 전환을 알림으로써
> 편집적 관점을 전달하는 것이다. 사무엘서는 예상치 않은 새로운 출발을
> 중심으로 구성된 역전의 책이다."

---

17) 대표적인 학자로는 아이스펠트(Eissfeldt 1931:47)이다. 그는 사무엘하 20:23-
26의 목록이 사무엘상 14:49-51과 사무엘하 8:16-18에 타나타는 목록들과 평
행을 이루며, 사울의 가족에 대한 목록인 전자의 경우와 마찬가지로 다윗의 대
신들의 목록인 후자의 경우도 선행하는 이야기의 종결부로 의도된 것이라 한
다. 마찬가지로 그는 사무엘하 9-20장과 열왕기상 1, 2장 있는 이야기의 저자
나 혹은 여기에 결합되어 있을 가능성이 있는 두 이야기 가닥들 중 하나의 저
자가 다윗 역사의 종결을 표시하기 위해 20:23-26을 현재의 자리에 둔 것이라
고 한다.

월터스의 말에 따르면 각 요약기사는 사무엘서의 주요 부분을 마무리하는 기능과 함께 새로운 시작을 알리는 문학적 장치역할을 한다. 그러므로 월터스의 제안에 의거하여 사무엘서를 읽으면 다음과 같은 설명이 가능하다. 즉, 사무엘상 7:15-17은 사무엘상 1-7장을 마무리함으로써 독자로 하여금 8장 이후에 나타나는 새로운 시작, 곧 왕정 도입에 대한 이야기로 자연스럽게 넘어가도록 돕는다. 내용적으로 볼 때 사무엘상 1-7장은 장차 왕을 기름 부어 세울 인물(선지자)의 탄생, 성장 및 사역에 대해 묘사하면서 8장 이후에 나타나는 왕정도입의 이야기를 준비한다. 다른 한편 사무엘상 14:47-51은 사무엘상 8-14장의 결미를 형성한다. 이 부분에서는 이스라엘에 왕의 제도가 들어오게 된 과정과 초대 왕 사울의 등극 및 초기 치세의 이모저모가 소개된다.

다음으로 사무엘하 8:15-18은 사무엘상 15장(또는 삼상 14:52)부터 사무엘하 8장을 아우르는 역사를 종결하는 기능을 하면서 사무엘하 9장 이후의 새로운 시작을 알리는 중간 정거장 역할을 한다. 사무엘서의 세 번째 블록에 해당하는 이 긴 이야기(삼상 15 - 삼하 8)에는 사울과 다윗의 엇갈린 운명이 파노라마처럼 펼쳐진다. 사울은 하나님의 말씀에 불순종하여 몰락의 길로 걸어간 반면, 다윗은 '하나님의 마음에 맞는 사람'(삼상 13:14)으로 마침내 이스라엘의 왕이 된다. 또한 이곳에는 사울과 다윗의 관계 이외에도 다윗이 블레셋을 비롯한 이방민족들을 성공적으로 제압한 일들이 소개된다(삼상 17; 30; 삼하 5:17-25; 8:1-14 참조). 이 단락의 말미에 나오는 내레이터의 언급은 다윗왕권이 견고히 세워졌음을 알려준다: "다윗이 온 이스라엘을 다스려 모든 백성에게 공과 의를 행할째"(삼하 8:15).

사무엘하 9장부터는 새로운 역사가 펼쳐진다. 이전 부분과 달리 여기서는 다윗의 어두운 면이 부각된다. 다윗이 밧세바와 통간하고 그녀의 남편 우리아를 살해한다. 그것이 죄악의 씨앗이 되어 갖가지 끔찍한 재앙들을 불러오고, 그 결과 다윗왕권은 거의 몰락할 지경에까지 이른다. 다윗이 아들 압살롬의 반역으로 도망치다시피 예루살렘을 빠져나와 기드론 시내를 건너는 모습은 처량하기 그지 없다. 그러나 하나님의 도우심으로 간신히 위기를 넘기고 마침내 왕권을 회복한다. 이처럼 사무엘하 9-20장은 다윗이 왕권을 오용함으로 말미암아 겪게된 위기의 문제를 다루고 있으며, 20:23-26의 목록은 이 역사의 종결을 알린다.[18] 이렇게 볼 때 사무엘하 9-20장은 사무엘상 15 - 사무엘하 8장과 내용적으로 대칭을 이루고 있음이 드러난다. 후자가 다윗왕권이 어떻게 견고히 세워지게 되었는가를 다루고 있다면, 전자는 다윗왕권이 맞이한 위기의 문제를 다루고 있다.

이상의 분석에서 우리는 사무엘서가 네 개의 요약기사/목록(삼상 7:15-17; 14:47-51; 삼하 8:15-18; 20:23-26)을 기본 틀로 하여 모두 다섯 단락으로 나누어진다는 것을 알게 되었다:

① 사무엘상 1-7장,
② 사무엘상 8-14장,
③ 사무엘상 15장 - 사무엘하 8장,
④ 사무엘하 9-20장,
⑤ 사무엘하 21-24장.

---

18) 플라나간(Flanagan 1972:177)은 20:23-26의 목록이 8:15-18의 목록과 유사하다고 하며 두 목록간의 이런 유사성은 다윗왕권이 사무엘하 8장에 소개된 모습과 같이 회복되었음을 암시하는 것이라고 한다.

여기서 특별히 주목할 만한 것은 ③, ④와 ⑤의 관계이다. 앞에서 본 것처럼 ③, ④의 주제는 각각 '다윗왕권의 확립', '다윗왕권의 위기'이다. 그런데 놀랍게도 이 두 주제는 ⑤의 주제와 동일하다. ⑤의 전반부는 다윗이 사울의 문제와 블레셋의 문제를 성공적으로 해결하고 자신의 왕권을 굳게 세운 사실을 내러티브(21:1-14), 에피소드(21:15-22), 시(22:1-51) 양식으로 묘사하며, 후반부는 다윗이 왕권을 남용함으로써 백성들과 충성스러운 신하들의 생명을 위태롭게 한 것을 내러티브(24:1-25), 에피소드(23:8-39), 시(23:1-7) 양식으로 묘사한다. 따라서 ⑤는 ③, ④의 내용을 요약정리하면서 사무엘서를 마무리하는 기능을 한다고 할 수 있다. 위에서 밝혀진 사실들을 도표로 정리하면 다음과 같다:

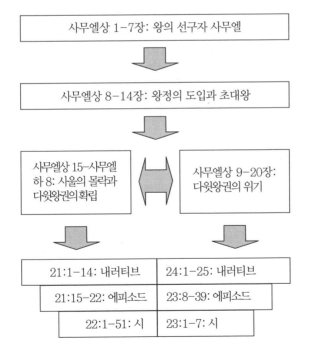

앞에서 사무엘서에 나타나는 여러 '구조적 표식들' – 사무엘하 21-24장의 교차구조, 요약기사/목록 – 을 통하여 사무엘서의 문학적 구성을 파악하고자 노력하였다. 끝으로 사무엘서의 구성과 관련하여 이 책의 서두와 중간 및 끝부분에 나타나는 세 개의 노래에 대해 언급할 필요가 있다: 한나의 노래(삼상 2:1-10), 다윗의 애가(삼하 1:19-27), 다윗의 감사시(삼하 22:2-51). 폴진(Polzin 1993:202)은 이 세 개의 시들이 사무엘서를 장식하는 '삼부작'(triptych)이라 하였다. 특히 '용사'와 '넘어진 자', '풍족한 자'와 '가난한 자' 사이의 역전을 주제로 삼고 있는 '한나의 노래'는 책의 말미에서 '곤고한 자'와 '교만한 자' 사이의 상반된 운명을 노래하는 '다윗의 감사시'와 더불어 사무엘서를 감싸는 인클루지오(inclusio)를 이룬다. 이러한 구조에서 엿볼 수 있듯이, 사무엘서는 연속되는 운명의 반전을 다루는 책이다: 한나와 브닌나, 엘리와 사무엘, 사울과 다윗 등. 그러므로 한나의 노래가 후에 펼쳐질 역사에 대한 '서곡'(prelude)이라 한다면, 다윗의 감사시는 앞에 기록된 역사의 대미를 장식하는 '후주곡'(postlude)이라 할 수 있다.

이상에서 본 것처럼 사무엘서는 매우 정교하게 구성된 통일체를 이루고 있다. 책의 곳곳에 흩어져 있는 '구조적 표식들'(structural markers)은 독자들로 하여금 책의 구성을 알 수 있게 할 뿐만 아니라 일관된 내용상의 흐름을 파악할 수 있게 해 준다. 이것은 사무엘서의 구조적, 신학적 통일성에 회의적인 태도를 보이는 모든 관점들이 근본적으로 재고되어야 한다는 것을 의미한다. 그와 동시에 이것은 독자들이 사무엘서에서 일관된 메시지를 파악하기 위해 부단한 노력을 기울여야 한다는 것을 의미하기도 한다. 이것은 우리로 하여금 자연스럽게 다음 주제(신학적 메시지)로 넘어가도록 만든다.

2) 신학적 메시지

앞의 구조분석에서 보았듯이 사무엘서는 일관된 메시지를 가진 통일적 작품이다. 그럼에도 불구하고 과거 학자들은 사무엘서를 통일적인 글로 읽지 못하고 신학적으로 상호 모순된 내용들을 담고 있는 글들의 집합체로 보았다. 학자들의 이러한 태도에는 벨하우젠의 영향이 크다. 벨하우젠은 사무엘상 8-12장에서 왕의 제도에 대한 두 개의 상반된 목소리를 들을 수 있다고 하며, 이들을 다음 두 문서가닥으로 나눈다: 8+10:17-27+12; 9:1-10:16+11(Wellhausen 1963[4]:240-43; 1927[6]:244-53). 벨하우젠에 따르면 이들 중 전자는 왕의 제도를 "더 깊은 단계의 배도"로 보는 반면, 후자는 사무엘에 의해 계획된 것으로 본다고 한다. 벨하우젠의 견해는 비록 다소 수정된 형태이긴 하지만 아이스펠트(Eissfeldt 1931:6-11), 노트(Noth 1976[8]:159) 등을 위시한 후대의 학자들(Rendtorff 2001[6]:181; Zenger 2004[5]:237-38)에게 수용되었다.

하지만 왕의 제도와 관련하여 사무엘서에 나타나는 다양한 '목소리들'을 반드시 서로 다른 신학을 반영하는 것으로 보아야 하는지는 의문이다. 이들 다양한 목소리들을 보다 큰 틀에서 보면 동전의 양면처럼 통일적인 메시지를 전달하는데 기여하는 것으로 볼 수 있지 않을까? 사실상 여러 학자들은 사무엘상 8-12장의 소위 '반왕적'(anti-monarchichal) 본문에서 문제시되는 것은 왕의 제도 자체가 아니라 이스라엘이 원하는 '왕의 유형'(the type of king)이라는데 동의한다(Firth 2009:44; Vannoy 1977:229; Eslinger

1983:66). 이렇게 보면 사무엘상 8-12장을 '친왕적'(pro-monarchichal)이니 '반왕적'이니 하는 용어를 사용하여 이분법적으로 나눌 필요가 없어진다. 이것은 다윗 이야기에도 그대로 적용된다. 학자들은 다윗에 대한 묘사의 성격에 따라 '친다윗적'(pro-Davidic) 또는 '반다윗적'(anti-Davidic) 문서로 나누기를 좋아한다. 그러나 다윗에 대한 부정적인 묘사가 그에 대한 긍정적 묘사와 나란히 나타나고 있다는 사실은 이 둘을 배타적인 것으로 보기보다 큰 신학적 틀 속에서 상호보완적인 것으로 보아야 한다는 의미일 수 있다.

그렇다면 사무엘서 전체를 아우르는 보다 큰 신학적 틀이란 무엇인가? 클라인은 사무엘서는 사울과 다윗을 서로 비교하기 위해 기록되었다는 견해를 내놓았다. 클라인에 따르면 서무엘서 전체에 사울과 다윗을 비교하는 내용들이 골고루 흩어져 있으며, 이러한 '이야기체계'(Erzählsystem)는 이 책이 예의 두 인물을 비교하기 위해 기록되었음을 입증하는 것이라고 주장한다.[19] 그렇다면 이러한 비교의 의도는 무엇인가? 클라인은 사울에 비해 다윗이 지도자로서 더 합당한 인물이기에 이스라엘의 왕이 되었고, 그런 까닭에 북이스라엘의 멸망 이후에도 유다는 건재하였으며, 따라서 남은 이들이(북에서 넘어온 피난민들과 유다 백성) 유다를 중심으로 뭉쳐 다윗시대의 영광을 재건하여야 한다는 것을 가르치기 위해 사무엘서가 기록되었다고 주

---

19) 클라인(Klein 2002:52-111)에 의하면 사무엘서의 '이야기 체계'는 사울과 다윗을 직접적으로 비교하는 것과 그 둘을 소위 '비교교량'(Vergleichsbrü)cke, 이야기의 여러 단락들에 나타나는 인물들이나 그들의 행위들을 서로 비교하도록 해주는 근거들)을 통해 비교하는 것으로 이루어져있다고 한다. 전자에 해당하는 것으로는 삼상 15:28; 18:7ff; 24:18; 삼하 3:1; 7:15와 후자에 해당하는 것으로는 삼상 10:2-4+16:20/25:18+삼하 16:1; 삼상 9:1-10:16/16:1-13; 삼상 14:37/삼하 5:19; 삼상 10:7+13:12f; 삼상 15/삼하 11f; 삼하 24/삼상 15; 삼상 14/삼하 14; 삼상 20/삼하 14; 삼상 26/삼하 16:5-13; 삼상 10:27+11:13/삼하 16:6-8+19:23; 삼상 14:24-46/삼하 3:35-37; 삼상 14:24-46/삼하 17:24-18:8; 삼상 14:47f/삼하 8:11-15; 삼상 17/삼상 31; 삼상 11/삼하 10:1-6a; 삼상 15/30; 삼상 28/왕상 1-2이라고 한다.

장한다.[20]

사무엘서가 다윗시대의 영광을 재건하기를 꿈꾸는 주전 8세기 말 경의 저자의 작품이라는 클라인의 견해는 순전히 추론에 근거한 것이기에 재고의 여지가 많지만, 사울과 다윗의 비교가 사무엘서의 주된 의도라는 그의 관점은 어느 정도 일리가 있다. 클라인이 잘 관찰한 것처럼 사무엘서의 상당부분은 사울과 다윗의 관계를 초점으로 하고 있다. 더군다나 사무엘서의 결론부는 마지막으로 사울의 죄와 다윗의 죄를 대칭구조 안에서 조명하기까지 한다: 21:1-14 vs 24:1-25. 그러기에 사무엘서에서 사울과 다윗의 대조를 읽어내는 것은 당연한 일이라 할 수 있다. 그러나 사무엘서에는 단순히 사울과 다윗의 비교의 차원을 넘어서는 측면들이 많다. 앞의 구조분석에서 보았듯이 사울과 다윗의 관계를 다루는 본문들(삼상 15-삼하 8)은 다윗의 문제점들을 부각시키는 본문들(삼하 9-20)과 정교한 대칭구조를 이루고 있다. 이러한 구성은 사울과 다윗의 비교가 사무엘서의 주된 관심사가 아님을 뚜렷이 드러내 준다 하겠다.

클레멘트는 사무엘서에 다윗의 문제점들이 그처럼 부각되는 이유는 다름 아닌 그가 하나님의 뜻에 전적으로 의존되어 있다는 사실을 보이려는 의도라고 말한다. 다음은 클레멘트의 말이다: 사무엘서의 "친 다윗적 배열은 은폐되지 않은 실패에도 불구하고 야웨께서 다윗을 세우셨다는 분명한 확신속에 있다"(Klement 2000:230). 이런 관점에서 클레멘트는 사무엘서의 신학적 의도가 "야웨에 의한 다윗과 그의 왕조의 선택"을 보이는 것이라고 주장한다(Klement 2000:252). 우리가 보기에 클레멘트의 이런 주장은 매우 타당하

---

20) 클라인(Klein 2002:117)은 주전 8세기 말 사마리아의 멸망을 피해 유다로 피난 온 한 사람이 사무엘서를 기록했다고 본다.

며, 기본적으로 사무엘서의 의도를 잘 파악한 것이다. 그러나 여전히 미흡하다고 여겨지는 부분은 그가 사무엘서에서 그처럼 부각되고 있는 왕권남용의 문제와 그로 인해 다윗이 겪은 실패와 위기의 문제에 충분히 주의를 기울이지 않는다는 점이다. 사실상 역대기는 야웨에 의한 다윗 왕조의 선택을 강조하는 책이지만 다윗 왕조가 가진 문제점들에 대해서는 대부분 침묵하고 있다. 이것은 사무엘서의 신학적 의도에 대해 재고할 여지가 남아있다는 것을 의미한다.

필자가 보기에 사무엘서는 왕의 제도가 어떠한 것이며, 왕의 제도가 제대로 작동하기 위해서는 어떻게 왕권이 행사되어야 하는가 라는 문제에 답하기 위해 씌어진 글이다. 부언하자면 사무엘서는 왕의 문제를 둘러싼 제반 문제들을 염두에 두고, 그 문제들에 대한 답으로서 올바른 '왕도'(kingship) 내지는 '제왕신학'(royal theology)을 제시하고자 기록되었다. 이것은 왕의 제도가 도입될 당시 이스라엘 사회에 나타났던 제반 갈등들이 그대로 소개되고(삼상 8-12장), 나아가서 다윗의 밝은 면(삼상 15-삼하 8)과 어두운 면(삼하 9-20장)이 차례로 묘사되고 있다는 사실에서 뒷받침된다. 사무엘서가 묘사하는 다윗의 긍정적인 부분은 왕권이 든든히 세워지기 위해서 필요한 것이 무엇인지를 알려주며, 다윗이 경험한 모든 위기들은 왕권을 위태롭게 하는 것이 무엇인지를 드러내 준다. 이것은 사울의 경우도 마찬가지이다. 이렇게 사무엘서는 어떤 개인 왕에게 초점을 두기보다 왕직 그 자체에 초점을 둔다.[21]

---

21) 사무엘서가 다윗이란 인물에 큰 의미를 부여하는 것은 사실이다. 사무엘서에 따르면 하나님은 다른 인물이 아닌 다윗과 더불어 영원한 언약을 맺으셨다(삼하 23:5). 그러나 사무엘서에 다윗의 위치가 이처럼 강조되는 것은 인간 다윗이 가진 특별한 가치나 중요성 때문이 아니라 그의 통치가 가진 '모범적' 성격 때문이다.

여기서 이스라엘에 왕의 제도가 도입될 당시 선지자 사무엘이 한 말에 주목하는 것이 유익하다. 사무엘 선지자는 길갈에서 행한 그의 마지막 설교에서 왕이 야웨 하나님을 좇으면 좋겠지만 그렇지 않을 경우 재앙을 면치 못할 것이라고 경고한다(삼상 12:14-15). 사실상 사무엘상 13장 이후부터 나타나는 모든 역사는 사무엘의 이 선지적 경고를 확증해 준다. 사울은 하나님의 명령에 불순종함으로 왕권을 박탈당하였고(삼상 15:26), 다윗 또한 하나님의 긍휼이 아니었다면 같은 운명에 처하였을 것이다(삼하 24:16). 이 모든 역사를 확증하려는 듯 다윗은 그의 마지막 말에서 오직 하나님을 경외함으로써 공의롭게 왕직을 수행할 때에만 왕국의 미래가 밝을 것임을 노래한다(삼하 23:3-4). 이상에서 우리는 사무엘서의 주된 신학적 관심이 진정한 왕도가 무엇인지를 드러내는 데 있음을 알게 된다.

지금까지 논의된 사실들은 사무엘서의 독서전략(reading strategy)에 적지 않은 영향을 미친다. 많은 경우 사무엘서를 읽는 독자들은 이 책에서 어떤 일관된 메시지를 들으려 하기보다 그저 다양한 역사적 정보를 얻거나 또는 신앙생활에 유익한 교훈을 얻는 차원에서 머문다. 물론 사무엘서는 옛 이스라엘(대략 1100-970 BC)에 대한 역사적 정보와 신앙적 교훈을 제공하는 것이 사실이다. 그러나 사무엘서의 주된 관심사는 무엇보다도 왕직의 의미를 밝히는데 있으므로 이를 염두에 두는 것이야 말로 올바른 독서전략이라 할 수 있다. 이것은 사무엘서의 모든 구절에서 왕직의 의미를 찾아내야 한다는 뜻으로 오해되어서는 안 된다. 다만 사무엘서를 아우르는 신학적 관심사가 왕의 제도에 대한 것인 만큼 이야기의 전반적 흐름 속에서 왕직의 성격과 의미가 어떤 것인지를 파악해내어야 한다. 그렇게 할 때 사무엘서의 메시지를 보다 넓은 구속역사의 맥락 안에서 올바르게 이해할 수 있다. 즉 사무엘서에 제시된 제왕신학을 제대로 음미할 때 그 안에서 모든 믿는 이들의 진정한 왕이신 그리스도를 발견하며 나아가서 오늘을 살아가는 왕의 백성들을 위한 삶의 지침을 얻을 수 있다.

5. 마무리하는 말

앞에서 다룬 내용들을 몇 가지로 요약 정리함으로써 사무엘서 개관(a general survey)을 마무리하고자 한다:

첫째, 사무엘서는 구약 이스라엘의 처음 두 왕을 기름부어 왕으로 세운 선지자의 이름을 본딴 책이다. 이것은 사무엘서가 선지적 관점(prophetic viewpoint)에서 구약 이스라엘의 초기 왕정시대를 그려 보여주는 책이란 사실을 암시한다.

둘째, 사무엘서는 옛 이스라엘이 지파중심적 부족사회에서 중앙집권적 왕정사회로 나아가게 된 과정을 그리고 있다. 이러한 변화의 배후에는 다음 몇가지 요인들이 있었다: 1) 사사시대를 거치면서 드러난 부족사회의 한계점들, 2) 일찍부터 철기문명의 혜택을 누리고 있던 블레셋의 압박이나 트랜스요르단 지역에서 세력을 떨치던 암몬족의 위협. 이런 대내외적 정세의 얼킴과 설킴을 통해 족장들이 받은 약속 - 팔레스타인 땅에 왕이 통치하는 큰 나라가 세워지리라는 약속(창 12:2; 17:6 참조)- 이 이루어졌다는 사실은 우리로 하여금 오묘한 하나님의 섭리를 깨닫게 해 준다.

셋째, 사무엘서는 현대 역사기록과 다른 요소들이 많다는 이유로 역사기록으로서의 가치가 부정되고 '이야기'(story)나 '시문학'(Poesie)으로 평가되곤 한다. 그러나 공정한 눈으로 볼 때 사무엘서에는 역사성에 대한 믿음을 포기하도록 강요하는 그 어떤 요소도 없다. 사무엘서에 제시된 하나님의 역사개입에 대한 이야기는 '초월적인 실재'를 인정할 경우 그 개연성을 의심할 이유가 전혀 없다. 더 나아가 사무엘서의 이야기들은 인간 삶의 보편적인 진리를 문학적으로 표현해내는 허구(fiction)가 아니다. 그것은 옛 이스라엘 백성들이 하나님과의 언약관계 안에서 경험한 사실들을 다채롭게 소개함으로써 하나님과 그 백성들 간의 관계에 대한 영속적인 모델을 제공하고 있는 특수한 역사기록이다.

넷째, 사무엘서는 잘 짜인 문학적 구성을 보이고 있다. 예를 들어 사무엘하 21-24장은 정교한 대칭구조(21:1-14 vs 24:1-25; 21:15-22 vs 23:8-39; 22:1-51 vs 23:1-7)를 하고 있으며, 전체 사무엘서는 단락을 구분해주는 역할을 하는 네 개의 요약기사들(삼상 7:15-17; 14:47-51; 삼하 8:15-18; 20:23-26)을 축으로 구성되어있다. 이런 구조적 표식들(structural markers)을 통해 독자들은 사무엘서가 모두 다섯 개의 큰 단락들(삼상 1-7; 8-14; 삼상 15 - 삼하 8; 삼하 9-20; 삼하 21-24)로 이루어진 통일체란 사실을 알 수 있다.

다섯째, 위의 문학적 구성을 통해 사무엘서는 왕의 선구자 사무엘의 탄생과 성장에 대한 이야기, 사무엘이 사울을 기름부어 왕으로 세움으로써 이스라엘에 왕의 제도를 도입한 이야기, 사울이 실패하자 다윗이 등장하여 위기에 처한 왕의 제도를 바로잡고 견고하게 세운 이야기, 다윗 또한 범죄하여 왕권을 잃을 지경에 이르렀으나 하나님의 긍휼로 겨우 왕권을 보존할 수 있었던 이야기들을 차례로 들려준다. 독자들은 이 이야기들을 통하여 하나님이 원하시는 왕의 길이란 어떤 것인지를 다각도로 생동감있게 가르침 받는다.

제 2장

사무엘상 1-7장
왕의 선구자 사무엘

1. 시작하는 말

하나님의 구원역사에 있어서 새로운 시대는 언제나 한 특별한 인물의 출현과 더불어 시작되었다. 모세의 출생은 애굽에서 종살이하던 이스라엘 민족에게 자유의 새 시대를 지시하는 징표였고, 여호수아의 등장은 출애굽 다음 세대들이 약속의 땅을 차지할 것을 알리는 신호탄과 같은 것이었다. 사무엘의 출생도 마찬가지이다. 약속의 땅에 정착한 이스라엘 백성들은 사사시대를 거치는 동안 하나님께 구별된 거룩한 백성으로 존재해야 할 민족적 소명을 저버리고 가나안의 문화와 종교세계 속으로 깊이 빠져들게 되었다. 그 결과는 정치적, 도덕적, 영적인 극도의 혼란이었다. 이렇게 절망적인 상황 가운데 하나님은 사무엘을 보내심으로 구속역사의 새로운 장을 열고자 하셨다. 사무엘상 1-7장은 이처럼 새 시대를 열어갈 인물인 사무엘의 출생과 성장, 그리고 그의 선지적 소명을 그려 보여주고 있다.

1) 통일성의 문제

사무엘상 1-7장에서 다루어지고 있는 내용은 편의상 크게 네 부분으로 나눌 수 있다. 첫째는 1:1-2:11까지로, 이 부분은 한나가 불임의 상태에서 고통 당하다가 기도함으로 남자 아이(사무엘)를 낳게 되고, 또한 그녀의 서원대로 그 아이를 하나님께 드리며 찬양한 내용을 다루고 있다. 둘째는 2:12-3:21인데, 여기서는 엘리 제사장 가문이 하나님 앞에 범죄함으로 인해 몰락의 길을 가는 모습과 아울러 사무엘이 하나님의 선지자로 세움 받는 일이 기록되고 있다. 셋째 부분은 4:1-7:2로서 둘째 부분에서 예고된 하나님의 심판이 어떻게 실제로 엘리 제사장 집안에 임하였는가를 보여줌과 동시에 법궤 이야기를 담고 있다. 마지막으로 7:3-14은 사무엘의 다스림과 인도 하에 이스라엘 백성이 여호와 하나님께로 돌이키며, 그 결과 이스라엘이 블레셋을 제압하게 되는 내용을 담고 있다.

여타의 본문과 마찬가지로 사무엘상 1-7장의 문학적 통일성에 대하여 종종 부정적 견해가 제기되었다. 대표적인 것은 로스트의 견해로 4-6장의 법궤 이야기가 사무엘하 6장과 더불어 독립된 전승을 이루고 있다는 것이다(Rost 1926:4-47). 이 견해는 1장부터 3장까지 사무엘이 주요인물로 등장하고 있는데 반해 4-6장에서는 그의 이름이 나타나지 않는다는 사실에서 그 정당성을 찾는다(Provan 2003:205 참조). 그러나 1-7장의 문학적 통일성을 주장하는 윌리스는 4-6장에 사무엘이 등장하지 않는 이유를 사용된 문서자료의 차이에서 찾지 않고, 당시의 역사적 정황에서 찾는다. 즉 블레셋의 침략으로 인해 사무엘이 실로의 성소에서 고향으로 돌아갔기에 4-6 장에서 사무엘의 모습이 더 이상 나타나지 않는다는 것이다(Willis 1979:211).[22]

　　다른 한편, 문예학적 측면에서 1-7장의 통일성이 주장되기도 한다. 예컨대 윌리스는 '눈'(1:18; 3:2; 4:15)이라는 단어와 '보다'(3:2; 4:15)라는 표현이 반복적으로 나타나고 있는 사실에서

---

22) 같은 맥락에서, 사무엘이 선지자로 세움을 입었음을 언급하는 3:19-21의 기록은 장차 사무엘이 장성하여 될 일을 예기적(anticipatory)으로 보여주는 것인 반면, 4-6장에서 보도되고 있는 사건들은 사무엘이 아직 어린 소년일 때 일어난 일로 여기는 학자들도 있다(Provan 2003:206). 이렇게 볼 경우 사무엘이 4-6장에 나타나지 않는 것은 블레셋과의 전쟁 당시 그는 아직 어린 소년이었기 때문이라 할 수 있다. 그러나 4-6장에 사무엘이 나타나지 않는 것은 사용된 자료의 차이나 역사적 상황의 문제 때문이 아니라 단순히 저자의 의도와 관계된 문제일 수도 있다. 저자는 1-3장에서 사무엘의 성장에 대해 이야기 하다가 특별한 의도를 가지고 - 아마도 당시의 영적 상황을 묘사하기 위해 - 법궤와 관련된 이야기를 하였다고 볼 수 있는 것이다.

(Willis 1979:207), 프로방은 히브리어 어근 *kbd*가 동사형으로 (2:30; 6:6), 형용사형으로(4:18), 명사형으로(4:21-22; 6:5)로 반복하여 나타난다는 점에서 1-7장의 문학적 통일성을 찾는다 (Provan 2003:203). 에이니켈(Eynikel 2004:97) 또한 1-7장에 일관된 플롯구조가 있음을 주장하면서 다음과 같이 말한다:

> "사무엘상 7장은 앞 장들에서 생겨난 여러 문제상황들에 대한 해결을 제공한다: 엘리의 아들들의 부패, 엘리의 약함, 임무를 올바로 수행하지 못하는 그의 무능력, 법궤가 회복된 이후에도 계속된 블레셋의 위협, 그리고 무엇보다도 이스라엘과 여호와와의 올바른 관계의 회복."

에이니켈의 말과 같이 사무엘서는 사사시대 말기의 이스라엘의 암울한 영적 상황, 불안한 정치적 형편을 보임으로써 시작한다. 영적 지도자인 제사장들의 타락으로 인한 영적 혼란함과 강력한 철제 무기로 무장한 블레셋의 위협이 그것이다. 이러한 문제들이 사무엘서 7장에 오면 사무엘의 리더십하에 모두 해결된다. 회개함으로 하나님과의 관계가 회복되고, 이는 블레셋을 제압하는 외적 결과로 나타난다.

2) 중심 메시지

이렇게 사무엘서 초두는 일관된 플롯구조를 가지고 있다. 이러한 전체 틀 속에서 강조되고 있는 것은 사무엘이 이스라엘의 선지자로 높이 세워졌다는 사실이다. 이것은 앞으로 보게 되겠지만 사무엘서를 이해하는데 매우 중요한 요소이기도 하다. 특별히 사무엘상 2장부터 5장까지를 살펴보면 사무엘과 엘리 집안 사람이 계속해서 대비되고 있다.[23] 여기서의 초점은 사무엘이 이스라엘의 선지자로서 높이 세움을 입었다는 것이다. 3:19-20절이 이 사실을 강조하고 있다:

> "사무엘이 자라매 여호와께서 그와 함께 계셔서 그의 말이 하나도 땅에 떨어지지 않게 하시니 단에서부터 브엘세바까지의 온 이스라엘이 사무엘은 여호와의 선지자로 세우심을 입은 줄을 알았더라."

그뿐만 아니라 사무엘이 선지자로 세움 받은 것이 4장을 통하여 구체적으로 확인되는데 그것은 사무엘을 통하여 전달된 하나님의 말씀, 곧 엘리 집안이 심판을 받게 되리라는 예언이 4장에서 성취되기 때문이다. 이것은 곧 사무엘이 하나님의 참된 선지자임을 확증해주는 것이다.

더욱이 7장에 오면, 사무엘이 이스라엘의 지도자로서 높이 세워진 것을 다시금 확인하게 된다. 특별히 여기서는 사무엘이 이스라엘을 다스리는 자로 나타나며, 이것은 그가 사사직을 함께 수행하였다는 것을 의미한다. 그뿐만 아니라 사무엘이 제사장직도 함께 수행하였다는 것이 여러 곳에서 증거된다. 그가 어릴 때부터 엘리 제사장 밑에서 교육받으며 세마포 에봇을 입고 자라났다는 사실과(2:18), 스스로를 이스라엘을 위하여 기도하는 자로 인식한 것과(7:5; 12:23), 하나님께 제사 드리는 일을 자신의 고유한 직권으로 인식한 것(13:8-15) 등이 그것이다. 이렇게 볼 때, 사무엘은 한 몸에 선지자, 사사, 제사장의 세 직분을 가진 자로서 모세 이후로부터 그리스도까지 전무후무한 존재였다. 비평학자들은 사무엘의 직분이 복합적이라는 이유를 들어 그에 대한 기록들이 각각 서로 다른 전승

---

23) 윌리스(Willis 1972:38)는 이러한 대비가 다음과 같은 A-B 구조로 되어있다고 말한다:
A. 사무엘의 승귀   2:11   2:18-21   2:26   3:1-10   3:9-4:1a
B. 엘리가의 몰락   2:12-17   2:22-25   2:27-36   3:11-18   4:1b-22

에서 온 것이라 추측하기도 한다. 그러나 직분의 세분화가 후대에 나타나는 현상임을 감안할 때 사무엘이 한 몸에 여러 직분을 가졌다는 것은 이상한 일이 아니다(Gordon 1984:27).

사무엘은 모세에 상응할 정도로 탁월한 선지자요(렘 15:1), 뒤이어 나타날 선지운동의 선두에 서 있는 인물이었다. *사무엘서 서론은 바로 이점을 강조하고 있다: 사무엘이 권위 있는 백성의 지도자(선지자)로 세움을 입었다.* [24] 이것이 왜 사무엘서의 도입부에서 강조어야 하는가? 이러한 의문은 사무엘상 8장 이후부터 왕정이 세워지는 역사가 나타난다는 점을 감안할 때 풀린다. 왕정이 도입되기 위해서는 준비의 과정이 필요하였던 것이다. 물론 이 준비란 정치적인 의미에서의 준비라기보다 신학적인 의미에서의 준비이다. 즉 사회적 공감대가 형성되고, 여러 가지 제도적 장치가 마련되는 그런 준비가 아니라는 말이다. 여기서 말하는 준비란, 선지적 장치의 준비를 의미한다. 다시 말하면, '왕을 세우는 자'(king-maker)이자 왕을 하나님의 말씀으로 지도할 선지자가 먼저 세워져야만 했다. [25]

여기서 우리는 이스라엘에 세워질 왕권의 성격이 무엇인지 짐작할 수 있게 된다. 왕정의 도입에 앞서 선지자가 먼저 세워졌다는 것은 이스라엘의 왕권은 세상의 여느 왕권과는 달리 절대권력을 가진 것이 아니라 하나님의 권세 아래서, 그분의 말씀에 순종함으로 백성들을 다스려야 할 *신본주의적 왕권*이라는 것을 나타내는 것이다(성

---

24) 사무엘상 1–3장을 전승사적으로 분석한 노트(Noth 1963:390–400)는 사무엘 선지자가 실로와 연결되고 있는 것 또한 이스라엘 전체의 지도자로서의 사무엘의 권위를 부각시키는 것이라 말한다. 즉, 실로는 하나님의 법궤가 있는 곳이요, 이스라엘 전체를 위한 성소가 있는 곳이었으므로 사무엘이 이곳에서 자라났고, 이곳에서 하나님의 계시가 그에게 임하였다는 사실은(3:21) 그가 이스라엘 전체의 선지자로 세움을 입었음을 보여준다는 것이다.

25) 같은 맥락에서 렌토르프(Rendtorff 1997:35)는 다음과 같이 말한다: "그러나 이스라엘은 항상 리더십을 감독하고, 비판하며, 교정할 예언을 필요로 하였다. 그것은 지도력이 너무도 자주 모세와 사무엘이 보여준 길을 이탈하였기 때문이다. 예언 없는 왕권이란 결코 존재할 수 없었다."

주진 2007:331-38 참조). 그러므로 이 왕은 반드시 선지자에 의하여 세워져야 하고, 또한 선지자의 감독하에 있어야 한다. 그렇지 않을 경우 왕권은 하나님의 통치를 대행하는 은혜의 수단이 되기보다 이방의 전제주의 왕권처럼 백성을 억압하고 하나님을 두려워하지 않는 기형으로 전락할 수밖에 없다.

덤브렐은 이스라엘에 새로 도입된 왕의 제도가 모세시대로부터 내려온 언약의 전통과 조화되기 위하여서 선지자의 예언적 활동이 필요하다는 점을 지적하였다. 선지자는 언약을 수호하는 역할을 함으로써 야웨 하나님이 이스라엘의 최고 주권자이심을 나타내 보이는 일을 하였다는 것이다. 말하자면 선지자는 하나님의 '전권대사'로서 신적 법정에서 내려진 판결을 전달하는 자이다. 이러한 맥락에서 덤브렐(Dumbrell 1990:54)은 다음과 같이 말한다:

> "그러므로 예언과 왕정이 동시에 일어났다는 것은 우연이 아니었다. 예언은 이스라엘에 대한 야웨의 직접적인 통치라는 개념을 옹호하는 가운데 태동하는 이스라엘의 왕정을 이스라엘에 대한 야웨의 종주권의 실제와 범위를 적절히 인식하는 방향으로 안내할 사명을 받고 있었다."

2. 사무엘의 출생

사무엘서의 첫 장을 열면 먼저 사무엘의 가계가 길게 소개된다. 사무엘의 아버지 엘가나는 라마다임이란 곳에 살았던 '숩'사람이었다고 한다.[26] '라마다임'은 '두 언덕'(two heights)이란 뜻을 가진 지명으로 '라마'와 동일한 지역이며, '숩'은 사무엘가의 옛 조상을 가리킨다.

---

26) 한글성경의 '라마다임소빔'은 원래 '라마다임'과 '소빔'을 연결한 것으로서 이 둘은 각각 '라마'(삼상 2:10; 7:17)와 '숩'(삼상 9:5)을 가리키는 말이다. 따라서 '소빔'(צוֹפִים)은 앞에 오는 단어 '라마다임'(הָרָמָתַיִם)의 영향으로 생긴 필사자의 실수(중복오사, dittography)로 보아야 한다 (McCarter 1980:51).

놀라운 것은 사무엘 집안이 에브라임 사람으로 언급되고 있다는 사실이다.[27] 역대상의 기록에 의하면 사무엘의 집안은 레위 지파에 속한다(대상 6). 두 기록은 사무엘의 가계에 대한 서로 다른 전통을 담고 있는가?

카일(Keil 1875:15)에 의하면 사무엘의 집안은 원래 레위 지파에 속하였으나 조상의 어느 때부터 에브라임 지역에 와 살게 됨으로 이 지파 사람들과 동화되었기에 에브라임 사람으로 기록되었다고 한다(삿 17:7; 19:1 참조). 사실 여호수아서는 여호수아가 각 지파에게 땅을 분배할 때에 레위 지파 중 그핫 자손의 일부로 하여금 에브라임 지파에서 성읍을 얻도록 하였다고 밝히고 있으며(수 21:5), 역대기 기자는 사무엘의 가계가 그핫으로 거슬러 올라간다고 말해 준다(대상 6:33-38).

1) 불행한 시작

사무엘의 어머니 한나는 오랫동안 불임으로 고통 당하는 가운데 있었다. 고대 사회에서 아들을 낳는 것이 여인들에게 얼마나 중요한 일이었는지는 잘 알려져 있다. 특히 일부다처제적 가정형편에서 자녀를 낳을 수 없는 여인의 슬픔과 고통이란 이루 말할 수 없는 것이었을 것이다. 우리는 이러한 예를 아브라함의 아내 사라의 경우(창 16장)와 야곱의 아내 라헬의 경우(창 30장)에서 찾아볼 수 있다. 한나의 처지 역시 마찬가지였다. 그녀의 라이벌 격인 브닌나에게는 자녀들이 있었지만 자신에게는 자식이 없었던 것이다.[28]

---

27) 볼드윈(Baldwin 1988:50)은 여기서 사용된 단어 '에프라티'(אֶפְרָתִי)가 베들레헴을 가리키며, 사무엘의 아버지 엘가나는 베들레헴 지역에 살던 레위인이었을 것이라고 추측하기도 한다. 그러나 '에프라티'(אֶפְרָתִי)는 성경에서 주로 에브라임 지파 사람을 가리키는 말로 사용된다(예, 삿 12:5; 왕상 11:26).

브닌나는 아이를 갖지 못하는 한나를 무척 업신여기고 괴롭혔던 것 같다. 이것은 브닌나가 한나의 '대적'(צָרָתָהּ)으로 불리고 있다는 사실에서도 잘 드러난다. 6절에 따르면 브닌나는 격동시킬 의도를 가지고 고의로 한나의 기분을 상하게 한 것으로 보인다: '그녀의 대적이 그녀를 격동시키고자 매우 심하게 자극하였다.'[29] 아마도 브닌나는 아이를 갖지 못한다는 이유로 한나를 멸시하며 모욕적인 언사로 그녀의 마음을 괴롭게 하였던 것 같다. 그것도 한 두번이 아니라 계속(매년) 되풀이해서 말이다. 7절에서 저자는 브닌나의 행위를 묘사하는데 미완료형 동사(תַּכְעִסֶנָּה)를 사용함으로써 그녀의 비열한 행위가 지속적으로 반복되었다는 것을 효과적으로 알려준다.

특별히 브닌나가 한나를 (집중적으로) 괴롭힌 시점이 여호와의 집에 나아가 제사할 때였다는 점에 주목할 필요가 있다. 이것은 독자들로 하여금 한나가 겪은 고통의 다른 한 측면을 볼 수 있게 해준다. 한나는 매년 하나님의 집에 나아가면서 하나님이 자신의 태를 여시고 아이를 낳게 해 주시리라 기대하며 소망하였을 것이다. 이것은 비단 그녀의 기대와 소원이었을 뿐 아니라 주변 사람들의 기대이기도 했을 것이다. 그런데 어찌된 영문인지 한나에게는 아무런 변화의 조짐이 없었다. 이러한 상황은 한나의 대적 브닌나 편에서 더욱 기고만장할 빌미가 되었을 것임에 틀림없다: *한나는 하나님께 은총을 받지 못하는 여자이다.* 이것이 6절에 암시되고 있다: "*여호와께서 그에게 임신하지 못하게 하시므로 그의 적수인 브닌나가 그를 심히 격분하게 하여 괴롭게 하더라.*"

---

28) 성경의 기록으로 보아 한나가 본처이고 브닌나가 후처인 것처럼 보인다. 그 이유는 저자가 엘가나의 두 아내를 소개함에 있어서 한나의 이름을 브닌나 보다 먼저 언급하고 있기 때문이다. 그러나 이것은 본문에서 한나가 중요한 역할을 하기 때문인 것으로도 볼 수 있다(Gordon 1986:72).

29) 한글 성경에 '격동하다'(개역) 또는 '격분하게 하다'(개역 개정)로 번역된 히브리어 동사 '라암'(רעם)은 천둥 치듯 몹시 공격하는 행위를 가리킨다(HALAT 1182 참조).

따라서 한나의 고통은 단순히 불임의 문제뿐 아니라 하나님과의 관계에 대하여 의심받고 비난 받는 것과 관계된다고도 할 수 있다. 말하자면 브닌나가 쏜 격동의 화살은 한나의 마지막 피난처인 믿음의 요새(要塞)까지 날아왔던 것이다(Fokkelman 1993:25-26).[30] 이렇게 막다른 골목에 내어 몰린 한나는 가족들과 더불어 먹고 마시며 즐거워해야 할 축제일에 오히려 슬퍼하며 울고 먹지 아니하였다.[31] 이러한 한나의 모습은 다음 시편 42:3의 글을 연상케 한다:

> "사람들이 종일 내게 하는 말이
> 네 하나님이 어디 있느뇨 하오니
> 내 눈물이 주야로 내 음식이 되었도다."

사실상 한나가 자녀를 잉태치 못한 것은 하나님께로부터 말미암은 일이었다. 놀랍게도 본문은 하나님께서 적극적으로 한나의 태를 '닫으신'사실을 강조하고 있다(5, 6절). 이것은 한나의 고통과 불행이 우연에 의한 것이 아니라 하나님의 뜻에 의한 것이며, 그 속에 어떤 특별한 의미가 들어있다는 사실을 암시한다. 인간의 불행이 우연히 닥치는 운명이나 숙명과 같은 것이 아님을 안다는 것은 얼마나 놀

---

30) 한편 브닌나가 그처럼 한나를 괴롭게 한 것은 엘가나가 한나에게 보인 특별한 애정과 무관하지 않는 것 같다. 엘가나는 제사 드릴 때 제물의 분깃을 식구들에게 나누면서 한나에게 브닌나와 그 자녀들에게 주는 분량에 '상당한' 몫을 주었던 것이다(4, 5절). 한글 성경에 '갑절'로 번역된 히브리어는 '마나 아핱 아파임'(מָנָה אַחַת אַפָּיִם)으로 번역상 많은 어려움을 제기한다. '갑절'이란 번역은 '코'또는'얼굴'을 뜻하는 '아파임'(אַפָּיִם)이 쌍수(dual)라는데 착안한 것('두 얼굴의 몫='갑절')으로 보이나 이것은 문법적으로 지지되기 어렵다. 맥카터는 '아파임'(אַפָּיִם)을 '케핌'(כְּפָיִם)의 오기(誤記)로 보아 '그들에 상응하는'으로 번역한다(McCarter 1980:51-52). 퍼쓰는 '코'('아파임'의 단수형 '앞'(אַף)은 '코'를 뜻하기도 한다)가 고대의 종교관습에서 '호의의 표시'(a sign of favour)로 간주되었을 가능성을 언급하며 Peshitta 역본을 따라 예의문구를 '한 특별한 몫'(one special portion)으로 번역한다(Firth 2009:51).

31) 옛 이스라엘은 특별히 초막절에 한 해의 추수에 대하여 여호와께 감사하며 온 식구들뿐만 아니라 심지어 객과 고아와 과부들과 함께 즐기는 축제를 벌였다(신 16:13-15 참조).

라운 일인가! 때때로 하나님은 그 사랑하는 자녀를 불행과 고통의 용광로 속에 집어넣어 연단하심으로 전에 알지 못하던 풍성한 삶으로 인도하신다(시 66:10-12 참조).

한나의 경우도 마찬가지였다. 하나님은 한나 자신은 물론 이스라엘 온 백성을 새롭게 할 계획을 가지고 한나의 삶에 개입하고 계셨던 것이다. 왜냐하면 한나가 낳을 아들이 장차 이스라엘 역사에 새로운 전기를 마련할 지도자가 될 것이기 때문이다. 만일 한나가 불임의 막다른 골목으로 내몰리지 않았던들 아들을 바치겠노라는 서원기도를 드릴 수 있었겠으며, 마침내 아들이 태어나자 그를 성소에 바치는 헌신의 자리로 나아갈 수 있었겠는가? 그러나 현재의 고통이 더 나은 미래를 위한 시련이라는 사실은 아직 한나에게는 감추어진 비밀과 같은 것이었다.

식음을 전폐하고 괴로워하는 한나를 엘가나는 "내가 그대에게 열 아들 보다 낫지 아니하냐"라며 달래려 하였지만 허사였다. 어떤 위로의 말도 오랜 세월 동안 그녀의 가슴에 맺힌 한을 씻어낼 수 없었던 것이다. 사무엘의 출생 이야기는 이와 같이 절망적 상황에서 고통 당하는 한 여인의 삶에서부터 시작한다. 이것은 우리로 하여금 당시 이스라엘의 형편을 생각하게 만든다. 즉 한나의 불임은 제반 혼란상으로 인해 미래에 대한 어떤 기대와 소망을 갖기 어려운 이스라엘의 황폐해진 상황에 비견된다는 것이다. 브루거만은 한나의 모습을 "희망없는 희망의 소리없는 소리"(voiceless voice of hopeless hope)라 표현하면서 다음과 같이 말한다: "한나는 초기 이스라엘의 소리 없음과 희망 없음을 체현한다"(Brueggemann 1990:47).

당시 이스라엘의 영적 피폐함이 어느 정도였는가는 예배를 책임지고 있었던 엘리의 두 아들들의 모습에서 잘 드러난다. 그들은 하나님을 합당하게 예배하는 일에는 무관심하고, 물질적인 욕심과 (2:12-17) 육체적인 욕망(2:22-26)을 채우기에 급급하였다. 이스라엘의 미래와 소망이 오직 하나님과의 바른 관계의 회복에 있음을 감안할 때 당시 이스라엘의 형편이란 말할 수 없이 절망적인 것이었다고 볼 수 밖에 없다. 이제 이스라엘에는 더 이상 미래가 없는가? 사방을 둘러 보아도 절망적인 모습뿐이지만 그래도 한가지 희망이 보인다. 그것은 곧 엘가나의 가정이 매년 실로에 있는 성소에 나아가 '만군의 여호와'께 제사를 드렸다는 사실이다.[32]

하나님은 인간의 모든 문제에 대한 궁극적인 해답이시기에 그분께 소망을 두며 그분 앞에 나아가는 자가 있는 한 세상에는 아직 소망의 등불이 꺼지지 않은 것이다. 여기서 특별히 '만군의 여호와'라는 말에 주목할 필요가 있다. 이 특별한 '신명'은 구약전체를 통틀어 여기에(삼상 1:3) 처음으로 등장한다. 알베르츠(Albertz 19962:202)에 따르면 이 이름은 세상을 통치하는 야웨의 왕적 위엄 및 권세와 결부된다고 하며, 스퇴뵈(Stoebe 1973:95)는 그 이름이 고대 이스라엘의 '성전'(holy war)과 연결된다고 말한다. 이 견해가 옳다면 사무엘서의 초두에 등장하는 '만군의 여호와'란 이름은 장차 팔레스타인 땅에서 일어날게 될 일을 암시하는 기능을 한다고 볼 수 있다. 즉 그것은 한나 개인의 삶이 회복되는 차원을 넘어 여호와의 백성인 이스라엘이 주변 민족들을 제압하고 우뚝 서게 될 것을 암시한다.

---

32) 이에 대해 브루그만은 "가정 체제는 절망적으로 폐쇄되어있는 것처럼 보인다. 유일한 탈출구는 매년 엘가나가 야웨 곧 한나의 태를 닫으신 분께로 제사를 드리러 올라간다는 것이다"라고 말한다(Brueggemann 1990:35).

2) 한나의 기도

같은 사실이 한나의 모습에서 더욱 분명히 드러난다. 처음에 한나는 자기의 대적 브닌나로 인해 슬퍼하며, 울고, 먹지 아니하였다(8절). 이러한 상태가 지속되거나 악화되면 자신과 타인에게 파괴적인 결과만 생길 따름이다. 그러나 한나의 경우는 달랐다. 10절은 "한나가 마음이 괴로와서 여호와께 기도하고 통곡(하였다)"고 한다. 자신의 슬픔과 고통이 좌절이나 타인에 대한 원망과 미움으로 이어지지 않고 하나님 앞에 기도하는 것으로 발전한 것이다.

한나가 하나님께 기도하였다는 것은 그녀에게 하나님께 대한 믿음이 있었다는 것을 의미한다. 믿음이 있으니 기도하는 것이다. 아이를 낳는 것은 인간의 힘으로 어떻게 할 수 없는 일이다. 그러나 한나에겐 인간에게 불가능한 것도 하나님께는 가능하다는 믿음이 있었다. 하나님은 창조주이시며 절대자이시기에 그에게는 불가능한 일이 없다. 그분이 원하시기만 하면 어떤 일이든 하실 수 있다. 육체적, 정신적 질병을 치유해 주실 뿐만 아니라 심지어 죽은 자들까지도 살리실 수 있다. 한나에게 그런 믿음이 있었기에 하나님께 기도할 수 있었던 것이다. 다시 말하면 그녀에게 하나님이 유일한 소망이었다.

또한 한나는 하나님이 인간의 불행과 고통을 돌아보시는 인격적인 분이심을 알고 있었다. 이것은 한나가 하나님께 기도하며 '통곡하였다'는 사실에서 엿볼 수 있다. 고대 가나안 사람들은 신을 비인격적으로 생각하였다. 자연 속에 들어있는 어떤 거대한 힘을 신격화하여 그것을 '바알' 또는 '아세라' 신으로 섬겼던 것이다(von Rad 1992:231). 그렇기에 그들은 어려운 일이 생길 경우 인격적으로 신에게 나아갈 생각을 하지 못했다. 주문을 외우든지 아니면 어떤 종교행위를 하는 것이 고작이었다. 바알의 제사장들이 비를 내리게 하기 위해 자신들의 몸에 상처를 낸 일을 생각해보라(왕상 18:28). 그러나 한나는 하나님이 인격적인 분이심을 알았다. 그랬기에 그녀는 그분 앞에서 통곡할 수가 있었다. 그녀는 곤경에 처한 자식이 아버지 앞에 슬픔을 토로하듯 하나님께 자신의 원통함을 표현하였다.

그뿐만 아니라 한나는 하나님께 '나를 기억하소서'라며 기도하였다. 어떤 사람이 누군가를 기억한다는 것은 이미 두 사람 사이에 관계가 존재한다는 것을 의미한다. 즉 한나가 하나님께 '나를 기억하소서'라고 기도한 것은 한나와 하나님 사이에 이미 관계가 존재한다는 것을 의미한다. 말하자면 한나는 하나님과의 관계에 호소하여 기도하고 있다는 것이다. 그렇다면 한나와 하나님 사이에 있었던 관계는 어떤 것일까? 한나는 이스라엘 백성이었으므로, 하나님 앞에서 이스라엘이 갖는 위치와 의미는 한나에게도 해당된다. 즉 이스라엘이 하나님께 선택 받은 특별한 민족인 만큼, 한나도 그러했다는 말이다. 말하자면 한나는 하나님의 백성이요, 하나님의 딸이었던 것이다. 한나는 바로 이러한 관계성에 근거하여 하나님께 기도하였다.

끝으로 한나는 매우 간절히 기도하였다. 그녀의 간절함은 통곡하는 모습에서도 나타나지만, 1:11에 소개된 기도의 말 속에서 잘 표현된다. 그녀는 네 개의 연속되는 조건절을 사용하여 그녀의 소원을 표현한다: "만일 당신의 여종의 불행을 돌아보시고, 나를 기억하시고, 당신의 여종을 잊지 않으시고, 당신의 여종에게 사내 아이를 주신다면". 여기서 우리는 한나가 하나님의 마음을 움직이고자 최대한의 노력을 기울이고 있음을 알게 된다. 그녀는 먼저 자신의 불행한 상황을 언급하고, 하나님과의 특별한 관계를 상기시키며, '잊어버리다'라는 다소 강렬한 어휘를 사용하여 애원하듯 말한다: "나를 잊지

---

33) 기도의 내용으로 미루어 한나는 태어날 아이를 위하여 '나실인 서약'(a Nazirite vow)을 한 것으로 보인다. 나실인 서약에 대하여서는 민수기 6:1-21

마소서". 이런 간절함에 무감각할 이가 누가 있겠는가? 여기에 덧붙여 한나는 서원까지 한다: "아들을 주시면 내가 그의 평생에 그를 여호와께 드리고 삭도를 그 머리에 대지 아니하겠나이다".[33]

이 기도의 결과로 한나의 삶에 변화가 왔다. 먼저, 한나의 얼굴에 수색이 사라졌다(1:18). 얼굴은 마음의 거울이다. 그러므로 얼굴에 수색이 사라졌다는 말은 마음에 근심과 슬픔이 없어졌다는 의미이다. 아마도 기도 가운데 한나는 하나님의 선하심과 그분의 능력을 더욱 확신하고 그분 앞에 자신의 근심과 슬픔을 내려놓을 수 있게 되었을지도 모른다. 또한 성령께서 한나의 마음 속에 역사하셔서 근심과 슬픔이 사라지고 평안과 기쁨이 솟아나도록 하셨을 수도 있다. 확실히 하나님은 인간의 이해를 뛰어넘는 신비로운 방식으로 인간에게 평안을 주시고 기쁨을 주시기도 하신다. 또 다른 가능성은 한나가 간절히 기도하는 동안 하나님께서 보다 직접적인 방식으로 응답해주셨는지도 모른다.[34] 더 나아가 엘리 제사장의 축복 -"이스라엘의 하나님이 네가 기도하여 구한 것을 허락하시기를 원하노라"(삼상 1:17)-또한 한나의 변화에 중요한 영향을 끼쳤을 것이다(삼상2:20 참조). 아무튼 기도의 결과 한나의 삶은 완전히 바뀌게 되었다. 그리고 마침내 아들을 낳는 축복을 얻는다.

한나에게 놀라운 점은 기도응답을 받고 난 다음의 모습이다. 누구든지 원하던 바를 얻고 나면 마음이 해이해지기 쉽다. 주신 분의

에 자세히 나타난다. 히브리어 '나지르'(נזר)는 '분리하다'(to separate)는 의미를 가진 동사의 어근 נזר에서 왔다. 따라서 나실인은 one who is consecrated to God을 의미한다(Cartledge 1989:410). 원래 나실인 서약에는 포도주와 독주를 금하는 것도 포함된다(삿 13:4 참조). 실제로 칠십인경은 11절에 이 두 가지 금지조항을 첨가시키고 있다. 그러나 이것은 원본(Urtext)을 나타내는 것이라기 보다 번역자가 히브리어 본문(Vorlage)을 성경의 다른 부분과 조화시켜 번역한 것이다.

34) 후에 엘가나가 한나에게 한 말 "오직 여호와께서 그의 말씀대로 이루시기를 원하노라"(삼상1:23)은 한나에게 하나님께로부터 모종의 계시가 주어졌음을 암시한다.

은혜는 쉽게 잊어버리고, 얻은 것에 대한 만족감에 도취되어 처음 품은 뜻을 망각하기 일쑤다. 사사시대 이스라엘 백성들이 그랬다. 그들은 이방인들의 압제에 눌려 고통 당할 때 하나님께 절박한 심정으로 부르짖었고, 하나님은 그런 그들을 불쌍히 여기시어 구원해 주셨다. 그런데 그들은 은혜를 베푸신 하나님께 감사하며 그분을 섬기는 대신 곧장 범죄의 길로 달려갔고, 우상을 섬기기 시작하였다. 이 얼마나 어처구니 없는 일인가? 그런데 한나의 경우는 달랐다. 그녀는 기도 응답을 받은 후 그 마음이 변하지 않았다. 하나님을 향한 감사의 마음이 식어지지 않고 깊어져서 시가 되고 노래가 되어 흘러 넘쳤다(삼상 2:1-10 참조).

그뿐만 아니라 한나는 하나님께 서원한 대로 아들을 성소에 바쳤다. 그토록 얻기 원했던 아들인데 얼마나 곁에 두고 싶었겠는가? 그런데 한나는 그런 인간의 정을 뒤로 하고 하나님께 약속한 것을 지킨다. 다음은 한나가 아이를 성소에 바치면서 한 말이다:

"내가 이 아이를 위해 기도하였더니 야웨께서 나의 *구한 바*를 주셨습니다. 그러므로 나 또한 그를 일평생 *야웨께 구하여 얻은 자가 되게* 하리니[35] *그가 야웨를 위해 구하여진 자*가 될 것입니다"(1:27-28a).

이 구절에서 '일평생 *야웨께 구하여 얻은 자*가 되게 한다'는 말은 아이를 선물로 주신 하나님의 은혜를 잊지 아니하고 그 아이가 '*야웨께 구하여 얻은 자*'로서의 자기 정체성을 가지고 일평생 헌신된 삶을 살도록 하겠다는 뜻이다. 더 나아가 아이를 '야웨를 위해 구하여진 자'(שָׁאוּל לַיהוָה)가 되게 한다는 것은 아이의 존재목적이 오직 하나님

---

35) Dietrich 2003:16, 56 참조. 히브리어 '히쉬일티후 라도나이'(הִשְׁאִלְתִּהוּ לַיהוָה)는 '내가 그를 야웨께 빌려드립니다'로도 해석될 수 있다(HALAT, 1278-1279). 그러나 이러한 해석은 본문의 의미와는 거리가 멀다. '빌려드린다'는 말은 언젠가 되돌려 받는 것을 의미하는데 반해 한나는 아이를 '일평생'(כָּל־הַיָּמִים)동안 야웨께 드리고자 하기 때문이다(Goslinga 1968:88).

을 위한 것이며, 따라서 그를 하나님께 온전히 받친다는 것을 의미한다. 이것은 사무엘이 장차 하나님께 헌신된 사람으로서 쓰임받게 될 것을 암시한다. 나아가서 그것은 한나가 하나님께 한 서원을 모두 지켰다는 사실을 의미하기도 한다.

여기서 우리는 하나님과 그 백성들 사이에 있는 관계의 중요한 한 측면을 엿볼 수 있다. 한나는 '하나님께서 주셨으니 *나 또한* (וְגַם אָנֹכִי) 드릴 것입니다'라고 말한다. 즉 한나는 하나님께로부터 받은 은혜와 사랑에 대해 순종과 헌신으로 응답하고 있는 것이다. 하나님께 구하고 심지어 구한 것을 받아 누리면서 그분께 아무 것도 돌려드리지 않는다면 이것은 그 백성 된 자의 올바른 모습이 아닐 것이다. 사사시대의 이스라엘 백성들은 곤경에 처할 때마다 하나님께 부르짖어 구원을 경험하였으나 곧 그 은혜를 잊어버리고 범죄하곤 하였다. 그러나 이제 하나님께 소원한 바를 얻고 또 그 얻은 것을 하나님께 돌려드리는 한나의 모습 속에 새로운 역사의 시작을 알리는 맥박소리를 들을 수 있다.

3) 구하여 얻은 자 사무엘

이와 같이 이스라엘의 새 시대를 열어갈 인물인 사무엘은 '하나님께 구하여 얻은 자'였다. 이렇게 볼 때 사무엘은 하나님께서 보내신 자임이 분명하다. 이처럼 God-sent-man의 측면이 강조되는 곳은 특별히 하나님께서 새로운 구속의 역사를 열어가실 때이다. 아브라함 언약을 이어갈 자인 이삭도 아브라함이 자연적으로는 더 이상 자녀를 낳으리라 기대하기 힘든 100세 때 얻은 아들이요, 모세 또한 바로의 핍박으로 생명을 유지할 수 없는 상태에서 기적적으로 강에서 건짐을 받았다. 신약으로 넘어 오면 메시야의 선구자로서 새 시대의 도래를 준비한 세례요한 또한 더 이상 아이를 기대할 수 없을 정도로 나이가 많은 가정에 기적적으로 태어나게 되었다(눅 2).[36] 이모든 것이 암시하는 것은 무엇인가? 그것은 하나님의 구원역사, 곧하나님 나라의 도래는 자연적으로나 혹은 인간의 능력으로 되지 아니하고 오직 하나님의 지혜와 능력으로 된다는 것을 암시한다.

1:20절에 의하면 '사무엘'이라는 이름이 '여호와께 그를 구하였다'는 사실에서 온 것이라고 한다. 그런데 '구하다'에 상응하는 히브리어 '샤알'(שָׁאַל)은 얼핏 보아 '사무엘'(שְׁמוּאֵל)이라는 이름과 잘 연결되지 않는 듯하다. 언어학적으로 볼 때 שְׁמוּאֵל은 שְׁמוֹ 와 אֵל의 합성어로서 his name is El 혹은 the name of El을 뜻하는 것으로 봄이 자연스러워 보인다.[37] 반면 שָׁאַל은 이스라엘의 첫 째 왕 '사울'(שָׁאוּל)의 이름을 연상케 한다. 사무엘상 1장을 읽어 내려가면 שָׁאַל을 어근으로 하는단어가 반복적으로 나타나는데(17, 20, 27(2회), 28(2회)) 이때독자들은 자연스럽게 이스라엘의 첫째 왕 사울을 생각하게 된다. 그래서 어떤 비평학자들은 사무엘상 1장이 원래는 사울의 탄생기사였으며 후대에 사무엘의 탄생기사로 고쳐졌다고 주장한다. 그러나 노트(Noth 1963:395)에 따르면 사무엘상 1장의 배경기사는 사울과전혀 맞지 않고, 또한 이름설명에 있어서 어원학적인 정확성이 주 관심사가 아니며 소리의 유사성만으로도 충분하기에 שְׁמוּאֵל과 שָׁאַל을 연결

---

36) 사무엘과 세례요한 사이에 많은 유비가 있어 보인다: 1) 불임이던 어머니에게서
   기적적으로 출생, 2) 나실인으로 구별됨, 3) 특별한 성장과정(성소와 광야), 4)
   왕의 길을 예배한 자 (다윗 왕과 다윗의 후손으로 온 메시야 왕), 5) 세례요한
   이 물세례를 베푼 것과 사무엘의 인도하에 일어난 미스바 회개운동에서 백성들
   이 물을 길어 여호와 앞에 부은 사실(삼상 7:6).
37) 카일(Keil 1875:23)은 사무엘이 '듣다'의 수동 분사형 שָׁמוּעַ와 אֵל이 합성되어 생겨
   난 이름으로 '하나님이 들으신 자' (a Deo exauditus)를 뜻한다고 생각한다. 이
   는 어원학적으로 매우 설득력 있는 견해이나 본문에서 사무엘의 이름이 שָׁאַל과
   관계되고 있다는 점에서 다소 어려움을 주는 견해이다.

시키는 데는 아무런 무리가 없다고 한다. 사실 아브라함이나 모세도 그 이름 설명이 어원학적으로 정확히 맞아떨어지지 않으며 꼭 그래야만 하는 것도 아니다(Gordon 1986:23; Willis 1972:53).

결국 본문이 말하고자 하는 것은 사무엘은 여호와께 '구하여 얻은 자'라는 사실이다. 특별히 '구하다'(שָׁאַל)라는 단어가 함축하는 뜻에 주목하여야 한다. 이것은 구함의 대상 곧 하나님의 응답 여부에 모든 것이 달려있음을 의미한다. 재미있는 사실은 사울은 백성에게 구하여진바 되어 – שָׁאוּל(שָׁאַל의 수동 분사)– 이스라엘의 첫째 왕이 되었지만 정작 그 자신은 하나님께 구하지 아니함으로 마침내 버림받은 비운의 왕이 되고 말았다. 그러나 사울의 뒤를 이은 다윗은 모든 일에 있어 하나님께 구함으로 왕의 자리에 세움을 입게 되었다. 그러므로 사무엘서 초두에 반복적으로 나타나는 히브리어 어근 שָׁאַל은 하나님의 주권성을 강조함과 동시에 이스라엘에게 있어서 하나님께 구하는 자세, 곧 하나님께 의존적인 믿음의 자세가 얼마나 중요한가를 드러내 보여주는 것이라 하겠다.

3. 한나의 노래

어린 사무엘을 성소에 바친 후 한나는 훗날 예수의 모친 마리아가 부른 송가(Magnificat)에 비견된 유명한 찬양의 기도를 하나님께 드린다. 그 내용을 요약하면 다음과 같다. 먼저 1-2절에서 구원의 기쁨과 아울러 비할 데 없이 탁월하신 하나님에 대한 찬양이 시의 도입부를 이룬다. 그리고 3절에 모든 것을 평가하시는 지식의 하나님에 대한 언급과 더불어 시의 중심 내용이라 할 수 있는 반전(reversal)의 테마가 8절까지 이어지고 이것은 마침내 '거룩한 자'들과 '악인'의 상반된 운명을 말하는 9절에서 그 정점을 이룬다. 끝으로 10절에서 하나님을 대적하는 자에 대한 심판과 여호와의 기름부음을 받은 왕의 높아짐이 선포되면서 시가 종결된다.

1) 내러티브 컨텍스트

종종 한나의 노래에서 그 이전이나 이후에 이어지는 내러티브와의 연결점을 찾기 힘들다는 견해가 제기 되었다(Brettler 1997:602-03). 5절에 일곱 자녀를 낳은 여인에 대한 언급이 나타나지만 이것 역시 모두 여섯 자녀를 낳은 한나의 형편과 일치되지 않는다 (2:21 참조). 시의 전체적 내용을 보면 작은 가정의 틀 속에서 불임으로 인해 고통 당하던 한 여인의 모습은 찾아보기 힘들다. '용사의 활'이 언급되는가 하면 '귀족들' 및 '땅의 기둥들'이 거론된다. 그뿐만 아니라 '여호와를 대적하는 자'가 이야기 되고 심지어 '기름부음을 받은 왕'이 언급되기도 한다. 얼핏 보기에 이것은 남편의 또 다른 아내와의 갈등으로 어려움을 당하던 여인의 노래로 보기에 힘들고, 오히려 전쟁에서 승리하고 돌아온 용사의 노래로 보는 편이 더 좋은 듯 여겨진다.

그러나 한나의 노래가 전쟁을 배경으로 한 '승리의 노래'에 가깝다는 이유로 이차적인 것으로 취급한다면 그것은 고대 이스라엘의 문화적 맥락을 도외시한 시대착오적이라는 반론이 있다. 왓츠(Watts 1993:29)에 따르면 미리암의 노래(출 15), 드보라의 노래(삿 5), 다윗과 골리앗의 전투 이후에 나오는 이스라엘 여인들의 노래(삼상 18) 모두 여인이 불렀던 '승리의 노래'였으며, 따라서 한나가 같은 성격의 노래를 부른 것은 이상한 일이 아니라고 한다. 나아가서 왓츠는 내러티브 컨텍스트와 한나의 송가 사이에 있는 간격은 내러티브와 시의 문학적 특성 차이 때문이라는 의견을 제시한다. 즉 내러티브에서는 내레이터가 미묘한 방식으로 주제를 전개시키지만, 시에서는 주제가 노골적으로 제시되기에 두 부분의 연결이 어색하게 보인다는 것이다. [38]

그렇다면 한나의 송가에서 보이는 '관점의 확장'은 어떻게 보아야 할 것인가? 서원기도에 대한 응답으로 아이를 얻은 여인의 기도 속에 왜 개인적이고 사적인 차원을 넘어선 국가적이고 우주적이며 영적인 요소들이 나타나고 있는가? 앞에서 말한 것처럼 이것은 시인의 고조된 감정이 그대로 표출되는 시문학의 특성과 관련된 문제일 수 있다(시 7편 참조). 그런가 하면 한나가 하나님께 찬양을 드림에 있어서 옛날로부터 전해 내려왔고 당시 사람들에게 잘 알려져 있던 옛 승리의 노래를 암송하였던 것으로 볼 수도 있다. [39] 또 다른 가능성은 한나의 송가는 그녀가 통곡하면서 기도하였던 내용이 개인적인 소원에 국한된 것이 아니라 보다 폭넓은 차원, 즉 하나님과 그의 백성들의 문제에까지 확대되었음을 보여주는 것일 수도 있다(Wallace 2002:5). 실제로 시편에서 기도의 내용이 개인에서 범국가적/우주적인 차원으로 발전하는 예를 찾는 것은 그리 어려운 일이 아니다(시 22; 25; 28; 51 등).

---

38) 다음은 내러티브와 시의 차이에 대한 왓츠(Watts 1998:28-9)의 설명이다:"주제의 명료성과 관련하여, 사무엘 내러티브는 일체 이야기의 방식을 사용하지 않고 대개 반복과 시적인 심상을 통해 주제를 설명하는 시편과 거의 정반대 지점에 있다. 이야기의 맥락에 나타나는 시편들에서는, 시와 산문간의 대조 보다도 주제의 솔직한 언급과 이야기의 미묘한 전개의 병치가 산문에 더 익숙한 현대 독자들의 감성을 방해한다. 적어도 이 야기들에서는 그렇다."

39) Wallace 2002:30:"여기서 그녀가 이스라엘 역사에서 과거의 어떤 승리를 기리는 옛 노래를 단순히 반복하였을 가능성도 얼마든지 있다. 아마도 그녀는 아이였을 때 배웠었던 그 노래가 지금 현재 자신의 상황에 그대로 맞아 떨어진다고 느꼈을 것이다. 또 다른 가능성으로는, 그녀가 당시의 예전을 통해 익숙해있던 구절들과 본문들을 사용하여 직접 시를 창작하였을 수도 있다."

2) 노래의 성격

한나가 부른 노래의 중심 테마는 역전(reversal)이다. 우선 4-5절에 운명의 반전에 대한 묘사가 나온다: 용사의 활 ↔ 넘어진 자(4); 유족하던 자 ↔ 주리던 자(5); 잉태치 못하던 자 ↔ 많은 자녀를 둔 자(5). 이어서 6-8절에 이러한 반전을 가능케 하고 주관하시는 분이 여호와이심이 강조된다: 죽이기도 하심 ↔ 살리기도 하심(6); 음부에 내리기도 하심 ↔ 올리기도 하심(6); 가난하게도 하심 ↔ 부하게도 하심(7); 낮추기도 하심 ↔ 높이기도 하심(7). 이것은 한나가 경험한 역전의 체험을 배경으로 하고 있다. 즉 하나님께서 자신의 간절한 기도를 들으시고 과거의 소망이 없던 불행한 삶에서 구원하신 것을 돌아보며 찬양드리는 것이라 볼 수 있다.

그러나 한나의 노래를 단순히 회고적인(retrospective) 것으로만 보고 지나가서는 안 된다. 이 노래의 중심 테마인 '역전'은 사실 뒤이어 나타나게 될 역사를 미리 보여주고 있기도 하다. 가까이는 엘리 제사장의 가문이 몰락하고 사무엘이 그 자리를 대신하게 되는 반전의 역사가 나타나며, 멀리는 이스라엘의 첫 번째 왕 사울이 다윗에 의해 대체되는 반전의 역사가 나타난다. 물론 이 모든 반전의 역사는 하나님의 주권적인 다스림으로 말미암아 펼쳐지는 역사이다. 특히 10절에 나오는 '자기 왕,' '자기의 기름 부음을 받은 자'에 주목할 필요가 있다. 이렇듯 한나의 송가는 장차 세워지게 될 왕과 왕정을 내다보고 있다. 결론적으로 한나의 송가는 회고적임과 동시에 미래적이며(prospective), 장차 나타날 일을 앞당겨 보여준다는 측면에서 예기적(proleptic)이다.

여기서 고대 역본 중의 하나인 탈굼(Targum Jonathan)을 살펴보는 것이 유익하다. 탈굼은 한나의 송가를 사무엘로부터 에스더까지의 이스라엘 역사를 추적하는 예언으로 바꾸고 있다(Staalduine-Sulman 2002:204-19). 특별히 탈굼은 맛소라 본문 1절의 '한나가 기도하여 가로되'에 '예언의 영으로'(ברוח נבואה)라는 구절을 첨가시키고 있다. 이것은 탈굼이 한나의 노래를 영감된 예언으로 보았음을 반증해주는 것이다. 왓츠는 한나의 노래가 '미래에 대한 지식'을 담고서 예기적인 기능을 하고 있다는 점과 여선지 미리암과 드보라와 같이 승리의 노래를 부르고 있다는 점에서 한나를 여선지자로 본다.[40] 스피나(Spina 1991:63)는 또한 말하기를 한나는 여기서 그저 "경건한" 한 여인으로 말하고 있는 것이 아니라 "선지자"로서 말하고 있다고 한다. 특히 스피나는 한나가 소리 없이 기도하던 무성의(voiceless)여인으로서 마침내 자기 목소리를 찾은 것은 장차 이스라엘이 선지자로 말미암아 그 목소리를 찾게 되는 것을 예견하는 것이라 본다.[41]

이러한 맥락에서 엘가나가 사무엘의 출생 직후 실로 성소에 올라갈 때에 한나에게 한 말을 상기할 필요가 있다: "오직 여호와께서 그의 말씀대로 이루시기를 원하노라"(1:23). 여기서 의문스러운 것은 여호와께서 언제, 어떤 말씀을, 누구에게 하셨는가 하는 것이다. 때때로 학자들은 칠십인경과 쿰란사본(4QSam[a])에 의거하여 '그의 말씀'(דברו) 대신 '네 말'(דברך)로 읽어야 한다고 주장한다. 그러나 칠십인경에 나타나는 이독(variant) - "네 입에서 나온 것"(τὸ ἐξελθὸν

---

40) Watts 1993:30: "1 Sam. 2,1-10 does not turn Hannah into a warrior; however, it does cast her as a prophetess."
41) Spina 1991:63: "Hannah's finding her voice is preparatory to and in effect parallel with Israel's finding a voice, i.e., a prophetic voice."
42) 사무엘서와 관련하여 맛소라 본문, 칠십인경, 쿰란사본을 비교 연구한 피자노(Pisano 1984:283)는 칠십인경의 '플러스'는 확장적 성격을 가지며, '마이너스'는 매끄럽지 않은 부분을 다듬기 위해 줄인 '축소'(abridgment)라고 한다.

ἐκ τοῦ στόματός σου) - 은 난해한 히브리어 본문에 대한 해석일 가능성이 크며,[42] 쿰란의 본문 또한 반드시 맛소라 본문 보다 더 원래의 본문을 보존하고 있는 것이라고 단정할 수 없다. 이것은 주해가가 이들 상이한 독법들 중 어느 하나를 선택해야 한다는 것을 의미한다. 우리가 보기에 맛소라 본문을 선호할만한 충분한 이유가 있다.

먼저 '여호와께서 *그의 말씀대로 이루신다*'는 말은 구약에서 일반적으로 나타나는 '말씀'과 '성취'의 구도에 잘 맞는다(삿 13:12; 삼하 7:25 참조).[43] 다음으로 엘가나가 사랑하는 아내의 첫 아이인 사무엘을 성소에 바치는 일에 선뜻 동의한 것은 아내의 서원에 비토(veto)를 행사할 수 있었던 옛 이스라엘의 관습(민 30:1-16 참조)에 미루어 매우 놀라운 일이라 할 수 있다. 이는 적어도 이들 부부에게 아이의 장래에 대한 하나님의 특별한 '말씀'(계시)이 있었다는 것을 암시하는 것이 아닌가(삿 13:5 참조)? 나아가서 기도 후에 한나의 얼굴에서 수심이 사라진 것 또한 그녀에게 모종의 계시가 있었을 가능성에 무게를 실어준다. 무엇보다 노래의 마지막에 나오는 '왕'(מֶלֶךְ) 또는 '기름 부음을 받은 자'(מָשִׁיחַ)에 대한 언급이 중요하다. 이러한 표현들은 하나님이 한나에게 장차 아이를 통해 이루어질 일을 미리 알려 주셨을 것이라는 추측을 강하게 뒷받침해 준다. 이 모든 것에서 다음과 같은 결론이 가능하다: 한나는 장차 이스라엘에 펼쳐질 역사에 대해 계시 받은 선지자로 나타나 노래하고 있다.[44]

---

43) 디트리히(Dietrich 2003:20)도 맛소라 본문의 הקים דבר가 '하나님의 말씀이 성취된 것을 가리키는 통상적인 표현'("eine gängige Formel über das Erfülltwerden von Jhwh-Worten")이라고 한다.

44) 스피나(Spina 1991:64)는 맛소라 본문의 "그 말씀"(דְּבָרָיו)이 신명기 18:18에 기록된 약속의 말씀을 가리키는 것으로 본다: "내가 그들의 형제 중에 너와 같은 선지자 하나를 그들을 위하여 일으키고 내 말을 그 입에 두리니 내가 그에게 명하는 것을 그가 무리에게 다 고하리라." 즉, 엘가나는 하나님께서 한나의 기도를 들으시고 아들을 선물로 주신 것을 이스라엘을 위하여 선지자를 일으키시겠다고 하신 약속의 성취라는 관점에서 보았다는 것이다.

끝으로 한가지 덧붙이고자 하는 것은 한나가 사무엘을 실로 성소에 바친 일이다. 우리가 기억하듯이 실로 성소는 어린 사무엘이 자라나기에 그리 적합한 곳이 아니었다. 그럼에도 불구하고 한나가 그런 부도덕하고 타락한 곳에 어린 아들을 맡긴 까닭이 무엇인가? 맹모삼천지교의 교훈에서 볼 수 있듯이 아이가 훌륭한 인물로 자라기 위해서는 우선 좋은 교육환경이 있어야 한다. 한나에겐 그런 교육적 안목이 없었는가? 우리는 이에 대한 답을 한나가 가진 선지적 안목에서 찾아야 하리라고 본다. 사무엘은 '아이를 주시면 그 아이를 평생에 하나님께 드리겠나이다'라는 서원기도에 대한 응답으로 얻은 아이이기에 서원을 지키면 하나님께서 모든 것을 책임져 주시리라는 믿음의 안목이 한나에게 있었다. 여기서 우리는 100세에 얻은 아들이라 할지라도 하나님의 약속을 굳게 믿고 기꺼이 제물로 드리려 하였던 아브라함의 믿음을 상기하게 된다(창22장 참조).

3) 노래의 위치와 기능

앞에서 우리는 한나의 노래가 사무엘하 22장에 나오는 다윗의 감사시와 더불어 사무엘서를 감싸는 외적 틀을 이루고 있다는 사실을 언급하였다. 여기서는 이 두 시들의 내용적 유사성에 대해 조금 더 부연하고자 한다.

> 삼상 2:2 "우리 하나님 같은 반석도 없으심이니이다"
> 삼하 22:32 "우리 하나님 외에 누가 반석이냐"
>
> 삼상 2:7 "여호와는 … 낮추기도 하시고 높이기도 하시는도다"
> 삼하 22:28 "주께서 … 교만한 자를 살피사 낮추시리이다"
>
> 삼상 2:10 "하늘에서 우레로 그들을 치시리로다"
> 삼하 22:14 "여호와께서 하늘에서 우렛소리를 내시며"
>
> 삼상 2:10 "자기 왕에게 힘을 주시며 자기의 기름부음을 받은 자의 뿔을 높이시로다."
> 삼하 22:51 "여호와께서 그의 왕에게 큰 구원을 주시며 기름부음 받은 자에게 인자를 베푸심이여"

위에서 보는 바와 같이 한나의 노래와 다윗의 노래는 각각 사무엘서의 첫 부분과 끝부분에서 형식뿐만 아니라 내용적인 측면에서도 상응관계에 있다. 한나의 노래는 장차 사무엘서에서 펼쳐지게 될 하나님의 큰 일들(*magnalia dei*)을 내다보며 노래하고 있고, 다윗의 노래는 사무엘서에서 이미 일어났고 역사적으로 확정된 일들을 뒤돌아 보며 하나님께 감사의 찬양을 드리고 있다. 이러한 구성은 주전 11~10세기경에 일어났고, 사무엘서에 기록으로 남아있는 이스라엘 초기 왕정의 역사가 하나님의 손길로 말미암은 것이란 사실을 강조함과 동시에, 그 하나님께 모든 영광과 찬송을 돌리는 역할을 한다.

4. 사무엘과 엘리의 아들들

'한나의 노래'(삼상 2:1-10) 이후의 내용은 사무엘과 엘리 집안의 대조적인 모습과 그에 따른 상반된 운명에 초점을 맞추고 있다. 여기에는 한편으로 엘리 집안이 범죄함으로 인해 몰락해가는 과정이 그려지고 있으며, 다른 한편으로 사무엘이 여호와와 사람들에게 은총을 받으며 자라나(2:26) 마침내 이스라엘의 선지자로 세워지게 되는 모습이 소개된다(3:19-20). 이와 같은 대비구도에서 특별히 사무엘의 행적은 간단한 '메모' 형식으로 기록되고 있다는 점이 눈에 띤다.[45]

---

45) 디트리히(Dietrich 2003:117-18)는 사무엘상 2장에 사무엘과 엘리의 아들들의
　　대조적인 모습이 아래 교차구조를 통해 효과적으로 제시되고 있다고 한다:

　　A (메모)　　　　　　사무엘의 행적(11b)
　　　B (이야기)　　　　　엘리의 아들들의 비행(12-17)
　　　　C (메모)　　　　　사무엘의 행적(18)
　　　　　D (이야기)　　　사무엘과 그의 부모(19-21a)
　　　　C' (메모)　　　　　사무엘의 행적(21b)
　　　B' (이야기)　　　　엘리의 아들들에 대한 교도(22-25)
　　A' (메모)　　　　　사무엘의 행적(26)
　　　E (이야기)　　　　엘리를 향한 하나님의 말씀(27-36)
　　A" (메모)　　　　　사무엘의 행적(3:1a)

즉 사무엘상 2장을 읽어내려 가노라면 엘리의 집안의 어두운 모습이 비교적 자세히 묘사되는 사이 사이에 마치 가느다란 빛 줄기처럼 사무엘이 "제사장 엘리 앞에서 여호와를 섬기니라"(11b), "세마포 에봇을 입고 여호와 앞에서 섬겼더라"(18), "여호와 앞에서 자라니라"(21b), "점점 자라매 여호와와 사람들에게 더욱 은총을 받더라"(26), "엘리 앞에서 여호와를 섬길 때"(3:1a)와 같은 언급들이 나타나고 있는 것이다. 이 빛 줄기는 장차 "돋는 해 아침 빛"처럼 이스라엘 온 땅을 두루 비추이게 될 것이다.

1) 엘리와 그 아들들

엘리는 처음부터 영적으로 둔감한 자로 나타난다. 이것은 그가 기도하고 있는 한나를 술에 취한 것으로 오해한 사실에서 알 수 있다 (1:13). 다른 이도 아니고 백성의 영적 상태를 돌보는 제사장으로서 어찌 통곡하며 기도하는 가련한 여인의 모습을 술 취한 자의 주정으로 오인할 수 있단 말인가? 이것은 당시 이스라엘 백성들이 종종 성소에서 술을 즐기는 방종을 일삼았다는 사실을 암시하는 것이기도 하지만, 그렇다고 해서 엘리의 책임이 경감되는 것은 아니다. 자신의 직무에 충실한 주의 깊은 제사장이었다면 적어도 술 취한 것과 기도에 몰입한 것은 구별할 수 있었어야 했지 않을까? 그럼에도 불구하고 엘리는 한나를 오해하였을 뿐 아니라 '포도주를 끊으라'며 꾸짖기까지 하였다(14절).

이것이 전부가 아니다. 엘리는 그 아들들이 극악무도한 죄를 범하여 멸망의 길로 가고 있었음에도 불구하고 소극적으로 대응하는 선에서 그치고 만다: "내 아들들아 그리하지 말라 내게 들리는 소문이 좋지 아니하니라"(2:22-25 참조). 이것은 비느하스(아론의 손자 엘르아살의 아들, 민 25:11)의 모습과 대조적이다. 그는 이스라엘의 족장 중 한 사람이 미디안 여인과 음행하였을 때 '여호와의 질투심'으로 분노하여 죄인들을 처단하였다. 이를 하나님께서 기뻐하사 비느하스의 집안과 '평화의 언약'(בְּרִית שָׁלוֹם)을 맺으시고 '그와 그 후손에게 영원한 제사장 직분의 언약'을 주셨던 것이다(민 25:10-13). 그러나 엘리에게는 이와 같은 '여호와의 질투심'이 없었다.

사실상 엘리는 제사장으로서 누구보다도 먼저 성소의 거룩함을 보존하고, 예배의 순결을 지키는데 열심이어야 했다. 그러나 본문 어디에서도 그가 적극적으로 나서서 아들들의 죄를 벌하고 다스린 모습을 찾아볼 수 없다. 기껏해야 '내 아들들아'라고 하며 몇 마디 타이르고 경고하는 것이 고작이었다. 울며 기도하던 한나를 술 취한 여인으로 오해하여 꾸짖던 그 '엄한' 모습은 어디로 갔는가? 이로 보건대 '그가 하나님보다 아들들을 더 중히 여겼다'(2:29)는 평가는 결코 과장된 것이 아니다. 이 모든 것은 엘리 집안이 백성들에게 토라를 가르치고 그들을 위해 제사 드리는 제사장의 직분을 수행하는데 적합하지 않다는 것을 잘 드러내준다.

여기서 엘리의 두 아들들에 대해 잠시 더 살펴보는 것이 유익할 것이다. 그들은 아비와 더불어 제사장직을 수행하였던 자들이다 (1:3). 그러나 놀랍게도 그들은 성소에서 성직을 수행하는 대신 온갖 불법들을 자행하였다. 그들은 하나님께 바치는 제물을 착복하기에 바빴는데,[46] 내레이터는 이를 '여호와의 제사를 멸시하는' 행위로 규정하고 있다(2:12). 게다가 그들은 회막에서 일하는 여인들을

---

46) 2:13-14이 예루살렘의 제의 규례와는 다른 매우 오래된 제의 풍습을 담고 있다고 생각하는 이들이 있다. 그들에 따르면 이러한 옛 풍습은 고대 실로 성소에서 통용되던 '제사장 규례'(מִשְׁפַּט הַכֹּהֲנִים)였지만 후시대의 저자(또는 편집자)가 그것을 범죄행위로 바꾸었다고 한다(Stoebe 1973:110-11; Dietrich

성적인 욕망의 대상으로 삼기까지 하였다(2:22).[47] 그들은 말 그대로 '불량자'(בְּנֵי בְלִיַּעַל)였으며,[48] '여호와를 알지 아니하던 자들'이었다(2:12). 여호와를 아는 것이 제사장 직분의 핵심이자 근간이라는 사실을 고려할 때 엘리의 아들들은 제사장 자격을 전혀 갖추지 못하고 있었던 것이다. 후에 호세아 선지자는 하나님을 아는 지식이 없는 자들은 제사장이 되지 못할 것이라고 설파하였다(호 4:6).

불행하게도 엘리의 아들들은 아비의 권고에도 불구하고 듣지 아니하였다. 설화자는 이에 대해 "여호와께서 그들을 죽이기로 뜻하셨음이더라"고 한다. 여기서 우리는 인간의 모든 행실이 하나님의 주권적인 뜻과 분리되지 않고 신비롭게 하나로 연결되어있다는 사실을 발견한다. 인간은 자신의 자유로운 결정에 의해 악을 행하고 그로 인해 재앙을 당하게 되지만, 다른 한편 그 모든 일은 하나님의 뜻에 의한 것이기도 하다는 것이다. 이에 대하여 웰리스(Wallace 2002:39)는 다음과 같이 잘 설명하였다: "홉니와 비느하스는 개인적인 자기 결정의 행위를 통하여 스스로 악한 길을 택하고 능동적으로 그 길을 달려 간다. 그들은 '듣지 *아니하였다*! 그러나 하나님 자신 또한 그들에게 일어나고 있는 일을 결정하신다: '*그것은 여호와의 뜻이었다.*'"

2003:131). 그러나 본문에 묘사된 것은 구약의 다른 곳에 묘사된 제의 규례와 어긋나는 것으로(레 7:31–36; 신 18:3 참조) 가나안의 풍속에 영향을 받은 당시의 부패한 혼합주의적 제의형태를 반영하고 있다고 봄이 옳을 것이다(Goslinga 1968:105). 현재의 본문은 엘리의 아들들이 물질적 욕망의 노예가 되어있는 모습을 강조하고 있다. 포클만(Fokkelman 1993:119)에 따르면 본문은 엘리의 아들들이 제사하는 자들의 몫을 빼앗는 모습(13–14절)과 나아가서 하나님께 돌아가야 할 몫까지 침범하는 모습(15–16절)을 대칭적으로 잘 보여준다고 한다.

47) 이것 또한 가나안의 제의적 풍속과 관련된 것일 수 있다: "Immorality was an integral part of Canaanite worship, but was totally out of keeping with Israel's service to the Lord; indeed it was a sin against the Lord" (Baldwin 1988:61).

48) 신명기 13:14에서는 같은 표현 – בְּנֵי־בְלִיַּעַל – 이 우상숭배자들을 가리키는 말로 사용되고 있다는 사실에 유의할 필요가 있다.

마침내 엘리 집안에 하나님의 심판의 메시지가 전달된다. 이로써 세상에 일어나는 어지러움과 혼란들이 곧 하나님의 부재(不在)를 의미하는 것이 아니며, 하나님이 '모든 일들을 보시고 주관하신다'는 사실이 확증되고 있다. 돌연 등장한 무명의 '하나님의 사람'(אִישׁ־אֱלֹהִים)은 구약의 선지자들에게서 발견되는 전형적인 예언문구들을 사용하여 엘리 집안의 죄상을 책망하고 심판을 선고한다. 그는 우선 '사자공식' (Botenformel) - "여호와께서 이같이 말씀하시니라"(כֹּה אָמַר יְהוָה) - 을 통하여 말문을 연후(2:27), '신적 일인칭'을 사용하여 엘리 집안의 배은망덕함과 죄악을 꾸짖는다(2:27b-29). 이어서 '그러므로' (לָכֵן)가 이끄는 '심판선고'가 뒤따른다(2:30-36): "내가 전에 네 집과 네 조상의 집이 내 앞에 영영히 행하리라 하였으나 이제 나 여호와가 말하노니 결단코 그렇게 아니하리라"(30).

위에서 언급된 '심판선고'는 다음과 같이 어려운 신학적 질문을 야기한다: 하나님의 약속이 철회되거나 취소될 수 있는가? 이 질문에 답하기란 그리 어렵지 않다. 본문에 언급되고 있는 '영원한 제사장직'에 대한 약속은 일차적으로 아론의 손자 비느하스에게 주어진 약속(민 25:13)을 염두에 두고 있는 것으로 보인다(Gordon 1986:86).[49] 앞에서 보았듯이 비느하스는'여호와의 질투심'으로 불의에 맞섰던 인물이었다. 그러한 자에게 영원한 제사장직의 약속이 주어졌다는 것은 무엇을 의미하는가? 그것은 제사장으로서 하나님을 섬기는 자는 비느하스와 같이 하나님께 충성되지 않으면 안 된다는 의미가 아니겠는가? 볼드윈(Baldwin 1988:62)의 말을 들어보자:

---

49) 본문의 영원한 제사장직에 대한 약속을 아론과 그의 후손들에게 주어진 제사장에 대한 약속(출29:9 참조)과 연결시키는 주석가들도 있다(Firth 2009:70 참조). 그러나 엘리의 두 아들 중 하나의 이름이 '비느하스'인 것을 미루어 볼 때 엘리 집안은 아론의 손자 비느하스로 거슬러 올라간다고 보는 것이 자연스러우며, 따라서 여기에 언급된 영원한 제사장직에 대한 약속은 아론의 손자 비느하스와 그의 후손들에게 주어진 약속을 가리킨다고 보는 것이 더 바람직해 보인다(Scharbert, Solidarität. 147).

"영원한 제사장 직의 약속은 그 가문 편에서의 신실함에 달려있다. 이러한 조건은 분명하게 언급되지는 않았지만 하나님의 약속들에 적용된다."

이제 엘리 집안에 선고된 심판 메시지를 보다 자세히 살펴보기로 하자. 2:30b에 "나를 존중히 여기는 자를 *내가 존중히 여기고*(אֲכַבֵּד) 나를 멸시하는 자를 내가 경멸하리라"는 말씀이 나타난다. 프로방(Provan 2003:203)에 따르면 '존중히 여기다'를 의미하는 히브리어 동사의 어근 *kbd*(כבד)에 대한 '언어유희'가 사무엘상 1-7장에 나타난다고 한다. 예를 들면, 4:18에 법궤가 블레셋의 손에 빼앗긴 비보를 들은 엘리가 앉아있던 의자에서 넘어져 죽는 모습이 이렇게 묘사되고 있다: "엘리가 자기 의자에서 뒤로 넘어져 문 곁에서 목이 부러져 죽었으니 나이가 많고 비대한 까닭이라." 여기서 '비대한'이라는 뜻의 형용사'카베드'(כָּבֵד)는 앞에(2:30)나온 '존중히 여기다'는 의미의 동사와 어근이 같다. 여기서 읽혀지는 언어유희는 이것이다: 하나님보다 자식을 더 존중한 – 무겁게 생각한 – 엘리는 결국 그 자신의 '무게'를 못 이겨 죽고 말았다!

כבד와 관련된 언어유희는 사무엘상 4:19-22에서도 발견된다. 여기에는 히브리어 어근 כבד에서 온 말이 세 번이나 반복해서 나타난다. 임신하여 만삭이 된 엘리의 며느리가 법궤가 빼앗기고 남편과 시아버지가 죽었다는 비보를 전해듣자 난산 가운데 죽어가며 "영광(כָּבוֹד)이 이스라엘에서 떠났다"고 말한다. 그리고는 아이의 이름을 '이가봇'(אִי־כָבוֹד)이라 짓고 죽는다. '이가봇'이란 말은 '영광이 없다'(there is no glory) 또는 '영광이 어디 있는가?'(where is glory?)란 의미이다. 그러니까 엘리의 며느리는 하나님께 영광을 돌리지 않는 가정이나 국가는 결국 모든 영광을 잃어버릴 수 밖에 없

다는 것을 고백적으로 선언하며 죽은 것이다.

　나아가서 사무엘상 6:5-6 또한 כבד와 관련된 언어유희를 담고 있다. 이 구절은 블레셋 사람들이 법궤로 인해 재앙이 일어나자 한 말이다. 그들은 '이스라엘 신께 *무게*(כָּבוֹד)를 돌리라 그리하면 재앙이 가벼워질 것이다 애굽인들은 자신들의 마음을 *무겁게* 함으로(כבד) 심판을 받았다'고 말한다. 블레셋인들은 비록 이방인들이었지만 애굽의 교훈을 기억하고 있었고, 하나님을 '무겁게 여기는 길'이 곧 살길임을 알았다. 반면 엘리 집안을 비롯한 이스라엘 백성들이 하나님보다 세상의 것들을 더 무겁게 여기므로 심판을 받는 모습은 아이러니가 아닐 수 없다(Provan 2003:203). 우리는 하나님과 세상의 것들 중 무엇을 더 무겁게 여기고 있는가? 장차 이스라엘에 세워질 왕권이 직면하게 될 문제도 바로 이것이다: 여러 가지 세상사들과 하나님 중 어디에 더 무게를 둘 것인가?

　사무엘상 2:31-36에는 하나님을 가볍게 여긴 엘리 집안에 임하게 될 재앙들이 비교적 상세히 언급된다. 먼저 31-34절에서 홉니와 비느하스의 죽음으로 정점에 이르는 일련의 재앙들이 소개된 다음 35-36절에서는 엘리 집안을 대체할 새로운 제사장 가문에 대한 언급이 나타난다. 35절을 보자: "내가 나를 위하여 충실한 제사장을 일으키리니 그 사람은 내 마음, 내 뜻대로 행할 것이라 내가 그를 위하여 견고한 집을 세우리니 그가 나의 기름 부음을 받은 자 앞에서 영구히 행하리라." 여기에서 언급되고 있는 '충실한 제사장'은 누구를 가리키는가? 우선 '사무엘'을 생각하기 쉬우나 '내가 그를 위하여 견고한 집을 세우리니'라는 말씀이 어려움을 제기한다. 그의 아들들이 아버지를 이을 만큼 행실이 바르지 않았기 때문이다(삼상

8:1-3참조). 대개 사무엘 연구가들은 이 본문이 다윗 왕과 더불어 등장하게 될 제사장 사독의 집을 가리키는 것이라 본다. 사독은 솔로몬의 즉위 때까지 엘리 집안의 후예 아비아달과 함께 제사장 직을 하다가 솔로몬 즉위 후 홀로 제사장 직분을 맡게 된다(왕상 2:26-27, 35).[50]

한편 엘리 가문을 대신하게 될 '충실한 제사장'에 대한 언급은 단순히 한 가정에 대한 심판의 차원을 넘어서는 것이다. 그것은 곧 제사장의 타락으로 인해 부패하여진 '여호와의 제사'의 회복을 의미한다.[51] 우리는 여기서 "내가 그를 위하여 견고한 집을 세우리니"라는 표현에 주목하여야 한다. 이는 다윗 왕가에 주어진 약속 - "여호와가 너를 위하여 집을 짓고"(삼하 7:11) - 을 상기시킨다. 그러므로 사무엘서 초반은 여러 가지 면에서 암울한 분위기를 띠고 있으나, 다른 한편 밝은 미래가 여기 저기서 예견되고 있기도 하다. 장차 선지자로 세워져 하나님의 말씀을 대언할 인물이 탄생하였고, '충실한 제사장'을 통한 예배의 회복이 예고되고 있으며, 백성을 공과 의로써 다스릴 왕의 도래를 내다보고 있다. 옛 선민인 이스라엘은 선지자, 제사장, 왕 직분을 한 몸에 취하시고 온전히 이루실 그리스도 이전 단계의 가장 영광스러운 시기를 향하여 가고 있는 것이다.

---

50) 카일(Keil 1875:40)은 본문이 궁극적으로 제사장 사독가문을 예견하고 있다는 점에 동의하면서도 사무엘의 등장을 함께 포함하고 있는 것으로 본다: "엘리와 그의 아들에게 내려진 심판의 위협은 엘리의 아들들의 행실을 좇는 아론 계열의 모든 제사장들에게 비참한 굴욕과 불행을 예고하며, 엘리의 두 아들이 한 날에 죽는 것은 심판의 위협이 불경건한 제사장들에게 온전히 성취될 것이라는 예표에 해당한다. 마찬가지로 하나님께서 충실한 제사장을 일으키시고 그에게 지속하는 집을 세워주실 것이란 약속은 주께서 자기 제단의 충실한 사역자로 일으키실 모든 제사장들과 관계되며, 참되고 영원한 대제사장이신 그리스도 안에서 완전하고 최종적인 성취를 얻게 된다."

51) 덤브렐(Dumbrell 1990:50)은 사무엘상 1-3장에서 실로 성소의 타락된 모습은 사무엘하 24장에서 예루살렘 성전건축에 대한 전망에서 해소 된다고 보고 이것을 배교적인 상태에 있던 예배의 역전(the reversal of apostate yet formal worship)이라 하였다.

본문에서 예고된 대로 엘리의 두 아들 홉니와 비느하스는 블레셋과의 싸움에서 한날에 죽고 만다(4:11). 엘리의 며느리도 법궤와 남편에 대한 비보를 듣고 갑자기 산고(birthpangs)에 들고 아이 이가봇(אִי־כָבוֹד)만을 남긴고 죽는다(4:19-22). 하나님의 영광을 짓밟는 자에게 모든 영광은 떠나고 만다. 마침내 엘리 제사장 자신도 불행한 최후를 맞이한다. 특별히 그는 "자기 의자에서 뒤로 넘어져 문 곁에서 목이 부러져 죽었다"고 한다(4:18). 여기서 '의자'에 상응하는 히브리어 '키쎄'(כִּסֵּא)는 구약에서 주로 왕좌(throne)나 공적인 업무와 관계된 자리(official seats)를 가리킨다고 한다. 따라서 엘리가 의자에 앉아있었다는 것은 그가 제사장으로서 일종의 지도력을 행사한 것으로 이해될 수 있다(삼상1:9 참조). 이렇게 볼 때 엘리가 의자에서 떨어져 죽었다는 것은 리더십의 교체가 임박하였음을 상징적으로 나타내는 것이라 할 수 있다.[52]

2) 사무엘의 성장과 선지자 됨

앞에서 우리는 사무엘이 기도의 응답으로 태어나게 된 것을 보았다. 또한 엘가나가 사랑하는 아내의 첫 아들을 기꺼이 성소에 바치며, 한나가 사무엘을 하나님께 드리면서 영감 어린 노래를 부른 모습에서 사무엘이 하나님과 이스라엘을 위해 특별한 사명을 맡은 사람일 것이라 짐작할 수 있었다. 뒤이어 나타나는 기록들은 이 같은 기대가 잘못되지 않았다는 것을 보여준다. 내레이터는 사무엘이 '여호와를 섬겼으며'(2:11, 18; 3:1),[53] '여호와 앞에서 자라났으며'(2:21),

---

52) Spina 1994:72: "It [Eli's falling] also signals that the priest and his house no longer preside over Israel and that a transition of leadership is both necessary and imminent."

53) 여기서 '섬기다'로 번역된 히브리어 동사 '샤라트'(שָׁרַת)은 '아바드'(עָבַד)와 의미상의 차이가 있다고 한다. 좀더 구체적으로 말하자면 עָבַד와는 달리 שָׁרַת은 자유인의 섬김을 가리키며 노예의 일을 가리키는 말로는 결코 사용된 적이 없다고 한다 (THAT 2:1020).

'여호와와 사람들 앞에서 은총을 받았다'(2:26)는 사실을 강조하고 있다. 특히 끝에 언급된 것은 예수 그리스도께서 자라나신 모습과 평행을 이룬다(눅 2:52 참조). 이것은 사무엘이 하나님과 이스라엘 백성들 사이에서 선지적 중보사역을 하게 될 것을 암시하는 것이라 할 수 있다.

이렇게 사무엘은 하나님의 사람으로 자라났고 마침내 하나님은 그런 사무엘에게 말씀으로 다가 오셨다. 당시에 '여호와의 말씀이 희귀하여 이상이 흔히 보이지 않았다'(3:1)는 것은 하나님께서 그 백성들을 향하여 침묵을 지키고 계셨음을 의미한다.[54] 이러한 하나님의 침묵은 당시 백성들의 영적, 도덕적 타락상과 관련된 것으로 보인다. 하나님의 침묵은 그 백성들에게 얼마나 큰 재앙인가(암 8:11 참조)! 사실 이러한 '하나님의 암흑'(Gottesfinsternis)은 일차적으로 엘리의 영적 무감각과 연결되어 있다. 이것은 '엘리의 눈이 점점 어두워가서 잘 보지 못하였다'(3:2)는 말 속에 암시되고 있는 바이기도 하다. 즉 내레이터는 '이상'(vision)의 중단현상(3:1)과 엘리의 시각장애(3:2)를 병치하는 수사적 기법을 사용함으로써 계시 부재의 책임을 엘리에게 돌리고 있는 것이다.

'하나님의 등불이 아직 꺼지지 아니하였다'(3:3)는 표현 또한 단순히 시간의 흐름만을 가리키지 않는다.[55] 이것은 성소의 등불을 '하

---

54) 3:1절 말미의 '이상이 흔히 보이지 않았더라'는 말은 히브리어 원문 '엔 하존 니프라츠'(אֵין חָזוֹן נִפְרָץ)를 번역한 것이다. 여기서 '니프라츠'(נִפְרָץ)는 '파라츠'(פָּרַץ)의 니팔 분사형으로 '퍼진'(verbreitet)을 의미하는데, 원래 '파라츠'(פָּרַץ)는 '깨고 들어가다'(einbrechen), '깨고 나오다'(ausbrechen), '퍼지다'(sich ausbreiten) 등을 의미한다(HALAT 2:914-15 참조). 우리는 유다가 다말에게서 얻은 아들의 이름 '베레스'가 '터치고 나오다'는 의미와 연결된다는 것을 알고 있다(창 38:29). 이러한 사실에 의거하여 포클만(Fokkelman 1993:158)은 본문이 사무엘을 통하여 하나님의 말씀이 옛 질서를 깨고 새 시대를 열 것을 암시하는 것이라고 한다.

55) 주석가들은 대개 제사장들이 저녁부터 아침까지 성소의 등불을 켜야 했다는 사실(출 27:21)로부터 본문의 시점을 새벽 직전일 것으로 생각한다.

나님의 등불'(נֵר אֱלֹהִים)로 고쳐 부르고 있다는 사실에서도 드러난다. 등불이 은유적으로 쓰인 예는 사무엘하 21:17에서 찾아볼 수 있다. 여기서 다윗은 '이스라엘의 등불'(נֵר יִשְׂרָאֵל)로 일컬어진다. 우리의 견해로는 본문에 언급된 '하나님의 등불' 또한 유사한 기능을 한다고 사려된다. 하나님의 등불과 더불어 '사무엘'이라는 이름이 언급되고 있는 것을 보라! 이것은 사무엘을 통하여 이스라엘에 하나님의 등불이 비추이게 될 것을 의미하는 것이 아니고 무엇이겠는가? 그러므로 메시지는 이것이다: 이스라엘은 곧 사무엘을 통해 선포되는 *하나님 말씀의 빛* 아래 살게 될 것이다.

마침내 하나님은 그 동안의 침묵을 깨고 사무엘을 부르셨다(삼상 3:10):

"사무엘아! 사무엘아!"

이때 사무엘은 '여호와의 전' 안에 누워있었는데,[56] 이것은 모세의 수종자 여호수아가 회막을 떠나지 않았던 것을 연상케 한다(출 33:11). 사무엘은 처음에는 하나님이 자신을 부르시는 줄 알지 못하고 엘리에게로 달려갔다. 이에 대해 내레이터는 '사무엘이 *아직* 여호와를 알지 못하고 여호와의 말씀도 *아직* 그에게 나타나지 아니하였기 때문'이라고 한다(3:7). 두 차례 반복되는 '아직'(טֶרֶם)이란 말이 암시하듯 사무엘의 미숙한 출발은 머지 않아 모세시대 이후 최고의 선지사역으로 이어지게 된다(대하 35:18; 시 99:6 참조). 말하자면 사무엘은 '모세와 같은 선지자'로 세움을 받은 것이다(신

---

56) 사무엘이 누웠던 곳은 지성소였다기 보다 제사장들과 레위인들이 거주하였던 성소의 앞뜰이었을 것이다(Keil 1875:42). 사무엘이 하나님의 부르는 소리를 듣고 즉시 엘리에게로 달려갔다는 사실 또한 사무엘이 제사장들이 거처하는 곳과 가까운 곳에 있었다는 것을 가리킨다.

18:15). 그의 선지적 활동은 엘리 집안에 임할 심판을 전달하는 일로부터 시작되고 있다(3:11-18). 이어서 우리는 '단에서 브엘세바까지 온 이스라엘 백성이 사무엘이 여호와의 선지자로 세우심을 입은 것을 알게 되었다'(3:20)는 말을 듣는다.

여기서 4:1a - "사무엘의 말이 온 이스라엘에 전파되니라"- 을 유의해 볼 필요가 있다. 우선 왜 이 구절이 4장의 초두에 놓이게 되었는지 모호하다. 문맥의 흐름상 그것은 3장 21절과 직접 연결되는 것처럼 보인다. 사실 사무엘의 선지적 메시지가 온 이스라엘에게 전파되었다면 이제 그 메시지에 대한 이스라엘 백성들의 반응이 나타나는 것이 자연스럽다. 그러나 4장에는 사무엘의 선지적 활동에 대해서도, 그에 대한 백성들의 반응에 대해서도 아무런 언급이 나타나지 않는다. 이러한 이유로 인해 대다수의 주석가들(Keil, Klein, Gordon, Dietrich, Baldwin, Campbell)은 4:1b부터 새로운 장이 시작되는 것으로 본다.

그러나 스피나는 4:1a를 뒤이어 나오는 이스라엘과 블레셋과의 전쟁기사의 초두에 둔 맛소라 본문을 지지한다(Spina 1991:65). 이유인즉 4:1a의 표현 – וַיְהִי דְבַר־שְׁמוּאֵל לְכָל־יִשְׂרָאֵל – 이 "선지적 담화를 도입하는 일반적 방식"(a common way of introducing prophetic speech)이기 때문이라고 한다.[57] 그런데 스피나의 말대로 4:1a가 선지적 담화의 서언형식이라면 뒤이어서 왜 선지적 메시지가 나오지 않고 곧바로 이스라엘 백성이 블레셋과 전쟁한 내용이 나타나고 있는가? 스피나에 의하면 이와 같은 내용상의 긴장이 이차적인 것이 아니라 원래 맛소라 본문에 의해 의도된 것이라고 한다. 즉, 4:1a 이후에 사무엘의 계속되는 선지적 활동이 나타나고 그

---

57) 맛소라본문에서 3:21이 열린 단락이라는 사실 또한 4:1a가 새로운 단락의 시작임을 지시한다.

에 부합되는 백성들의 반응이 나타나야 하는데 그렇지 않은 것은 백성들의 불순종을 강조하기 위함이라는 것이다: 백성들이 사무엘의 말에 귀 기울이려 하지 않고 바로 블레셋과 전쟁을 하고자 하였다.[58]

이렇게 볼 경우 이스라엘 백성들이 블레셋과의 전쟁에서 패하고 법궤를 빼앗기게 된 것은 그들이 선지자의 말을 청종하지 않았기 때문이라 할 수 있다. 그러나 인접 문맥에서 4장을 읽으면 여기에 기록되고 있는 사건들 – 이스라엘의 패배, 홉니와 비느하스의 전사, 엘리와 그의 며느리의 죽음, 등 – 은 오히려 엘리 집안의 죄악상과 관련되고 있음을 부인하기 어렵다. 더 구체적으로 말하자면 4장에서 묘사되고 있는 재난들 – 대부분 엘리 집안과 관련됨 – 은 일차적으로 무명의 하나님의 사람을 통하여 선포되었고(삼상 2:27-36), 다음으로 어린 사무엘에게 임한 하나님의 말씀(엘리 집안에 대한 심판 선고, 삼상 3:11-14)의 성취의 성격을 갖는 것이 분명하다. 이 견해가 옳다면 4:1a은 오히려 뒤이어 나오는 내용이 사무엘에게 임한 선지적 메시지의 성취임을 가리키는 지시적 기능(referential function)을 한다고 보아야 옳다.

이제 4:1a – "사무엘의 말이 온 이스라엘에 전파되니라" – 의 위치와 기능이 분명해진 것 같다. 그것은 많은 주석가들이 생각하는 것처럼 3:21로부터 잘못 분리되어 현재의 위치에 온 것이 아니다. 오히려 그 구절을 4장의 도입부로 삼는 맛소라 전통이 저자의 의도를 더 잘 반영하고 있는 것으로 보인다. 즉 저자는 사무엘에게 임한

---

58) Spina 1991:66: "이스라엘의 성급한 행동은 선지자적 음성을 중단시키는 결과를 가져왔다. 한나와 여호와가 사무엘을 낳고 이스라엘에 적절한 종교직분을 제공하고자 기울인 모든 노력들이 무위로 돌아갔다. 사실 이스라엘은 선지자적 공식(the prophetic formula)이 선지자적 설교(prophetic speech)를 가져올 것을 지켜보기 위해 충분히 기다리지 않았다. 그 결과 이스라엘은 침묵의 진공 상태에서 움직일 수 밖에 없었다."

엘리 집안에 대한 심판의 메시지(삼상 3:11-14)가 어떻게 '하나도 땅에 떨어지지 아니하고' 다 이루어졌는가를 보여줄 의도로 4장을 기록하였을 것이라는 말이다. 결국 4:1a의 빛 아래서 전체 장을 읽으면 사무엘에게 임한 선지적 메시지(삼상 3:11-14)가 참되다는 것이 밝게 드러난다. 이로써 독자들은 사무엘이 신명기에서 모세에게 예고되었던 '너와 같은 선지자'(신 18:18)의 반열에 서 있음을 알게 된다.

5. 법궤 이야기 I

사무엘상 4:1-6:21까지에는 법궤의 행적에 대한 기사가 나타난다. 이 부분은 내용상 다음과 같이 세 부분으로 나눌 수 있다:

> 4:1 - 4:22: 법궤를 빼앗긴 이스라엘
> 5:1 - 5:12: 법궤로 인해 블레셋 땅에 내린 재앙
> 6:1 - 6:21: 법궤의 귀환과 벧세메스 사람들의 죽음

위의 도식에서 알 수 있듯이 이 부분은 법궤 이야기를 다루되, 주로 법궤로 인해 야기된 재앙에 초점을 두고 있다. 처음과 끝부분은 이스라엘이 법궤를 빼앗겼다가 다시 되돌려 받는 사건과 그 가운데 발생한 재난을 담고 있으며, 중간 부분은 블레셋 사람들이 법궤로 인해 겪은 재앙들을 묘사하고 있다. 이처럼 법궤가 이방 민족인 블레셋 뿐만 아니라 이스라엘 백성에게 조차 재앙을 불러 일으킨 까닭은 무슨 이유에서였는가?

1) 심판과 교훈

가장 먼저 생각할 수 있는 것은 실로 성소의 부패와 그로 인한 이스라엘 백성의 영적, 도덕적 타락이다. 즉 엘리 집안과 이스라엘 백성의 죄가 극도에 달하였기에 이에 대한 심판의 일환으로 하나님은 자신의 법궤를 블레셋 사람들에게 내어주셨다는 말이다.[59] 이렇게 볼 때 법궤가 블레셋 사람 손에 넘어간 것은 단순히 군사적 힘의 논리로 설명될 수 없다. 그것은 하나님의 자발적인 결정에 의한 것인 만큼 그분 스스로가 이스라엘을 버리고 떠나셨다는 것을 의미한다. 수 세기 후 에스겔 시대에 유다 백성들이 예루살렘 성전에서 이방 사람들의 가증한 종교행위를 하자 하나님의 영광이 성전을 떠나는 사태가 벌어졌다(겔 9:3; 10:18; 11:23). 마찬가지로 엘리 시대에 성소가 불의로 더럽혀지자 하나님은 법궤를 이방인의 손에 내어줌으로써 자기 백성과의 깊은 관계단절을 극적으로 보여주셨다.

이처럼 법궤 사건은 일차적으로 심판의 성격을 가지지만 그것은 또한 이스라엘 백성에게 교훈적인 기능을 하였다고도 볼 수 있다. 이스라엘 백성들은 사사시대를 거치는 동안 그들의 하나님에 대해 대단히 왜곡된 생각을 가지게 된 것으로 보인다. 이것은 그들이 블레셋과의 전투에서 열세에 처하자 위기를 모면하기 위하여 성소에 있던 법궤를 전장으로 메어온 사실에서 알 수 있는 일이다(4:3-4). 물론 고대 이스라엘에서 법궤가 전쟁과 긴밀히 연결되어 있었다는 점을 고려할 때 그들의 행위는 당연한 것일 수도 있다(민 10:35-36; 수

---

59) 블레셋과의 이 전투로 인해 실로 성소는 심각하게 파괴된 것으로 보이며(렘 7:12 참조), 예루살렘이 새로운 예배 중심으로 자리 잡기 전까지 '기럇여아림이 실로의 역할을 대신한 것으로 보인다(삼상 7:1 참조).

6:8-9 참조). 그러나 법궤의 현존 자체가 그들에게 승리를 보장해 줄 것이라는 생각에는 많은 문제가 있다. 알터(Alter 1999:22)가 잘 이야기 하였듯이 이스라엘의 장로들은 거룩한 물건인 법궤를 자신들의 목적을 위해 이용하고자 하였으며, 또한 그것을 자신들이 마음대로 조작할 수 있는 마술적인 힘의 매체로 여기고 있었던 것이다.

사실 백성들은 '법궤가 그들을 구원해주리라'(4:3)는 미신적인 생각을 하는 대신 하나님과의 인격적인 관계 안에서 문제를 해결하려 하여야 했다.[60] 여호수아 시대 이스라엘 백성들은 그렇게 하였다. 아이성 전투에서 패하자 그들은 법궤를 *이용하려* 들지 않고 오히려 법궤 앞에서 옷을 찢고, 머리에 티끌을 뿌리며, 여호와께 부르짖었다(수 7:9): "주의 크신 이름을 위하여 어떻게 하시려나이까?" 엘리 시대 이스라엘의 모습에서 우리는 더 이상 하나님과의 이런 역동적이고 살아있는 관계를 찾아볼 수 없다.

놀라운 것은 본문에서 법궤가 계속해서 '여호와의 언약궤' (אֲרוֹן בְּרִית יְהוָה)로 불리고 있다는 사실이다(4:3, 4, 5).[61] 이곳에서 이처럼 언약개념이 강조되고 있는 이유는 무엇인가? 그것은 이스라엘의 하나님 여호와가 당시 이스라엘 백성들이 생각하였던 것처럼 인간에 의해 조작되거나 '기계적으로' (*ex opere operato*) 역사하시는 분이 아니라, 오직 자신의 언약의 말씀에 순종하는 자들과 함께 하시고 그들에게 승리를 가져다 주시는 분이란 사실을 강조하는 설화자의 수사적 기법임에 분명하다. 결론적으로 이스라엘이 블레셋에게 법궤를 빼앗기는 사건은 그들과 하나님 사이의 관계에서 언약에

---

60) 포클만(Fokkelman 1993:201)도 이스라엘 장로들의 행위를 '주인을 그의 발등상으로 대신할 수 있는 환유(metonymy)에 기초한 일종의 미신'이라고 한다.

61) 물론 구약의 여러 곳에서 법궤가 '언약궤'로 불리고 있는 것이 사실이다. 그러나 사무엘상 초반부에서 법궤가 주로 '하나님의 궤' 혹은 '여호와의 궤'로 언급되는 데 반해, 유독 이곳에서만(4:1-5) '여호와의 언약궤'로 불리는 것은 주목할만한 현상이다.

대한 충성과 순종이 본질적이라는 사실을 가리키는 일종의 실물교육이라 말할 수 있을 것이다.

다음으로 주목해야 하는 것은 법궤가 이스라엘 지경으로 돌아왔을 때의 일이다. 그간의 우여곡절에도 불구하고 법궤가 마침내 이스라엘 땅(벧세메스)으로 돌아왔다는 사실은 하나님께서 그 백성과의 언약관계를 저버리지 않으셨다는 것을 의미한다.[62] 그런데 6:19-20에 의하면 벧세메스 사람들이 호기심으로 법궤 안을 들여다 보다가 하나님의 진노를 입어 죽게 되는 사건이 발생한다.[63] 왜 이런 불행한 사태가 일어나야 했는가? 법궤를 들여다 본 것이 그토록 악한 행위였단 말인가? 그러나 벧세메스 사람들의 행위가 가진 문제는 윤리적인 것이라기 보다 종교적인 것이다. 즉 그들은 지극히 거룩한 하나님의 성물을 속되게 - 호기심의 대상으로 - 취급함으로써 그분의 거룩함을 범하였던 것이다(민 4:19-20 참조).[64]

이런 행위는 필연적으로 거룩하신 하나님의 진노를 촉발하게 된다. 하나님은 거룩하신 분이시므로 비록 제사장이라 할지라도 그분의 뜻에 따라 섬기는 일을 하지 않을 경우 목숨을 대가로 지불하

---

62) 브루거만(Brueggeman 1990:46)은 법궤 이야기가 하나님의 '비하'(humiliation) 와 '승귀'(exaltation)를 극적으로 잘 묘사하고 있다며 다음과 같이 말한다: "This narrative is testimony to a God who enters fully into the dangers of historical reality and who, in the midst of Israel's life, works inexplicable newness, newness rounded in (and understood with reference to) nothing other than the reality of God."

63) 칠십인경, 불가타, 시리아 역본 등 고대 역본들이 맛소라 본문을 좇아 죽은 이의 수를 5만 70명으로 읽는다. 그러나 파웃츠(Fouts 1992:394)는 다음 여러 가지 이유(internal grammatical-syntactical evidence)로 인해 70명으로 읽는 것이 옳다고 한다: 1) 오만과 칠십 사이에 접속사가 없다는 점, 2) 큰 숫자 다음에 목적어(אֵת)가 반복되는 것은 지극히 드문 현상임, 3) 십의 자리 숫자가 천의 자리 숫자 바로 앞에 나오는 경우는 거의 없음(민 3:50 참조).

64) 포클만(Fokkelman 1993:291)은 벧세메스 사람들의 행위 속에 있는 '마술적인 경향'(magical stance) -법궤와 하나님을 동일시함(6:20 참조) - 으로 인해 하나님이 그들을 벌하셨다고 본다.

여야만 했다(레 10:1-2 참조). 우리는 이사야 선지자가 환상 가운데 보좌에 앉으신 하나님을 뵙고 스랍들이 부르는 '거룩 삼창'(Trishagion)을 들었을 때 파멸의 위기에 내몰렸던 사실을 알고 있다(사 6:5). 이 모든 것은 이스라엘의 하나님은 두려움으로 섬겨야 할 분이며, 속죄의 은혜를 통하여 거룩하게 되지 않는 한 누구라도 가까이 섬길 수 없는 분이심을 말해 준다(사 6:7 참조).[65] 그러나 불행히도 엘리 시대의 이스라엘 사람들은 이러한 하나님 지식을 잃어버린 상태에 있었고, 매우 값비싼 대가를 지불한 후에서야 겨우 되찾을 수 있었다.

이상에서 살펴본 것처럼 사무엘서 초반에 기록된 법궤 사건은 당시 이스라엘 백성들에게 있던 그릇되고 왜곡된 하나님 지식을 드러내어 징계하고 바로잡는 역할을 하였다. 이스라엘 앞에 기다리고 있는 새로운 역사는 하나님과 더불어 열어갈 역사이며, 선지자 사무엘은 이 하나님의 대언자로 활약하게 될 것이기에 이와 같은 하나님 지식에 대한 갱신은 절실한 것이었다. 이것이 바로 하나님께서 법궤를 이방인에게 내어주신 이유들 중 하나였다.

2) 제 2의 출애굽

블레셋 사람들은 이것을 알 리가 없다. 그저 자신의 신 다곤이 이스

---

65) 벧세메스 사람들이 한 말—"이 거룩하신 하나님 여호와 앞에 누가 능히 서리오"(מִי יוּכַל לַעֲמֹד לִפְנֵי יְהוָה הָאֱלֹהִים הַקָּדוֹשׁ הַזֶּה) — 의 의미에 대해 두 가지 다른 의견이 있다. 멕카터(McCarter 1980:137)는 '여호와 앞에 서다'는 표현을 제사장들이 성소에서 여호와를 섬기는 행위와 연결시키는 반면(삿 20:27-28 참조), 스퇴뵈(Stoebe 1973:153)는 성전(holy war)의 개념과 연결시켜 여호와를 대항하는 행위를 가리키는 것으로 본다. 후자의 견해를 따르면 본문은 여호와를 대항할 자가 없다는 의미로 이해된다.

라엘 사람들이 섬기는 신보다 더 강하였기에 법궤를 **빼앗을** 수 있었
다고 생각하였을 것이다. 이것은 그들이 법궤를 다곤의 신전에 가져
다 둔 사실에서도 드러난다(5:2). 그러나 전혀 뜻밖의 일이 일어났
다. 다곤 신상이 법궤 앞에 엎드러져 있는 것이 아닌가! 우연인가 하
였더니 다음날에는 더욱 심각한 일이 일어났다. 다곤 신상이 법궤 앞
에 엎드러져 그 얼굴이 땅에 닿았을 뿐 아니라 사지가 다 떨어져 나
가고 몸통만 남는 일이 일어난 것이다(6:4). 이것은 무엇을 말해주
는가? 블레셋의 신 다곤은 아무 것도 아니요 야훼만이 참 하나님이
신 것을 보여주는 것이 아닌가?

더욱이 사무엘상 5-6장에서 벌어지는 일련의 사건들은 출애굽의
사건을 연상시켜준다. 하나님께서 애굽의 신들을 치셨던 것처럼 블
레셋의 신을 쳤으며, 애굽 백성들에게 독종을 포함한 여러 가지 재앙
을 내리셨던 것처럼 블레셋 사람들에게 독종을 내리셨다. 애굽 사람
들이 이스라엘 백성들에게 예물을 주어 떠나 보내었듯이 블레셋 사
람들 또한 금 독종과 금쥐의 형상을 만들어 하나님께 영광을 돌림으
로써 법궤를 이스라엘로 돌려 보냈다.[66] 심지어 블레셋 사람들 스스
로 '애굽인과 바로'에 대한 이야기를 한다(6:6). 이상에서 보았듯이
법궤 이야기는 출애굽의 사건과 밀접히 연결되어 있다. 이를 통하여
강조되고 있는 것은 언약궤가 상징하는 이스라엘의 하나님, 곧 언약
의 하나님은 전능하신 분이요, 주권적으로 역사하시는 분이시요, 살
아계신 하나님 이시라는 것이다. 법궤 이야기는 바로 이 하나님을 거
스르는 자는 애굽인이든, 블레셋인이든, 심지어 이스라엘 사람들이
라 할지라도 무사하지 못할 것임을 드러내고 있다.

---

66) 블레셋 사람들이 금독종과 금쥐의 형상을 통해 하나님의 환심을 사려고 한 모
습은 그들이 영적으로 얼마나 우스꽝스러운 처지에 있었는가를 잘 보여준다
(Schulz 1991:157).

그와 동시에 법궤 이야기는 장차 블레셋과 이스라엘의 관계가 어떻게 될 것인지를 미리 보여주는 예시적 성격을 갖는다고 할 수 있다. 즉 하나님의 법궤가 블레셋 땅에 갖가지 재앙들을 일으키고 마침내 이스라엘 땅으로 돌아온 것은 과거 이스라엘 백성들의 출애굽 사건에 버금가는 일로서 장차 그들이 블레셋의 손에서 벗어나 하나님을 섬기는 위대한 나라로 발돋움 할 것을 암시하고 있다는 것이다. 무엇보다도 법궤 이야기에서 돋보이는 것은 하나님의 모습이다. 그의 법궤는 단독으로 블레셋 땅에 머물렀지만 그것이 이르는 곳마다 세상이 발칵 뒤집히는 일이 일어났다: 다곤 신상이 부서지고(5:1-5), 사람들이 전염병으로 죽음(5:6-12). 이 모든 것은 무엇을 의미하는가? 그것은 곧 장차 이스라엘이 경험하게 될 모든 승리의 역사가 하나님이 주도하시는 것임을 드러내 준다.

6. 사무엘의 리더십

지금까지 살펴본 것처럼 사무엘서의 초반부는 사사시대 말기에 이스라엘에 드리우고 있었던 제반 문제점들을 소개하고 있다. 제사장 집안이 심판 받을 수 밖에 없을 정도로 부패해 있었고, 백성들은 하나님과의 언약관계에 충성하기보다 오히려 하나님을 이용과 호기심의 대상으로 삼는 영적 혼돈에 빠져 있었다. 이 모든 것은 비극적 결말로 끝나는 듯 보인다: 엘리 집안의 몰락, 블레셋과의 전쟁에서 패배, 법궤를 빼앗김. 그러나 놀랍게도 이스라엘과 하나님의 관계는 끝나지 않는다. 오히려 재난처럼 보이던 사건들은 거시적인 시각에서 볼 때 병든 신체의 일부를 절단하는 수술과 같은 것이어서 하나님과 이스라엘의 관계를 새롭게 하는 결과를 가져왔다. 무엇보다도 혼란의 와중에서 사무엘이 하나님의 사람으로 자라나고 있었다.

1) 새롭게 된 이스라엘

사무엘상 7장으로 넘어오면 이스라엘의 변화된 모습이 눈에 들어온다. 먼저 법궤와 관련된 이스라엘의 태도 변화이다. 벧세메스의 재난을 경험한 이스라엘은 법궤를 기럇여아림 땅의 '언덕위에 있는'(בַּגִּבְעָה, bagibh'â)아미나답의 집에 안치하고 그의 아들 엘리에셀을 거룩히 *구별하여*(קִדְּשׁוּ, qidhshû) 법궤를 지키게 하였다(1절). 이로 보건데 블레셋 전쟁에서의 패배와 벧세메스의 사건은 하나님께 속한 것(법궤)을 거룩하게 보존하지 않으면 안 된다는 중대한 사실을 이스라엘의 가슴 속에 뚜렷이 각인시켜 주었던 것이 분명하다.[67]

흥미롭게도 설화자는 법궤가 기럇여아림에 머문 기간(20년)과 함께 온 이스라엘이 '애통해하며 여호와를 좇았다'(*봐이인나후 … 아하레 아도나이*, וַיִּנָּהוּ…אַחֲרֵי יְהוָה)는 사실을 언급하고 있다(7:2).[68] 사사기를 통하여 우리는 이스라엘이 이방사람들로부터 압제를 받거나 군사적 패배를 당하였을 때 여호와께 슬피 부르짖고 울기도 하였다는 것을 알고 있다(삿 2:18; 20:26 참조). 현재의 문맥이 보여주는 것 또한 마찬가지이다. 사무엘 선지자의 말 – "너희 마음을 여호와께로 향하여 그만을 섬기라 그리하면 *너희를 블레셋 사람의 손에서 건져내시리라*"(7:3) – 로 미루어 보건데 지금 이스라엘은 블레셋으로부터 위협을 받고 있었던 것이 분명하다. 이런 백척간두의 상황에서 이스라엘은 탄식하며 하나님을 찾고 있는 것이다. 비록 위기의 상황에

---

67) 고슬링가(Goslinga 1968:178)는 법궤를 언덕 위의 장소에 안치시킨 것 또한 법궤를 향한 이스라엘의 특별한 태도를 반영하는 것이라고 말한다: "우리가 보기에 법궤는 성읍의 높은 곳, 즉 넓고 훌륭한 집의 한 구별된 방에서 영예로운 자리를 얻었다."

68) 한글 성경에 '사모하나라'로 번역된 히브리어 동사 – תֵּנָה 니팔 3인칭 단수 미완료 נהה – 는 '탄식/애통해 하며 ~를 좇다'(went mourning after)는 의미이다(BDB, נהה, 624). 대다수의 주석가들(Keil, Hertzberg, Stoebe, Klein, Baldwin)도 같은 의견이다.

의해 야기된 것이라 할지라도 하나님을 향하여 애통해하는 이스라엘의 모습은 새로운 변화의 조짐임에 분명하다.

2) 선지자 사무엘

이스라엘의 이러한 변화는 사무엘의 영적 리더십하에 더욱 구체화된다. 다음 사무엘의 말은 영적 지도자로서의 그의 통찰력을 잘 보여준다:

> "너희가 전심으로 여호와께 돌아오려거든 이방 신들과 아스다롯을 너희 중에서 제거하고 너희 마음을 여호와께로 향하여 그만을 섬기라"(7:3).

사무엘은 이스라엘이 참으로 여호와께 돌아오기 위해서는 애통해하는 것만으로는 충분하지 않고 우상들을 버리고 여호와만을 섬겨야 한다고 말한다. 그러니까 우상들을 제하지 않는 한 여호와께로 돌이키는 일이 완성되지 않는 것이요, 심지어 진심으로 여호와께로 돌이키려 하는 것도 아니라는 말이다. 그들의 회개가 진정한 것이 되기 위해서는 반드시 이방의 신들을 제하여 버려야만 한다는 것이다. 이것은 '여호와는 질투하는 하나님이기에 우상들을 만들거나, 절하거나, 섬겨서는 안 된다'고 하는 모세의 율법과 맥을 같이 한다(출 20:4-5). 또한 그것은 이스라엘 백성들에게 우상을 버리고 하나님께로 돌아오라고 외친 후기 선지자들의 선지적 메시지와 성격을 같이 한다(호 14:1-3; 렘 3:12-13 참조). 여기서 우리는 지금 사무엘이 모세와 같은 선지자로서 선지적 직분을 수행하고 있다는 사실을 추론할 수 있게 된다(신18:18; 렘 15:1 참조).

다른 한편 선지자 사무엘의 말에서 당시 이스라엘 백성들이 여호와 하나님과 나란히 가나안의 신들을 함께 섬기고 있었다는 사실이 드러난다. 그들이 섬긴 신들은 '바알들과 아스다롯'(בְּעָלִים וְהָעַשְׁתָּרֹת)이었다. 1929년 이래 시리아의 북쪽 해안 도시인 우가릿에서 발굴된 텍스트에 따르면 바알은 '구름을 타는 자'이자, 비를 내리고 채소를 자라게 하는 풍요의 신이었다. 특히 '바알-아낫-주기'(Baal-Anat-Cycle)로 알려진 신화에 나오는 이야기는 유명하다. 여기서 바알은 죽음의 신 '못'(Môt)에 의해 죽임을 당하였다가 누이동생 '아낫'(Anat)의 복수로 말미암아 다시 부활하는 존재로 나타난다. 특히 바알이 죽을 때 비가 그치고 초목이 시들며, 그가 부활할 때 다시 비가 내리고 식물들이 자라게 된다는 내용은 바알이 계절의 변화와 밀접한 풍요의 신이었다는 점을 시사해 준다.

그런가 하면 바알의 상대격인 '아스다롯'은 풍요와 사랑과 전쟁의 여신이었다. 우가릿에서 발굴된 부적들에서 이 여신은 긴 머리에 벗은 몸을 한 여인의 모습을 하고 있다. 또한 이 여신을 숭배하는 성소들에서는 소위 '신성한 매음행위'가 이루어졌다고 한다.[69] 이상에서 우리는 고대 가나안인들이 '풍요'와 '성'이라는 인간의 두 가지 근본적인 욕구를 종교의 틀 속에서 실현하고 보장받고자 하였다는 것을 알게 된다. 엘리 시대를 지나는 동안 이스라엘은 이러한 가나안 종교의 마력에 깊숙히 빠져 있었다. 그러나 선지자 사무엘의 리더십하에 이스라엘은 바알들과 아스다롯을 버리고 오직 하나님만을 섬기는 자리로 돌아올 수 있게 되었다(7:4).

3) 제사장 사무엘

---

69) 이러한 신전매음행위에서 하늘의 신 바알과 풍요의 여신 아스다롯의 성적 결합이 제의적으로 재현되었으며, 고대 가나안 원주민들은 이러한 행위가 풍요를 가져다 준다고 믿었다(Metzger 2004[11]:75-76).

이스라엘로 하여금 우상을 버리게 한 사무엘은 그들을 미스바로 불러 모은다. 미스바는 사사시대 이스라엘 백성들이 기브아에서의 범죄사건 - 한 레위인의 첩을 성폭행하고 죽인 사건 - 으로 인해 베냐민 지파를 징벌하고자 모였던 장소이며(삿 20:1, 3; 21:3, 5, 8), 후에 사울을 제비뽑아 왕으로 세웠던 장소이기도 하다(삼상 10:17). 이곳은 또한 벧엘, 길갈과 더불어 사무엘이 순회하며 사사 활동을 했던 주요 거점이기도 하다(삼상 7:16). 볼드윈(Baldwin 1988:79)이 말한 것처럼 미스바가 군사적 목적에 유리한 장소였다고 한다면(이것은 '미스바'란 이름의 의미가 '전망'(outlook)이란 것에 의해서도 뒷받침 된다), 사무엘은 블레셋과의 싸움을 위해 이스라엘을 그곳으로 불러 모았다고 볼 수 있다(Keil 1875:61). 실제로 블레셋은 이스라엘이 미스바에 모인 것을 알고 그들을 치러 올라왔다(7:7).

그런데 여기서 독자들의 시선을 사로잡는 것은 사무엘의 역할이다. 우선 그는 백성들을 위하여 기도하는 자로 나타나고 있다: "내가 너희를 위하여 여호와께 기도하리라"(5절). 심지어 백성들은 전쟁의 승패가 사무엘의 기도에 달려있다고 생각하기까지 한다: "우리를 위하여 우리 하나님 여호와께 쉬지 말고 부르짖어 우리를 블레셋 사람들의 손에서 구원하시게 하소서"(8절). 이스라엘의 이같은 태도는 하나님과의 인격적인 관계는 망각한 채 법궤의 현존 자체가 전쟁에서의 승리를 보장해줄 것으로 생각하였던 과거 모습과는 확연히 다르다(삼상 4:3 참조). 하여간 여기에 소개된 사무엘의 위치는 출애굽 당시 기도로써 백성들을 이끌었던 모세의 위치에 비견되는 것이라 하겠다(출 32:30-32; 33:12-16). 이러한 까닭에 시편 99:6은 사무엘을 모세와 아론과 나란히 제사장적 중보기도자의 반열에 둔다:

"그의 제사장들 중에는 모세와 아론이 있고
그의 이름을 부르는 자 중에는 사무엘이 있도다
그들이 여호와께 간구하매 응답하셨도다."

또한 본문에서 사무엘은 블레셋과의 전쟁에 앞서 백성들의 회 개의식을 주관하는 인물로 묘사된다. 사무엘의 그런 행위를 지칭 하는데 '다스리다', '판결하다'는 의미의 히브리어 동사 '샤팥'(שׁפט)이 사용되고 있다는 점에 주목할 필요가 있다(6절). 이것은 사무엘상 7:15-17에 묘사된 바 사무엘의 '다스리는' 행위 또한 이스라엘 백 성들의 회개와 관련된 일이었다는 것을 암시한다. 흥미로운 것은 설 화자가 소개하는바 이스라엘 백성들이 회개하는 방식이다. 그들은 먼저 물을 길어 여호와 앞에 붓고, 금식을 하며, 입으로 고백한다: "우리가 여호와께 범죄하였나이다"(6절). 여기서 물을 붓는 행위가 무엇을 의미하는지 모호하다. 멕카터(McCarter 1980:144)는 성 경이후의 자료에 의거하여 물을 붓는 의식이 '대속죄일' 직전인 초막 절에 행해졌던 "공동체 정결의식"에 해당하는 것이라고 추측한다. 이 와 유사하게 볼드윈(Baldwin 1988:79)은 물을 붓는 행위가 공통 체의 죄를 씻어버리는 것을 상징하는 것이라고 한다.

그런가 하면 카일(Keil 1875:62)은 물을 길어 붓는 모습을 자 신의 세상적, 영적 비참상을 표시하는 - "보소서 우리가 당신 앞 에 물처럼 쏟아졌나이다!"(*ecce nos coram te sicut aquae effusae sunt*) - 상징적 행위로 이해한다(애가 2:19 참조). 나아 가서 고든(Gordon 1986:107)은 물을 붓는 행위가 금식과 마찬가 지로 '자기부정'을 의미하는 것이라고 한다. 이들 학자들의 견해들 중 어느 것을 취하든 간에 물을 붓는 것이 이스라엘의 깊은 회개를 상징 하는 것임에는 분명한 것 같다. 놀랍게도 이스라엘이 회개와 더불어 물을 붓는 이 모습은 오랜 시간 후에 세례 요한이 물로써 회개의 세례를 베푸는 장면과 유비관계에 있다(마 3:11 참조). 다윗 왕과 다윗의 후손으로 오신 메시야 왕의 도래를 준비하는 인물들이 모두 물을 매개체로 하는 회개운동을 주도하였다는 것은 구속역사를 주관하는 하나님의 특별한 섭리라고 할 수밖에 없다.

앞에서 사무엘이 이스라엘을 위하여 기도하며, 그들의 회개의식을 주관하는 모습을 살펴보았다. 끝으로 사무엘은 블레셋과의 싸움에 임하기 전 '어린 양을 취하여 여호와께 온전한 번제를 드리는' 일을 하였다(9절). 레위기에 따르면 '번제'는 주로 속죄를 위한 제사였다(레 1:4). 따라서 사무엘이 번제를 드린 것은 이스라엘 백성을 위해 속죄하고 하나님의 은혜를 구하기 위해서였을 것이라고 볼 수 있다(삼상 13:12 참조). 군사적으로 월등히 우세한 블레셋 앞에서 하나님의 도우심을 구하는 것이야말로 최선의 방책이 아니었겠는가? (Hertzberg 1960:51). 하나님은 사무엘이 드린 번제와 중보의 기도를 들으시고 응답하셨다(10절). 특별히 하나님은 블레셋 사람들에게 '큰 우레'를 보내어 그들을 혼란케 하셨다. 그 결과 이스라엘은 대승을 거두었고, 블레셋은 사무엘의 사는 날 동안 다시는 이스라엘 경내에 들어오지 못하게 되었다(13절).

특이하게도 사무엘이 승전기념으로 세운 돌 '에벤에셀'(אֶבֶן הָעֵזֶר, '도움의 돌')은 엘리 제사장 때에 이스라엘이 블레셋과의 전투를 위해 모였던 장소의 이름과 같다(삼상 4:1; 5:1). 그러므로 에벤에셀은 이전에 블레셋과의 전투에서 패배하고 법궤를 빼앗긴 일을 상기시킴과 동시에 하나님과의 바른 관계가 이스라엘에게 얼마나 중요한 것인지를 일깨워주는 역할을 한다고 볼 수 있다. 나아가서 에벤에셀이 의미하는바 -"여호와께서 여기까지 우리를 도우셨다"- 는 장소적

("up to this place") 또는 시간적("up till now") 의미로 이해될 수 있다(Alter 1999:38). 따라서 에벤에셀은 '지금까지' 이스라엘이 경험한 하나님의 도우심을 증거하는 한편, 앞으로도 그들이 계속 하나님의 도우심을 받을 수 있을 것인가 하는 질문을 던지고 있다. 이 질문에 대한 대답은 분명하다: 그들이 모든 우상들을 버리고 죄에서 떠나 하나님을 전적으로 섬긴다면 에벤에셀의 경험은 중단되지 않을 것이다!

4) 사사 사무엘

블레셋과의 전쟁 후 사무엘은 벧엘과 길갈과 미스바와 라마를 순회하며 이스라엘을 '다스렸다'고 한다(7:15-17). 앞에서 본 것처럼 이 '다스리는' 행위는 이스라엘 백성들로 하여금 우상을 버리게 하고 죄를 회개케 하여 온전히 하나님만을 섬기도록 하는 일이었을 것이다. 물론 그것은 또한 과거 이스라엘의 사사들이 그랬던 것처럼 크고 작은 법적인 문제들을 재판하는 일을 포함하기도 하였을 것이다.

지금까지 사무엘이 어떻게 리더십을 발휘하여 내부적으로 이스라엘과 하나님의 관계를 바로잡고, 외부적으로 블레셋을 제압할 수 있었는가를 보았다. 이 과정에서 사무엘이 선지직과 제사장직과 사사직을 함께 수행하였다는 사실이 밝히 드러났다. 이것은 이스라엘에 왕정이 도입되고 나서부터 다시는 되풀이되지 않는 매우 특이한 현상이다. 사무엘의 그런 독특한 지위는 오직 모세에게서만 찾아볼 수 있는 것이다. 렌토르프(Rendtorff 1997:34)가 말한대로 "사무엘에 대한 모든 이야기는 더 높은 차원에서 모세에게도 해당된다"라고 할 수 있다(시 99:6; 렘 15:1 참조). 사무엘이 이처럼 권위있는 지도자로 세워졌다는 사실은 그가 "나라의 정치구조를 바꿀 수 있는 권세와 힘"을 가지게 되었다는 것을 의미한다(Rendtorff 1997:28). 하나님은 사무엘을 이스라엘의 권위있는 지도자로 세우심으로 앞으로 도래하게 될 왕의 길을 예비케 하셨던 것이다.

7. 마무리하는 말

이제 사무엘서의 초반부를 마무리할 때가 되었다. 앞에서 보아 왔듯이 사무엘상 1-7장은 엘리 집안을 통하여 사사시대 말기의 영적 도덕적 타락상을 보여주어 새로운 시대의 도래의 필연성을 보여줌과 동시에 이 새 시대를 열게 될 인물의 탄생과 성장, 그리고 지도자(선지자)로 세움 받는 과정을 그려 보여준다. 이 과정에서 볼 수 있었던 몇 가지 사항들을 요약함으로써 이 단락을 마무리하고자 한다:

첫째, 한나의 불임은 사사시대 말기 영적, 도덕적으로 황폐해진 이스라엘의 형편을 반영하고 있다. 당시 이스라엘은 엘리 제사장 집안의 타락으로 말미암아 하나님과 소원해진 관계에 있었으며, 날로 더 세지는 블레셋의 압박하에 고통받고 있었다. 이와 같이 암울한 이스라엘의 형편이 실로 성소에 나아가 소리없이 신음하며 기도하는 한나의 모습 속에 투영되고 있다.

둘째, 한나의 불임이 하나님의 뜻에 의한 것이었으며, 그녀의 잉태와 출산 또한 하나님께 드린 기도의 응답에 의한 것이었다는 사실은 이스라엘이 비록 영적 암흑기를 지나고 있었지만 여전히 하나님의 인도하시는 손길 가운데 있었다는 것을 보여준다. 특별히 한나가 사무엘을 낳고 승리의 노래를 부르는 모습은 장차 이스라엘이 맞이하게 될 승리와 영광의 시대를 예고해 준다 하겠다.

셋째, 엘리 제사장 집안의 몰락은 하나님을 경홀히 여기는 일이 얼마나 무서운 결과를 초래하게 되는지를 예시하고 있다. 또한 이스라엘 백성들이 블레셋과의 싸움에서 법궤를 빼앗긴 사건은 당시 이스라엘의 영적 무지를 드러내며, 동시에 하나님은 이스라엘이 범죄할 경우 그들을 버리고 떠나실 수 있다는 것을 보여준다.

넷째, 법궤가 블레셋 땅에서 갖가지 재앙을 불러일으키고 마침내 이스라엘 땅으로 돌아오는 사건에서 하나님은 온 땅의 주인이시며 이스라엘과의 언약관계에 신실하시다는 것이 확인된다. 특히 법궤가 블레셋 사람들에게 독종을 비롯한 여러 가지 재앙을 초래한 것은 출애굽 사건을 연상시키며, 앞으로 이스라엘이 블레셋을 제압하고 팔레스타인의 강자로 우뚝 서게 될 것을 보여준다.

다섯째, 무엇보다도 이스라엘에 도래하게 될 새로운 시대는 사무엘의 출생과 성장 속에 가장 밝히 예고된다. 사무엘이 기도의 응답으로 출생하여 성소에 바쳐지고, 또한 흰 세마포 옷을 입고 하나님을 섬기며 자라나는 모습은 그가 앞으로 민족의 지도자로 세워질 것을 보여주기에 충분하다. 사무엘상 7장에 이르면 독자들은 그가 모세에 비견되는 탁월한 지도자로 성장한 것을 보게 된다. 그는 선지자, 제사장, 사사로서 이스라엘 백성들을 다스려 하나님과의 관계를 회복하고, 블레셋 민족을 제압하는 지도력을 발휘한다. 이 과정에서 설화자는 특별히 사무엘에게 여호와의 말씀이 임하였다는 사실과 그가 온 이스라엘의 선지자로 세우심을 입었다는 사실을 강조한다(삼상 3:19-20). 이것은 앞으로 진행될 역사의 향방을 보여주는 것으로서, 장차 이스라엘에 도입될 왕의 제도는 선지자를 통해 증거되는 하나님의 말씀의 통제하에 있게 될 것을 암시한다.

제 3장

사무엘상 8-14장
왕권의 도입과 초대 왕 사울

1. 시작하는 말

앞에서 언급한대로 사무엘서는 이스라엘에서의 왕권이란 어떤 의의를 갖는 것인가를 보여주는 책이다. 이와 같은 전체 맥락 안에서 사무엘상 1-7장은 왕정의 출현이 어떻게 예비되고 있는가를 보여준다. 즉 사무엘상 1-7장은 하나님의 대리인으로서 왕을 세울 뿐만 아니라 왕과 백성에게 하나님의 뜻을 알려줄 선지자의 출현을 그 중심 내용으로 하고 있다. 이것은 이스라엘에 세워질 왕권의 성격을 예고해주는 바 이스라엘의 왕이란 자의적으로 통치권을 행사하는 자가 아니요 이스라엘의 참된 왕이신 하나님의 뜻에 순종하여 백성들에게 공과 의를 시행하여야 할 자임을 암시해 준다. 이것은 이스라엘의 왕권은 궁극적으로 하나님의 나라를 지향하고 있음을 뜻한다.

이제 8장부터 소개되는 사건들은 이스라엘에 어떻게 왕권이 도입되었는가를 보여준다. 여기서 다시 상기하고 넘어가야 할 것은 사무엘서 안에서 사무엘상 8-14장은 하나의 문학적 단위를 이루고 있다는 사실이다. 이것은 14:47-52에 있는 '요약기사'(summary information)에서 분명해진다. 7:15-17의 요약기사가 사무엘의 행적을 요약 정리함으로써 사무엘서의 도입부를 일단락 짓고 새로운 역사의 시작을 예비하듯, 14:47-52은 사울의 행적을 요약 정리함으로써 왕정도입에 대한 기록을 마무리하고 새로운 역사의 시작을 예고하는 기능을 한다. 물론 이것은 이제 8장 이후로 사무엘이 더 이상 나타나지 않으며, 15장 이후에 사울이 더 이상 어떤 역할을 하지 않는다는 것을 의미하지 않는다. 15장 이후에도 사울이 계속해서 중요한 역할을 하듯 사무엘의 행적은 8-14장뿐만 아니라 그 이후에도 나타난다. 다만 8-14장에서는 이야기의 초점이 왕정의 도입으로 옮아가고 있을 뿐이다.

1) 통일성의 문제

사무엘서 안에서 8-14장만큼 문학적 통일성에 대해 의문이 제기되
는 부분은 드물다. 예컨대, 프레스(Preß 1938:199)는 10:8에서
사무엘 선지자가 사울에게 길갈에서 자신이 내려오기까지 칠 일을 기
다리라 명한 것이 13:7이하의 내용과 연결되기에 그 사이에 있는 기
록들은(10;17절 이하 - 11장)은 후대에 삽입된 것으로 본다. 특히
왕권에 대한 이데올로기적 경향(ideological tendency)과 결부하
여 제기된 본문의 통일성 문제는 악명 높다. 벨하우젠 이후의 많은
학자들이 8-14장에서 왕에 대해 호의적인 내용과 왕에 대해 비판적
인 내용이 번갈아 가며 나타난다는 것을 지적하며, 이 같은 현상을
사용된 문서들의 차이에서 기인하는 것으로 보았다.[70]

　　그러나 차일즈는 본문에(특히 8-12장) 서로 상반되는 문서들
이 단순히 복잡하게 얽혀있는 것으로만 보지 않는다. 특별히 차일즈
(Childs 1979:277)는 본문에서 친왕적(pro-monarchichal)인
내용과 반왕적(anti-monarchichal)인 내용이 교차구조를 이루고
있음을 지적한다:

8:1-22	9:1-10:16	10:17-27	11:1-15	12:1-25
A	B	A	B	A

---

70) 벨하우젠(Wellhausen 1927⁶:244-53)은 8-12장에 두 개의 문서 가닥을 구분한
다. 첫째 가닥은 8+10:17-27+12이고 둘째 가닥은 9:1-10:16+11이다. 벨하우젠에
따르면 전자는 반왕적인 문서로 왕의 제도를 '보다 깊은 단계의 배도'로 보며 후
자는 왕의 제도가 사무엘 자신에 의해 구상된 것으로 본다는 것이다. 다른 한
편 아이스펠트(Eißfeldt 1931:6-11)는 예의 두 문서 가닥을 오경의 두 자료인 J, E
와 연결시키고 친왕적인 것은 J에 그리고 반왕적인 것은 E에 돌린다. 노트(Noth
1976⁸:159)는 신명기 역사가가 왕의 제도에 대하여 비판적이라는 전제하에 반왕적
인 문서층이 신명기 역사가에게서 온 것이라 생각한다.

차일즈에 따르면 위의 교차구조를 통해 왕의 제도에 대한 신학적인 답이 제시되고 있다. 즉 반왕적인 내용이 전체를 둘러싸고 있는 것은 왕정이 갖는 위험성을 강조하기 위함이며 친왕적인 내용이 교차적으로 나타나는 것은 왕의 제도 자체가 전적으로 부정되는 것이 아님을 보여주기 위함이라는 것이다. 다시 말하면, 왕의 제도는 많은 위험성을 가지고 있음에도 불구하고 하나님의 뜻에 순종한다면 좋은 결과를 가져올 수 있다는 것이 8-12장의 정경적 형태(canonical shape)가 보이고자 하는 신학적 관점이라는 것이다.

고든(Gordon 1986:28) 또한 8-12장에서 왕의 제도에 대해 상반된 견해를 가진 두 개의 자료를 구분하고자 하는 것은 이 본문의 여러 요소들이 서로 연결되어 상호 긴밀한 관련 속에 있다는 점을 간과하는 것으로 잘못된 대립(a false antithesis)을 조작해내는 결과에 이를 뿐이라고 한다. 예를 들면, 9:1-10:16은 대개 비평학자들에 의해 친왕적 문서로 인정되고 있는데, 고든은 이 본문에 반왕적인 요소가 드러나지 않는 것은 문서자료의 차이 때문이 아니라 이미 앞에서(삼상 8장 참조) 왕에 대한 백성의 요구가 승인되었기 때문일 따름이라 설명한다(Gordon 1984:45).

한 가지 예를 더 들어 보자. 비평학자들은 사울이 제비 뽑기에 의해 왕으로 선출되는 기사를 담고 있는 10:17-27과 사울이 암몬 자손과의 전쟁에서 승리한 후에 왕으로 인정받는 내용을 소개하는 11장을 나누어 이들을 사울이 어떻게 왕이 되었는가를 보여주는 두 개의 서로 다른 문서라 주장한다. 그러나 할페른(B. Halpern)은 10:17b부터 11장의 내용이 옛 이스라엘에서 구원자-사사(savior-judge)가 세워지는 과정과 흡사한 내용을 담고 있음을 지적한다. 즉 고대 이스라엘에서 한 사람이 사사로 세워질 때 먼저 하나님께서 그를 지명하여 부르시며 그 후에 그는 적을 물리침으로써 자신의 카리스마를 증명해 보임으로 명실공히 사사로서 활동하였다는 것이다(Gordon 1986:29 참조). 이렇게 볼 때 10:17-27과 11장은 고대 이스라엘에서 왕이 세워지는 과정을 일관되게 잘 묘사한다고 할 수 있으며, 따라서 문서자료를 구분하고자 하는 시도는 성급한 것이란 생각이 강하게 든다.

2) 중심 메시지

위에서 알게 된 것은 8-14장에 다양한 요소들이 들어 있으나 그것들을 반드시 이 본문이 서로 상충되는 문서자료들의 집합체임을 나타내는 것으로 받아들일 필요가 없다는 사실이다. 오히려 8-14장은 고대 이스라엘의 역사적 정황으로 미루어 보나, 지금 우리 앞에 놓여 있는 본문의 문학적 구성형태로 미루어 보나 이스라엘에 왕의 제도가 도입되는 과정을 일관된 관점으로 잘 그려 보여주고 있다고 보아야 한다. 앞으로 더 자세히 밝혀지겠지만 여기서 잠시 언급하고자 하는 것은 8-14장은 이스라엘에서의 왕의 제도는 비록 백성들의 불신앙으로 말미암아 출발되었지만 하나님께서 승인하신 것이기도 하다는 사실이다.

　이것은 비단 사무엘 선지자에게 주신 말씀(8:9, 22)에서뿐만 아니라, 하나님께서 사울을 불러 왕으로 세워주신 것에서 분명히 드러나는 사실이다(9:16-17; 10:17). 왕의 제도에 대한 근본적인 부정이나 반대는 본문의 어느 곳에서도 나타나지 않는다. 본문에서 말하고자 하는 것은 이스라엘에 왕권이 세워진다 하여도 이스라엘의 참된 왕은 여전히 하나님이시며, 따라서 왕과 백성이 모두 잘 되는 길

은 하나님의 명령에 순종하는 길 뿐이라는 것이다. 이것이 사무엘 선지자의 마지막 설교에서 강조되고 있다:

> "너희가 만일 여호와를 경외하여 그를 섬기며 그의 목소리를 듣고 여호와의 명령을 거역하지 아니하며 또 너희와 너희를 다스리는 왕이 너희의 하나님 여호와를 따르면 좋겠지마는 너희가 만일 여호와의 목소리를 듣지 아니하고 여호와의 명령을 거역하면 여호와의 손이 너희의 조상들을 치신 것 같이 너희를 치실 것이라"(12:14-15).

그러나 불행하게도 사울은 처음부터 여호와의 명령을 좇는 일에 실패하는 자로 나타난다. 그래서 사무엘상 8-14장의 후반부는 사울 왕권에 짙게 드리우는 어두운 그림자와 더불어 끝을 맺는다. 이러한 어두움은 밝은 빛, 곧 하나님의 명령에 온전히 복종하는 왕권의 출현을 고대하게 한다[71]:

> "사무엘이 사울에게 이르되 … 여호와께서 왕에게 내리신 명령을 왕이 지키지 아니하였으므로 여호와께서 그의 마음에 맞는 사람을 구하여 여호와께서 그를 그의 백성의 지도자로 삼으셨느니라"(14:13-14).

2. 왕을 구한 이스라엘 백성

7장에서 8장으로 넘어오면서 상당한 시간적 간격이 있음을 발견할 수 있다. 7장에서 사무엘이 이스라엘의 각 지역(벧엘, 길갈, 미스바)으로 순회하며 백성들을 '다스렸다'(שָׁפַט)고 한다. 그런데 8장으로 넘

---

71) 이러한 이유로 디트리히는 다윗의 왕위 등극사(HDR = History of David's Rise to Power)의 출발을 사무엘상 15장 또는 16장이 아닌 사울의 역사가 시작되는 9장으로 볼 수도 있다는 가설을 조심스럽게 내어 놓는다. 즉, 9-14장에 기록된 사울 왕권의 실패의 기사는 이어지는 다윗왕권의 승리의 역사를 더욱 돋보이게 하는 기능을 하고 있다는 것이다. Dietrich 1992²:65를 참조하라.

어 오면 사무엘은 이미 늙었고 그 아들들(요엘, 아비야)이 사사로 활동하고 있음을 볼 수 있다. 이로 미루어 볼 때 7장과 8장 사이에는 상당한 시간이 흘러갔을 것이다. 그런데 문제는 사무엘의 아들들이 그 아버지처럼 올바로 행하지 않고 '이를 따라서 뇌물을 취하고 판결을 굽게 하였다'(8:3)는 것이다. 이와 같은 형편이 이스라엘 백성들을 매우 불안하게 하였을 것이다. 이제 그들은 사무엘 이후 시대를 염려하지 않을 수 없게 되었다. 다시금 엘리 시대의 혼란 속으로 빠질 우려가 농후하였다.

이것이 전부가 아니다. 대외적으로 눈을 돌리면 비록 사무엘의 지도력 하에 블레셋의 세력을 어느 정도 견제했다고 볼 수 있지만 발달된 행정조직과 선진화된 무기를 가진 블레셋은 언제든지 이스라엘에게 위협적인 세력이었다. 그뿐만 아니라 11장에 나타나는 암몬과의 전쟁에서 알 수 있듯이 이스라엘을 둘러싸고 있는 주변 민족들은 기회 있는 대로 이스라엘을 침략하려 하였다. 이와 같이 대내외적으로 불안하기 그지 없는 상황 속에서 이스라엘의 장로들이 앞날을 우려하게 되었다는 것은 자연스러운 일이라 할 수 있다: 사무엘 이후의 시대를 어떻게 준비해야 할 것인가? 백성의 장로들이 사무엘 선지자에게 나아와 왕을 세워줄 것을 요구한 것은 이와 같은 여러가지 대내외적인 문제들 때문이었다.

그러나 뜻밖에도 사무엘 선지자는 그들의 요구를 기뻐하지 아니하였다. 그뿐만이 아니다. 하나님께서도 그 일을 기뻐하지 아니하시고 오히려 그것을 배도의 하나로 여기신 것을 볼 수 있다: "여호와께서 사무엘에게 이르시되 백성이 네게 한 말을 다 들으라 이는 그들이 너를 버림이 아니요 나를 버려 자기들의 왕이 되지 못하게 함이니라"(8:7). 이 말씀이 의미하는 바는 무엇인가? 소긴(Soggin

1967:35)에 따르면 8장의 내용은 왕정(monarchy)과 신정 (theocracy)을 서로 양립할 수 없는 것으로 여기는 옛 전승을 담고 있다고 한다. 뵈커(Boecker 1969:99) 역시 8장이 왕의 제도에 대해 비판적인 옛 신학전통을 담고 있다고 주장한다. 심지어 베르게스 (Berges 1989:85)와 같은 학자는 하나님이 이스라엘 백성들에게 왕의 제도를 허락하신 것 자체가 그들의 그릇된 요구에 대한 심판이라고 말한다.[72] 그런가 하면 어떤 이는 8장에서 볼 수 있는 강한 반왕적 색체는 신명기 사가의 편집작업에 의한 것이며, 원래 이 본문은 왕의 제도가 "죄악된 것이긴 하지만 여전히 하나님께로부터 온 것" (sinful-but-still-of-God)이란 관점에서 기록되었다고 한다 (Birch 1976:21-29).

과연 이들 비평학자들의 견해와 같이 본문은 왕의 제도를 "죄악된" 것으로 보는가? 본문을 자세히 읽어보면 사무엘 선지자와 하나님이 왜 이스라엘 백성들의 요구를 기뻐하지 아니하셨는가를 이해할 수 있게 된다. 먼저 7절 후반부를 보자: "이는 그들이 너를 버림이 아니요 나를 버려 자기들의 왕이 되지 못하게 함이니라." 이것은 이스라엘이 왕을 요구한 것이 하나님을 버리는 것에 버금가는 행위였음을 말해 준다. 그런데 9절에 가면 하나님은 놀랍게도 사무엘에게 백성들의 요구를 들어주라고 말씀하신다. 이 같은 태도 변화를 어떻게 보아야 하는가? 앞에서 왕을 구한 일이 하나님을 버리는 행위로 규정되었는데 여기서는 왜 그처럼 악한 일이 승인되고 있는가? 하나님께서 이제 이스라엘과의 모든 관계를 끊으시고 그들을 완전히 악에게 내어주시겠다는 것인가? 이것이 사실이라면 하나님은 왜 사무엘에게 백성

---

72) 베르게스(Berges 1989:85)는 사울이 제비뽑기의 방식으로 왕으로 선출되었다는 사실을 강조한다. 즉 구약에서 제비뽑기는 주로 죄인을 가려내는데 사용되었으며(수 7:1; 삼상 14 참조), 왕을 선출하는데 이 방법이 사용되었다는 것은 왕의 제도 안에 들어있는 "죄"("the guilt and sin")를 강조하기 위함이라는 것이다.

들을 *경계*하라고 하시며, 거기에 더하여 왕의 제도를 알게하라고 하시는가?

이러한 질문에 두 가지 대답이 가능하다. 먼저 하나님이 문제 삼으신 것은 왕의 제도 자체가 아니라 왕을 구한 백성들의 그릇된 태도라고 말할 수 있다. 즉 백성들에 대한 하나님의 겪한 반응 −"그들이 너를 버림이 아니요 나를 버려 자기들의 왕이 되지 못하게 함이니라"− 은 왕을 구하는 백성들의 내면적 동기를 염두에 두고 주어진 말씀이라는 말이다. 백성들은 현실문제 − 재판, 전쟁 등 − 의 해결을 위해 제도개선이라는 정치적 측면만을 고려하였지 하나님을 전혀 안중에 넣지 않고 있었다. 그들은 과거 조상적부터 늘 그러하였듯이 하나님을 믿고 그분의 뜻을 따르는 일에는 한없이 무감각한 자들이었다.

그러나 벱궤 이야기에서 보았듯이 이스라엘에게 참으로 중요한 것은 잘 정비된 군사조직이나 효율적인 정치체제가 아니다. 그들에게 가장 본질적인 것은 하나님과의 올바른 관계이다. 하나님을 믿고 그분의 뜻을 구하며 순종하는 자세, 즉 하나님을 왕으로 모시는 자세 그것이 진정 이스라엘의 운명을 좌우하는 것이다(성주진 2007:331−32 참조). 이스라엘이 이스라엘로 존재하기 위해서는 이것이 먼저 선행되어야만 한다. 그런데 지금 이스라엘은 그런 영적인 문제들을 도외시하고 정치적인 문제에만 사로잡혀있다. 이것이 5절에 잘 나타나고 있다: "모든 나라와 같이 우리에게 왕을 세워 우리를 다스리게 하소서." 여기서 우리는 이스라엘 백성들이 현실문제에 집착한 나머지 자기의 정체성을 잊어버리고 다른 민족들을 부러워하며 그들과 같이 되기를 바라는 모습을 엿볼 수 있다.[73] 이렇게 이스

---

73) 이에 대해 봐이저(Weiser 1962:38)는 다음과 같이 말한다: "이스라엘이 다른 민족들과 같이 되고자 한다면 야웨의 백성이라는 자신의 독특한 특징을

라엘이 그리고 있는 왕의 모습은 지극히 세상적인 것이다.[74] 그러니 어찌 하나님께서 그들의 요구를 문제삼으시지 않겠는가?

다음으로 하나님이 백성들의 요구에 대해 부정적인 반응을 보이신 것은 왕의 제도가 가진 위험성 때문이라고 말할 수 있다. 즉 하나님은 왕권이 오용될 수 있음을 아시고 그것을 사전에 엄히 경계하고자 하셨다는 말이다. 사실상 왕의 제도는 이미 사사기에서 고대되고 있고(삿 21:25) 한나의 노래에서도 언급되고 있다(삼상 2:10). 그런만큼 그것은 많은 긍정적 요소들을 가지고 있다. 게다가 모세의 율법은 백성이 왕을 구하게 될 것을 미리 내다보고 왕의 제도에 대한 지침까지 제시하고 있다(신 17: 14-20). 더욱이 장차 세워지게 될 다윗왕권이 갖는 구속사적 의의를 생각할 때 왕의 제도 자체를 하나님의 뜻에 반하는 것으로 보는 것은 부당하다. 그럼에도 불구하고 왕의 제도에는 여러 가지 위험요소들이 있는 것 또한 사실이다. 사무엘상 8:10-18에 상세히 묘사되고 있듯이 왕의 제도는 백성이 안고 있는 여러 가지 문제들을 해결해 주기보다 오히려 그들에게 무거운 짐을 지우는 억압의 수단으로 전락할 수도 있다.

여기서 8:10-18에 나타나고 있는 '왕의 제도'(מִשְׁפַּט הַמֶּלֶךְ)를 살펴보는 것이 좋겠다.[75] 우선 두드러지게 드러나 보이는 것은 '취하다'(לָקַח)는 동사가 모두 네 차례 반복되고 있는 것이다: 왕은 ① 아들들

포기하는 것이며, 이방의 제왕 이데올로기의 영향에 빠져 그것을 본보기로 삼고 그것에서 구원을 찾는 것이 된다."

74) 반노이(Vannoy 1977:229) 또한 하나님께서 문제삼으시는 것은 왕정제도 자체가 아니라 이스라엘 백성들이 생각하는 왕의 제도라고 바르게 지적한다: "the issue in these pericopes is not that of the legitimacy of kingship itself, but rather that of the kind of kingship which the people envisioned, and the reasons for requesting it."

75) 9절 - "그러므로 그들의 말을 듣되 너는 그들에게 엄히 경고하고 그들을 다스릴 왕의 제도를 가르치라" - 에서 알 수 있듯이 이 '왕의 제도'는 하나님이 제정하시는 합법적인 것이 아니라 왕권의 위험성에 대한 경고의 성격을 갖는 것이다.

을 취할 것이며, ② 딸들을 취할 것이며, ③ 밭과 포도원과 감람원을 취할 것이며, ④ 노비와 아름다운 소년들과 나귀를 취할 것이다. 그리고 '십일조를 취하다'(עשׂר)는 동사가 두 번 반복된다: ① 곡식과 포도원 소산의 **십일조를 취할** 것이며, ② 양떼의 **십분의 일을 취할** 것이다. 이상에서 강조되고 있는 것은 백성에게 공과 의를 베푸는 신정적 왕의 모습이 아니라 백성을 착취하는 독재자적 왕의 모습이라 할 수 있다.[76] 이러한 왕의 부정적 모습은 17-8절에서 그 클라이막스에 이른다: "너희가 그의 종이 될 것이라 그날에 너희는 너희가 택한 왕으로 말미암아 부르짖되 그날에 여호와께서 너희에게 응답하지 아니하시리라."

이상에 소개된 왕 제도의 부정적 측면은 사무엘 선지자의 말이 아니라 왕정제도의 모든 부정적인 측면을 다 경험한 후대 이스라엘의 역사체험에서 나온 말이라는 견해가 종종 제기 되었다(Rendtorff 2001:136). 특히 클레멘츠(Clements 1974:398-410)는 신명기 역사가가 사무엘 선지자의 입을 빌려 솔로몬의 폭정에 대해 비판하고 있다고 보았다. 그래서 클레멘츠는 사무엘이 경고하고 있는 그 '부르짖음'(8:18)이 열왕기상 12장에서 백성들이 세겜에 모여 왕이 지워놓은 멍에를 가볍게 해달라고 호소한 사건을 염두에 둔 것이라고 본다.

최근에 류히터(Leuchter 2006:543-58)는 새로운 견해를 제시하고 있는데 8:10-18에 나타나는 독재자에 대한 묘사는 사무엘 시대에 생각할 수 없는 것이라고 주장한다. 그는 사무엘 시대인 기원

---

76) 다음은 카일(Keil 1875:71)의 말이다: "왕의 독재에 대한 충격적인 모습을 그리고 있는 이 묘사는 이방 왕들의 독재적 방식에서 이끌어낸 것이지, 자주 주장되어온 바와 같이 왕에 대한 부정적인 경험을 많이 한 후기 시대를 전제하는 것이 아니다."

전 11세기경은 이미 히타이트나 이집트와 같은 제국들이 쇠퇴하였고 우가릿과 같이 튼튼한 왕국들도 무너지고 난 시대이기에 사무엘이 본문에 기록된 그 왕의 제도를 말했다고 생각하는 것은 시대착오적이라 한다. 그는 사무엘 선지자가 묘사하고 있는 내용이 신앗시리아 제국의 왕 연대기(royal annals)에 나타난 것과 유사하다고 하며 본문의 저자는 요시야왕 시대의 인물로 디글랏빌레셀/살만에셀/사르곤과 같은 이방의 독재자를 염두에 두고 본문을 기록하였을 것이라 주장한다. 저자가 의도한 바는 하나님의 언약을 저버리고 인간의 뜻에 의해 세워진 왕권은 북조 이스라엘과 같이 파멸하게 될 뿐이며 요시야왕과 같이 모세의 율법에 따라 세워진 왕권만이 번성할 것임을 설파하는 것이었다고 한다.

그러나 이상에 소개된 견해들은 여러 가지 측면에서 설득력이 없다. 먼저 클레멘츠의 말과 같이 본문이 솔로몬의 폭정을 배경으로 하고 있다면 솔로몬 시대에 백성을 가장 힘들게 만들었던 건축에 대한 언급이 전혀 나타나고 있지 않다는 것이 이해되지 않는다. 그리고 사무엘이 말한 '왕의 제도'가 기원전 11세기의 시대상황에 맞지 않다는 류히터의 견해는 사무엘서에 나타난 기록을 지나치게 요시야적 신명기 사가(Josianic Deuteronomist)라고 하는 미리 설정된 틀 속에서 읽으려 한다는 인상을 준다. 사실상 사무엘 시대에 사무엘이 말한 독재자적 모델이 없었다고 하는 것은 억측일 뿐이다. 당시 이스라엘 주변에는 비록 이집트나 힛타이트 등과 같은 대제국들이 쇠퇴하고 난 상황이었다 할지라도 여전히 크고 작은 민족들이 왕이나 그와 유사한 자들을 중심으로 존재하고 있었던 것이다(예, 블레셋의 방백들, 암몬왕 나하스, 아말렉왕 아각 등). 다소 오래되긴 했지만 멘델존(I. Mendelsohn)은 1956년에 발표한 논문에서 라스-샤마

라에서 발굴된 악카드어 텍스트에 나타난 가나안의 왕 제도의 모습이 8:10-18의 그것과 유사하다는 견해를 발표한바 있고 크뤼제만 (C. Crüsemann) 또한 이를 지지하고 있다(Gordon 1984:42-43 참조).

3. 왕이 세워지다

위에서 본 것처럼 하나님께서 문제 삼으신 것은 왕의 제도 자체가 아니라 백성들의 그릇된 사고방식이었다. 사실상 왕이 세워지는 것은 원래 하나님의 계획 가운데 있었던 것이며(창 17:6 참조), 시대가 요구하는 일이기도 했다. 앞에서 보았듯이 사무엘은 이미 늙었고 그의 아들들은 아비의 뒤를 이을 만한 인물이 되지 못하였다. 그뿐만 아니라 이스라엘은 여전히 주변의 민족들로부터 위협을 받고 있었다. 이러한 가운데 이스라엘 백성들에게 절실히 요구된 것은 그들을 '공의'(מִשְׁפָּט)와 '정의'(צְדָקָה)로써 판결하고, 그들을 통솔하여 '여호와의 전쟁'(מִלְחֲמָה יְהוָה)을 싸워야 할 지도자였던 것이다. 이것은 이스라엘에게 주신 민족적인 사명, 곧 안으로는 거룩한 나라가 되고 밖으로는 제사장 나라가 되어(출 19:6) 마침내 복의 근원이 되는 그러한 사명을 위해서도 반드시 필요한 것이었다(창 12:2). 그런 까닭에 하나님께서는 선지자 사무엘에게 백성들의 요구대로 왕을 세우라고 하셨던 것이다(삼상 8:22).

1) 오묘한 섭리의 손길

사실상 사울이 왕으로 세워지는 과정(9-10장)을 보면 그것이 인위적으로나 억지로가 아니라 하나님의 오묘한 섭리 가운데 이루어진 것

임을 알 수 있다: 사울의 아버지가 암나귀를 잃어버린 일, 그로 인해 사울과 그의 사환이 나귀를 찾아 나서게 된 일, 일이 어려워져 선견자의 도움을 받으려 하다 마침내 선지자 사무엘을 만나게 된 일, 그리고 뜻밖에도 왕으로 기름부음을 받게 된 일 등등. 사람들은 이 모든 것을 가리켜 목가적(idyllic)인 내용을 담고 있는 동화같은 이야기라 하기도 한다(Hertzberg 1960:61). 이러한 견해의 이면에는 잃어버린 나귀를 찾다가 왕권을 얻는 것은 현실세계에서 있을 수 없는 기상천외한 일이라는 생각이 자리하고 있다. 그러나 사실상 동화처럼 보이는 일들이 세상에는 얼마든지 일어날 수 있다. 믿지 않는 사람들은 이러한 일들을 '우연'에다 돌리고 말겠지만 믿음의 사람들은 그 속에서 살아계신 하나님의 섭리의 손길을 본다. 환언하자면 사울이 왕으로 세움을 입기까지 하나님께서 세밀히 간섭하셨다는 말이다. 이것이 비단 왕의 일과 같은 큰 일에만 국한된 것이겠는가?

왕권의 도입이 하나님의 주권적인 개입에 의한 것이었다는 사실이 9:15-17에서 더욱 구체적으로 드러나고 있다. 사울이 사무엘을 찾아오기 바로 전날 하나님께서 사무엘에게 사울이 올 것과 그에게 기름을 부어 이스라엘의 지도자로 삼으라는 말씀을 주셨다:

> "내일 이맘 때에 내가 베냐민 땅에서 한 사람을 네게로 보내리니 너는 그에게 기름을 부어 내 백성 이스라엘의 *지도자*로 삼으라"(16절)

여기서 '지도자'로 번역된 히브리어 '나기드'(נָגִיד)은 원래 옛 수동형 (archaic passive form)으로서 '어떤 직책에 임명된 자' 혹은 '어떤 직책에 임명되었으나 아직 업무를 시작하지 않은 자'를 가리키는 명

---

77) 사무엘상 9장에 '나기드'(נָגִיד)의 동사형 נגד가 여러 번 나타나고 있으며(6, 8, 18, 19), 이에 대하여 부버(M. Buber)는 "이것을 우연한 현상으로 여긴다면 히브리 성경의 내실로 들어가는 열쇠를 바다에 던지는 일과 같다"고 하였다(Hertzberg 1960:64 참조).

사라고 한다(Alt 1959:23; McCarter 1980:178).[77] 이것은 이 명칭이 아직 왕으로 세움을 입지 않은 미래의 왕에 대해 주로 사용되고 있다는 점에 의해서도 뒷받침 된다(삼상 9:16; 10:1; 25:30).

다른 한편 베르게스(Berges 1989:72-74)는 '나기드'가 히브리어 동사 נגד ("알리다", "선포하다") 에서 온 단어로 "여호와의 '선포된 자'"를 의미한다고 말한다. 여기서부터 출발하여 베르게스는 '나기드'가 이스라엘의 왕직이 선지자와 밀접히 연결되어있음을 암시하는 칭호라고 주장한다. 즉 사울이 기름부음을 받아 '나기드'(= 여호와의 "선포된 자")가 되었다는 것은 그의 직분(왕직)이 여호와의 뜻을 '선포하는' 선지자에게 의존되어있다는 것을 나타낸다는 말이다. '나기드'의 의미에 대한 베르게스의 설명이 옳은 것인지는 분명치 않으나 적어도 이스라엘의 왕이 선지자에게 의존적이었다는 그의 견해는 바른 것이다. 이것은 이스라엘의 왕이 선지자에 의해 세움을 입는 사실에 의해서도 입증된다.

이제 사울이 '나기드'로 세움 받는 이유가 무엇이었는지 알아볼 차례이다. 9:16-17을 보자: "그가 내 백성을 블레셋 사람들의 손에서 *구원하리라*…이가 내 백성을 다스리리라"(9:16-17). 여기서 보는 바와 같이 하나님께서도 왕을 세우는 일이 필요한 것을 알고 계셨으며 심지어 그 일을 주관하시고 있다. 그렇다면 왕이 세워져야 하는 이유가 무엇이었는가? 두 가지 이유가 언급되고 있는데 하나는

에 대하여 부버(M. Buber)는 "이것을 우연한 현상으로 여긴다면 히브리 성경의 내실로 들어가는 열쇠를 바다에 던지는 일과 같다"고 하였다(Hertzberg 1960:64 참조).

78) 어떤 이들은(예, Klein 1983:89) 본문이 사무엘 시대에 블레셋이 이스라엘에 굴복하였다는 7:14의 내용과 부합되지 않는다고 본다. 그러나 헤르츠베르그와 고든이 잘 지적하였듯이 7:12-14에 언급된 블레셋에 대한 이스라엘의 승리는 "여기까지 우리를 도우셨다"는 표현이 암시하듯 시간적으로나 지리적으로 제한된 것이었다(Herzberg 1960:52-53; Gordon 1986:93 참조).

이스라엘 백성을 블레셋의 손에서 *구원하여 내*는 일이요(16)[78], 다른 하나는 이스라엘 백성을 *다스리*는 일이다(17). 결국 사울이 왕으로 세워져서 해야 할 일은 밖으로 이방민족들(특히 블레셋)의 손에서 백성들을 구원하는 **구원자**로서의 역할과, 안으로는 '공의'와 '정의'로서 백성들을 다스리는 **통치자**의 역할이었던 것이다. 브루거만(Brueggemann 1990:74)의 이야기를 들어보자: "왕을 세우는 행위는 구원론적이다. 사울은 구원할 자인 것이다. 그 행위는 또한 교회론적이다. 그것은 공동체를 위한 것이란 말이다. 사울은 공동체를 구원하여 새롭게 시작할 수 있도록 해야 한다."

사실상 위의 두 가지 – 구원과 통치 – 는 이스라엘 민족에게 대단히 중요한 일이었다. 하나님의 백성으로서 그 정체성을 보존하기 위해서는 이방민족들에게 지배당하는 위치에 있어서는 아니 되었던 것이다. 이방민족들과의 힘의 균형에 있어 우위를 점하든지, 아니면 그들을 완전히 정복하여 이스라엘의 지배하에 두든지, 그것도 아니면 그들을 완전히 '진멸'(חרם)하든지 하지 아니하면 이스라엘은 그들의 종교와 세속적인 문화에 영향을 받게 될 것이고 끝내 그들에게 동화되고야 말 것이다. 이렇게 되면 이스라엘을 애굽에서 구원하여 내시고 광야 40년의 세월을 거쳐 마침내 가나안 땅으로 인도하신 하나님의 크신 뜻이 이루어질 수가 없다. 그러므로 왕에게 가장 먼저 요구되는 것은 이스라엘을 이방의 위협에서 완전히 구원하여 냄으로 민족 정체성을 보존해가는 것이다. 이것은 오늘날 교회에 주어진 과제와 연결되는 문제이기도 하다. 그리스도의 피로 구속 받은 교회가 온갖 세상의 부패한 풍조로부터 자신을 지켜 거룩한 공동체로 존재하는 것은 무엇보다 중요한 일이다.

왕이 하여야 할 일은 대외적이고 군사적인 것만이 아니었다. 그는 또한 백성들을 어떻게 잘 다스리는가 하는 통치자의 사명도 다하여야 했다. 사사시대의 임시적인 리더십의 형태와는 달리 이제는 행정조직을 갖추고 법질서를 정비하여 온 나라 안에 '공법을 물같이, 정의를 하수같이'(암 5:24) 흘러 넘치도록 해야 하는 것이다. 오직 이같이 함으로써 백성들이 '샬롬'(שלום)을 누리게 되고, 하나님의 영광의 임재가 함께하는 제사장 민족이 되는 것이다. 이를 성취하기 위해 왕에게 요구되는 것은 무엇인가? 하나님께서 모세를 통하여 주신 언약의 말씀에 착념하는 것이다. 이것이 곧 신명기의 '왕의 법전'이 가르치고 있는 내용이다:

> "그가 왕위에 오르거든 이 율법서의 등사본을 레위 사람 제사장 앞에서 기록하여 평생에 자기 옆에 두고 읽어 그의 하나님 여호와 경외하기를 배우며 이 율법의 모든 말과 이 규례를 지켜 행할 것이라"(신 17:18-19).

2) 기름부음

잃어버린 암나귀를 찾아 나섰다가 뜻밖에 선지자 사무엘을 만나게 된 사울은 예상치 못하던 놀라운 일들을 체험하게 된다.[79] 그는 먼저 선

---

79) 사울이 사무엘을 만나는 이야기 안에 내용상의 긴장이 있다는 견해가 종종 제기되었다. 즉 9:6이하에는 사울도 알지 못하는 익명의 '하나님의 사람'이 언급되고 있는 반면 14절은 이 사람을 널리 알려져 있던 인물인 사무엘과 연결시키며, 소녀들이 선견자가 제사드릴 때에 성에 들어온다고 말하였음에도 불구하고 사울은 '선견자의 집'을 찾고 있다는 것이다. 따라서 스퇴뵈(Stoebe 1973:200-201)는 이 본문이 원래의 이야기 – 익명의 하나님의 사람에 대한 – 가 (구두)전승의 과정을 거치면서 확장되고 성장한 것이라 주장한다. 그러나 예의 '하나님의 사람'이 사울에게 알려지지 않았다는 것은 그 사람이 '무명의' 사람이었다기 보다 사울이 '무지한' 인물이었다는 것을 나타내는 것이 아닌가? 또한 소녀들이 한 말 – 하나님의 사람이 제사드릴 때에 그 성에 들어 온다는 – 은 사무엘이 이곳 저곳을 순회하며 백성들을 다스리다가(삼상 7:15-17 참조) 제사드릴 때에 맞추어 고향 집으로 돌아왔다는 의미로 이해할 수도 있을 것이다.

지자 사무엘로부터 산당의[80] 제사에 초대받고 '청함을 받은 자' 중에 최고의 대접을 받는다. 사무엘은 잃어버렸던 그 암나귀는 찾았으니 염려하지 말라고 하면서 다음과 같이 말한다(20절):

우-레미 콜 헴닽 이스라엘   וּלְמִי כָּל־חֶמְדַּת יִשְׂרָאֵל

할로 르카 우-르콜 벹 아비카   הֲלוֹא לְךָ וּלְכֹל בֵּית אָבִיךָ

이것을 번역하면 '이스라엘의 모든 보배가 누구의 것이냐? 너와 네 아비의 온 집에 속한 것이 아니냐?'이다.[81] 이러한 사무엘의 질문에서 분명히 암시되고 있는 것은 사울이 이스라엘의 주권자로 세움 받게 될 것이라는 것이다. 즉 지금은 그가 고작 잃어버린 나귀 한 마리로 인해 걱정하고 있지만, 머지않아 이스라엘의 모든 재화를 관리하는 왕이 될 것이라는 말이다. 이것은 사울이 산당에 청함을 입은 자들 중 가장 상석에 앉게 된 것과 음식 중에서도 특별 부분을 먹게 된 것에서 재차 암시되고 있다.

산당에서 하루 밤을 지낸 후 다음 날 아침 사울은 더욱 놀라운 일을 체험하게 된다. 10:1을 보자: "이에 사무엘이 기름병을 가져다가 사울의 머리에 붓고 입맞추며 이르되 여호와께서 네게 기름을 부으사 그의 기업의 지도자를 삼지 아니하셨느냐." 사울은 이제 하나님께서 자신을 '나기드'로 세우셨다는 것을 알게 되었을 뿐만 아니라 그

---

80) 산당은 '높은 곳'(high place)이란 의미를 지닌 히브리어 '바마'(הַבָּמָה)에 대한 번역이다. 이것은 '언덕'이나 다른 '구릉지'에 있었던 옥외제단(an open-air altar)이나 또는 건물을 갖춘 제의장소였다. 솔로몬 이후 성소의 중앙화가 이루어지고 난 다음 산당은 존재의의를 잃게 되었고 오히려 혼합주의적 종교의 온상지로 비판 받게 된다.

81) 본문의 히브리어 '헴다'(חֶמְדָּה)는 '바람직한 것'(Begehrenswertes)외에도 '값진 것'(Kostbares)을 의미하기에 '보배'로 번역할 수 있다(HALAT:312; 학개 2:7 참조). 알터(Alter 1999:50)는 '헴다'가 물질적인 의미 – "desired, or valued, thing" – 로 쓰이는 경우가 더 많다고 한다. 그러나 한글 성경(개역, 개역개정)이나 NIV와 같이 '이스라엘의(이) 사모하는 자가 누구냐 너와 네 아비의 온 집이 아니냐'로 읽는 것도 가능하다(Klein 1983:89 참조).

표로서 기름부음을 받기까지 하였다. 이것은 전날 저녁 사무엘과 더불어 지붕에서 담화하는 가운데(9:25), 혹은 다음날 이른 아침 사무엘이 들려준 하나님의 말씀(9:27)에서 어느 정도 설명되었던 일일 것이라 볼 수 있다.[82] 그런데 왜 지도자를 세우는데 기름 붓는 일이 필요하였는가? 기름 붓는 행위는 무엇을 상징하는 것인가?

카일에 따르면 '기름부음'은 성령의 은사를 상징하는 것으로 왕은 기름부음 받는 것을 통하여 하나님께서 그의 백성들에게 주시고자 하는 은혜의 선물들을 담당하고 전달하는 중보자로 세워졌다고 한다(Keil 1875:80). 고슬링가(Goslinga 1968:220)는 '기름부음'이 왕의 권한을 부여해주는 행위임과 동시에 필요한 재능과 능력 – 한마디로 여호와의 영 – 을 부여하는 의미를 갖는다고 말한다. 뒤이어지는 문맥에서 사울에게 여호와의 신이 임하는 사건이 나타나는데 (6, 10) 이것 또한 사울이 기름부음을 받은 일과 관계 있는 것으로 보인다. 주목할 만한 것은 다윗에게 있어서는 기름부음과 동시에 여호와의 신이 임하였으나, 사울의 경우 두 사건 사이에 시간적 간격이 있다는 사실이다(삼상 16:13). 하여간 사울은 기름부음 받음을 통하여 하나님과 특별한 관계에 있게 되었고, 이는 그를 '손댈 수 없는' 신분의 사람으로 바꾸어 놓았다(삼상 24:6; 26:9, 11).[83]

---

82) 어떤 사람은 9:19의 '내가 너를 보내되 네 마음에 있는 것을 다 네게 말하리라' 는 말에 의거하여 사울이 애당초 무언가 큰일 – 왕이 되는 일, 블레셋을 물리치는 일 – 을 생각하고 있었다고 한다. 그러나 고슬링가(Goslinga 1968:214)의 말처럼 '사울의 마음에 있는 것'이란 그가 사무엘로부터 뜻밖의 환영을 받고 마음에 의문을 품은 것을 가리킨다고 볼 수 있다.

83) 고대 근동에서는 이집트에서 왕이 고위직의 신하를 임명할 때 기름을 붓기도 하였으며 특히 툿트모세 3세(Thutmosis III)는 시리아 지역의 봉신들 (vassals)에게 기름을 부어 왕의 권위를 부여해 주었다고 한다. 힛타이트에서는 백성들이 왕에게 기름을 부음으로 왕직을 수행하도록 했다고 하는데 성경(삼하 2:4, 7; 5:3; 19:10)에도 그러한 사례가 나타난다(Stoebe 1973:209). 메팅거(T. N. D. Mettinger)는 언약의 관점에서 기름부음의 의미

3) 길갈로 내려가라

사울에게 기름을 부은 후 사무엘은 계속해서 그가 집으로 돌아가는 동안 있을 세 가지 일들에 대하여 말해 준다: ① 라헬의 묘실 곁에서 잃어버린 암나귀를 찾았다는 소식을 듣게 될 것, ② 다볼 상수리나무에서 벧엘로 올라가는 세 사람을 만나 떡 두 덩이를 받게 될 것, ③ 하나님의 산에서 선지자 무리를 만날 것. 이 각각의 징조들이 의미하는 바가 무엇일까? 그것은 아마도 사무엘이 말한 그 '나라의 일'이 단지 사무엘의 개인적인 생각이 아니라 하나님께로부터 말미암은 것임을 사울에게 재차 확인시켜 주기 위한 하나님의 세심한 배려인 것으로 보인다. 이 징조가 임하는 것을 봄으로써 사울은 하나님께서 자기와 함께 하신다는 것을 확신하고 그에게 주어진 사명을 담대하게 수행해 나가야 할 것이었다. 특별히 세 번째 징조를 유의해 볼 필요가 있다. 이것은 사울이 블레셋 사람의 영문이 있는 하나님의 산에 이를 때에 선지자 무리를 만나게 될 것이고, 이때에 사울에게 여호와의 신이 임하여 선지자들과 함께 예언을 하게 될 것이라는 내용을 담고 있다(5-6).

여기에서 '하나님의 산'으로 번역된 '기브앗 하-엘로힘'(גִּבְעַת הָאֱלֹהִים)은 후에 종종 나타나는 '기브앗 사울'(גִּבְעַת שָׁאוּל)을 연상시킨다. 또한 '하나님의 산' 주변에 사는 사람들이 사울의 집안에 대해 잘 알고 있었다는 사실에도 주목할 필요가 있다(11절). 이 모든 것은 '하나님의 산'이 사울이 살고 있던 구릉지, 곧 '사울의 기브아'와 같은 장소임을

를 설명한다. 그의 설명에 따르면 한편으로 백성들이 기름을 부어 왕을 세움으로 백성과 왕 사이에 언약관계가 이루어지며, 다른 한편 여호와께서 기름을 부어 왕을 세움으로 왕과 여호와 사이에 언약관계가 이루어진다고 하였다(Klein 1983:85 참조). 프로이쓰(Preuß 1992:40)에 따르면 선지자에 의한 기름부음은 왕이 오직 하나님의 권세와 통치만을 인정하도록 의무를 지우는 것과 관련된다고 한다.

가리키는 것이 아닌가? 그렇다면 왜 '사울의 기브아'라 하지 않고 '하나님의 산'이라 표현하였을까? 본문을 자세히 살펴보면 '하나님의 산'과 나란히 '블레셋 사람의 영문'이 언급되고 있다: 84)

> "그 후에 네가 **하나님의 산**에 이르리니 그곳에 **블레셋** 사람의 **영문**이 있느니라"

이것은 사무엘 선지자에 의해 의도적으로 선택된 수사학적 표현이라 볼 수 있다. 즉 사무엘은 하나님께서 그 기업으로 택하신 이스라엘 땅에 이방민족의 기념비들이 세워져 있다는 점을 상기시킴으로써 사울로 하여금 자신이 해야 할 일 – 블레셋의 손에서 이스라엘을 구원하여 내는 일(9:16 참조) – 에 대한 소명감을 일깨워 주고자 하였다는 말이다(Goslinga 1968:223-24).

이러한 관점은 이어서 나타나는 6-8절의 이해에도 빛을 던져 준다. 블레셋의 초소들이 있는 곳에서 사울에게 여호와의 신이 임하는 것은 우연한 일이 아니다. 사사기에서 자주 볼 수 있듯이 어떤 사사에게 여호와의 신이 임함으로써 그 사사는 비상한 능력을 덧입게 되어 이방의 압제자들을 물리치는 일을 하였다(삿 6:34; 11:29 참조). 마찬가지로 블레셋의 초소들이 있는 장소에서 여호와의 신이 사울에게 임하는 것은 사울이 해야 할 일이 무엇인지를 강력하게 암시하는 것이다. 블레셋을 물리치는 일이 곧 그가 해야 할 일이었다는 말이다. 10:7절에 나타나는 내용도 마찬가지이다. 사무엘은 사울에게 '이 징조가 네게 임하거든' – 다시 말하면 '여호와의 신이 네게 임하거든' – '너는 기회를 따라 행하라 하나님이 너와 함께 하시느니라'

---

84) 블레셋 사람의 영문이라 번역된 '네찌베 펠리쉬팀'(נְצִבֵי פְלִשְׁתִּים)은 주석가들에 의해 '군대의 초소'(Stoebe) 혹은 '군대의 장교'(Hertzberg) 혹은 '기념주'(Goslinga) 등으로 이해되고 있다. 사무엘상 13:3에 따르면 사울의 아들 요나단이 게바에 있는 '네찝 펠리쉬팀'을 공격하였다고 한다. 이로 보건대 본문의 '네찌베 펠리쉬팀'은 블레셋 군대의 주둔지(초소 혹은 수비대)를 가리키는 듯하다.

고 한다. 여기서 '기회를 따라 행하라'는 것은 블레셋을 물리치는 일을 염두에 두고 한 말이라 할 수 있다.

10:8절의 내용도 예외가 아니다. 사무엘은 사울에게 먼저 길갈로 내려가라고 한다. 그리고 그곳에서 7일을 기다리면 자기도 그곳에 가서 번제와 화목제를 드리고 사울이 행할 바를 가르쳐주겠다고 한다. 왜 하필이면 길갈로 내려가라는 것인가? 그리고 사무엘이 가르쳐주겠다고 하는 내용은 무엇인가? 사실상 길갈은 이스라엘의 역사에서 매우 의미있는 장소이다. 광야 40년의 방랑 이후 이스라엘 백성들은 여호수아의 영도 하에 길갈에서 하나님과의 언약을 갱신하고 가나안 정복을 위한 준비를 하였다(수 5:2-10). 말하자면 길갈은 정복전쟁의 전초기지였던 셈이다. 사울은 지금 이처럼 역사적으로 뜻 깊은 곳인 길갈로 가라는 명을 받고 있는 것이다. 이것은 사울이 여호수아에 의해 시작된 정복전을 완수해야 된다는 것을 의미하는 것이 분명하다. 길갈은 물론 지리적으로 불레셋 지역과 떨어진 곳이지만 당시 이스라엘의 여러 곳에 블레셋 군대들이 주둔하고 있었기에, 그곳은 블레셋과의 싸움에서 전략적으로 중요한 장소였을 가능성도 있다. 이렇게 본다면 사무엘이 가르쳐주겠다는 것 또한 블레셋과의 전쟁에 관한 것이라 볼 수 있다.[85]

이상에서 밝혀진 것처럼 사울이 왕으로 세움을 입은 것은 이스라엘을 블레셋의 손에서 건져내는 것과 밀접히 관계되어 있다. 이제 사울이 사무엘 선지자로부터 기름부음을 받아 '나기드'가 된 만큼 앞으로 공적으로 왕위에 등극하는 일이 그에게 남아 있다. 그리고 이것은 10:17-27이 다루고 있는 내용이다. 여기서 보여주는 것은 사울이 제비뽑는 방식에 의해 이스라엘의 왕으로 추대되었다는 것이다.

---

85) 카일(Keil 1875:85)에 따르면 사무엘이 전날 밤 사울과 더불어 지붕 위에서 담화할 때 길갈이 블레셋과 싸우기에 가장 적합한 장소라고 말하였을 것이라 한다.

이것은 무엇을 말해주는가? 사울을 왕으로 세우신 이는 다름 아닌 여호와 하나님이라는 것이다(잠 16:33 참조). 그러므로 이것을 비판적으로 바라보는 반대세력들을 향하여 성경은 '불량배'(삼상 2:12 참조)라 못박고 있다. 사울이 왕으로 세워지는 것이 이렇게 하나님의 뜻에 의해, 하나님의 섭리와 직접적인 개입에 의해 된 것이지만 또한 그릇된 뜻을 가지고 왕을 구한 백성들에 대한 훈계도 계속되고 있다: 10:17-18; 12장.

우리는 여기서 사무엘의 역할에 대하여 다시 한번 주목할 필요가 있다. 그는 사울이 백성의 지도자로 세워지는 과정에서 주도적인 역할을 하고 있다. 물론 배후에서 모든 일을 이끌어가시는 분은 하나님이셨지만 사무엘은 그 하나님의 뜻을 받들어 왕을 세우는데 산파역할을 담당하였다. 사무엘은 사울을 기름 부어 이스라엘의 '나기드'로 세웠을 뿐 아니라 온 백성들을 미스바로 모으고 그곳에서 제비 뽑기를 통하여 사울을 '왕'으로 추대하였다. 그리고 '나라의 제도' (מִשְׁפַּט הַמְּלֻכָה)를 백성들에게 가르치며 책에 기록하여 성소에 보관하였다(10:25). 베르게스(Berges 1989:86-87)가 지적한 바와 같이 이것은 신명기에 제정된 '왕에 대한 법'과 연결되는 것이 분명하다.

다음은 신명기 17:14-20에 규정된 왕에 대한 법이다: ① 왕은 반드시 하나님이 택하신 자여야 한다, ② 타국인이어서는 안 된다, ③ 말을 많이 두어서는 안 된다, ④ 아내를 많이 두지 말아야 한다, ⑤ 자기를 위하여 은금을 많이 쌓지 말아야 한다. 특히 모세는 왕이 율법서를 등사하여 자기 옆에 두고 율법의 모든 말과 규례를 따라 통치하며, 형제(백성)에 대하여 교만한 자세를 갖지 말도록 명하고 있다. 사무엘은 이러한 왕의 도리를 백성들과 왕에게 가르침으로써 이스라엘에 왕의 제도를 도입하는 일을 마무리하고 있다.

4) 언약 갱신

사무엘상 12장에는 사무엘 선지자의 긴 설교가 나타난다. 12:1–5
에 나타나는 자기 변호 형식의 글은 사무엘이 마치 자신의 임무를 마
치고 고별설교를 하는 듯한 인상을 준다. 그러나 반노이(Vannoy
1977:61–68)는 이 부분이 11:14–15절과 더불어 언약갱신의 내
용을 담고 있다고 본다. 먼저 반노이는 11:14에 나오는 표현인 "나
라를 새롭게 하자"에 주목한다. 그것은 종종 암몬과의 전쟁(11:1–
13 참조) 후 사울의 왕권을 공식적으로 인정하는 절차를 의미하는 것
으로 받아들여져 왔으나, 반노이는 '새롭게 하다'는 의미의 히브리어
동사 –'하다쉬'(חדשׁ)의 피엘형 – 는 이미 나빠진 상태에 있는 어떤 것
을 전제하는 말이므로 사울의 왕권에 대해 사용된 것으로 보기 어렵
다고 한다.[86] 그렇다면 사무엘이 '새롭게 하자'라고 하였을 때의 그
'나라'는 무엇을 가리킨다는 말인가? 반노이에 따르면 그것은 '하나님
의 나라'라고 한다. 이것이 옳다면 11:14–15에 묘사된 길갈에서의
회합은 이스라엘의 입장에서 그동안 소홀히 한 하나님 나라에 대한
충성을 새롭게 하기 위한 것이었다고 볼 수 있을 것이다.

　　11:15의 내용 또한 길갈에서의 회합의 중심 내용이 하나님과의
관계를 새롭게 하는 것이었음을 보여 준다. 여기에는 '여호와 앞에서'
(לפְנֵי יְהוָה)라는 표현이 두 차례 반복된다: "모든 백성이 길갈로 가서 거
기서 *여호와 앞에서* 사울을 왕으로 삼고 길갈에서 *여호와 앞에* 화목
제를 드리고…" 특히 반노이는 '화목제'(זְבָחִים שְׁלָמִים)가 시내산에서의 언
약비준 예식에 중요한 요소였다는 점을 상기시킨다(출 24:5, 11 참

---

86) 반노이가 말하는 것처럼 이 시점에는 아직 사울이 왕이 된지 얼마 되지 않았다.
　　더군다나 길갈에서의 모임이 공식적으로 사울을 왕으로 인정하는 성격의 것이
　　었다고 한다면 사무엘이 '새롭게 하자'고 한 '나라'의 일이 사울의 왕국을 가리
　　킨다고 보기가 더욱 힘들다.

조). 그의 말을 들어보자:

> "그러므로 이 특별한 제사는 시내산에서 언약 관계를 확립하는 예식의 한 부분이었다. 그리고 그것은 백성들이 언약의 의무에 순종하여 살 경우 야웨와 더불어 누리게 될 교통 혹은 평화를 상징하는 것이었다"(Vannoy 1977:90).

이상의 사실을 종합하면 암몬과의 전쟁 후 이스라엘이 길갈에 모인 것은 하나님과의 언약관계를 새롭게 하고, 새로 도입된 왕의 제도를 하나님과의 언약관계 안에 세우기 위함이었다고 할 수 있다. 반노이에 따르면 12장 또한 동일한 '언약 갱신'의 맥락에서 이해되어야 한다고 한다. 그는 12장에 대한 양식비평적 연구를 통하여 그 안에 다음 네 가지의 언약 형식이 들어 있음을 설득력 있게 논증하였다:[87] ① 이전 역사에 호소(삼상 12:6-12), ② 도입문구 '그리고 이제'(וְעַתָּה)를 사용하여 언약의 기본적 의무인 야웨께 나누이지 않는 충성을 할 것을 촉구(삼상 12:13a, 14a, 15a, 20-21, 24), ③ 축복과 저주(삼상 12:14b, 15b, 25), ④ 신현적 표적(삼상 12:16-22). 여기서 도입문구 '베아타'(וְעַתָּה)는 고대 근동의 언약 텍스트에서 주로 '역사적 서언'에서 미래의 언약관계에 대한 언급으로 넘어갈 때 사용되는 표현이라고 한다. 나아가서 시내산의 신현을 연상케 하는 '우레와 비'(출 19:16; 20:18 참조)는 하나님께서 '여전히 자기 백성에게 관심을 가지고 계시며 그들이 불순종하고 거역할 때에 언약의 저주를 내리실 수 있다'는 것을 나타내는 것이라고 한다.

---

87) 멘덴할(Mendenhall 1954:57-60)의 연구에 따르면 고대 근동, 특히 주전 2000년대 힛타이트의 종주권 언약양식은 다음 내용들을 포함한다: 1) 전문 (preamble), 2) 역사적 서언(historical prologue), 3) 규정들(stipulations), 4) 성전 보관 및 정기적인 공적 낭독에 대한 규정(provision for deposit in the temple and periodic public reading), 5) 증인으로서의 신들의 목록(the list of gods as witnesses), 6) 축복과 저주문구(the curses and blessings formula).

이렇게 볼 때 11:14-12:25에 묘사된 길갈에서의 회합은 하나님과의 언약관계를 새롭게 함으로써 이제 막 도입된 왕의 제도를 언약의 틀 속에 편입시키는 기능을 한다고 볼 수 있다. 여기서 하나님은 언약에 신실한 분으로 묘사되고 있다. 그분은 모세와 아론으로부터 사무엘에 이르기까지 신실한 선지자들과 사사들을 세우사 이스라엘 백성을 인도해 오셨다(12:1-11). 그 가운데 이스라엘이 보인 반응은 반역과 배도였다. 그들은 하나님을 섬기는 대신 바알과 아스다롯을 섬겼으며(10절), 하나님을 왕으로 모시는 대신 열방과 같이 세속 왕을 구하였다(12절). 놀라운 것은 그럼에도 불구하고 하나님은 여전히 그 백성을 사랑하신다는 사실이다:

> "여호와께서는 너희를 자기 백성으로 삼으신 것을 기뻐하셨으므로 여호와께서는 그의 크신 이름을 위해서라도 자기 백성을 버리지 아니하실 것이요"(12:22).

이처럼 하나님은 자신의 크신 이름을 위하여 이스라엘과 맺은 언약을 저버리지 않으실 것이다. 선지자 사무엘 또한 이스라엘을 위한 선지적 중보 사역을 멈추지 않을 것이라고 한다(12:23). 이제 남은 것은 새로 세워진 왕과 백성이 하늘의 왕이신 야웨께 순종하고, 그분께 나뉘지 않는 언약적 충성을 바칠 것인가의 문제이다.

4. 기스의 아들 사울

앞에서 우리는 사울이 어떻게 해서 이스라엘의 첫 번째 왕으로 세워지게 되었는가를 보았다. 여기서 그려지고 있는 사울의 모습은 어떤가? 상당 부분에 있어서 사울은 매우 긍정적인 모습으로 그려지고 있는 것처럼 보인다. 그는 사사시대의 아비멜렉처럼 스스로 왕이 되고

자 했던 인물도 아니요 오로지 하나님의 인도하심에 의해 왕의 자리에 오르게 되었다. 그리고 암몬과의 전투에서 거둔 승리는 왕으로서의 그의 자질을 유감없이 보여준 사건이라 할 수 있다(11장). 그뿐만 아니라 자신에 대하여 비판적인 세력들까지 포용하는 덕을 갖추기도 하였다(10:27). 이렇게 사울은 용맹과 덕을 함께 갖춘 이상적인 지도자의 모습으로 등장하고 있는 듯 보인다.

1) 이상적인 지도자?

바로 여기에 어려움이 있다. 그런 사울이 어떻게 하나님께 버림받는 비운의 사람으로 전락할 수 있었는가? 이러한 어려움 때문에 많은 주석가들은 사울에 대해 부정적인 내용을 담고 있는 부분들은 부차적인 것으로 후대의 편집자들에 의해 왜곡된 것이라는 견해를 제시하기도 한다(Scheffler 2000:263-71). 그러나 본문(8-14장)을 자세히 읽어보면 사울이 반드시 처음부터 긍정적인 인물로 소개되었다고 보기 힘든 요소들을 발견하게 된다. 우선 9장에서 우리의 눈에 띄는 것은 사울과 그의 종이 잃어버린 암나귀를 찾고 있는 장면이다. 여기서 사울이 다소 소극적인 인물로 나타나고 있음을 부인할 수 없다. 나귀를 찾지 못하자 선견자에게 가서 물어보자고 제안한 이는 사울이 아니라 그의 종이다(6절). 또한 사울에게는 선견자에게 드릴 아무런 예물이 없었는데 오히려 그의 종이 '은 한 세겔의 사분의 일'이 있다며 해결책을 제시한다(8절). 이 모든 것은 사울이 매사에 소극적이고, 준비성이 모자란 부주의한 인물이었다는 것을 보여주는 것이 아닌가?

더욱더 중대한 문제는 사울이 사무엘에 대하여 전혀 모르는 상태에 있었다는 것이다(9:19). 사무엘이 어떤 인물이었는가? 단에서 브엘세바까지 온 이스라엘 백성이 그가 선지자로 세움을 입은 것을 알 정도로 위대한 지도자가 아니었는가(3:20)? 더 나아가 미스바에서의 회개 운동을 이끌었을 뿐만 아니라 그의 리더십하에 블레셋을 제압하기까지 한 민족의 영웅이 사무엘이 아니던가? 이러한 점을 고려할 때 사울이 사무엘을 모르고 있었다는 것은 쉽게 납득하기 어려운 일이다. 그는 심지어 자기 바로 옆에 서 있는 선지자를 향하여 "선견자의 집이 어디인지 청하건대 내게 가르치소서"(9:18)라고 한다. 이 얼마나 어처구니 없는 모습인가? 사무엘을 바로 곁에 두고 선지자를 찾는 사울의 우스꽝스런 모습은 그의 인물됨됨이를 우회적으로 드러내주는 아이러니라 할 수 있다.

2) 기회를 따라 행하라

10장에서는 사울의 부정적인 모습이 보다 심각하게 노출되고 있다. 앞에서 언급한 것처럼 사울에게 여호와의 신이 임하는 것은 블레셋의 문제와 연결되어있다. 사무엘이 사울에게 "이 징조가 네게 임하거든 너는 기회를 따라 행하라 하나님이 너와 함께 하시느니라" 한 것은 여호와의 신이 임하는 것을 보면 두려워하지 말고 블레셋을 물리치는 일에 착수하라는 것이다.[88] 길갈로 내려가라는 것도 마찬가지이다.[89] 그런데 의아스럽게도 사울은 비록 사무엘이 말한 그 모든 징조

---

88) Long 1989:207: "This injunction, with its assurance of divine accompaniment, strongly suggests that Saul is to initiate active opposition as soon as the signs are fulfilled. The bestowal of the divine spirit upon Saul as part fo the third sign (cf. 10:6, 10), moreover, seems to point in the same direction."

89) 카일과 고슬링가는 "너는 나보다 앞서 길갈로 내려가라"를 명령문이 아닌 조건문으로 보는 것이 옳다고 한다. 그래서 길갈로 내려가는 것은 사울이

가 자신에게 임하였음에도 불구하고 아무것도 행동에 옮기지 아니하
는 매우 소극적인 모습을 보여주고 있다. 스퇴베는 사사기에 나오는
카리스마적 지도자들을 상기시키며 여호와의 신이 임하는 사건과 구
체적인 (군사)행동은 같이 간다는 점을 지적한다. 그래서 그는 원래
13:3이하의 내용이 10장의 사울에게 임한 징조에 대한 기록과 바로
연결되어 있었을 것이라고 생각한다(Stoebe 1973:207).

그러나 현재 우리에게 있는 본문이 말하고자 하는 바에 보다 주
의를 기울일 필요가 있다.[90] 즉 우리는 현재의 본문이 독자의 기대
와 달리 블레셋에 대한 사울의 군사적인 행위 – 길갈에 내려가는 일
– 에 대해 침묵을 지키고 있다는 사실에 유의해야 한다. 이 침묵은
독자를 혼란케 만든다. 왜 블레셋에 대하여 아무 것도 하지 않는가?
길갈에는 언제 내려가려는가? 그리고 마침내 실망케 만든다. 이 모
든 것은 사울이 스스로 해야 할 일이 무엇인지를 제대로 파악하지
못하는 둔감하고 소극적인 사람이라는 것을 암시하고 있음이 분명
하다. 사울의 이러한 부정적 모습은 앞서 나귀를 찾아 다닐 때 보이
던 모습과 매우 흡사하다. 그뿐만 아니라 그것은 그가 제비 뽑기에서
왕으로 선출되자 행구 사이에 숨은 모습과도 무관하지 않다(Long
1989:215-18).[91]

여기서 사울이 선지자 무리 가운데서 예언하는 모습을 보고 그를

바로 행동에 옮겨야 할 일이 아니라 '언제가 길갈로 내려가게 된다면'의 의미
로 이해하여야 한다는 것이다. 그러나 히브리어 구문 (명령형+와우 연계형+
미완료)을 고려해볼 때 명령문으로 보아 '내려가라'로 이해하는 것이 더 자
연스럽다.
90) 사실 스퇴베가 제시한 방법을 따라도 문제가 다 해결되지는 않는다. 사무
엘상 13:3에는 사울이 블레셋을 친 것이 아니라 그의 아들 요나단이 블레셋
을 친 것으로 묘사되고 있기 때문이다.
91) 멕카터는 제비 뽑기가 범죄자들을 가려내는데 사용된 예를 들면서(수 7; 삼

알던 사람들이 보인 반응을 생각해 보는 것이 유익하다.[92] 그들은 '사울도 선지자들 중에 있느냐'고 하며 사울의 새로운 모습에 대하여 놀라워하였다. 이러한 반응이 암시하는 바는 무엇인가? 헤르츠버그(Hertzberg 1960:67)에 따르면 그 표현은 당시 사람들의 선지자 무리에 대한 경멸적인 태도를 반영하고 있다고 한다: "이성적이고, 훌륭한 시민으로서 살아가고 있는 사람이 어떻게 이런 괴상한 무리들과 어울리고 있단 말인가?" 그러나 본문의 어느 곳에서도 선지자 무리를 폄하하는 듯한 인상을 받을 수 없다. 그들은 사무엘이 말한 징조들 가운데 언급된 자들이다. 그러므로 문제의 표현은 오히려 사울의 부정적인 측면을 드러내는 반어적(냉소적) 표현으로 보아야 한다. 즉 본문은 사울이 선지자 무리에 속하기에는 어울리지 않는 사람이었음을 암시하고 있다는 말이다(삼상 19:24 참조).[93] 사실상 – 과거 삶이 어떠하였건 간에 – 사울은 이후의 삶에서 선지자와 불편한 관계를 이어간다.

사울의 부정적인 모습은 뒤로 갈수록 더욱 뚜렷해진다. 13장으로 넘어 오면 블레셋과 이스라엘 사이에 벌어진 싸움을 대하게 된다. 이

상 14:38-44) 사울이 왕으로 세워질 때 제비뽑기 방식이 사용되고 아울러 왕의 제도에 대한 부정적 언급이(18-19) 나타나고 있는 것은 사울의 왕 선출에 어두운 그림자를 드리우는 것이라 말한다. 나가서 멕카터는 제비뽑기에 앞서 선지자 사무엘이 전한 메시지(삼상 10:17-19)는 심판선고에 해당하는 것이므로 제비뽑기에 의한 사울 왕의 선출은 사실상 왕을 요구한 이스라엘 백성들에 대한 심판에 해당하는 것이라고 말한다(McCarter 1980:195-96).

92) 여기서 예언하는 행위는 신적 메시지를 전달하는 행위라기 보다 하나님의 영에 사로잡힌 결과로 인해 나타난 '무아경적 언설'("ecstatic utterance")이나 '비정상적 행위'("abnormal behavior")로 보아야 할 것이다(Young 1952:70-71 참조).

93) 같은 의미로 카일(Keil 1875:87)은 다음과 같이 말하다: "이 표현은 사울의 이전 삶이 선지생도들의 그것과는 완전히 달랐다는 것을 전제하고 있다"(Young 1952:88 참조).

싸움은 사울이 기름부음을 받을 때부터 기대되어 온 것이었다. 그러나 앞에서 설명한 것처럼 사울의 소극적인 망설임으로 인해 지금까지 실행에 옮겨지지 못하였었다.[94] 그러던 것이 이제야 비로소 실행에 옮겨지고 있는 것이다. 그런데 더욱 큰 문제는 블레셋과의 싸움이 사울에 의해 시작되지 않고 요나단에 의해 시작되고 있다는 사실이다. 사울이 이스라엘의 왕으로 세워진 일차적인 목적이 어디에 있었는가? 이스라엘을 블레셋의 손에서 건져내는 일을 위해서이다. 그것을 위해 여호와의 신이 그에게 임하기까지 하였지 않은가? 그런데 이 일을 시작한 것이 사울이 아니라 그의 아들 요나단이었다는 사실이다. 여기서 드러나는 사울의 모습은 소극적인 차원을 넘어 하나님의 뜻에 대한 불순종에 가깝다.

블레셋과의 전투에서 진정한 영웅은 요나단이었다는 사실이 사무엘상 14장에서도 강조된다. 먼저 1-15절에서 요나단은 자신의 병기 잡은 자와 단 둘이 블레셋 진영으로 들어가는 용사로 나타난다. 그러니까 여기서도 전쟁을 주도하는 이는 사울이 아니라 요나단이다. 특히 내레이터는 요나단이 '그의 아버지에게는 아뢰지 아니하고'(1절) 싸움을 시작하였다는 사실을 밝힘으로써 요나단과 사울을 차별화시키고 있다. 이러한 차별화는 블레셋과의 전쟁에 소극적이고 미온적인 사울의 모습을 우회적으로 부각시키는 것이 아닌가? 어쩌면 요나단은 아버지 사울의 군사적 지도력에 대해 그리 신뢰하지 못하고 있었는지도 모른다. 후에 요나단은 사울이 군사들에게 블레셋 사람

---

94) 13:1의 맛소라 본문(בֶּן־שָׁנָה שָׁאוּל בְּמָלְכוֹ וּשְׁתֵּי שָׁנִים מָלַךְ עַל־יִשְׂרָאֵל׃)을 번역하면 '사울이 왕이 되었을 때 한 살이었고 2년 동안 이스라엘을 다스렸다'이다. 이것은 도저히 사실과 맞지 않기에 여러 본문비평적인 견해들이 제시되었다. 그 중에서 롱(Long 1989:74-75)이 제시한 견해가 흥미롭다. 롱은 맛소라 본문에 나타난 숫자는 원저자에 의해 은유적인 의미로 사용되었다고 한다. 즉 13:1은 왕의 자질에 전혀 미치지 못하는 사울을 묘사하기 위해 고안된 은유적 표현이라는 것이다.

을 복수하기까지 음식을 먹지 말라는 무모한 명령을 내린 것을 알고 "내 부친이 이 땅으로 곤란하게 하셨도다"(29절)라고 불만을 토로하기까지 한다.

사실 사울은 자신의 그릇된 판단으로 인해 블레셋에 대하여 모처럼 얻은 승리의 기회를 축소시켰을 뿐 아니라(30절), 군사들을 피곤하게 만들었으며(28절), 나아가 전쟁의 영웅 요나단의 목숨까지 위태롭게 만들었다(36-45절). 이 모든 사실은 사울이 소극적인 인물이었을 뿐 아니라 백성들을 블레셋의 위협에서 구원할 왕으로서의 자격에 미치지 못하는 인물인 것을 드러내고 있다.

3) 소극적인 태도에서 불순종으로

사울의 불순종은 사무엘을 기다리지 않고 스스로 번제를 드리는 일에서 그 극을 이룬다. 일단 블레셋과 싸우기 위해 길갈로 내려갔으면 사무엘이 내려오기까지 기다려야만 했다. 그러나 블레셋 군대는 믹마스에 진을 치고 있고 이스라엘 군대는 술렁이며 기다리던 사무엘은 오지 않자 사울은 다급한 나머지 직접 번제를 드리는 잘못을 저지르고 만다. 포포비츠(A. Popovic)는 사울의 잘못은 번제(haššelāmîm)를 드렸다는 사실에 있지 않고 다만 번제를 드린 시기에 있다고 주장한다. 즉 사울은 번제를 드리기에 앞서 블레셋과의 전쟁을 먼저 치루어야 했다는 것이다.[95] 특별히 사울이 번제를 드렸던

---

95) Popovic 1993:166-67: "But it is questionable that haššelāmîm were a suitable preparation for the necessary military action. The appropriate place for haššelāmîm seems to be only in the aftermath of the battle, as is illustrated by 1 sam 11,15. In the present context, however, haššelāmîm in v.9 seem to imply the idea of avoiding the military action, and in that sense Saul's action has been defined as foolishness and as not keeping the commandment of the Lord."

것은 전쟁을 피하고자 함이었다는 포포비츠의 견해는 주목할 만하다. 그러나 10:8과 연결하여 생각할 때 사울의 잘못이 사무엘이 오기 전에 번제를 드렸다는데 있는 것이 분명하다. 사무엘은 분명히 '내가 네게로 내려가서 번제와 화목제를 드릴 것'이라고 말하였기 때문이다(Donner 1983:251-53).

결국 사울의 문제는 사무엘 선지자의 말을 듣지 않았다는데 있다. 이것은 이스라엘의 왕이란 선지적 장치를 통해 나오는 '하나님의 목소리'에 순종함으로 왕권을 행사하여야 할 자이기에 더더욱 중요한 문제이다. 우리는 사무엘 선지자가 늦게 내려온 것에다 책임을 돌릴 수 없다. 오히려 그것은 사울의 믿음과 순종을 시험하는 방편으로 보아야 할 것이다. 문제는 사무엘이 늦은데 있는 것도 아니요, 상황이 급박하였다는데 있지도 않다. 요나단이 자신의 병기 잡은 자와 단둘이 블레셋 진영으로 쳐들어간 것을 생각해 보라(Provan 2003:92)! 환경은 하나님의 말씀을 어기는데 대한 핑계는 될 수 있을지언정 정당한 사유는 되지 못한다. 사울은 여호와께 은혜를 구하고자 번제를 드렸다고 하였다(13:12). 그러나 그는 여호와의 은혜를 구하는 길은 제사행위를 하는데 있지 않고 하나님의 말씀을 믿고 순종하는데 있음을 깨달아야만 했었다. 그러나 불행하게도 사울은 그것을 깨닫지 못하는 '망령된 자'가 되고 말았다(13:13).

이상에서 살펴 본대로 8-14장에서 묘사된 사울의 모습은 결코 긍정적인 것이 아니다. 그는 이스라엘 민족의 지도자요 하나님의 사람이었던 사무엘을 모르고 있을 정도로 둔감한 자이었고, 여러 면에서 적극적이지 못하고 소극적인 사람이었다. 따라서 사울은 자신에게 부과된 가장 중대한 - 블레셋을 물리치는 - 사명까지 소홀히 하게 되고 말았다. 13-14장에서 보게 되듯이 블레셋을 물리친 공은 요나단에게 돌아가야 마땅하다. 물론 사울에게 긍정적인 면이 전혀 없는 것이 아니다. 앞에서 언급한 것처럼 사울은 자신을 반대하는 자에 대하여 관용할 줄도 알았고(10:27), 암몬 족속과의 전투에서는 군사적 지도자의 모습을 유감없이 보여 주었다(11장). 그러나 이 모든 인간적인 덕목과 용맹도 선지자를 통해 주어진 하나님의 뜻에 대한 순종으로 인쳐진 것이 아니었기에 '짐 보따리들 사이에 숨은 용사'(10:22)처럼 어색하게만 보일 따름이다.

어떤 사람은 14:47-48의 내용 ("사울이 … 향하는 곳마다 이겼고 용감하게… 이스라엘을 그 약탈하는 자들의 손에서 건졌더라")을 들어 사울은 원래 왕으로서의 자기 직무를 성공적으로 수행하였으나 후대에 그의 이미지가 부정적으로 그려지게 되었다고 한다.[96] 또 다른 이는 이 본문이 사무엘하 8장에 나오는 다윗 자료에서 가져온 것으로 보기도 한다(Stoebe 1973:277). 그러나 롱(Long 1989:130)은 본문이 사무엘하 8장의 다윗에 대한 기록과 다른 점을 다음과 같이 예리하게 지적한다:

---

96) '향하는 곳마다 이겼다'는 맛소라 본문의 יַרְשִׁיעַ (Hiph. 3 M Sg Pf of רשע)를 번역한 것이다. 그런데 רשע 의 히필형은 '죄를 짓다'(sich schuldig machen) 또는 '정죄하다'(für schuldig sprechen)는 의미를 갖는다(HALAT:1207-08). 이 동사는 다윗의 승리를 묘사하는데 사용된 동사 יוֹשַׁע (삼하 8:14, Hiph. 3 M Sg Pf of ישע, meaning "deliver," "save," "give victory to")에 비해 부정적인 뉘앙스를 가지는 것이 사실이다(BDB:446-47; Firth 2009:161 참조). 이것에 불편함을 느끼는 학자들은 여러 가지 제안을 한다. 멕카터(McCarter 1980:254)는 맛소라본문의 읽기가 두 자음 ר (יַרְשִׁיעַ)와 ו (יוֹשִׁיעַ)사이의 철자혼동에서 비롯된 서기관의 오기(lapsus calami)라고 한다. 반면 디트리히(Dietrich 1992:71)는 원래 북왕국에서 유래한 친사울적 자료가 후에 남왕국 유다에서 반사울적으로 바뀌게 된 것이라고 주장한다. 그러나 맛소라 본문의 읽기는 사울의 행적을 부정적으로 제시하기 원하는 내레이터의 의도적인 선택이었을 가능성도 얼마든지 있다.

"뚜렷한 객관성에도 불구하고 그 요약기사에는 어두운 그림자가 없지 않
다 – 말로 표현된 것보다도 말로 표현되지 않는 것에 의해 드리워진. 특
히 야웨나 혹은 그와 사울과의 관계에 대한 언급이 없다는 사실이 혼란을
불러일으킨다. 13-14장의 사건들을 염두에 둘 때 놀라운 일은 아니지만
말이다."[97]

롱의 평가가 옳다면 14:47-52의 요약기사 또한 사울을 이스라
엘의 하나님 야웨와 소원한 관계에 있는 것으로 묘사하고 있다. 결국
사울은 하나님의 인도하심에 따라 이스라엘의 첫 왕이 되었지만 그
하나님의 마음에 맞게 왕권을 수행하지 못하였기에 그가 행한 모든
일들 또한 하나님께 인정받지 못하였던 것이다.

5. 마무리하는 말

위에서 우리는 이스라엘의 첫 왕 사울이 세워지는 과정과 그가 어떻
게 왕권을 수행하였는가를 살펴보았다. 우리가 발견한 것을 몇 가지
로 요약하면 다음과 같다:

첫째, 왕권의 도입이 비록 표면적으로는 백성들의 불신앙적인 요
구에 의해 야기되었지만 그것은 또한 하나님의 주권적인 개입에 의해
이루어진 일이기도 하다. 왕권의 도입과 관련하여 이와 같은 대조적
인 현상 – 백성의 불신앙적 요구 vs 하나님의 주권적 개입 – 이 나
타나는 것은 왕권의 양면성을 보여주는 것이라 할 수 있다. 즉 왕권
은 한편으로 온갖 세속적이고 불신앙적인 풍조의 온상으로 전락할 수
도 있는 반면, 백성들에게 하나님의 선한 통치를 드러내는 축복의 통

---

97) 사실상 사무엘하 8장에는 '다윗이 어디로 가든지 여호와께서 이기게 하시니라'
는 표현이 반복되고 있다(6, 14절).

로가 될 수도 있다.

둘째, 이스라엘의 왕이 해야 할 사명은 크게 두 가지로 요약될 수 있다. 먼저 왕은 대외적으로 블레셋을 비롯한 주변 민족들의 위협과 공격으로부터 백성들을 보호하고 구원하는 *구원자적 사명*을 다하여야 했다. 다음으로 왕은 공의와 정의로 백성들을 재판하고 다스리는 통치자로서의 사명을 다하여야 했다. 이는 왕이 여호수아로부터 시작된 정복전쟁을 완수하고 아브라함에게 약속된 크고 복된 나라를 건설해야 한다는 것을 의미한다. 오직 그렇게 할 때 이스라엘은 이방 나라들과 구별된 거룩한 나라가 될 것이며, 백성들은 삶의 모든 영역에서 참된 '샬롬'을 누릴 수 있게 될 것이다.

셋째, 왕이 세워지는 과정에서 활약한 선지자 사무엘의 역할에 주목하여야 한다. 이스라엘의 장로들은 사무엘에게 왕을 세워줄 것을 요구하였으며(삼상 8:5, 19-20), 하나님은 그에게 사울을 기름부어 이스라엘의 '나기드'로 세우라고 명하셨다(삼상 9:16). 마침내 사무엘은 제비뽑기의 과정을 통하여 사울을 이스라엘의 왕으로 세우고, 나라의 제도를 말하며 그것을 책에 기록한다. 이처럼 사무엘은 왕권의 도입에 주도적인 역할을 하였다. 이 모든 사실은 우리에게 이스라엘에서의 왕권이 선지적 장치의 통제하에 있도록 의도되었다는 것을 가르쳐준다.

넷째, 이스라엘의 왕권은 언약전통과 따로 존재하는 것이 아니다. 즉 이스라엘의 왕권은 하나님과 이스라엘의 언약관계라는 큰 틀 안에서 기능하도록 의도된 것이란 말이다. 그러므로 이스라엘의 왕과 백성은 하늘의 큰 왕이신 야웨 하나님께 전적인 충성과 헌신을 바치지 않으면 안 된다. 왕과 백성이 이 언약에 신실한 한 그들은 하늘의 왕으로부터 모든 언약의 축복 - 예, 외적으로 군사적인 승리 및 내적으로 정치적인 번영 – 을 받아 누리게 될 것이다. 그러므로 이스라엘의 왕은 무엇보다도 언약의 중보자인 선지자의 말에 전적으로 순종하지 않으면 안 된다.

다섯째, 사울은 여러 가지 측면에서 왕이 되기에 부적합한 인물이었다. 그는 하나님이 그와 함께 하신다는 여러 가지 징조들을 받았음에도 불구하고 왕의 사명 – 블레셋과의 전쟁 – 을 수행하는데 있어 소극적인 자세로 일관하였다. 그는 비록 암몬 족속과의 전쟁에서 선전하기도 하였지만 이스라엘의 주적(archenemy) 블레셋과의 전투에서는 무기력하고 우매한 자로 나타난다. 무엇보다도 사울은 선지자 사무엘의 말을 지키지 않음으로써 '왕도'(王道)에서 떠나고, 나아가서 이스라엘의 참된 왕이신 야웨의 절대적 왕권을 훼손하고 말았다.

여섯째, 하나님은 왜 사울과 같은 인물을 이스라엘의 첫 왕으로 삼으셨는가? 이러한 질문에 우리가 명쾌한 답을 하기란 어려운 일이다. 그러나 모든 겸손함으로 추측할 수 있는 것은 백성들의 불신앙적인 요구와 사울을 왕으로 삼은 일이 서로 연결되어있지 않는가 하는 것이다(McCarter 1980:195; Kaiser 1991:146). 즉 백성들의 부당한 요구에 응하여 사울을 왕으로 세우심으로써 하나님은 그들을 벌하시고(호 13:11 참조), 이스라엘에서의 왕권이란 어떤 것이어야 하는가를 역설적으로 교훈하고자 하셨다는 말이다(Vos 2000:185).

제 4장

사무엘상 15 - 31장
사울의 몰락과 다윗의 등장

1. 시작하는 말

사무엘상 15 - 사무엘하 8장은 사울이 아말렉과의 전쟁을 계기로 하나님께 버림받는 이야기로부터 시작하여 길보아산의 전투에서 전사하기까지 그의 왕권이 쇠퇴해가는 과정과 함께 다윗이 등장하여 이스라엘의 새로운 왕으로 부상하는 과정을 그리고 있다. 여기서 소개되는 수많은 이야기들 가운데서 다윗이 블레셋의 거인장수 골리앗을 물리치고(삼상 17장) 가는 곳마다 지혜롭게 행하는 모습(삼상 18:30)은 블레셋과의 관계에서 늘 소극적이었을 뿐 아니라 때로는 우둔하게 행하였던(삼상 14:29 참조) 사울의 모습과 강한 대조를 이룬다. 이 단락의 끝(삼하 8장)에 이르면 독자들은 다윗이 밖으로 모든 이방민족들을 정복하고 안으로 백성들을 '공과 의'(מִשְׁפָּט וּצְדָקָה)로 다스리는 참된 왕의 모습으로 우뚝 서게 된 것을 발견하게 된다.

이처럼 사무엘상 15 - 사무엘하 8장은 사울의 몰락과 다윗의 부상을 일관된 관점으로 그리고 있다. 따라서 전체를 하나의 단락으로 취급하는 것이 옳을 것이다. 그러나 이 단락은 분량상 길이가 너무 길고, 현재의 정경형태가 사울의 죽음을 다루는 사무엘상 31장을 깃점으로 나뉘기에 우리도 이 단락을 크게 두 부분 - 사무엘상 15-31장과 사무엘하 1-8장 - 으로 나누어 살피고자 한다.

1) 통일성의 문제

사무엘서에는 문학적 통일성에 의문이 제기되지 않는 부분이 거의 없다 해도 과언이 아니다. 사무엘상 15-31장도 예외가 아니며, 특히 다윗의 등장을 다루는 사무엘상 16-18장이 대표적이다. 오래전부터 학자들은 이곳에 내용상의 긴장과 모순이 있다고 주장해왔다(De Wette 1840⁵:233-34; Kuenen 1861:227-29). 먼저 다윗의 인적사항은 16장에서 이미 자세히 소개되었음에도 불구하고 17:12은 그를 새롭게 소개하는 듯한 인상을 준다. 그뿐만 아니라 16:14-23에서 다윗은 이미 사울의 병기잡은 자가 되었으며 그의 가정형편 또한 왕에게 알려졌다. 그런데 17:15에 그려진 다윗의 모습 - 전쟁중인데도 사울 곁에 있지 않고 베들레헴을 왕래하며 양을 치고 있다 - 은 병기잡은 자의 직책에 맞지 않으며, 심지어 사울은 그를 군사적인 일에 미숙한 인물로 간주하기까지 한다(17:33). 더군다나 17:55-58은 다윗이 아직 사울과 아브넬 모두에게 알려지지 않았다는 인상을 강하게 준다. 이것은 사울이 다윗을 크게 사랑하여 자신의 병기잡은 자로 삼았다는 16:21의 내용과 명백히 상충되어 보인다.

여기에 더하여 해당 본문들에 대한 사본들 간의 불일치는 문제를 더욱 복잡하게 만든다. 맛소라 본문(MT)과 달리 칠십인경(LXX)은 문제의 본문들을 거의 포함하지 않는다. 다음은 사본학자 토브(Tov 1986:40-41)가 사무엘상 16-18장에서 보이는 맛소라 본문과 칠십인경의 차이를 도표화한 것이다. Version 1은 칠십인역과 맛소라 본문 모두에 나타나는 것을 가리키며, Version 2는 맛소라 본문에만 있는 것을 가리킨다.

	Version 1 (LXX and MT)	Version 2 (MT only)
16:17-23	David is introduced to Saul as a skillful harper and he is made his armor bearer.	
17:1-11	Attack by the Philistines. Goliath suggests a duel with one of the Israelites.	

17:12-31		David is sent by his father to bring food to his brothers in the battle field. He hears Goliath and desires to meet him in a duel.
17:32-39	David volunteers to fight with Goliath	
17:40-54	The duel. After Goliath's miraculous fall, the Philistines flee.	
[17:41.48b.50		Short account of the duel]
17:55-58		Saul confesses ignorance of David. David is introduced to Saul by Abner.
18:1-4		David and Jonathan tie a covenant of friendship
18:5-6a		David is appointed as an officer in Saul's army.
18:6b-9	Saul's attempt in vain to kill David	
18:10-11		Saul's attempt in vain to kill David
18:12-16	David's successes.	
18:17-19		Saul offers David his eldest daughter, Merab.
18:20-27	Saul offers David his daughter Michal	
18:29b-30		Saul's love for David. David's successes.

이 비교에서 드러나는 것은 비평학자들이 문제로 삼는 부분들
(17:12, 15, 55-58)이 모두 칠십인경에는 나타나지 않으며, 더욱
이 그런 칠십인경이 맛소라 본문에 비해 더욱 논리적 일관성을 보여
준다는 사실이다. 따라서 많은 사무엘서 연구가들은 17:12-31과
17:55-58을 후대에 첨가된 2차자료로 본다. 즉 칠십인경이 원래의
본문을 보존하고 있으며 맛소라 본문에는 서로 상충된 두 개의 전승
이 복합되어있다는 것이다.

그러나 클라인은 본문비평의 원리 중 하나인 *lectio defficilior*에 따라 맛소라 본문이 더 원본에 가까운 것이라고 생각한다(Klein 2002:186-87). 클라인에 따르면 후대의 어떤 편집자가 기존의 본문의 흐름을 깨뜨릴 뿐만 아니라 내용상 긴장을 야기시키는 것을 삽입해 넣었다고 보는 것은 무리이므로 난해한 읽기를 제공하는 맛소라 본문이 더 진정성을 갖는다고 한다. 클라인은 오히려 칠십인경 번역자들이 내용상 일관성을 만들어내기 위해 히브리어 원본(*Vorlage*)의 난해한 부분들을 삭제하였을 것이라고 주장한다. 이와 관련하여 칠십인경에 대한 피자노의 견해를 들어보는 것이 유익하다: "칠십인역은 단지 확장주의적(expansionist)이라 해서는 안될 것이다. 오히려 그것은 원본에 무언가를 추가시키거나 삭제하는 것을 통해 얻어진 조화와 일관성을 더 선호한다"(Pisano 1984:283).

사실상 칠십인경의 번역을 살펴보면 인위적인 변경 또는 가필의 흔적이 발견된다. 가령 17:43의 경우 맛소라 본문에는 골리앗의 말만 나타나고 다윗의 대꾸는 나타나지 않는다:"막대기를 들고 내게로 오다니 내가 개냐"(בְּמַקְלוֹת הַכֶּלֶב אָנֹכִי כִּי־אַתָּה בָא־אֵלָי) 그런데 칠십인경은 여기에다 다윗의 대답을 첨가하여 다음과 같이 읽는다: "막대기와 돌맹이들을 들고 내게로 오다니 내가 개냐? 다윗이 대답하기를 '아니, 개보다 더 형편없다'(οὐχί ἀλλ' ἢ χείρω κυνός)." 우리가 보기에 이러한 다윗의 대답은 분명 농담조의 말이며, 이런 경박한 언어는 성경 내러티브에서 그 유례를 찾아볼 수 없는 것이다.

또한 칠십인경 역자가 골리앗의 말에 '돌맹이'를 첨가시킨 것도 어색하다: "막대기와 **돌맹이들**을 들고 내게로 오다니." 골리앗이 어떻게 주머니 속에 든 돌맹이를 볼 수 있었겠는가?[98] 더더욱 이상한 것

---

98) 다윗이 막대기를 들고 나간 것은 골리앗의 생각을 교란시키기 위하였음이라 추측할 수 있다. 즉 눈에 잘 띄는 막대기를 가지고 나감으로써 본래 의도 ─

은 골리앗의 말이 아직 끝나지도 않은 상황에서 다윗의 말이 끼어들고 있다는 점이다:

καὶ εἶπεν ὁ ἀλλόφυλος πρὸς Δαυιδ ὡσεὶ κύων ἐγώ εἰμι ὅτι σὺ ἔρχῃ ἐπ' ἐμὲ ἐν ῥάβδῳ καὶ λίθοις καὶ εἶπεν Δαυιδ οὐχί ἀλλ' ἢ χείρω κυνός καὶ κατηράσατο ὁ ἀλλόφυλος τὸν Δαυιδ ἐν τοῖς θεοῖς αὐτοῦ (그 블레셋 사람이 다윗에게 말하기를 '막대기와 돌멩이들을 들고 내게로 오다니 내가 개냐?' 다윗이 대답하기를 '아니 개보다 형편없다.' 그 블레셋 사람이 자기 신으로 다윗을 저주하였다.)

이것은 전장에서 양쪽 군대를 대표하는 두 장수가 격투를 벌이기 전에 서로를 향하여 말하는 형식과 맞지 않는다. 이상의 사실들은 모두 칠십인 역자가 필요한 경우 본문을 자유롭게 첨삭했다는 것을 보여준다.

그렇다면 앞에서 언급한 본문들(17:12, 15, 55-58)로 인해 생겨난 내용상의 긴장은 어떻게 보아야 하는가? 어떤 주석가는 연대기적 관점으로 이 문제를 해결하고자 한다(Firth 2009:179-81). 즉 사무엘서는 반드시 연대기적 순서에 의해 기록된 글이 아니므로 17장의 내용을 꼭 16장 이후의 사건으로 볼 필요가 없다는 것이다. 이 관점에 따르면 사울과 다윗의 첫 대면은 블레셋과의 전쟁상황에서 이루

물매와 돌멩이를 무기로 사용하려는 - 를 숨기고자 했다는 것이다(Alter 1999:108). 켈러만(Kellermann 1990:344-57)은 다윗이 골리앗의 시각장애를 이용하여 싸움에서 이길 수 있었을 것이라는 견해를 내 놓았다. 즉 거인은 대개 뇌하수체 선종(Hypophysenadenom)이 그 원인이 되어 생기는 신체현상인데 선종이 커짐으로 인해 시신경을 압박하게 되고 결국 시각장애를 일으키게 된다는 것이다. 켈러만에 따르면 독일인으로서 신장이 2m 35cm에 달하였던 Thomas Hasler (1853-1878)는 왼쪽뺨이 말발굽에 채인 후유증으로 키가 비정상적으로 자라게 되었다고 한다.

어졌고, 다윗이 악기 연주자로서 사울에게 소개된 것은 그 이후의 일이라고 한다. 그러나 이 견해는 블레셋과의 전쟁이 진행되는 동안 다윗이 이미 사울에게 왕래하고 있었다는 17:15의 증언을 충분히 존중하지 않는다는 점에서 문제를 안고 있다. 17:15은 분명 16장의 사건 – 다윗이 악기 연주자로서 사울의 총애를 받게 된 것 – 을 전제하고 있다. 따라서 시간적으로 17장을 16장에 앞서는 것으로 보는 해석은 유보되어야 한다.

이것은 우리를 또 다른 어려움으로 인도한다. 16:21이 말하는 바와 같이 다윗이 사울의 '병기 든 자'가 되었다면 둘은 함께 전장에 있어야 했지 않는가? 고슬링가는 '병기 든 자'라 하여 반드시 전쟁에 나가야 했다라고 생각할 필요는 없다고 한다(Goslinga 1968:324-25). 카일은 조금 더 자세히 설명하기를 당시 다윗의 주된 임무는 악기연주를 통해 사울의 마음을 달래는 일이었으므로 전쟁에 나가지 않아도 되었다고 한다(Keil 1853:195-96). 카일은 또한 사울에게 이미 전쟁에 익숙한 숙련된 신복들이 여럿 있었을 것이므로 다윗 같이 어리고 미숙한 자를 전쟁에 데리고 나가지 않았을 것이라고 주장한다(17:33 참조). 이렇게 보면 다윗이 전쟁 중에 베들레헴을 왕래하며 양을 친 것을 굳이 어렵게 생각할 필요가 없다.[99]

남은 문제는 17:12이하와 17:55-58로 인해 야기되는 내용상의 긴장이다. 많은 학자들은 17:12-31이 16장과는 별도의 문헌전승을 담고 있다고 주장한다. 그 이유는 16장에서 다윗이 이미 소개되었음에도 불구하고 17:12이 다윗을 새롭게 소개하기 때문이라고

---

99) 다윗이 음악적 재능으로 인해 사울의 총애를 얻었다고 해서 곧바로 베들레헴의 아비 집을 떠난 것은 아니다. 다윗이 아비 집을 완전히 떠난 것은 골리앗과의 전쟁 이후였다(삼상 18:2 참조).

한다. 그러나 구딩(Gooding 1986:56-57)은 12절이 사무엘서에서 새로운 인물이 소개될 때 나타나는 표현양식과 다르다는 점을 강조하며 문서의 통일성을 변호하고 나선다. 아래에서 보듯이 יְהִי אִישׁ로 시작하는 일반적 인물소개양식은 곧바로 사람(다윗)의 이름으로부터 시작하는 12절과 크게 다르다:

사무엘상 17:12: וְדָוִד בֶּן־אִישׁ אֶפְרָתִי הַזֶּה מִבֵּית לֶחֶם יְהוּדָה וּשְׁמוֹ יִשַׁי

사무엘상 1:1: וַיְהִי אִישׁ אֶחָד מִן־הָרָמָתַיִם צוֹפִים מֵהַר אֶפְרָיִם (삼상 9:1; 25:2-3 참조)

이런 차이점에 의거하여 구딩은 12절을 새로운 인물을 소개하는 구절로 보아서는 안 된다고 주장한다.

사실상 현재의 본문을 주의 깊게 읽으면 12-31절과 이전 문맥이 긴밀히 연결된다는 것을 알 수 있다. 먼저 13절의 '싸움'과 16절의 '그 블레셋 사람'은 1-11절에 묘사된 블레셋과의 싸움과 그들의 거인 장수 골리앗을 가리키는 것이 분명하다. 한걸음 더 나아가 28절에서 보이는 다윗과 그의 맏형 엘리압과의 긴장관계에 주목할 필요가 있다. 여기에서 보이는 엘리압의 모습은 단순히 어린 동생의 안전을 염려하는 형의 태도로 보기 어렵다. 그는 다윗에게 '노'를 발하였을 뿐만 아니라 비아냥거리는 말을 하기까지 한다: "나는 네 교만과 네 마음의 완악함을 아노니 네가 전쟁을 구경하러 왔도다." 이것은 엘리압속에 있는 다윗을 향한 깊은 감정의 골을 내비치는 말이다. 어디서 이 감정의 골이 생긴 것일까? 16:1-13에 있는 사건을 떠나서는 설명하기 힘들다. 즉 장자인 자기 대신 말째인 다윗이 사무엘에게 선택받아 기름부음을 받은 것이 분노의 원인이었다는 말이다(창 37:1-4 참조).

이렇게 볼 때 12-31절은 그 이전 문맥을 필요로 하고, 나아가서 그것을 전제로하고 있음이 분명해진다. 따라서 12-31절을 16장과는 별도로 다윗을 새롭게 소개하는 본문으로 취급하는 것은 잘못이다. 12절이 다윗을 새로 소개하는듯한 인상을 주는 것은 블레셋과의 싸움에서 중요한 역할을 하게 될 다윗에게 독자들의 주의를 새롭게 집중시키기 위한 문학적 장치로 보는 것이 바람직하다.

이제 17:55-58의 내용을 살펴볼 차례이다. 앞에서 이야기한 것처럼 이 본문은 많은 학자들에 의해 2차적인 것으로 평가되어왔다. 우선 보기에 이 본문은 사울과 아브넬이 다윗과 그의 가계에 대해 잘 알지 못하는 것처럼 묘사하고 있는데 이것은 16:18-22에서 사울이 사람을 이새에게 보내어 다윗을 자기에게 보내주도록 요청한 사실과 모순되어 보인다. 그러나 구딩이 잘 말하였듯이 사울이 신하를 시켜 다윗을 데려오게 하였다면 그 자신은 다윗의 가계에 대해 잘 몰랐을 가능성이 크다. 이것은 17:55-58에서 사울이 다윗 자신이 아닌 그의 *아버지*에 대해 알고자 했다는 사실과 잘 부합된다: "소년이여 누구의 아들이냐." 아마도 사울은 이미 골리앗과 싸워 이기는 자에게 딸을 주고 '그 아비지의 집'을 (세금에서) 자유케 하리라는 약속을 한 상태이므로 다윗의 가계에 대해 보다 자세히 알고자 하였을 수 있다 (17:25 참조). 그것이 아니라면 사울이 이전에 사무엘 선지자로부터 자기 보다 더 나은 사람이 왕이 될 것이란 말을 들었으므로 다윗을 새롭게 주목하고 그처럼 비상한 관심을 보인 것일 수도 있다(Provan 2003:224).

위에서 본 바와 같이 사무엘상 16-18장은 문학적 통일성과 관련하여 의문을 제기할만한 난점들을 가지고 있지만 그럼에도 불구하고 그것들을 통일적으로 읽을 수 있는 가능성은 얼마든지 있다. 이것은 우리가 이 장에서 살펴볼 다른 본문들에게도 해당되는 사실이다. 사무엘상 15-31장은 사울이 아말렉과의 전쟁을 계기로 하나님께 버림받고 자신의 운명에 거역하여 왕권을 지키고자 안간힘을 쓰지만 마침내 블레셋과의 전쟁에서 비극적인 최후를 맞이하고 마는 모습을 일관되게 서술하고 있다. 이와 더불어 이 단락은 사울의 초청으로 궁정에 들어가게 된 다윗이 사울의 갖은 박해에도 불구하고 하나님의 돌보심 가운데 이스라엘의 지도자로 부상해가는 과정을 하나의 스토리로 엮어내고 있다.[100] 이처럼 사무엘상 15-31장은 일관된 플롯구조를 가지고 있기에 통일적인 글로 읽히는 것이 마땅하다.

2) 중심 메시지

---

100) 사무엘상 15장 이후로 다윗의 왕위등극과정이 일관되게 묘사되고 있다는 이유로 많은 학자들은 여기에 '다윗의 등극사' (DRP = David's Rise to Power 혹은 HDR = History of David's Rise)로 알려진 독립된 옛 전승이 들어있다고 생각한다. 이 관점은 로스트에게로 거슬러 올라가는데 그는 이 옛 전승의 범위를 사무엘상 23:1부터 사무엘하 5:25까지로 잡는다(Rost 1926:133). 그러나 후대의 학자들 사이에 소위 '등극사'의 범위에 대한 논란이 계속되었다. 어떤 이들은 다윗이 사무엘 선지자로부터 기름부음을 받는 내용을 담고 있는 사무엘상 16:1-13을 시작으로 보아야 한다고 주장하는 반면 어떤 이들은 16:1이 이미 15장의 내용을 전제하고 있기에 15:1을 시작으로 보아야 한다고 주장하기도 한다. 또 어떤 이들은 다윗의 등극사는 사울의 역사와 긴밀히 연결되어 있기에 9:1부터 시작되는 사울의 역사도 함께 포함시켜야 한다고 주장하기도 한다(Dietrich 1992:65). 시작이 어디인가에 대한 논란과 마찬가지로 끝이 어디인가에 대한 의견도 분분하다: 사무엘하 5:10이나 5:25, 6장 혹은 7장 혹은 8장. 이에 대한 보다 상세한 언급은 Dietrich & Nauman 1995:65-68에서 볼 수 있다. 이들 다양한 견해들이 보여주고 있듯이 현재의 성경본문에서 옛 문헌전승을 구분하여 내는 일이란 여간 어려운 일이 아니다. 그뿐만 아니라 고든이 잘 지적하였듯이 실제로 '다윗의 등극사'와 같은 독립된 전승이 존재하였는지도 불분명하다(Gordon 1984:63). 그러므로 여러모로 모호하고 막연한 옛 전승을 구분하려는 노력 대신 현재 우리 앞에 주어져 있는 본문의 의미를 이해하려는 노력을 기울이는 것이 더욱 바람직할 것이다.

많은 사무엘 연구가들에 의하면 사무엘상 15-31장이 의도하는 바는 다윗에 대하여 널리 퍼져있는 나쁜 소문들을 잠재우는 것이라고 한다: 1) 그는 파렴치한 의도를 가지고 사울 집에 스며들어갔을 것이다, 2) 그는 탈영병이다, 3) 그는 무법자가 되었다, 4) 그는 블레셋의 용병이 되었다(McCarter 1980: 28-30). 이러한 부정적인 의혹들에 대하여 다윗을 변호하기 위하여 소위 '다윗의 등극사'가 기록되었으며, 따라서 그것은 '다윗에 대한 변증'(The apology of David) 혹은 다윗을 옹호하는 '정치선전'(Propaganda)이라고 한다(Dietrich & Nauman 1995: 77-79 참조). 물론 이런 견해를 갖는 이들은 다윗의 실제 모습에 대해 매우 부정적인 추측을 하는 경향을 보인다.

그러나 이처럼 사무엘상 15-31장을 순전히 정치적 차원에서 만들어진 문서로 보는 것은 이 본문에 나타난 강한 신학적 의도를 고려하지 않는 것이다. 본문을 주의깊게 읽으면 이 본문은 이스라엘의 왕에게 요구되는 것이 무엇인가를 보이려는 의도에서 기록된 글이란 사실을 알 수 있다. 예컨데 저자는 사울이 하나님께 불순종함으로 인해 버림받았다는 사실과, 그가 하나님을 거스리고 배도의 길을 감으로 인해 멸망을 자초하였다는 점을 부각시키고 있다. 이를 통하여 저자는 왕이 하나님의 뜻에 순종할 때만이 왕권을 유지하고 왕으로서의 사명을 다할 수 있다는 것을 가르친다.

다른 한편 저자는 다윗이 하나님을 굳게 신뢰함으로 이스라엘을 블레셋의 손에서 구원하여 내었으며, 사울의 갖은 박해 가운데서도 하나님이 함께 하심으로 미래 왕으로서의 자질을 쌓아간 일들을 소개한다. 이것 역시 이스라엘의 왕에게 진정으로 요구되는 것이 무엇인지를 보여준다: *하나님과의 올바른 관계.*

2. 버림받은 왕 사울

앞에서 우리는 사울이 블레셋과의 전쟁에 앞서 사무엘의 지시를 어기고 직접 번제를 드리다가 자신의 운명에 대한 뜻밖의 통고를 받는 것을 보았다: "지금은 왕의 나라가 길지 못할 것이라"(삼상 13:14). 이제 사울은 아말렉 족속과의 전쟁을 계기로 최종적으로 하나님께 버림받는다.

1) 아말렉과의 전쟁

이 중요한 전쟁은 영토분쟁이나 여타의 다른 정치, 군사적 마찰을 계기로 발생한 전쟁이 아니라 하나님의 직접적인 명령에 의해 시작된 전쟁이었다.[101] 하나님께서 사울에게 왜 아말렉과의 전쟁을 명하셨을까? 2절을 보자: "만군의 여호와가 이같이 말씀하시기를 아말렉이 이스라엘에게 행한 일 곧 애굽에서 나올 때에 길에서 대적한 일로 내가 그들을 벌하노니." 여기서 '벌하다'에 해당하는 단어 '파카드'(פָקַד)는 '살피어 책임을 묻다'는 의미로(출 34:7 참조) 하나님께서 이제 아말렉의 행위에 대해 책임을 물으시고 심판하신다는 것을 뜻한다. 아말렉이 과연 어떤 행위를 하였길래 하나님께서 오랜 세월이 지난 이 시

---

101) 돈너(Donner 1983:241-50)는 아말렉의 영토와 이스라엘이 지역적으로 상당히 떨어져 있다는 것과 전략적인 면을 비롯한 여러 가지 다른 측면들을 고려해볼 때 사울이 굳이 아말렉과 전쟁할 필요가 없었을것이라는 점을 이유로 들어 15장에 기록된 내용은 비역사적인 것이라 주장한다. 그뿐만 아니라 그는 본문에서 출애굽 당시의 사건이 전쟁의 이유로 언급되고 있으나 이는 이미 오래 전에 지나간 일로서 15장의 역사적 배경으로는 적합하지 않다고 단정한다. 따라서 그는 본문을 가리켜 친 다윗적인 어떤 편집자가 사무엘상 13:7b-15a; 23:8ff; 30:1ff. 등을 토대로 기록한 글이라고 생각한다.

점에 그것을 다시 문제 삼으시겠다는 것인가?

출애굽기 17:8-16에 따르면 아말렉은 이스라엘이 출애굽하여 가나안 땅으로 나아갈 때 처음으로 그 길을 가로막던 족속이었다. 그들은 원래 에서의 후예로서 혈통적으로 이스라엘과 형제 사이라 할 수 있다. 그럼에도 불구하고 가나안 땅을 향하여 가는 이스라엘의 길을 가로막고 싸움을 걸어왔던 것이다. 이들의 이스라엘을 향한 적대적인 태도는 여기서 그치지 않는다. 후에 바란 광야에서도 가나안 족속들과 더불어 이스라엘을 공격하였고(민 14:45), 사사시대에는 모압과 암몬과 더불어 이스라엘의 대적이 되기도 했었다(삿 3:13). 이러한 사실에서 알 수 있는 것은 아말렉은 하나님의 백성인 이스라엘을 대적하는데 앞장선 민족이었다는 것이다. 다른 말로 하면 하나님의 뜻을 거스르고 대적하는 일에 선두주자였던 족속이 바로 아말렉 족속이었다는 말이다. 신명기 25:18은 아말렉이 행한 악행의 본질이 '하나님을 두려워하지 아니하는' 것에 있다고 말씀한다.

그러므로 이스라엘과 아말렉의 분쟁은 처음부터 단순한 민족간의 분쟁의 차원을 넘어선 보다 깊은 대립과 관련되어 있음을 알 수 있다. 이것은 아말렉과의 첫 번째 전투에서 이스라엘이 승리를 얻는 모양 속에 보다 선명히 드러난다. 이 전투에서 이스라엘은 좋은 전략과 훈련된 군사의 힘으로 승리한 것이 아니라 하나님의 능력으로 승리하였다. 이것이 암시하는 것은 이스라엘과 아말렉의 싸움은 물리적 분쟁의 차원을 넘어선 영적인 싸움이었다는 것이다. 쉽게 말하면 아말렉이 이스라엘을 대적하고 나선 그 이면에는 하나님을 대적하는 악의 권세가 역사하고 있었고, 아말렉은 그 악의 세력의 도구였다는 말이다. 말하자면 그들은 악한 영적 세력의 화신이었다. 그러므로 하나님께서 '아말렉으로 더불어 대대로 싸우리라' 말씀하셨으며(출 17:16),

이후 모세를 통하여 다시 명하시기를 '아말렉의 이름을 천하에서 도말하라'(신 25:19)고 하셨다.

이와 같은 맥락하에서 15:3에 나타나고 있는 '헤렘'(חֵרֶם) 명령을 이해할 수 있다: "지금 가서 아말렉을 쳐서 그들의 모든 소유를 남기지 말고 진멸하되 남녀와 소아와 젖 먹는 아이와 우양과 낙타와 나귀를 죽이라." 이러한 살육의 명령은 하나님의 뜻을 가로막고, 대적하는 악의 세력을 하나님은 결코 용납하지 않으시고 심판하시는 것을 보여주기 위함이다. 그러므로 사울은 아말렉을 진멸함으로써 죄악의 세력을 멸하고 하나님의 공의로운 심판을 나타내어야 했다. 그러나 그는 악의 세력의 우두머리인 아말렉 왕을 죽이지 아니하였을 뿐 아니라 하나님께 제사드린다는 명분으로 하나님의 말씀을 어기고 양과 소중에 좋은 것을 남겨두었다. 그 결과 사울은 이스라엘의 왕이 되지 못하도록 버림받게 된다.

2) 사울의 범죄와 버림받음

여기서 사울의 범죄의 성격을 보다 면밀히 검토해볼 필요가 있다. 우선 그는 자신을 찾아온 사무엘을 향하여 '내가 여호와의 명령을 행하였나이다'라고 자신 있게 말한다. 그가 과연 명령을 그대로 수행하였는가? 사무엘이 양과 소의 소리에 대하여 말하자 그는 뒤늦게 하나님께 제사 드리기 위하여 양과 소의 가장 좋은 것을 남겨두었다고 시인한다. 더욱이 사울은 양과 소를 남긴 행위를 교묘하게 백성들에게 돌리고, '헤렘' 명령을 수행하는 것과 관련하여서는 1인칭 복수형("우리가")을 사용함으로써 자신을 포함시킨다:

"백성이 …양들과 소들 중에서 가장 좋은 것을 남김이요
그 외의 것은 우리가 진멸하였나이다"(15절).

여기서 발견하는 사울의 모습은 핑계를 대고, 책임을 회피하며, 자신을 정당화하려 하는 것이다. 이러한 모습은 20-21절에서 다시 반복된다. 이것은 선지자의 질책을 듣고 아무 변명 없이 자신의 잘못을 고백하는 다윗의 모습과 사뭇 대조적이다(삼하 12:13; 24:10). 회개할 줄 모르는 완고한 자에게 남은 것은 심판뿐이다: "왕이 여호와의 말씀을 버렸으므로 여호와께서도 왕을 버려 왕이 되지 못하게 하셨나이다"(23절하).

마침내 사울은 자신의 잘못을 시인한다: *"내가 범죄하였나이다"* (חָטָאתִי, 24절상). 그러나 여기서도 사울은 억울한 심경을 그대로 드러내고 있다. 이것은 그가 범죄할 수밖에 없었던 이유를 연속으로 이어지는 두 개의 כִּי 문장으로 설명하고 있는데서 드러난다(24절하):

내가 여호와의 명령과 당신의 말씀을 어겼으며, כִּי־עָבַרְתִּי אֶת־פִּי־יְהוָה וְאֶת־דְּבָרֶיךָ

백성들을 두려워하여 그들의 목소리를 들었나이다. כִּי יָרֵאתִי אֶת־הָעָם וָאֶשְׁמַע בְּקוֹלָם׃

여기서 특히 주목하여야 하는 것은 사울이 '여호와의 명령'과 '사무엘의 말'을 구분하고 있다는 점과[102] 백성들을 두려워하여 그들의 목소리를 청종하였다는 것이다. 문맥에서 읽혀지는 것은 지금 사울은 분명 변명을 하고 있으며 그 변명의 하나로 백성을 두려워하여 그들의

---

102) 프리쉬(Frisch 1996:99-100)는 이것을 사울이 자신의 죄를 진심으로 뉘우치고 있지 않은 증거의 하나로 본다: "… but the phrase 》and your instructions《 added to 》the lords command《 may possibly allude to Saul's differentiation between the word of God and the prophet's stringent interpretation."

목소리를 들었다고 하는 것이다.

　말하자면 사울은 지금 변명이 되지 않는 변명을 하고 있는 것이다. 이스라엘의 왕으로서 그 누구보다도 여호와 하나님을 두려워하고 그의 목소리를 청종하여야 할 터인데 오히려 백성들을 두려워하여 그 목소리를 듣느라 하나님의 말씀을 무시하고 말았다는 것이다. 이처럼 사울의 죄악의 본질은 하나님을 두려워하지 않은데 있었다. 그 옛날 아말렉이 하나님을 두려워하지 아니함으로 이스라엘을 대적하였는데(신25:18), 이스라엘의 초대왕 사울은 하나님을 두려워 하지 아니함으로 스스로 아말렉 편에 선 것이다. 이것이 아말렉을 진멸하라는 하나님의 명령을 수행하는 과정에서 일어난 일이기에 아이러니가 아닐 수 없다.

　여기서 프리쉬(Frisch)가 1996년에 발표한 글의 내용을 언급하는 것이 유익하리라 생각된다. 프리쉬는 사무엘상 15:24-25에 나타난 사울의 뉘우치는 장면을 출애굽기 10:16-17에 나타나는 바로의 뉘우치는 모습과 비교한다. 두 본문 사이의 유사성은 다음의 비교를 통해 분명히 드러난다(Frisch 1996:102):

1 Sam 15:24-25	Ex 10:16-17
I did wrong	I did wrong
To transgress the Lord's command	before the Lord your God
and your instructions;	and before you
for I feared the people,	
and I yielded to them.	
Now please forgive my offense	Now please forgive my offense
and come back with me,	just this once,
and I will bow low to the Lord.	and plead with the Lord your God
	that He but remove this death from me.

위에서 볼 수 있듯이 두 본문은 놀라운 유사성을 보이고 있다. 이에 덧붙여 프뤼쉬는 15장에서 출애굽에 대한 언급이 나타나고 있다는 점을 지적한다. 무엇보다도 그는 사무엘상 4-5장의 법궤 이야기에서 출애굽 모티브가 나타나고 있다는 점과 '사무엘'이라는 인물이 사무엘서에서 모세에 비견되는 인물로 나타나고 있다는 점을 들면서 15 장에 나타나는 사울의 모습과 바로의 모습 사이에 유비가 존재한다고 말한다. 이렇게 볼 경우 본문에 나타나는 사울의 모습은 지속성과 진실성이 결여된 바로의 뉘우치는 모습에 비견된다 할 수 있을 것이다.

사울의 뉘우침에 진실성이 결여되어 있다는 사실이 30절에서 더 분명해진다: "사울이 가로되 내가 범죄하였을찌라도 청하옵나니 내 백성의 장로들 앞과 이스라엘의 앞에서 나를 높이사 나와 함께 돌아가소서 나로 당신의 하나님 여호와께 경배하게 하소서." 여기서 확연히 드러나는 것은 사울은 여호와 하나님을 두려워하기 보다 백성들을 더 두려워하고, 자신의 체면과 위신 등을 더 중요하게 생각하고 있다는 사실이다. 이것은 전쟁에 이기고 돌아오면서 갈멜에서 자기를 위하여 기념비를 새운 것에서도 확인되는 일이다(12절). 이처럼 사울은 억울하게 기회를 박탈당하고 무자비하게 버림받은 운명의 희생양이 결코 아니다. 그는 스스로 하나님으로부터 멀어지는 길을 걷고 있었던 것이다.[103] 그에게서 왕권이 박탈된 것은 그 길의 당연한 귀결일 뿐이다. 돌아서는 사무엘의 겉옷 자락이 사울의 손에 잡혀 찢겨져 나가는 모양은 앞으로 그에게 닥칠 일을 상징적(혹은 예기적)으로 보여준다.

---

103) "The discourse has shown that literary presentation of Saul does not justify the opinion that Saul should be a victim of presentation by God. In the narratives about Saul one sees a progressive process of his decline. But the agent accelerating his undoing was he himself" (Večko 2001:212).

3) 하나님의 후회하심

분문에서 우리는 하나님의 신적 속성과 관련된 신학적 난제에 부딪히게 된다. 11절에서 하나님은 불순종하는 사울을 보시면서 '내가 사울을 세워 왕 삼은 것을 후회한다'고 하신다.[104] 하나님께서 '후회하신다'는 것은 무엇을 의미하는가? 그분은 전지하시고 전능하신 분이 아니신가? 그분은 온전하시기에 후회하실 만한 실수를 하시지 않는 분이 아니신가? 그분도 인간처럼 잘못한 일을 반성하고 그것을 개선해야만 하는 그런 존재인가? 만약 그것이 아니라면 왜 하나님께서 사울을 왕 삼으신 것을 후회한다고 말씀하시는가?

페일스(Peels 2003:58-59)는 이 문제를 다룸에 있어서 나타날 수 있는 두 가지 오류를 지적한다. 우선 필로(Philo)가 취하는 태도로 하나님은 최고의 존재자로서, 불변하시며, 아무런 감정이 없으시며, 부동의 원인자(unmoved Mover)로 보는 것이다. 이런 관점에서 볼 경우 '하나님의 후회하심'이란 그저 인간의 문제를 해결하려는데 초점을 둔 상징적인 표현방식일 뿐 하나님에 대해 아무것도 계시해주지 않는다. 또 다른 오류는 위의 것과 정반대의 것으로 하나님을 인간에게 계시되는 그 이상도 그 이하도 아닌 분으로 보는 것이다. 이렇게 되면 하나님의 불변성(God's Immutability)과 관련된 문제들이 고려될 여지가 없어져 버린다.

그렇다면 '하나님의 후회하심'을 이해하는 바른 자세는 무엇인가? 페일스(Peels 2003:62)의 말을 들어보자. 그는 '하나님이 후회하신다'는 것은 그가 무언가 실수를 하였거나, 또는 예측하지 못한 일이

---

104) 윌리스(Willis 1994:156)에 따르면 구약에서 하나님이 '후회하다'라는 의미의 동사 '니함'(נחם)의 주어로 나타나는 경우가 모두 36회인데 이중 27번은 하나님께서 '후회하신다'는 의미로, 나머지 9번은 하나님께서 '후회하지 않으신다'는 의미로 사용되고 있다고 한다.

일어났기에 과거의 잘못된 결정에 대해 후회하는 것을 가리키는 것이 아님을 분명히 한다.[105] '하나님이 후회하신다' 함은 그가 자신의 뜻에 어긋나는 일들을 큰 혐오감과 고통으로 바라보시며 나아가서 지금까지와는 다른 방식으로 그러한 일들을 다루실 것을 의미한다는 것이다. 사울과의 관계에서도 마찬가지이다: "하나님은 자신이 무언가 잘못하셨기에 유감으로 생각하신 것이 아니라 사울이 잘못하였기 때문이다. 하나님의 '후회'는 그가 사울로 말미암아 이스라엘과 맺었던 선택적 관계의 끝을 표시한다. 동시에 하나님은 이스라엘에 왕을 세우겠다는 자신의 결정을 철회하시지 않는다(삼상 8:7,9,22). 15:28에서 사울에게 말씀하시는 것은 이스라엘의 왕권이 부유상태에 머물 것이 아니라 다른 더 나은 왕인 다윗에게 주어질 것이라는 것이다."[106]

3. 다윗의 등장

사울의 왕권이 길지 못할 것이요 이제 사울 보다 '더 나은' 사람 곧 '하

---

105) 윌리스(Willis 1994:161)는 사무엘상 12:14-15에 제시된 양자택일의 가능성이 진정한 것이 되기 위해서는 하나님은 미래의 일에 대해 다 알지 못하는 분으로 사려되어야 한다고 주장한다. 즉 사울이 뻔히 버림받는 자가 될 줄 알면서도 왕이 마땅히 해야 할 일과 그에 따른 결과를 이야기 하는 것은 한낱 속임수에 불과하다는 것이다.

106) 유사한 견해로는 다음과 같은 것들이 있다: "하나님의 후회는 신적인 본성의 변화를 의미한다기 보다 죄인들의 반역에 대한 신적인 사랑의 고통을 표현한다. 이것이 바로 29절이 분명하게 보여주는 바이다"(Keil 1875:123); "하나님은 사울의 행위를 말할 수 없이 싫어하시기에 이제 사울에 대하여 이전과는 다른 태도를 취하실 것이며 그에게 은총과 축복을 베풀지 않으실 것이다"(Goslinga 1968:296); "'Repent' when used of God is, of course, anthropopathic; yet it conveys an important truth about a God who is not impassive or static, but dynamic in his interaction with his creation"(Gordon 1986:144). 이들과는 다소 다른 뉘앙스로 스퇴뵈(Stoebe 1973:292)는 다음과 같이 말한다: "그것은 신인동성론적 표현이라기 보다 자의적이지 않으면서도 자유로운 하나님의 주권을 표현한 것이다."

나님의 마음에 합한' 사람에게 왕권이 옮겨질 것에 대해 이미 예고된 바 있다(13:14; 15:28). 이제 16:1-13에서 그 사람이 비로소 누구인지 드러나게 된다. 그는 다름 아닌 베들레헴 사람 이새의 여덟째 아들 다윗이다.

1) 기름부음을 받은 다윗

다윗이 기름부음을 받는 사건은 몇 가지 점에서 사울의 기름부음을 받는 기사와 유사점을 보이고 있다. 우선 제사를 위한 모임과의 관련 속에서 왕의 후보자가 선지자 사무엘과 처음으로 만나고 또한 기름부음을 받는다는 것이 공통적이다. 무엇보다 두 사건에 있어 공통적인 것은 하나님께서 왕을 세우는 일을 주도하셨다는 것이다. 사울이 하나님의 주권적인 섭리와 개입하심에 의해 기름부음을 받아 왕으로 세워졌던 것처럼 다윗 또한 하나님의 직접적인 지시를 받은 사무엘 선지자에 의해 왕으로 기름부음을 받는다. 이에 대하여 브루거만(Brueggemann 1990:120)은 "다윗은 인간의 우연이 아니라 하나님의 의도이다"라고 말한다. 여기서 다시금 확인하게 되는 것은 왕의 제도가 이스라엘에 도입되는 것은 하나님의 확고한 뜻이었다는 것이다. 그렇지 않다면 사울의 실패에 이어 곧바로 새로운 왕을 세우는 일을 납득하기란 어렵다.

그런데 여기서 간과해서 안될 것은 다윗이 왕으로 선택되는 장면과 사울의 그것 사이에 있는 뚜렷한 대조이다. 3절에서 하나님께서 그의 선지자 사무엘에게 하시는 말씀을 보자: "내가 네게 행할 일을 가르치리니 내가 네게 알게 하는 자에게 **나를 위하여** 기름을 부을지니라." 이는 다윗을 기름 부어 왕으로 삼는 것은 다름 아닌 **하나님**

을 위한 일임을 분명히 하고 있다. 그러나 사울의 경우는 어떠하였는가? 비록 하나님께서 사울을 선택하여 왕으로 세운 것이 사실이지만 그러나 그것은 백성의 그릇된 요구에 대한 응답이었다는 것 또한 부인할 수 없다.[107] 이러한 사실은 처음부터 사울의 왕권으로부터 긍정적인 무엇인가를 기대하기 어렵게 한다. 아말렉 사건에서 보듯 사울은 '탈취하기에 급급한' 열방의 왕들과 같은 자로 판명되고 만다. 즉 백성들은 열방과 같이 되고자 왕을 구하였고, 사울은 열방과 같은 왕이었던 것이다. 이것은 이스라엘을 향한 하나님의 의도가 아니기에 이제 백성의 그릇된 욕구를 위해서가 아닌 하나님을 위한 왕을 세우시고자 하는 것이다.

마찬가지로 '용모'와 '신장'에 대한 언급 또한 사울을 염두에 두고 있는 것임에 분명하다. 사무엘이 이새의 장자 엘리압을 보자 그의 큰 키와 훌륭한 외모에 이끌려 왕으로 기름 부으려 하였다. 그러나 하나님께서는 "내가 보는 것은 사람과 같지 아니하니 사람은 외모를 보거니와 나 여호와는 중심을 보느니라"(7)고 하셨다. 이것은 보통 사람들보나 어깨 위만큼이나 더 커서 왕이 되기에 손색이 없어 보였던 사울을 염두에 둔 말씀으로 보아야 한다.[108] 따라서 어떤 이는 다윗이 키가 작았을 것이라 추측하기도 한다(Klein 1983:161). 사실 한글성경에 '막내'로 번역된 '학카탄'(הקטן)은 '작은 자'를 뜻할 수도 있다. 그러나 이후에 나타나는 다윗의 모습을 보면 그는 무용이

---

107) 사무엘상 8장에서 이스라엘은 '우리를 위하여 왕을 세워달라'(8:5) 하였고 하나님께서는 '그들을 위하여 왕을 세우라'(8:22)고 말씀하셨다(Gordon 1986:150 참조).

108) 다윗과 사울의 차이에 대한 예를 한 가지 더 든다면 사울은 기름부음과 성령의 임함 사이에 시간적 간격이 있으나(삼상 10:1이하 참조), 다윗의 경우 기름부음 받음과 동시에 성령이 임하여 지속적으로 그와 함께 하였다(삼상 16:13 참조)는 사실이다(Preuß 1992:22).

능한 자로 사자와 곰과 더불어 싸워 이길 수 있었던 용사였고(삼상 17:34-35), 또한 사울의 군복을 시험 삼아 입어볼 정도의 건장한 체격을 가진 사람이었음을 알 수 있다(삼상 17:38). 그러므로 '용모와 신장을 보지 말라'는 말씀은 겉모습만을 바라보는 인간의 편견과 어리석음을 지적하는 것으로 보아야 한다. 다윗의 경우 용모의 준수함은 하나님의 사랑의 표로 언급되는 것으로 보인다(16:12. 출 2:2 참조).

형들이 사무엘 선지자를 대면하고 있는 동안 다윗은 들에서 양을 지키고 있었다. 알터(Alter 1999:97)는 양을 치는 것은 미래에 이스라엘의 지도자가 될 것을 암시하는 상징적 의미를 갖는 것이라고 말한다(참고, 삼하 5:2).[109] 이것이 사실이든 아니든 간에 가족들이 모두 제사에 청함을 받은 가운데 홀로 들에서 양을 지키는 다윗의 모습에서 장차 하나님의 양 무리인 이스라엘 백성들을 인도할 '목자'의 모습을 읽어내는 것은 그다지 무리가 아니라 생각된다. 한편 제사에 청함을 받은 이새의 아들들이 한결같이 왕이 되기에 부적합하다는데 적이 당황한 사무엘은 아직 말째 아들이 남아있다는 사실을 알고 그를 부른다. 하나님의 선택은 이처럼 인간의 모든 준비와 노력, 기대와 예상을 뒤집는다 (Zimmerli 1989:74 참조).

다윗이 당도하자 사무엘에게 바로 하나님의 지시가 떨어졌다: "이가 그니 일어나 기름을 부으라"(16:12절하). 봐시케(Waschke 2001:51)의 말대로 기름 붓는 행위는 왕을 선택하시는 이는 오직 야웨 하나님이시며, 왕직을 수행할 수 있도록 능력을 부여하시

---

109) 후에 포로기를 전후하여 선지자들은 이스라엘과 유다를 통할하게 될 '한 목자' (רֹעֶה אֶחָד) 다윗에 대해 말하였다(겔 37:24). 또한 고대 근동에서는 '목자'가 특별히 왕을 가리키는 칭호로 사용되었다고 한다(Preuß 1991:174 참조).

는 이도 오직 야웨 하나님이신 것을 나타내는 것이라 할 수 있다. 그와 동시에 기름 붓는 행위는 이제 다윗과 하나님을 특별한 관계로 결속시키는 기능을 한다고도 볼 수 있다. 이에 대해 브루거만 (Brueggemann 1990:123)은 다음과 같이 말한다: "기름은 사무엘(과 야웨)과 왕이 될 이 목자 소년을 확고하게 결속시킨다. 기름은 다윗으로 하여금 하나님의 바람(the wind of God)에 적합한 사람이 되도록 해 준다." 실제로 내레이터는 다윗이 기름 부음 받는 날로부터 시작하여 '여호와의 신'(רוּחַ־יְהוָה)에게 감동되었다고 덧붙인다 (16:13).

2) 수금을 타는 다윗

다윗에게 여호와의 신이 임한 사건에 뒤이어 사울에게서 여호와의 신이 떠나는 장면이 나타난다:

> "여호와의 영이 사울에게서 떠나고 여호와의 부리시는 악령이 그를
> 번뇌하게 한지라"(삼상 16:14).

이것은 여호와의 신이 동시에 두 사람에게 계시지 못해서 그런 것은 아닐 것이다. 오히려 그것은 사울이 하나님으로부터 버림을 받아 이스라엘의 왕의 자격을 박탈당했으며 다윗은 하나님의 기뻐하심을 입어 이스라엘의 왕으로 선택되었다는 것을 나타낸다.[110]

　여호와의 신이 사울로부터 떠나갔을 뿐만 아니라 여호와께로부터 온 악신이 그를 괴롭히기 시작했다. 한글 성경의 '번뇌케하다'는 말은

---

110) 하워드(Howard 1989:273-83)는 여기에서 볼 수 있는 성령의 이중적 움직임은 권력이 사울에게서 다윗에게로 넘어가는 것을 상징한다고 말한다.

בעת의 피엘형으로서 '깜짝 놀라게 하다,' '경악하게 하다'는 의미이다. 카일에 의하면 이 악신이란 "그저 버림받은 것으로 인해 침울하여진 감정이 우수로 변하고 일시적인 정신착란에 사로잡히게 되는 것을 가리키는 것이 아니라 그를 사로 잡아 영혼의 쉼을 앗아가 버릴 뿐만 아니라 오성, 감성, 생각과 사고를 격동시키고 때때로 광기에 이르도록 하는 높은 악의 세력"이라 한다(136). 특히 여기서 사용된 Waw-피엘 완료형(ובעתתו)은 반복되는 행위를 나타낸다(JM:§119v). 즉 사울을 경악케 하는 이 악신의 역사는 계속적으로 되풀이 될 것이라는 것이다. 하나님으로부터 버림을 받는 것은 얼마나 두려운 일인가(눅 11:24-26 참조)!

사울에게 임한 불행이 계기가 되어 다윗이 사울의 궁정으로 들어가게 되었다. 놀랍게도 그것은 다윗의 탁월한 음악적 재능 때문이었다고 한다(16:18). 구약 전통에서 다윗은 분명히 음악(예배)과 깊이 연결된다. 그는 '이스라엘의 노래 잘 하는 자'(삼하 23:1)로 불리며, 시편의 표제어에 따르면 73개의 시가 다윗에게로 돌려진다. 그뿐만 아니라 역대기는 다윗을 예루살렘의 예배음악을 일으킨 일물로 묘사한다(대상 16:4). 이렇게 다윗은 음악(예배)에 남다른 재능과 관심이 있었던 인물이었다. 여기서 우리는 다윗이 하나님과 친밀한 교제를 나눌 수 있었던 영적 감수성의 사람이었음을 알게 된다. 이러한 놀라운 영적 자질은 사울에게서 볼 수 없었던 것으로 장차 세워질 다윗왕권의 향방을 알려주는 것이라 할 수 있다: *다윗왕권은 근본적으로 하나님을 찬양하고 예배하는 예배공동체를 지향한다*(삼하 6:13-14 참조). 이는 천사의 찬미와 더불어 나시고 스스로 찬미하며 삶의 마지막 순간을 향해 가셨던 다윗의 후손 그리스도를 생각하게 만든다(눅 2:13, 14; 마 26:30).

한편 다윗이 사울의 궁정으로 들어간 것은 선지자 사무엘이 이새의 집으로 갈 때 사울의 눈을 피하기 위하여 애썼던 일을 상기하면 아이러니칼 하지 않을 수 없다. 사울은 이후에 자신을 대신하여 왕이 될 자를 스스로 궁정 안으로 불러들인 것이다. 여기서 우리는 하나님의 오묘한 섭리의 손길을 본다. 다음은 구딩(Gooding 1986:64)의 말이다:

> "하나님은 사울을 대신하여 왕이 될 사람을 원하시고 다윗을 택하시며 사무엘을 보내사 그에게 기름을 붓게 하셨다. 만일 사울이 사무엘의 하는 일을 알았더라면 그를 처형했을 것이 분명하다(16:2). 그러나 바로 그 다음 단락은 사울이 자신의 초조한 마음을 달래줄 자가 필요하던 중 스스로 다윗을 선택하였다고 말해 준다! 우리는 내러티브가 다른 논평 없이 두 개의 이야기를 그저 병치시킴으로써 소박하면서도 교묘하게(in its artfully artless way) 가르치는 하나님의 섭리에 대한 심오한 교훈을 해명하기 위해 지체할 필요가 없다."

3) 골리앗과의 싸움

사무엘상 17장은 장차 '하나님을 위하여' 이스라엘의 왕으로 세움을 입게 될 다윗과 하나님의 백성을 위협하는 블레셋의 거인 장수 골리앗과의 싸움을 초점으로 하고 있다. 앞에서 본 것처럼(§ 3.3.3) 이스라엘 왕에게 주어진 일차적 과제는 백성들을 블레셋의 압제에서 구하여 내고 여호수아에 의해 시작된 정복 전쟁을 종결짓는 것이다. 그런데 사울은 블레셋과의 관계에서 늘 소극적이었으며, 군대의 통솔자로서 올바른 지도력을 보여주지 못하였다(삼상 14:29 참조). 지금도 사울은 거인 골리앗을 선봉으로 하여 공격해오는 블레셋 앞에서 속수무책으로 두려워하고 있다(17:11). 그는 외형적으로 보통 사람들보다 '어깨 위나 더 큰' 사람이었지만(삼상 10:23), 그런 외모에 필적할

만한 건강하고 신앙심있는 '중심'(לֵבָב, 삼상 16:7)이 없었다. 이런 기형적 리더십 아래에서 온 이스라엘 백성들은 마치 '목자 없는 양'(마 9:36)과 같이 두려워 떨고 있었다. 최악의 경우 그들은 블레셋의 종으로 전락할 수도 있는 상황이었다(삼상 17:9).

이 때 등장한 인물이 바로 다윗이다. 다윗이 사무엘 선지자에 의해 기름부음을 받고 그에게 여호와의 신이 임한 사건(삼상 16장 참조)을 기억하는 독자라면 그가 이스라엘의 새로운 구원자가 될 것이라 기대하는 것은 당연하다. 다윗은 비록 형들의 안부를 살피고 오라는 아버지의 부탁으로 전장에 오게 되었지만(17-18절), 독자들은 그의 언행(言行)에서 남다른 '중심'(לֵבָב)을 소유한 자의 면모를 발견한다. 먼저 다윗은 이스라엘을 위협하고 있는 블레셋 군대와 골리앗 앞에서 두려워하는 대신 "이스라엘의 치욕"과 함께 "사시는 하나님의 군대"에 대한 모욕을 보고 의분에 사로잡힌다(17:26). 다윗은 또한 골리앗을 '할례없는 사람'으로 규정하고, 하나님 앞에서는 무력한 존재일 뿐이라고 단언한다(17:37). 여기서 우리는 다윗이 눈에 보이는 그 어떤 대단한 존재보다도 눈에 보이지 않는 하나님을 더 크고 위대한 분으로 인식하고 있음을 알게 된다. 특히 다윗은 자신이 양떼를 약탈해가는 사자와 곰을 물리친 일들을 언급하며 골리앗 또한 사자와 곰처럼 죽게 될 것이라고 말한다(17:36). 이 말에서 우리는 장차 백성들을 이방의 압제에서 구원할 참된 목자의 모습을 엿볼 수 있다(삼하 7:8 참조).

마침내 다윗은 블레셋의 장수 골리앗과의 결투에 나선다. 여기서 잠시 본문에서 묘사되는 골리앗의 모습을 살펴보는 것이 유익하다:

> "그의 키는 여섯 규빗 한 뼘이요 머리에는 놋 투구를 썼고 몸에는 비늘 갑옷을 입었으니 그 갑옷의 무게가 놋 오천 세겔이며 그의 다리에는 놋 각반을 쳤고 어깨 사이에는 놋 단창을 메었으니 그

창자루는 베틀 채 같고 창날은 철 육백 세겔이며 방패 든 자가 앞서 행하더라"(17:4b-7).

우선 골리앗은 키가 '여섯 규빗 한 뼘'(약 292cm), 그가 입은 갑옷의 무게가 '놋 오천 세겔'(약 80kg), 그리고 창날의 철이 '육백 세겔'(약 9 ~ 10kg)이었다고 한다. 종종 여기에 묘사된 군장비들이 구약의 다른 곳에 더 이상 나타나지 않는다는 사실과 고고학적 지식에[111] 근거하여 골리앗에 대한 묘사의 역사성이 부정되기도 한다. 그러나 블레셋 사람들이 원래 그리스지역의 해양민족이었다는 것과 호머의 서사시 일리아드에 묘사되는 무기들이 골리앗의 그것들과 흡사하다는 사실로 미루어볼 때 본문의 역사성을 의심할 까닭은 없어보인다(Yadin 2004:373-95). 하여간 골리앗의 거대한 신장과 위협적인 무기들은 공포를 불러일으키기에 충분하다. 어떤 면에서 골리앗의 가공할 모습은 이스라엘 나라를 전복시키고자 하는 세력들의 가시적인 상징이라고도 할 수 있다.

특별히 골리앗은 자기 신들의 이름으로 다윗을 저주한다(17:43). 이것은 골리앗과 다윗의 결투가 단순한 힘의 대결이 아닌 것을 의미한다. 구체적으로 말하자면 이 싸움은 다분히 종교적(신앙적) 색채를 띤 것으로, 거대한 몸집과 가공할 무기를 의존하는 이방 종교와 야웨신앙과의 싸움이다. 사울을 비롯한 이스라엘 군대는 이러한 싸움의 성격을 제대로 간파하지 못하고 있었다. 어쩌면 그들은 이스라엘에 골리앗에 버금가는 거인 장수와 강한 무기가 없는 것을

---

111) 쯔뷔켈(Zwickel 2002:50)에 따르면 골리앗의 무기들은 고고학을 통해 알려진 블레셋의 무기들과 다르며, 오히려 고대 근동의 여러 지역에서 사용되던 것들의 조합이라고 한다.

아쉬워하고 있었는지 모른다. 세상의 그 어떤 세력보다 크고 강하신 하나님이 그들의 하나님이었는데도 말이다! 그러나 다윗은 이 싸움의 본질을 알고 있었다. 그는 골리앗처럼 중무장을 하는 대신 막대기와 물매 및 돌멩이만을 가지고 싸움터로 나갔다. 물론 이것은 골리앗의 유일한 아킬레스근이 갑옷이나 투구에 보호받지 않은 이마요, 육중한 체구의 거인과 맞붙어 싸우는 것보다 재빠른 몸동작으로 물매를 날리는 것이 이길 승산이 크다는 치밀한 전략에서 나왔을 가능성을 배제할 수 없다.[112] 그럼에도 불구하고 전쟁에 참여할 나이도 되지 않은 소년이 혈혈단신으로 거인 장수를 상대하러 나가는 모습은 그가 믿고 의지하는 것이 무엇인지 보여주기에 충분하다.

결국 다윗은 골리앗을 물리치고 이스라엘에 큰 승리를 안겨 주었다. 보통 사람들보다 '어깨 위나 더 큰' 사울이 할 수 없었던 일을 소년 다윗이 여호와를 의지하는 믿음으로 이루어내었던 것이다. 이것은 이스라엘의 왕에게 참으로 본질적인 것이 무엇인지를 잘 드러내보여 준다: *여호와를 향한 믿음*. 요컨데 다윗은 블레셋의 거인장수 골리앗을 성공적으로 물리침으로써 이스라엘을 이방인의 압제에서 구원할 뿐 아니라 여호수아로부터 시작된 정복전을 완수하고 아브라함 때부터 약속된 '큰 나라'를 세울 진정한 왕의 이미지를 온 백성들에게 나타내었다. 다윗의 이런 모습은 또한 장차 그의 후손으로 오실 메시아 왕이 얻을 승리를 예견케하는 것이기도 하다(마 4:1-11 참조).

4) 지혜로운 다윗

골리앗과의 싸움이 이스라엘을 이방의 압제에서 구원하여 낼 구원자

---

112) 물매는 고대국가에서 훌륭한 무기의 역할을 하였다(삿 20:16 참조).

로서의 다윗의 이미지를 드러내주었다고 한다면 뒤이어 나오는 내용은 백성들을 공의롭게 다스릴 통치자로서의 다윗의 이미지를 드러낸다. 우선 다윗은 사울의 궁정에서뿐 아니라 백성들 앞에서도 신임을 얻고 사랑을 받는 모습으로 나타난다. 내레이터는 이에 대한 원인으로서 다윗의 지혜를 언급한다: "다윗은 사울이 보내는 곳마다 가서 *지혜롭게 행하매* 사울이 그를 군대의 장으로 삼았더니 온 백성이 합당히 여겼고 사울의 신하들도 합당히 여겼더라"(18:5); "온 이스라엘과 유다는 다윗을 사랑하였으니 그가 자기들 앞에 출입하기 때문이었더라"(18:16). 내레이터는 다윗이 심지어 이방인들에게도 주목받을 정도로 지혜로웠다고 말한다: "블레셋 사람들의 방백들이 싸우러 나오면 그들이 나올 때마다 다윗이 사울의 모든 신하보다 *더 지혜롭게 행하매* 이에 그의 이름이 심히 귀하게 되니라"(18:30).

다윗이 이처럼 놀라운 지혜자였다는 것은 그에게 통치자적인 재능이 있었다는 것을 의미한다. 즉 백성들을 공의롭게 다스려 그들의 지지를 이끌어내는 남다른 재능이 다윗에게 있었다는 말이다. 다윗에게 있는 이런 정치적 재능은 사무엘 선지자로부터 기름부음을 받은 후 그에게 임한 성령과 관계되는 것으로 보아야 한다(16:13).[113] 사무엘상 18장에는 다윗의 정치적 재능을 구체적으로 보여주는 에피소드들이 들어있다. 한번은 사울이 신하들을 통하여 다윗을 사위 삼고자 한다는 생각을 넌지시 내비쳤다(22-25절). 물론 사울의 의도는 다윗을 올무에 빠뜨려 죽게 하려는 것이었다. 그러나 다윗의 입장에서 왕의 사위가 된다는 것은 곧 입신출세를 의미할 뿐 아니라 왕위계승의 자격을 부여받는 것이기도 하였다(Alter 1999:115 참조). 그

---

113) 출애굽기 34:30-35에서 볼 수 있는 바와 같이 구약은 비단 정치적 재능뿐만 아니라 조각, 세공, 직조 등 다양한 기술 또한 성령의 은사에 포함시킨다(현창학 2009:24-34 참조).

런데도 다윗은 사울의 제안에 선뜻 반색을 표하지 않는다. 오히려 왕의 사위가 되기에는 자신의 신분이 너무도 미천하다고 말한다. 이렇게 하여 다윗은 사람들에게 '야심가'란 인상을 주지 않고 그들의 신임을 얻어낼 수 있었다.

다윗의 정치적 수완은 훗날 그가 사울의 박해를 피해 블레셋 왕 아기스에게로 갔을 때에도 돋보인다(삼상 27:5-12). 그는 아기스 왕으로부터 체류지로 선사받은 땅 시글락에 머물면서 오히려 동족인 유다 사람들의 적들, 특히 아말렉 사람을 물리치는 일을 한다(삼상 27:8). 이 일은 아기스로부터 의심을 살 수 있는 위험천만한 일이었다. 그럼에도 불구하고 다윗은 최대한 지혜를 발휘하여 아기스의 신임을 잃지 않는 가운데 동족들을 돕는 일을 할 수 있었다. 다윗에 대한 아기스의 신임이 얼마나 두터웠는지는 그가 이스라엘과 싸우러 나갈 때에 다윗과 함께하기를 원했고(28:1-2; 29:1-11), 심지어 다윗을 자신의 '머리 지키는 자'로 삼고자 하였다는 사실에서도 드러난다(28:2). 이 모든 것은 탁월한 정치적 재능을 가진 다윗의 모습을 잘 보여준다.

무엇보다도 백성들을 공의롭게 다스릴 통치자로서의 다윗의 면모는 그가 아말렉을 징벌하고 전리품을 분배하는 과정에서 가장 잘 나타난다(삼상 30장). 다윗의 부하들 가운데는 직접 싸움에 참여한 자들 외에는 전리품을 나누어가질 자격이 없다고 주장하는 이들이 있었다(22절). 그들은 "*우리가* 도로 찾은 물건"이라고 하며 자신들의 공로를 앞세웠다. 이에 대하여 다윗은 "*여호와께서* 우리를 보호하시고 우리를 치러 온 그 군대를 우리 손에 넘기셨다"라고 하며 승리의 혜택은 모두에게 골고루 돌아가야 한다고 역설하였다(23, 24절). 전리품 분배에 대한 다윗의 이런 신중심적(theocentric) 관점은 훗날 예수

그리스도께서 소개하신 하나님 나라의 원리를 미리 보여주는 듯하다
(마 20:1-16 참조).[114] 여기에 덧붙여 다윗이 예의 전리품을 유다
의 여러 장로들에게 보낸 사실도 언급되어야 한다(26-31절). 이것
은 온 백성들을 가슴에 품는 지도자의 영민한 통솔력을 보여줌과 동
시에 장차 다윗의 치세하에 온 백성들이 평화와 번영을 누리게 될 것
을 예견케 해 준다.

4. 다윗과 요나단

골리앗과의 싸움 이후 다윗은 사울과 함께 요나단을 만나게 된다. 이
만남을 계기로 다윗과 요나단은 구약에서 그 유례를 찾아보기 힘든
특별한 친구사이가 된다. 어쩌면 치열한 라이벌 관계가 될 수도 있었
을 두 사람을 결속시켜준 우정의 힘은 어디에서 온 것일까?

1) 마음과 마음이 연락되어

훗날 다윗이 요나단을 위해 지은 애가 - "그대는 내게 심히 아름다움
이라 그대가 나를 사랑함이 기이하여 여인의 사랑보다 더하였도다"
(삼하 1:26) - 를 기억하는 독자라면 요나단을 여성적인 인물로 추
측할지도 모른다.[115] 하지만 그것은 오해이다. 요나단은 블레셋과
의 싸움에서 여러 차례 공을 세웠던 인물로서 대단히 훌륭한 용사였
다(삼상 13:3; 14). 심지어 그처럼 용맹한 장수가 왜 골리앗과 더불

---

114) Brueggemann 1990:205: "This Matthean text is a parable of the
kingdom. Our narrator has some sense that with David a new kingdom
is at hand. Israel is at the threshold of the last becoming first. The new
king orders a new social possibility."

어 싸우려고 하지 않았는지 의심스러울 정도이다. 요나단은 블레셋을 향하여 선제 공격을 하기도 하였고(삼상 13:3), 하나님만을 의지하고 자신의 병기 든 자와 단 둘이서 적진으로 뛰어든 놀라운 믿음의 사람이었다: "요나단이 자기의 무기를 든 소년에게 이르되 우리가 이 할례 받지 않은 자들에게로 건너가자 여호와께서 우리를 위하여 일하실까 하노라 여호와의 구원은 사람이 많고 적음에 달리지 아니하였느니라"(삼상 14:6).

위의 요나단의 말은 다윗이 블레셋의 거인 골리앗을 향하여 한 말을 상기시킨다: "오늘 여호와께서 너를 내 손에 붙이시리니 내가 너를 쳐서 네 머리를 베고 블레셋 군대의 시체로 오늘날 공중의 새와 땅의 들짐승에게 주어 온 땅으로 이스라엘에 하나님이 계신 줄 알게 하겠고 또 여호와의 구원하심이 칼과 창에 있지 아니함을 이 무리로 알게 하리라 전쟁은 여호와께 속한 것인즉 그가 너희를 우리 손에 붙이시리라"(17:46-47). 요나단의 말과 다윗의 말을 비교함으로써 무엇을 알게 되는가? 다윗과 요나단은 하나님의 백성인 이스라엘에 대한 동일한 열심과 이스라엘의 하나님 여호와께 대하여 동일한 믿음을 가지고 있었던 것이다. 이것은 우리로 하여금 요나단이 다윗을 왜

---

115) 어떤 사람은 요나단과 다윗의 사이를 동성연애의 한 예로 보기도 하지만 젠더(Zehnder 1998:153-79)는 요나단과 다윗의 관계를 묘사하는데 사용된 표현들은 다윗의 왕위 등극이라는 전체 맥락 안에서 이해되어야 하기에 정치적인 의미를 갖는 표현들이라고 주장한다. 특히 타가르-코헨(Taggar-Cohen 2005:251-68)은 요나단과 다윗의 관계가 주전 2000년대 말경 히타이트에서 왕과 그 봉신의 관계와 여러 면에서 유사점을 보인다는 사실을 지적하며 요나단과 다윗의 관계를 나타내는 표현인 אהב은 법적인 용어로서 언약당사자간의 특별한 관계를 나타내는 표현이라고 주장하였다. 그러나 고든은 요나단 뿐만 아니라 사울의 딸 미갈과 이스라엘 온 백성들도 다윗을 사랑하였다는 것을 상기시킨다. 여러 가지를 고려해 볼 때 요나단과 다윗의 관계는 정서적인 면과 정치적인 면 모두를 포함한다고 봄이 좋을 듯 하다(Brueggemann 1990:136 참조).

그처럼 사랑하게 되었는지 이해할 수 있게 해준다: "다윗이 사울에게 말하기를 마치매 요나단의 마음이 다윗의 마음과 연락되어 요나단이 그를 자기 생명같이 사랑하니라"(18:1).

결국 다윗을 향한 요나단의 사랑은 인간적으로 끌리는 감정과는 다른 것이었다. 요나단이 다윗을 자신의 생명처럼 사랑하게 된 것은 그에게서 자신과 동일한 믿음과 비전을 보았기 때문이었다(엡 4:3 참조). 더욱이 요나단은 온 이스라엘을 떨게 하였던 골리앗을 물리치는 다윗의 모습에서 이스라엘의 참된 왕의 모습을 발견한 것으로 보인다. 이것은 요나단이 골리앗을 물리치고 돌아오는 다윗에게 자신의 겉옷을 벗어줄 뿐만 아니라 군복과 칼과 활과 띠도 그리한 장면에서 충분히 짐작할 수 있는 일이다(18:4). 젠더(Zehnder 1998:171)는 이것을 왕권을 양도하는 상징적인 행위로 보며 여러 주석가들이 여기에 동의한다.[116] 즉 요나단은 다윗이야말로 이스라엘을 블레셋의 압제에서 구원하며 하나님의 뜻을 좇아 이스라엘을 다스릴 왕으로서 합당한 인물인 것을 직감하고 장차 왕이 될 자로서의 모든 권리를 다윗에게 넘겨주는 상징적 행위를 하였다는 말이다.

2) 사랑으로 맺은 언약

사울에게 다윗은 어떤 존재였을까? 사울은 비록 그에게서 여호와의 신이 떠난 상태였지만 다윗에게 하나님이 함께하신다는 사실을 볼 수 있었다(18:12, 28). 그러나 불행하게도 사울은 그러한 다윗을 사랑할 수 없었다. 그는 다윗을 단지 자신의 왕권을 앗아갈 적(敵)으로

---

116) "아마도 그는 완전히 의식적인 행위로서라기 보다 잠재의식적으로 혹은 예기적으로 이것들 [황태자의 권리와 주장]을 전달하였다고 해야 할 것이다"(Alter 1999:112).

보고 두려워하며 견제하기만을 애썼다. 사울에게서 다윗을 하나님이 세우신 구원자로 보고 기뻐하며 사랑하는 마음을 가지기를 기대한다면 너무 지나친 일일까? 그런데 놀랍게도 요나단에게는 보통 사람들에게서 기대할 수 없는 모습이 발견된다. 그는 아버지의 라이벌이자 자신의 정치적 적수가 될 수 있는 그 다윗을 자신의 생명처럼 사랑하였다. 이것은 하나님 나라에 대한 비전과 헌신에서 나온 것으로밖에 달리 설명할 길이 없다.

요나단은 다윗을 사랑하였기에 그와 언약을 맺었다. 이 언약으로 인해 다윗은 이후 사울의 핍박으로부터 생명을 건질 수 있게 된다. 그런데 요나단과 다윗 사이의 언약은 일회적으로 끝나지 않는다. 그것은 몇 차례 반복되는 가운데 더욱 심화되고 구체화된다. 먼저 다윗이 사울의 핍박을 피해 놉 땅으로 가기 전 요나단과 맺은 언약의 경우를 보자(20:16). 이 언약은 다윗이 사울을 피해 라마 나욧으로부터 도망하여 요나단에게 왔을 때를 배경으로 하고 있다. 여기에 소개되는 다윗과 요나단의 대화는 당시 다윗이 사울로부터 얼마나 심각한 위협을 받고 있었는지를 잘 보여준다. 다윗은 요나단을 향하여 사울이 자신의 생명을 찾고있으며(20:1), 자신과 사망 사이는 '한 걸음 뿐'이라고 호소한다(20:3). 요나단이 '결단코 아니라'(חָלִילָה)며 위로하자 다윗은 사울이 요나단 몰래 은밀히 자신을 죽이려 할 수도 있다며 불안해하기도 한다(20:3). 심지어 다윗은 스스로를 요나단의 '종'이라 하며 "내게 죄악이 있으면 네가 친히 나를 죽이라"(20:8)고 말한다.

다윗의 말을 듣고 있던 요나단은 '자기 저주' 형식 ─"여호와께서 나 요나단에게 벌을 내리시고 또 내리시기를 원하노라"(20:13) ─ 의 맹세로써 자신의 변함없는 우정을 표현한다. 맹세의 내용은 사울이 다윗을 죽이려 하는 것이 확인되면 반드시 그 사실을 다윗에게 알려 그로 하여금 피할 수 있도록 하겠다는 것이다. 이로 보건대 요나단 은 아직 사울이 다윗을 죽이려 한다고 보지는 않았던 것 같다. 비록 얼마 지나지 않아 반대의 사실을 확인하게 되지만 말이다(20:30-31 참조). 그런데 요나단의 대답을 좇아가다 보면 놀라운 사실을 발견하게 된다. 그는 "여호와께서 내 아버지와 함께 *하신* 것같이 너와 함께 *하시기를* 원하노니"(20:13)라고 말한다. 여기서 발견되는 시제의 변화(완료 → 미완료)는 요나단이 이제 곧 사울의 시대가 지나가고 다윗의 시대가 도래할 것을 내다보고 있음을 보여준다(Alter 1999:125 참조). 더욱더 놀라운 것은 요나단이 다윗에게 자신의 목숨과 자기 집안의 안위를 당부하고 있다는 점이다:

> "너는 내가 사는 날 동안에 여호와의 인자하심을 내게 베풀어서 나를 죽지 않게 할 뿐 아니라 여호와께서 너 다윗의 대적들을 지면에서 다 끊어 버리신 때에도 너는 네 인자함을 내 집에서 영원히 끊어 버리지 말라"(삼상 20:14-15).

생명의 위협 앞에 도망하고 있는 다윗에게 오히려 자신의 생명을 지켜달라고 부탁하는 요나단의 모습은 얼마나 어처구니 없는가? 그러나 그의 이상한(?) 태도는 보이지 않는 세계를 보는 믿음의 역설과 관계된다(히 11:1 참조). 말하자면 요나단은 다윗이 비록 쫓기는 처지이긴 하지만 하나님이 그의 편에 계시며, 따라서 다윗을 대적하는 자는 마침내 '지면에서 끊어질' 것을 믿었다. 이러한 믿음의 안목 가운데 요나단은 다윗에게 '여호와의 인자'(יהוה חסד)를 베풀어 줄 것을 부탁하고 있다. 하나님이 함께 하시는 자에게 자신과 자신의 집안의 장래를 의탁하는 것은 참으로 지혜로운 일이 아닌가? 이처럼 요나단은 하나님을 바라보고 다윗을 사랑하며 그와 더불어 언약을 맺었다. 놀랍게도 이 언약체결에서 요나단은 '여호와께서 다윗의 원수들을 치시기를' 바라고 있다(20:16).[117] 그가 이 말을 하였을 때 과연 사울이 다윗의 가장 큰 원수가 되리라는 것을 예감하였을까? 아무튼 다윗과 요나단은 여호와의 이름으로 맹세함으로써 언약관계를 보증한다(20:17, 42).

두 번째 언약은 다윗이 십황무지에 있을 때를 배경으로 한다(23:15-18). 이번에는 요나단이 다윗을 몸소 찾아가 언약을 맺는데 이 언약 이후로 두 사람은 다시 만나지 못한다. 이 마지막 언약에서 요나단은 다윗으로 하여금 '하나님을 힘 있게 의지하게' 하였을 뿐 아니라(23:16), 다윗을 죽이려는 사울의 기도가 실패할 것과 다윗이 마침내 이스라엘의 왕이 될 것을 드러내 놓고 말한다: "너는 이스라엘 왕이 되고 나는 네 다음이 될 것을 내 아버지 사울도 안다"(23:17).

이상에서 보듯 언약관계를 통하여 요나단과 다윗은 서로 연합되어 있었다. 이 연합의 관계는 혈육의 관계보다 더욱 깊은 것이었다. 다윗은 후에 요나단의 죽음을 애도하면서 자신을 향한 그의 사랑이 기이하여 여인의 사랑보다 승하였다고 증거한다(삼하 1:26). 앞에서 언급한 바와 같이 이러한 깊은 연합은 하나님 나라에 대한 비전과

---

117) 여기서 '다윗의 원수'(אֹיְבֵי דָוִד)가 '다윗'에 대한 완곡어법이라는 견해가 있다. 이 견해에 따르는 학자들은 칠십인역을 좇아 16a의 וַיִּכְרֹת יְהוֹנָתָן עִם־בֵּית דָּוִד ("요나단이 다윗과 더불어 언약을 맺고")를 וַיִּכָּרֵת שֵׁם יְהוֹנָתָן מֵעִם־בֵּית דָּוִד ("요나단의 이름이 다윗의 집에서 끊어지면")으로 고쳐 읽고 16b를 일종의 언약의 저주("여호와께서는 다윗을 치실찌어다")에 해당하는 것으로 본다(McCarter 1980:337).

여호와를 향한 믿음에 뿌리를 둔 것이었다. 요나단은 다윗을 통하여 성취될 하나님 나라에 대한 비전을 품고 왕자로서의 자신의 기득권 뿐 아니라 혈육의 도리까지 모두 내려놓았던 것이다(눅 9:57-62 참조). 요나단의 이런 모습은 예수 그리스도를 바라보며 "신부를 취하는 자는 신랑이나 서서 신랑의 음성을 듣는 친구가 크게 기뻐하나니 나는 이러한 기쁨으로 충만하였노라 그는 흥하여야 하겠고 나는 쇠하여야 하리라"(요 3:29-30) 하였던 세례 요한을 연상케 한다.

5. 사울의 몰락

골리앗과의 싸움 이후 다윗은 모든 이스라엘 백성들에게 민족적 영웅으로 부상하였다. 앞으로의 모든 역사는 그가 어떻게 이스라엘의 왕으로 세움을 받게 되었는가를 추적하는데 초점을 맞추고 있다. 이 긴 역사는 사무엘상 18장부터 사무엘하 5장 5절까지 이어지는데 이것은 결코 하나의 화려하고 순탄한 왕위 등극사가 아니다. 오히려 여기서 우리는 사울과 다윗의 숨막히는 라이벌 관계가 점차 다윗에게 유리한 방향으로 발전하여 마침내 사울과 그의 집은 몰락하고 다윗이 왕으로 등극하게 되는 미묘하고 복잡한 과정들을 만난다. 이 미묘하고 복잡한 과정들이 하나님을 위한 왕을 세우는 목적에 이바지 하고 있기에 그것들은 하나님이 원하시는 왕은 어떠해야 하며 이스라엘에서의 왕의 제도란 어떠한 것이어야 하는가? 라는 질문에 답을 제공해 준다.

1) 다윗의 대적이 된 사울

아들 요나단과 달리 사울은 다윗의 대적이 된다. 앞에서 언급한 것처럼 사울은 다윗이 골리앗과 더불어 싸워 이겼을 때 이미 다윗을 향하여 미묘한 의혹의 마음을 품게 되었던 것으로 보인다(17:56-58 참조). 그러나 이러한 의혹에 불을 당긴 사건은 전장에서 돌아오는 이스라엘 군대를 맞이하는 여인들의 노랫말이었다:

"사울이 죽인 자는 천천이요 다윗은 만만이로다"(17:7).

이때부터 사울은 다윗을 경계하며 죽이고자 하였다. 처음에는 모략을 써서 자연스런 방법으로 다윗을 제거하려 시도하기도 하였다. 그러나 그러한 모든 시도는 실패로 돌아가고 상황은 다윗에게 더욱 유리하게 된다: 심복의 위치에서 천부장을 삼자 온 백성이 다윗을 사랑하게 됨(18:16); 첫째 딸 메랍을 아내로 주기로 한 약속을 어기자 미갈이 다윗을 사랑하게 됨(18:20); 블레셋의 양피 일백을 구하자 양피 이백을 가져옴(18:27). 이와 같이 다윗을 제거하고자 하는 사울의 계획은 하나같이 실패로 끝났을 뿐만 아니라 다윗을 더욱 높이는 결과를 낳았다. 이것은 무엇을 보여주는가? 다윗을 통하여 이루시고자 하는 하나님의 뜻은 그 어떠한 수단과 방법으로라도 방해하거나 막을 수 없다는 것을 보여준다.

책략으로 다윗을 제거하는데 실패하자 사울은 노골적으로 다윗을 죽이고자 한다. 이렇게 함으로써 사울은 다윗의 대적이 되었을 뿐만 아니라 하나님을 대적하는 자가 되었다. 그런데 다윗이 위기를 벗어나는 과정들을 살펴보면 흥미로운 사실을 발견하게 된다. 먼저는 요나단이 사울을 막아 다윗을 해하지 못하게 하려 한다(19:1-7). 다음에는 미갈의 도움으로 다윗은 위기에서 가까스로 모면할 수 있게 된다(19:8-17). 마침내는 하나님께서 직접 개입하셔서 다윗의 생명을 보호하신다(19:18-24). 이것은 라마 나욧으로 피신한 다윗을 잡으러 온 군사들에게 하나님의 신이 임함으로 그들의 목적을 좌절시킨 것에서 분명해진다. 이후 사울이 직접 다윗을 잡으려 왔을 때에도 사울에게 여호와의 신이 임함으로 역시 목적을 이루지 못하였다. 다윗을 향한 사울의 핍박이 적극성을 더해갈수록 하나님께서도 더욱 적극적으로 개입하시어 다윗을 보호하시는 것을 볼 수 있다.

특별히 여호와의 신이 사울에게 임하였을 때 사울이 취한 행동을 주목하여볼 필요가 있다. 그는 '옷을 벗고 사무엘 앞에서 예언을 하며 종일 종야에 벌거벗은 몸으로 누웠었다'고 한다. 이것은 사울이 여호와의 신으로 말미암아 황홀경에 빠지게 되었다는 사실 이상의 것을 말해 준다. 사울이 옷을 벗은 채로 누워있었다는 것은 그가 왕의 모든 위엄과 권위를 잃어버린 상태였음을 나타내 준다. 그뿐만 아니라 그것은 장차 사울이 왕권을 모두 박탈당하게 될 것을 상징적으로 보여주는 것이라 할 수 있다.[118] '사울도 선지자 중에 있느냐'는 속담은 사울의 엉뚱한 모습을 비꼬는 풍자적 아이러니(sarcastic irony)로 볼 수 있을 것이다(삼상 10:11 참조).

2) 다윗의 블레셋 도주

이상에서 본대로 사울이 다윗을 핍박하고 제거하려 하면 할수록 다윗

---

118) 다음은 고든(Gordon 1986:165)의 말이다: "If Jonathan's disrobing in 18:4 had its symbolic aspect, the same is probably true of Saul's nakedness here. He no longer has the dignity or the authority of a king, and the divine spirit, which was supposed to be the cachet of a king, is actually operating in the interests of his rival."

은 더 많은 사람들에게 지도자로 인정받고 또한 모든 위협으로부터 보호를 받았다. 이는 다윗이 하나님의 택하신 자요 그를 향한 하나님의 뜻 – 이스라엘을 이방의 손에서 구원하고 그들에게 공의를 시행할 왕을 세움 – 이 확고한 것임을 보여준다. 그러나 다윗에 대한 사울의 핍박은 계속된다. 여기서 나타나는 갈등구조는 하나님의 거룩하신 뜻과 인간의 이기적이고 세속적인 욕망 사이의 숙명적인 대립과 무관하지 않다. 사울은 군대를 동원하기까지 하여 다윗을 추적한다. 다윗은 이스라엘 여러 지역을 전전하다 마침내 블레셋 지역으로 넘어간다.

그런데 흥미로운 것은 다윗이 블레셋으로 넘어가는 기사가 두 번 반복으로 나타나고 있다는 사실이다(삼상 21:10-15, 27:1-12; 29:1절하). 다윗의 목적지는 두 번 모두 가드왕 아기스였다. 그뿐만 아니라 이 두 사건 사이에 다윗이 두 번 사울을 죽일 기회가 있었음에도 불구하고 살려주는 기사가 나타난다(삼상 24:1-22, 26:1-25). 그리고 이 두 사건의 가운데 나발의 이야기가 나타난다(삼상 25장). 이것을 도식화하면 다음과 같다:

A	B	C	B′	A′
블레셋 도주	사울을 살림	나발의 이야기	사울을 살림	블레셋 도주
21:10-15	24	25	26	27:1-12; 29:1b

여기서 고든은 B와 B′사이에 내용상의 발전을 목격할 수 있으며 이러한 발전의 매개체가 C라는 견해를 제시한다(Gordon 1984:63-68). 한 걸음 더 나아가 클라인(Klein 2005:176-84)은 A B와 A′ B′ 모두에서 내용상의 발전이 나타나고 있으며 이 발전의 매개체가 C

라는 견해를 내놓았다. 클라인의 견해가 이 문제를 더욱 상세히 다루고 있기에 그의 견해를 소개하고자 한다.

우선 다윗이 블레셋으로 도주한 두 개의 기사에 대한 클라인의 견해를 살펴보자. 클라인은 첫 번째 도주의 기사에서 다윗이 두려워하며 침착함을 잃은 모습을 보여주는 반면, 두 번째 도주의 기사에서 다윗은 훨씬 더 침착하고 자신감 있는 모습으로 나타나고 있다는 점을 지적하였다. 그리고 사울을 살려주는 장면에 있어서도 내용상의 발전이 있다고 한다. 첫 번째의 경우 다윗은 사울의 옷자락을 베었다. 다윗은 그렇게 함으로써 자신이 사울을 해할 수도 있었음을 나타내 보이고자 하였다. 그러나 이때 즉시 마음에 찔림을 받아 부하들을 금하여 사울을 해하지 못하게 한다(24:7).[119] 클라인의 말대로 이것은 다윗이 사울에 대하여 어느 정도 적대적인 자세를 가지고 있었음을 암시하는 것이다. 이에 반하여 두 번째의 경우에는 다윗에게서 사울을 해하려는 어떤 모습도 찾아볼 수 없다. 오히려 아브넬을 향하여 사울을 잘 지키지 못한 것을 꾸짖고 있다. 그리고 부하를 향한 다윗의 말에 있어서도 새로운 요소가 보인다: "여호와께서 살아 계심을 두고 맹세하노니 여호와께서 그를 치시리니 혹은 죽을 날이 이르거나 또는 전장에 나가서 망하리라"(26:10).

3) 나발 에피소드

---

119) 한글성경에 '금하다'로 번역된 히브리어 동사 וַיְשַׁסַּע는 שסע의 피엘+와우연계형으로 '찢어 나누다'는 의미이다. 본문을 직역하면 '다윗이 자기 사람들을 말로써 찢어 나누었다'가 될 것이다. 고든(Gordon 1990:139-44)은 이것은 상징적인 표현방식으로 이해되어야 하며 다윗이 사울의 옷자락을 찢은 것을 염두에 둔 언어유희일 것이라고 한다.

클라인에 따르면 다윗의 모습에 이러한 발전의 양상이 나타나는 직접적인 원인은 25장의 나발 이야기에서 찾을 수 있다고 한다. 나발은 갈멜에서 양과 염소를 치는 거부였다. 그의 목자들이 양털을 깎을 때에 다윗은 사람들을 보내어 음식물을 얻고자 하였다. 다윗이 그렇게 한 것은 그가 목자들과 함께 하며 그들의 담이 되어주므로 양들이 상하지 않았고 또한 양들을 잃어버리지도 않았기 때문이다. 그런데 나발은 다윗의 부탁을 일언지하에 거절해 버린다. 이에 분노한 다윗은 부하들을 이끌고 가 나발의 집안을 멸절시키고자 하였다. 이 사실을 안 나발의 아내는 급히 음식물을 가지고 다윗에게로 내려가 지혜로운 말로써 다윗을 설득한다. 다윗은 이 여인의 말을 듣고 스스로 보복하는 일에서 물러난다. 그런데 그런 일이 있은 지 열흘 후 하나님께서 나발을 치시므로 나발이 죽고 다윗은 아비가일을 아내로 맞이하게 된다. 클라인에 의하면 이와 같은 사건 속에서 다윗은 스스로 복수하지 않아도 하나님께서 원수들을 처리해주시는 것을 더욱 확신하게 되었다는 것이다.[120]

사실 여러 주석가들은 나발이 사울에 비견되는 인물이라고 말한다. 특별히 보일(Boyle 2001:401-27)은 나발이 범한 '어리석은 죄'(נְבָלָה, 25절)에 대해 많은 통찰을 준다. 그는 먼저 구약에서 성적인 추행이나(창 34:7; 삼하 13:12; 삿 19:23; 20:6, 10) 성전의 규약을 어기는 것(수 7:15)과 같은 무거운 범죄가 '느발라'(נְבָלָה)로 일컬어진다는 점을 지적한다. 이것은 다윗을 향하여 나발이 지은 죄가

---

120) Gordon 1986:65: "Because socially and psychologically Nabal so nearly approximates to Saul, his death, consequent upon his refusal to help David and his band, becomes a 'type' foreshadowing the death of Saul himself. With this assurance David may retain clean hands and yet achieve his goal!"

매우 심각한 것임을 보여주기에 충분하다. 그렇다면 나발의 죄는 무엇인가? 보일에 따르면 그의 죄의 심각성은 사회적인 관계를 위협하고 깨는데 있었다고 한다. 즉 나발은 마땅히 다윗에게 자신의 양떼를 보호해준 대가를 주었어야 함에도 그것을 거절하였다는 것이다. 보일은 이것이 일종의 관습법을 깨는 행위였다고 한다. 나아가서 다윗이 나발에게 '평화'의 인사를 전하는데 ─ "너는 평강하라 네 집도 평강하라 네 소유의 모든 것도 평강하라"(6절) ─ 이것은 그저 평범한 인사가 아니고 '외교적인 협상형식의 말'(a formula of diplomatic negotiations)이었으며 나발의 대답은 ─ '다윗이 누구냐(מִי דָוִד)' ─ 협상제의를 공식적으로 거절하는 표현이었다고 한다.

더욱이 보일은 나발이 가난한 이웃을 돌보아야 한다는 신명기 율법과(신 15:7절하) 나그네를 사랑하여 식물과 의복을 주어야 한다는 율법을(신10:19; 24:14─22) 깨드리는 죄를 범하였다고 지적한다. 가진 자가 그렇지 못한 자를 돌아보지 않고 멸시하는 것에 대한 통렬한 비판을 선지자의 글에서도 찾아볼 수 있다. 특히 이사야 32:6에서는 주린 자를 먹이지 않고 목마른 자를 마시우지 않는 자의 죄를 *어리석은 자(נבל)가 범하는 어리석은 일(נבלה)*이라 하였다. 요약하면 나발은 하나님의 언약의 말씀은 아랑곳하지 않고, 사회적으로 당연한 관습을 깨드리며, 물질적인 욕심에 집착하는 사람이었던 것이다. 이러한 나발의 이미지는 사울의 이미지와 흡사하며 그의 운명 또한 사울의 불행한 죽음을 미리 보여주는 것으로 볼 수 있다.

사무엘상 25:37─38에는 나발이 어떻게 죽었는가 하는 것이 묘사되고 있다: "그가 낙담하여 몸이 돌같이 되었더니 한 열흘 후에 여호와께서 나발을 치시매 그가 죽으니라." 여기서 '그가 낙담하여 몸이 돌같이 되었더니'(וַיָּמָת לִבּוֹ בְּקִרְבּוֹ וְהוּא הָיָה לְאָבֶן) 라는 말씀은 무엇을 의미하는가? 이것은 신체에 나타나는 병적 현상 - 심장마비나 혹은 뇌출혈 - 을 가리키는가?[121] 보일은 이 말을 의학적으로 보다 윤리적으로 이해하여야 한다고 한다. 즉 '마음이 죽어 돌같이 되었다'는 것은 돌같이 굳어진 완고한 마음상태를 가리킨다는 것이다. 실제로 구약에서는 고아와 과부 및 나그네를 압제하고 돌아보지 아니하는 자의 마음을 '금강석'(스가랴 7:12)에, 회개하지 않는 자의 얼굴을 '반석'(렘 5:3)에 비유하였다. 나발도 마찬가지다. 그는 완고한 마음의 소유자로 누구의 말도 듣기를 거부하였다. 다음은 보일(Boyle 2001:419)의 말이다:

> "나발은 삼중으로 들으려 하지 않는다: 다윗이 보낸 사람들의 요구, 이것의 정당성에 대한 목자들의 간언, 그리고 아비가일의 말이 그것이다. 그는 율법을 지키는 것과 관련하여 그 누구의 말도 들으려 하지 않았다. 그의 마음이 잘못되어 돌같이 된 것은 다름 아닌 아비가일의 율법에 대한 성공적인 협상소식을 들었을 때이다."

이와 관련하여 25:29에 나타난 아비가일의 말은 매우 흥미롭다: "내 주의 원수들의 생명을 물매로 던지듯 여호와께서 그것을 던지시리라." 물매로 던지는 것이 무엇인가? 돌멩이이다. 이것은 돌같이 완고한 나발을 하나님께서 물매로 날려버리듯 심판해버리신다는 것을 의미하는 것이 아닌가?[122] 여기서 알 수 있는 것은 아비가일은 지금 다윗에게 장차 있을 일을 알려주는 선지자의 모습으로 나타

---

121) '렙'(בֵל)은 인간의 장기 중 심장을 가리키는 말이다. 그러기에 '심장이 죽어서 돌같이 되었다'는 것은 심장마비를 가리키는 것으로 볼 수 있을 것이다(Alter 1999:160 참조).

122) 잠언 26:8: "미련한 자에게 영예를 주는 것은 돌을 물매에 매는 것과 같으니라." 출애굽기 15:5은 완고한 바로와 그의 군대들이 심판을 받는 모습을 깊은 곳에 가라앉은 '돌'에다 비유하고 있다.

나고 있다는 사실이다. 클라인 또한 아비가일의 말과 행동을 '선지적 표식행위'(prophetische Zeichenhandlung)으로 본다(Klein 2005:180). 이것은 아비가일이 '여호와께서 다윗을 위하여 든든한 집을 세울 것이라'(25:28)고 한 사실에서 더욱 분명해진다. 아비가일의 말대로 나발은 하나님의 치심으로 인해 죽고 만다. 이 사건은 다윗으로 하여금 더욱 깊은 믿음의 안목을 갖게 해 주었을 것이다. 사울이 비록 지금은 자기를 핍박하고 있지만 언젠가 하나님께서 물매로 돌을 날리심 같이 완고한 그를 던져버리시리라는 것을 깨닫게 되었다는 말이다(26:10 참조).

4) 배교로 치닫는 사울

이미 여러 차례 보았듯이 사울은 다윗을 자신의 왕권을 위협하는 존재로 보고 모든 수단과 방법을 다 동원하여 그를 제거하고자 하였다. 그는 여러 번 자신의 잘못을 뉘우치기도 하고(24:16-22; 26:21-25), 다윗을 해하지 않겠노라고 여호와의 이름으로 맹세하기까지 하였으나(19:6) 끝내 다윗을 향한 적대감에서 헤어나오지 못했다. 이것은 여호와의 신이 그에게서 떠나고 여호와의 부리신 악신이 그를 괴롭히게 된 것과 무관하지 않아 보인다(16:14). 그래서인지 사울의 행위에는 충동적이고 악마적인 요소가 많이 나타난다. 이에 대한 예로서 놉의 제사장들을 살육한 사건을 들 수 있을 것이다. 사울은 다윗을 향한 적개심에 불탄 나머지 여호와의 제사장들을 죽이기를 두려워하지 않았다(22:17, 21).[123]

---

123) 놉의 참사로 아비아달을 제외한 엘리계의 제사장들이 모두 살육 당하였다고 볼 수 있기에 이를 사무엘상 2:27-36에 나타난 (엘리 집안에 대한) 심판의 메시지의 성취라 할 수 있다. 아울러 이는 장차 예루살렘이 제의의 중심장소로 부상하게 되도록 물고를 튼 사건에 해당한다고 할 수 있다(Gordon 1986:172, 174 참조).

사울이 여호와께로부터 버림받은 자가 되었다는 것은 그가 블레셋과의 전투를 앞두고 신접한 여인을 찾아간 사건에서도 두드러지게 나타난다. 놀라운 것은 사울은 한때 신접한 자와 박수를 이스라엘에서 다 몰아내기도 하였는데 여기서 그는 스스로 신접한 여인을 찾고 있다는 사실이다. 이것은 무엇을 말해주는가? 이것은 사울이 하나님과 바른 관계에 있지 않았을 뿐만 아니라 그의 모든 종교행위가 하나님을 올바로 아는 것에 기초한 것이 아니라는 점을 확인시켜준다.[124] 그의 영적 무지함은 신접한 여인을 통하여 하나님의 선지자 사무엘과의 접촉을 시도한 것에서 백일하에 드러난다. 그런데 놀라운 것은 사무엘 선지자가 직접 나타나서 사울에게 닥칠 일들을 말해주고 있다는 것이다.

이것을 어떻게 이해하여야 하는가? 여기에 나타난 존재가 정말 선지자 사무엘인가? 만일 그렇다면 그가 어떻게 신접한 여인을 통하여 나타날 수 있는가? 이 문제에 답하기란 쉽지 않은 일이다. 블렌킨솝은 여인이 사무엘을 보고서 '큰 소리로 외친' 것에(28:12) 주의를 환기시킨다. 여인이 자신의 전문기술인 강신술을 통하여 사무엘을 불러 올렸다면 왜 그렇게 놀랄 필요가 있었겠는가 하는 것이다. 블렌킨솝은 결론짓기를 여인이 놀란 것은 그와 같은 것을 보리라고 전혀 기대하지 못하였기 때문이라고 한다.[125] 이와 유사하게 카일은 엔돌

---

124) 이와 관련하여 아담(Adam 2004:118)은 다음과 같이 옳게 말한다: "사울이 실패한 것은 무엇보다도 하나님과의 관계에 문제가 있었기 때문이다. 왕을 평가함에 있어서 결정적인 것은 그의 하나님 이해이며 그것은 야웨께로 "향하는 것"(דרשׁ) 즉 야웨께 묻는 것(שׁאל)과 연결되어 있다."
125) 블렌킨솝(Blenkinsopp 2002:49-62)에 따르면 사울의 기대와는 달리 엔돌의 여인은 애당초 자신이 죽은 자를 불러낼 수 없다고 생각하였을 것이라고 한다.

의 여인이 놀란 것은 그녀가 경험하였던 것과는 전혀 다른 일이 벌어졌기 때문이라고 한다. 즉 사무엘이 실제로 나타나 사울에게 임할 하나님의 심판을 확언해주었다는 것이다. 이렇게 보면 사무엘 선지자는 신접한 여인의 강신술이 아닌 하나님의 특별한 개입에 의해 나타난 것이 된다.

하지만 여전히 의문은 남는다. 사무엘은 이미 살아있을 동안에 사울이 버림받았다는 것을 분명히 하지 않았는가? 그리고 하나님께서도 그의 신을 거두어가시고 악신을 보내시지 않으셨는가? 그렇다면 이제 또 다시 그의 선지자를 보내서 말씀하실 이유가 어디에 있겠는가? 더욱이 사울이 여호와께 물었지만 꿈으로도, 우림으로도, 선지자로도 대답지 아니하셨다고 한다(28:6). 이러한 상황에서 하나님께서 이미 세상을 떠난 그의 선지자를 다시 보내신다는 것을 어떻게 이해하여야 하는가? 그러므로 여기에 나타난 것을 하나님의 허락 하에 일어난 마귀적 현상으로 보는 루터와 칼빈의 견해가 더 타당해 보이기도 하다(Goslinga 1968:460 참조).[126]

그러나 위의 두 해석 중 어느 것을 취하든 사울의 모습을 이해함에 있어서 별다른 차이를 가져오지 않는다. 엔돌에서의 사건은 버림

---

126) 17세기의 신학자들은 엔돌의 여인이 벌인 사기극이라고 생각하였다. 고슬링가(Goslinga 1968:460)는 다음 세 가지 이유를 들어 본문의 사건을 악마적인 현상으로 본 루터와 칼빈의 입장에 선다: 1) 하나님은 이미 사울에게 보통의 방법으로 계시하시기를 거부하셨다, 2) 하나님께서 스스로 정죄한 방법을 사용하실리가 없다, 3) 하나님께서 사울에게 하실 말씀이 더 이상 없다. 그러나 고슬링가는 본문의 사건이 단지 마귀적인 것일 뿐만 아니라 엔돌의 신접한 여인이 관여된 일이기도 하다고 주장한다. 즉 그녀는 일종의 정신감응(이신전심, telepathie)을 통하여 사울의 내면세계를 읽고 있었다는 것이다. 사울은 사무엘로부터 아말렉과의 전쟁에 대한 책망을 들을 것을 우려하고 있었으며 여인은 바로 그 마음을 읽고 사무엘을 빙자하여 말하였다는 것이다. 그뿐만 아니라 엔돌의 여인은 사울의 모습에서 최후를 향하여 가고 있음을 직감하고 그의 종말에 대해 말할 수 있었을 것이라고 한다.

받은 사울의 모습을 마지막으로 확인시켜준다. 신접한 여인에게 찾아가 하나님의 선지자의 영을 불러 올려 행할 바를 알고자 한 사울의 모습은 어두움 가운데서 방황하는 버림받은 자의 불행한 모습을 극명하게 드러내 준다. 이 일이 있은 후 곧 사울은 길보아산의 전투에서 최후를 맞이한다(삼상 31장).

5) 사울의 최후

사울의 통치기간 동안 이스라엘은 계속해서 블레셋과 팽팽한 긴장관계하에 있었던 것으로 보인다. 이제 블레셋 사람들은 이스라엘과의 결전을 위해 군대를 모아 이스르엘 평지에 진친 사울의 진영으로 쳐들어 왔다. 그런데 블레셋 군대가 이스라엘로 진군해 들어온 경로를 보면 흥미로운 사실을 발견하게 된다. 28:4은 블레셋 군대가 이미 수넴까지 밀고 올라온 것으로 언급한 반면 29:1은 블레셋 군대가 아직 그들의 본거지들 중 하나인 아벡에 머물고 있는 모습을 보여준다. 이것은 시간상으로 29장의 사건이 28장의 사건 보다 앞선다는 것을 의미한다. 저자가 이렇게 연대기적 틀을 벗어나고 있는 이유는 무엇인가?

포클만(Fokkelman 1999:38)에 따르면 현재의 이야기 배열로 인해 각각 세 개의 내러티브 단위들로 구성된 두 그룹의 이야기 구조가 생겨난다고 한다:

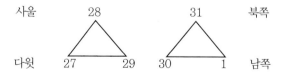

위의 그림에서 알 수 있듯이 사울의 마지막 모습을 담고 있는 두 장면(삼상28, 31장)이 각각 다윗 이야기(삼상27, 29, 30장, 삼하1장)에 의해 둘러싸여 있다.

인상적인 것은 여기서 아말렉에 대한 언급이 자주 나타나고 있다는 사실이다. 첫 번째 이야기 그룹에서 다윗은 아말렉을 침로하여 그곳 사람들을 도륙하는 자로 소개되는 한편(27:8-9) 사울은 아말렉과의 관계에서 실패한 자라는 점이 강조된다(28:18). 두 번째 이야기 그룹 또한 유사한 내용을 담고 있다. 특히 여기서는 사울의 패전과 죽음에 대한 기록(31장)이 두 개의 아말렉 사건 - 다윗이 아말렉을 정벌하고(30장) 아말렉 청년을 처형한 사건(삼하 1:1-16) - 과 더불어 나타난다. 이러한 문학적 구성은 독자들로 하여금 저자의 의도가 무엇인지를 파악할 수 있게 해 준다: 사울은 아말렉을 진멸하라는 하나님의 명령에 불순종함으로써 버림받은 자가 된 반면, 다윗은 '하나님의 적'(출 17:16 참조) 아말렉을 성공적으로 다스림으로 이스라엘의 왕이 되기에 합당한 자이다.

블레셋과 사울 진영과의 결전은 이스르엘의 길보아산에서 벌어졌다. 팔레스타인의 남서 해안지대에 살던 블레셋인들이 바로 갈릴리 아래 지역까지 밀고 올라간 것을 보면 당시 사울의 군대가 어느 정도 곤경에 내몰렸겠는가를 짐작할 수 있다. 길보아산에서의 전투는 그처럼 파국으로 치달았던 전쟁의 종지부를 찍는 것이었다. 이 전쟁에서의 패배로 인해 이스라엘은 많은 것을 블레셋에게 내어주어야 했다(삼상 31:7 참조). 특히 사울은 자신의 눈 앞에서 세 아들 - 요나단, 아비나답, 말기수아 - 이 죽임을 당하는 참상을 목격해야 했고, 그 자신은 블레셋 궁수들의 추격에 쫓기다 스스로 목숨을 끊는 비극적인 최후를 맞이해야 했다. 사울의 마지막 말 - "할례

받지 않은 자들이 와서 나를 찌르고 모욕할까 두려워하노라"(31:4) — 은 왕의 자리에 연연해하다 불행하게 죽은 아비멜렉을 연상케 한다(삿 9:54 참조).

이렇게 이스라엘의 초대 왕 사울은 블레셋과의 전투에서 죽고 만다. 사울의 일차적인 사명이 이스라엘을 블레셋의 손에서 구원하는 것이었음을 생각할 때(삼상 9:16 참조) 그의 죽음이 시사하는 바는 크다. 사울은 하나님의 뜻에 순종하는 대신 왕의 자리를 지키기에 급급해하다 결국 왕직을 수행하는 일에 실패하고 만 것이다. 원수의 손에 머리가 잘린 채 성벽에 매달린 사울의 시신은 왕으로서의 그의 실패를 처참하게 드러내고 있다. 따라서 길보아산에서의 패배는 사울이 이스라엘의 왕으로서 부적격한 자인 것과, 그릇된 왕이 백성들에게 가져올 재난과, 왕직을 올바르게 수행할 자의 필요성을 명백히 보여준 사건이라 할 수 있다.

6. 마무리하는 말

이 장에서 우리는 사울이 아말렉과의 싸움을 전환점으로 해서 하나님께 버림을 당하고 심리적인 안정을 잃어버린 가운데 병적으로 왕권에 집착하다가 마침내 불행한 최후를 맞이하는 과정을 살펴보았다. 이제 이 험난한 역사의 격랑 속에서 드러나는 왕의 길을 간단히 언급함으로써 이 장을 마치고자 한다. 앞에서 언급한 것처럼 이 장은 뒤이어 나오는 장과 하나로 연결되어 있으므로 왕권에 대한 보다 포괄적인 요약정리는 다음장 말미에 제시될 것임을 밝혀 둔다.

먼저 사울이 아말렉을 진멸하라는 하나님의 말씀에 불순종함으로 왕의 자격을 박탈당하게 되었다는 사실이 언급되어야 한다. 이것은 하나님의 말씀에 대한 순종여부가 왕권의 존립을 좌우한다는 것을 의미한다. 이스라엘의 왕은 하나님의 통치를 대행하여 이 땅 위에 하나님의 뜻이 실현되도록 해야 하는 자이다. 그러기에 왕이 하나님의 뜻을 거역하는 순간 그의 왕권은 존재의의를 상실하는 것과 마찬가지이다. 불행하게도 사울은 왕권에 대한 강한 애착에도 불구하고 하나님의 뜻을 따르는데 실패함으로 왕권을 잃을 수밖에 없게 되었다. 이러한 사울의 실패는 선악과의 명령을 불순종하여 낙원을 잃어버린 아담의 실패를 연상케 함과 동시에 하나님의 뜻을 온전히 순종할 참된 왕의 도래를 고대하게 만든다.

다음으로 언급되어야 할 것은 사울이 하나님께 버림받은 결과 매사에 분별력을 잃어버리고 마치 미로를 헤매이듯 방황하는 모습을 하게 되었다는 점이다. 어떤 경우에 사울은 옷을 벗은 채 드러누워 예언을 하는가 하면(19:24), 다른 경우에는 사소한 일에 격분하여 여호와의 제사장들을 죽이기까지 한다(22:11-19). 또 어떤 경우 사울은 다윗에 대해 적개심을 품고 그를 죽이고자 힘쓰는가 하면(23:7, 8, 14, 24-29), 다른 경우에는 다윗에게 잘못을 뉘우치며 그가 왕이 될 것이라고 말하기도 한다(24:16-22; 26:21-25). 이처럼 사울의 행동에는 일관성이 보이지 않는다. 그저 좌충우돌하는 모습뿐이다. 이것은 그에게 성령이 떠나가고 하나님의 인도하심이 그쳤기 때문이라 할 수 있다(16:14). 사무엘서 저자는 여호와께서 사울에게 '꿈으로도, 우림으로도, 선지자로도 대답하지 아니하셨다'고 진술한다(28:6). 하나님과의 관계가 단절된 사울은 결국 강신술(necromancy)을 통해 자신의 운명을 통고받는다(28:15-19).

위의 사실은 '하나님의 함께하심'이 왕권의 수행에 얼마나 본질적인 것인가를 깨닫게 해 준다. 이 문제에 있어 사울이 부정적인 예를 제공해 준다면 다윗은 정반대이다. 우리는 다윗에게서 언제나 하나님이 함께하시며 인도하시는 모습을 발견한다. 한번은 다윗이 사울의 박해를 피해 식솔들과 함께 모압 땅으로 내려간 일이 있었다 (22:3-5). 이 때 선지자 갓이 다윗에게 찾아와 유다 땅으로 돌아갈 것을 권한다. 이것은 다윗이 환난 가운데서도 하나님의 인도를 받고있었다는 증거이다. 마찬가지 사실이 제사장 아히멜렉의 아들 아비아달이 에봇을 가지고 다윗에게 왔을 때에도 해당된다(23:6). 에봇이 하나님의 인도를 구하는데 사용되는 성물임을 고려할 때 이 사건이 의미하는 바가 무엇인지 알기란 어렵지 않다: 하나님이 다윗과 함께하신다(30:7, 8절 참조). 이처럼 다윗은 하나님과 친밀한 관계 속에서 그분의 인도를 받고 있었기에 사울의 박해를 피할 수 있었고, 지도자의 자리를 굳혀갈 수 있었다. 따라서 다윗에게서 먼 훗날 '하나님의 함께하심'(임마누엘)의 화신으로 임할 메시야 왕의 예표 (prefiguration)를 발견하는 것은 지극히 당연한 일이다(마 1:23 참조).

제 5장

사무엘하 1 - 8장
다윗왕권의 확립

1. 시작하는 말

현재의 사무엘 본문은 사울의 죽음을 분깃점으로 상·하권으로 나뉘며, 하권은 다윗이 사울의 전사소식을 접하는 것으로부터 시작한다. 이제 하나님께로부터 버림받고 악신에 의해 지배받던 사울의 시대가 지나가고 하나님의 마음에 합한 자 다윗의 시대가 도래하게 된 것이다. 그러나 다윗이 곧바로 이스라엘의 왕이 된 것은 아니다. 사울의 아들 이스보셋이 사울의 뒤를 이어 왕이 되었고 유다 지파를 제외한 나머지 지파는 여전히 사울 집안을 따르고 있었다(삼하 2:8-10). 이러한 상황에서 다윗은 먼저 헤브론에서 유다 지파의 왕으로 세움을 입는다(삼하 2:4). 이것은 사울 왕가와의 대결을 의미하는 것이었다. 그러나 시간이 흐름에 따라 이 대결은 다윗에게 유리한 방향으로 흘러가게 되었다.

　이렇게 2년을 버티던 이스보셋 왕권은 신복이던 아브넬의 배신으로 휘청거리더니 마침내 브에롯 출신의 부하 장수들의 암살극으로 불행하게 막을 내리고 만다(삼하 3:1-11; 4:1-12). 이에 이스라엘 모든 지파가 헤브론의 다윗에게 내려와 그를 온 이스라엘의 왕으로 삼는다(삼하 5:1-3). 결국 사울 집안과의 오랜 갈등은 끝나고 명실공히 다윗 왕의 시대가 도래하게 되었다. 다윗을 이스라엘의 왕으로 세우고자 하신 하나님의 뜻이 성취된 것이다. 다윗은 왕이 된 후 그때까지 여부스 사람의 손에 있던 예루살렘을 정복하여 자신의 왕도로 삼고(삼하 5:6-10) 그곳에 법궤를 메어 올림으로써(6장) 신정정치의 토대를 마련한다. 이 영광스런 이야기의 끝에 이르면 블레셋을 비롯한 이스라엘의 모든 적들이 다윗에게 무릎을 꿇는 모습이 발견된다(삼하 5:17-25; 8:1-14).

1) 통일성의 문제

사무엘하 1-8장은 사울의 죽음 이후부터 다윗왕권이 확립되기에 이르기까지의 과정들을 차례대로 서술하고 있기에 이곳에서는 내용상의 긴장이라고 할 만한 것이 거의 발견되지 않는다.[127] 그 대신 여기서는 모든 요소들이 다윗왕권의 확립을 향하여 움직여가는 플롯구조 이외에도 구성상의 통일성을 보여주는 문학적 장치들이 발견된다. 이들 문학적 장치들 가운데 하나가 인명목록이다. 저자는 다윗의 아들들에 대한 두 개의 인명목록을 통하여 그의 통치시기를 두 부분으로 나눈다: 헤브론 통치기(3:2-5), 예루살렘 통치기(5:13-16). 나아가서 다윗의 신하들에 대한 인명목록은 다윗왕권의 확립을 최종적으로 확인해 준다(8:15-18).

특히 플라나간을 비롯한 여러 학자들은 사무엘하 5:13-8:18이 세 개의 이항쌍들(binary pairs)로 이루어진 교차구조를 하고 있으며, 이런 문학적 구성은 다윗왕권이 굳게 세워졌다는 사실을 강조하는 것이라고 한다(Flanagan 1982:35-55). 다음은 플라나간이 5:13-8:18에서 발견한 교차구조이다:

---

127) 사무엘하 2:8-4:12에 나타나는 사울의 아들 이스보셋의 이야기가 이전 문맥과 잘 맞지 않는다는 견해가 있다(Van Seters 1983:281). 예컨대 1) 이전 문맥에서 사울은 세 명의 아들이 있었는데(삼상 14:49) 이들은 모두 길보아 전투에서 죽었으며(삼상 31:2), 2) 사무엘하 2:9에 이스보셋이 다스린 지역으로 언급된 이스르엘은 길보아 전쟁 이후 블레셋의 수중으로 넘어간 것이 분명하기에(삼상 31:7 참조) 부자연스럽다는 것이다. 먼저 첫 번째 문제에 대해 말하자면 '이스보셋'은 사무엘상 14:49에 사울의 아들 중 한 사람으로 언급된 '이스위'일 가능성이 크다(Hertzberg 1960:203). 사실상 '이스위'는 전사한 사울의 아들들의 명단에도 들어있지 않다(삼상 31:2 참조). 게다가 '이스보셋'('îšbōšeth)은 '수치의 사람'("Man of Shame")을 의미하기에 원래 이름으로 간주하기 어렵다. 이 이름이 다른 곳에서는 '에스바알'('ešba 'al, Man of Baal)로 불린다는 사실 또한 우리의 추측을 뒷받침해 준다(대상 8:33 참조). 두 번째 문제에 관한한 사무엘하 2:9에 이스보셋이 다스린 것으

A	5:13-16	목록	다윗의 아들들
B	5:17-25	승리	블레셋에 대하여
C	6:1-23	법궤	법궤의 예루살렘 안착
C´	7:1-29	언약	다윗언약
B´	8:1-14	승리	민족들에 대하여
A´	8:15-18	목록	다윗의 신하들

위의 도표에서 보듯이 5:13-8:18은 정교한 대칭구조를 보여주고 있다. 이 대칭 구조의 외곽틀에 나타나는 다윗의 아들들과 그의 신하들의 명단(A, A´)은 다윗왕권이 얼마나 든든히 세워졌는지를 보여주며, 그 다음에 위치한 두 본문(B, B´)은 다윗이 이스라엘을 이방 민족들로부터 구원하였을 뿐 아니라 그들을 완전히 제압하였다는 것을 보여준다. 끝으로, 가운데 위치한 두 본문(C, C´)은 한편으로 다윗이 법궤를 자신의 왕도 예루살렘에 성공적으로 메어 올림으로써 자신의 왕권이 하나님의 승인하에 있음을 확증한 사실을 밝히고, 다른 한편으로 다윗이 하나님으로부터 자신의 왕위가 영원히 보전되리라고 약속을 받는 모습을 제시한다. 이처럼 5:13-8:18에서 모든 요소들은 다윗왕권이 굳게 세워졌다는 점을 드러내는데 기여하고 있다. 특히 저자는 동심원 구조라는 문학적 장치를 사용하여 하나님께서 다윗왕권과 함께하시며 그것을 영원토록 보전하실 것이란 사실을 강조하고 있다.

로 언급된 지역들은 이스보셋이 실제로 통치하였다기보다 그가 다만 자신의 영역으로 주장하였던 곳으로 이해될 수 있다(Anderson 1989:34; Gordon 1986:214).

2) 중심 메시지

앞에서 우리는 사무엘하 1-8장이 이전 단락인 사무엘상 15-31장과 더불어 다윗왕권의 확립과정을 그려 보여준다는 사실을 확인하였다. 따라서 이 단락이 담고 있는 중심 메시지는 이전 단락의 그것과 다르지 않다고 보아야 한다. 이전 단락은 사울이 몰락해가는 과정과 다윗이 새로운 지도자로 등장하는 모습을 통하여 하나님이 원하시는 왕도(kingship)란 어떤 것인가를 알려준다. 마찬가지로 사무엘하 1-8장은 다윗이 이스라엘의 왕으로 우뚝 세워지고 그에게 영원한 왕위의 약속이 하나님께로부터 주어진 사실을 소개함으로써 이스라엘에 세워져야 할 왕국은 어떤 성격의 것이며 하나님이 원하시는 왕권이란 어떤 것인가를 드러낸다.

본문을 살피는 가운데 이러한 사실이 더 밝혀지겠지만 우선 몇 가지만 간단히 언급하고자 한다. 먼저 다윗은 스스로 사울의 목숨을 거두었노라고 하며 왕관과 팔찌를 가져온 아말렉인을 처형한다(1:1-16). 이것은 다윗이 왕의 자리를 탐하는 대신 공의를 세우는 일 – 여호와의 기름부음을 받은 자를 해한 것에 대한 심판 – 에 관심을 가졌다는 것을 알려준다. 나아가서 다윗은 슬픈 애가를 지어 온 백성들과 함께 사울과 요나단의 죽음을 애도하였다(1:17-27). 또한 다윗은 사울의 신복 아브넬과 사울의 뒤를 이어 왕이 된 이스보셋이 차례로 쓰러지자 그들의 죽음을 진심으로 안타까워하는 모습을 보인다(3:6-4:12). 이렇게 함으로써 다윗은 지도자로서 백성들의 마음을 얻는데 성공한다(3:36).

다른 한편 사무엘서 저자는 다윗이 하나님과 함께 하였다는 사실을 강조한다: "만군의 하나님 여호와께서 함께 계시니 다윗이 점점 강성하여 가니라"(5:10). 블레셋이 쳐들어왔을 때에도 다윗은 하나님께 기도하고 그분으로부터 응답을 받아 승리를 얻을 수 있었다 (5:17-25). 이렇게 다윗은 언제나 하나님께 의존적(dependent) 이고 수용적(receptive)인 태도를 보인다. 그러기에 저자는 "다윗이 어디로 가든지 여호와께서 이기게 하셨더라"고 말한다(8:14). 무엇보다도 저자는 다윗이 여호와의 법궤를 자신의 왕도 예루살렘에 메어올린 사실과 그가 여호와께 성전을 짓고자 한 사실에 독자들의 관심을 집중시킨다. 여기서 우리는 다윗왕권의 성격, 즉 하나님이 원하시는 왕도란 어떤 것인가를 밝히 깨닫게 된다. 그것은 하나님을 섬길뿐 아니라 하나님의 왕권을 대리하는 신본주의적 왕권이다.

2. 새로운 시작

사무엘상 31장과 더불어 사울 시대는 막을 내렸다. 독자들은 옛 시대의 몰락에 대한 기쁨과 새 시대의 도래에 대한 환호를 기대하며 사무엘하의 첫 페이지를 열지도 모른다. 이러한 기대감은 어느 정도 묘한 긴장과 의혹을 포함하는 것으로서 당시 말없이 상황의 추이를 지켜보고 있던 이스라엘 사람들의 마음 속에도 예민하게 자리잡고 있었을 것이다. 그러나 새로이 전개되는 상황은 독자들과 이스라엘의 기대를 뒤엎을 뿐 아니라 모든 의혹과 긴장을 해소해 준다.

1) 아말렉의 유혹

설화자의 말에 따르면 다윗은 사울이 전사한 지 삼 일이 지나고 나서야 그의 소식을 알게 되었다(삼하 1:1). 공교롭게도 사울의 전사소식을 전한 자는 다름 아닌 아말렉 사람이었다. 이것은 사울이 아말렉 문제 때문에 하나님께 버림받았다는 사실을 상기할 때 놀라운 일이 아닐 수 없다. 아말렉은 하나님의 백성 이스라엘 편에서 처리해야 할 과제였다(신 25:17-19 참조). 그러나 사울에게서 그 아말렉은 뿌리칠 수 없는 유혹으로 둔갑하였고, 마침내 그의 죽음을 고하는 사자로 나타나고 있는 것이다. 이것은 사울의 왕권을 전복시킨 것이 다름 아닌 세속적인 욕망(아말렉의 살찐 양과 소, 삼상 15:15)이었음을 부각시켜줌과 동시에 독자들로 하여금 다음 질문 앞에 서게 한다: 다윗은 이 아말렉인을 어떻게 처리할 것인가? 이 아말렉인 또한 처음부터 다윗에게 유혹의 덫으로 작용하지는 않을 것인가?

다윗 앞에 나타난 아말렉인의 모습은 전쟁에서 가까스로 도피한 자의 그것이었다. 그의 옷은 찢어져 있었고 머리에는 흙먼지가 앉아 있었다. 그런데 전황을 보고하는 그의 말은 사무엘상 31:1-6에 묘사된 내용과 잘 부합되지 않는다. 거기서는 사울이 궁수들에게 부상당하여 스스로 목숨을 끊은 반면(31:3, 4), 여기서는 사울이 병거와 기병에 추격당하던 중 아말렉 사람의 손에 죽은 것으로 되어있기 때문이다(1:6-10). 따라서 비평가들은 사무엘하 1:1-16의 상당 부분이 역사성이 없는 후대의 신학적 확장이라고 한다(Stoebe 1994:87-88). 그러나 여러 학자들은 사무엘상 31장과 사무엘하 1:1-10 사이의 불일치는 아말렉인이 거짓말을 하고 있다는 것을 보여주는 것 이외 다른 것이 아니라고 한다(Arnold 1989:289-98). 이러한 학자들의 견해가 바른 것이라면 아말렉인은 필시 무언가를 기대하고 다윗에게로 찾아와 자신이 직접 사울을 죽였노라고 말하며, 이에 대한 증거로서 사울의 왕관과 팔고리까지 제시하였을 것이다 (1:10; 4:10).

다윗이 사건의 내막을 눈치챘을까? 본문에는 이 문제에 답을 줄 어떤 단서도 들어있지 않다. 다윗은 아말렉인의 말을 그대로 받아들이고 그것에 상응하는 반응을 보인다. 아말렉 청년은 스스로의 입으로 자신이 사울의 목숨을 거두었노라고 하였다. 그는 이렇게 말하면서 다윗의 환심을 살 수 있으리라 생각하였을 것이다. 다윗이 한때 사울로부터 어떤 박해를 받았으며 그런 사울의 죽음이 다윗에게 어떤 기회가 될 것이었는가를 생각하면 아말렉 청년의 행위는 간교하고 약삭빠르기 그지없다(창 3:1 참조). 그러나 놀랍게도 다윗은 아말렉인에게 상을 내리는 대신 극형을 가한다. 무엇 때문인가? 가장 중요한 이유는 다윗의 말 속에 들어 있다: "네가 어찌하여 손을 들어 여호와의 기름부음 받은 자 죽이기를 두려워하지 아니하였느냐"(1:14).

　　다윗은 몸소 여러 번 사울을 해할 기회를 얻었지만 같은 이유로 그를 죽이지 않았다. 그런데 그런 여호와의 기름부음 받은 자를 죽이다니! 그것도 아말렉인이! 이것이 바로 다윗이 아말렉인을 처형한 이유였다. 그가 만일 자기의 대적이 죽었음을 인하여 기뻐하고, 그 죽음의 소식을 알리는 자를 반가이 맞았다면 어떻게 되는 것인가? 다윗은 한낱 원수를 멸하고 왕권을 거머쥐는 일에만 관심을 가진 사람으로 판명되고 말았을 것이다. 더욱이 아말렉인의 손에서 흔쾌히 왕의 표식들(왕관, 팔고리)을 건네 받았다면 그것은 이스라엘의 왕권에 씻을 수 없는 오명을 씌우는 일이 되었을 것이다. 어쩌면 이것은 마귀가 '내게 엎드려 경배하면 천하 만국과 그 영광을 네게 주리라'(마 4:8, 9)며 그리스도를 유혹했던 사건에 비견될 수 있을 것이다. 다행히도 다윗은 지혜의 신이 그와 함께 하였기에 아말렉의 유혹을 물리치고 승리할 수 있었다.

2) 다윗의 애가

다윗의 인격적 고결함과 통치자적 자질은 사울과 요나단의 죽음을 슬퍼하여 '애가'(삼하1:17-27)를 지어 부른 사실에서도 나타난다.[128] 어쩌면 다윗의 이러한 행위는 너무 위선적이지 않는가라고 볼 수도 있다. 나중에 언급하게 될 것이지만 바로 그런 이유로 인해 다윗이 사울의 죽음에 연루되었을 것이라고 추측하는 사람들이 있다. 그러나 다윗이 사울과 요나단의 죽음을 슬퍼하며 애가를 부른 것은 결코 위선이나 얕은 정치적 술수가 아니다. 우선 다윗은 사울과 요나단 - 특히 요나단 - 의 죽음을 진심으로 애도하였다는 것을 전제하여야 한다. 이것은 이 애가가 '히브리 시의 가장 정교한 표본들 중의 하나'("one of the finest specimens of Hebrew poetry")로 평가되고 있다는 점에서도 확인되는 사실이다(Gordon, 1986:210; Stoebe 1994:93). 즉 다윗의 깊은 애도의 마음이 아름다운 시어를 통하여 잘 표현되고 있다는 것이다.

먼저 다윗은 영탄법(詠歎法)을 사용하여 자신의 깊은 슬픔을 표현함으로써 시를 시작한다: "오호라(אֵיךְ) 두 용사가 엎드러졌도다"

---

128) 한글 성경에 나오는 '활노래'라는 표현은 맛소라 본문의 '활'(קֶשֶׁת)을 의역한 것이다. 이 단어가 무엇을 의미하는지 분명하지 않다. 칠십인역에서는 이 단어를 빼놓았다. 혹자는 이 단어가 본문에 잘못 들어온 것이라고 말하기도 하나 엔더슨(Anderson 1989:15)의 견해가 가장 설득력이 있어 보인다: "The word "Bow"(קֶשֶׁת) is, most likely, the title of the elegy, referring either to Jonathan's favorite weapon (v 22; cf. Also 1 Sam 18:4; 20:20) or more likely, to Jonathan himself; however, both Saul and Jonathan are possible candidates. For the latter alternative there may be a parallel in the use of "the chariots of Israel and its horsemen" (2 Kgs 2:12) as an epithet of Elijah and of Elisha (2 Kgs 13:14)."

(19절). 이 심금을 울리는 구절은 후렴구로서 두 차례 더 반복된다 (25절, 27절). 이렇게 보면 이 시는 처음, 가운데, 끝의 후렴구를 기본 틀로 하여 크게 두 부분으로 나누어진다고 할 수 있다. 첫 부분(19-24절)은 다시 블레셋에 대한 패전과 길보아에서의 상실에 대한 쓰라린 아픔을 표현하는 부분(19-21절)과 사울과 요나단의 행적들을 회상하는 부분(22-24절)으로 나뉜다. 특히 사울과 요나단의 행적이 거의 영웅적으로 묘사되고 있는 것이 인상적이다: "죽은 자의 피에서 … 요나단의 활이 … 사울의 칼이 헛되이 돌아오지 아니하였도다"(22절); "그들은 독수리보다 빠르고 사자보다 강하였도다"(23절); "그가(사울) 붉은 옷으로 … 입혔고 금 노리개를 … 채웠도다"(24절). 이것은 과장법을 사용하는 시적 언어의 특징이자 애가 특유의 삶의 위대한 순간만을 포착하여 묘사하는 기법으로 보면 될 것이다.

두 번째 부분(25-27절)은 특별히 요나단에게 초점을 맞춘다. 우선 다윗은 요나단의 죽음에 대한 애통한 심경을 표현한 후 요나단이 자신에게 보여주었던 놀라운 사랑을 회고한다:

슬프도다 내 형제 요나단이여
그대는 나에게 너무도 사랑스런 이였소
나를 향한 그대의 사랑은 여인네의 사랑보다 놀라운 것이었다오

이처럼 다윗의 애도의 심경은 궁극적으로 요나단에게 집중되고 있다. 과거 다윗과 요나단의 관계를 기억하는 독자들로서는 다윗의 애가 속에서 친구에 대한 진솔한 우정과 영웅들의 죽음을 슬퍼하는 고귀한 '영성'(spirituality) 이외 다른 것을 생각하기란 힘들다. 슬픔

과 좌절의 순간을 노래로 승화시킬 수 있었던 다윗이었기에 훗날 탄식으로 점철된 이스라엘의 역사를 찬양의 노랫가락으로 변화시킬 수 있었을 것이다.

그런데 다윗이 사울의 죽음까지 애도한 이유는 무엇일까? 그는 한때 하나님이 치심으로 사울이 망하게 될 것을 내다보기도 하였으며(삼상 26:10), 심지어 하나님께서 친히 사울을 심판해 주실 것을 간구하기도 하였다(시 54:5). 그뿐만 아니라 다윗은 사울의 죽음을 자신을 구원하기 위한 하나님의 개입하심으로 알고 감사의 찬송을 드리기도 했다(삼하 22:2-20). 여기서 드러나는 다윗의 이중적인 모습을 어떻게 보아야 하는가? 아마도 다음과 같은 관점이 가장 타당하리라고 본다. 우선, 다윗은 사울의 죽음을 하나님의 공의로운 심판으로 본 것이 분명하다. 사울은 악을 행하는 자요 하나님의 나라를 훼방하는 자였기에 하나님의 의가 드러나고 하나님의 나라가 세워지기 위해서는 그의 몰락이 불가피하였다. 다윗이 바라본 것은 바로 이것이었다. 따라서 다윗이 때때로 사울이 심판 받기를 바라는 듯한 모습을 보이는 것은 사울 개인에 대한 인간적인 원한과 복수의 감정과는 거리가 멀다. 오히려 그것은 하나님을 거스리는 악의 권세가 심판 받고 하나님의 공의가 드러나기를 바라는 믿음의 안목과 연결되어 있다.

한편, 다윗이 사울의 죽음을 슬퍼할 수 있었던 것은 그가 개인적인 증오와 원한의 감정으로 사울을 대하지 않았기 때문이라 할 수 있다. 이것은 악인이 그 악행으로 말미암아 멸망할 수 밖에 없어도 하나님은 그 악인의 죽음을 기뻐하지 않으신다는 사실과 통한다(겔 18:32; 딤전 2:4 참조). 게다가 다윗이 애가를 지어 부른 것은 단순히 사울과 요나단의 죽음을 슬퍼하는 개인적인 애도의 차원에서 비롯된 것만은 아니다. 본문에 '이스라엘', (이스라엘의) '영광', 이스라엘의 '두 용사', '이스라엘의 딸들' 이 언급되고 있고 동시에 블레셋의 도시성읍 (가드, 아스글론), '블레셋 사람의 딸들', '할례받지 못한 자의 딸들'이 언급되고 있다. 이것은 무엇을 말해 주는가? 다윗은 사울과 요나단의 죽음과 함께 이스라엘의 패배를 슬퍼하고 있는 것이다: 여호와를 하나님으로 모신 민족, 하나님의 백성으로 구별된(할례받은) 민족이 어찌 블레셋과 같은 이방 족속에게 패배를 당하고 모욕과 조롱을 당하게 되었단 말인가!

다윗의 이러한 모습은 이스라엘의 참된 왕의 면모를 그대로 보여 주는 것이다: 하나님의 나라에 대한 영적 통찰, 동료에 대한 우정과 존중, 하나님의 백성인 이스라엘에 대한 헌신과 열정. 다윗의 이러한 모습은 커다란 파급효과를 낳게 될 것이었다. 그것은 블레셋과의 전쟁에서 패배, 민족적인 내분(지파간, 파벌간) 등으로 찢기고 상처 입은 이스라엘 백성들을 치유하고 결속하는 힘으로 작용하였을 것이 틀림없다. 깊은 정치적 혜안을 가진 다윗 또한 이것을 모를 리 없었을 것이다. 그러기에 어쩌면 그는 이스라엘의 패배와 사울과 요나단의 죽음을 더욱 크게 애도하고자 하였는지 모른다(Alter 1999:198). 그는 애도의 노래를 특별히 유다 족속에게 가르쳐 부르게 했다(삼하 1:18). 흩어진 민심을 수습하고 나라를 하나로 결집하는 다윗의 정치적 탁월함은 사울의 장례를 치른 길르앗 야베스 사람을 치하한 데서도 잘 드러나고 있다(삼하 2:1-7). 이것은 아브넬의 죽음을 애도하고(삼하 3:31-39), 이스보셋을 암살한 자를 처리하는 과정(삼하 4:1-12)에서도 목격된다.

3. 사울의 집과 다윗의 집

길보아 전투 이후 사울의 집은 급속도로 몰락해간다. 비록 유다 지파를 제외한 나머지 이스라엘이 여전히 사울의 아들 이스보셋을 따르고 있었지만 이러한 상황도 머지않아 바뀌게 된다. 먼저 기브온 못가에서 벌어진 이스보셋의 신복들과 다윗의 신복들 사이의 대결은 다윗편의 승리로 끝난다(삼하 2:12-17). 이어서 이스보셋 진영의 군부 핵심 세력인 아브넬이 이스보셋에 반기를 들고 다윗과 손을 잡는 일이 벌어진다(삼하 3:12-21). 그 후 머지않아 아브넬은 다윗의 부하 장수 요압에 의해 암살당하고(삼하 3:22-30) 이스보셋조차 자신의 신복의 손에 살해당하고 만다(삼하 4:6). 다윗 집안과 사울 집안 사이의 숨막히는 라이벌 관계의 향방이 사무엘 3:1에 잘 묘사되고 있다: "사울의 집과 다윗의 집 사이에 전쟁이 오래매 다윗은 점점 강하여 가고 사울의 집은 점점 약하여 가니라."

1) 기브온 못가에서의 대결

사울이 죽고 난 뒤에도 사울 왕가는 사울의 아들 이스보셋을 통해 계속 명맥을 이어갔다. 그러나 이스보셋이 베냐민 땅을 떠나 요단 동편지역인 마하나임을 새로운 통치의 거점으로 삼은 것을 볼 때(삼하 2:8) 블레셋과의 전쟁 이후 나라가 매우 불안정한 상황에 놓이게 되었다는 것을 알 수 있다. 더욱이 이스보셋이 왕이 된 것은 백성들의 지지나 스스로의 능력에 의한 것이 아니라 순전히 아버지 사울의 신복이었던 아브넬 때문이었다. 내레이터는 아브넬이 이스보셋을 '데리고 가서' '왕으로 삼았다'고 밝히고 있다(삼하 2:8-9). 그러니까 이스보셋은 왕이 되는 일에 수동적이었고 아브넬이 주도적 역할을 했다는 말이다. 이것은 당시 사울 왕가가 얼마나 불안정하고 취약한 상태였는지를 잘 드러내 준다.

이 때 다윗은 헤브론에서 유다의 왕으로 추대되어 세력을 확장하고 있었다. 이제 막 출발한 다윗왕권은 여러 면에서 이스보셋의 그것과 달랐다. 이스보셋은 부하 장수에게 의존하고 있는 상태였지만 다윗은 하나님과 긴밀한 관계하에 하나님의 인도를 받고 있다. 다윗은 하나님께 어디로 가야할 지 여쭈었고 하나님은 다윗에게 유다의 헤브론으로 가라고 소상히 알려 주신다(삼하 2:1). 이처럼 다윗왕권은 그 출발부터 하나님과의 긴밀한 관계 속에 깊이 뿌리를 내리고 있었다. 거기에다 다윗은 이스보셋과 달리 모든 일에 주도적이었다. 그는 가족들과 함께 자기를 따르는 추종자들을 '데리고' 헤브론으로 올라가서 그들로 하여금 그곳에 '살게 하였다'(삼하 2:3). 그뿐만 아니라 다윗은 백성들로부터 폭넓은 지지를 얻고 있었고, 또한 그런 지지를 이끌어낼 줄 알았다. 유다 사람들이 자발적으로 다윗에게 나아와 그를 자신들의 왕으로 삼았는가 하면(삼하 2:4), 사울 집안과 유대관계가 돈독하던 길르앗 야베스 사람들은 다윗으로부터 뜻밖의 위로와 격려를 받았다(삼하 2:4-7).

이와 같이 다윗은 이스보셋이 도무지 필적할 수 없는 탁월한 지도력을 갖추고 있었다. 한마디로 이스보셋은 다윗의 적수가 되기에는 역부족이었다. 이런 숨은 정치적 역학관계는 기브온에서 벌어진 한 사건을 통해 밖으로 표출되었다. 어떤 이유에서였는지 분명하지 않긴 하지만 아브넬이 이끄는 이스보셋의 군대와 요압이 이끄는 다윗의 군대가 약속이라도 한 듯 기브온으로 가게 되었고,[129] 그곳의 한 연못가에서 마주치게 되었다. 처음에 양측은 합의하에 각각 12명

---

129) 아마도 기브온은 유다와 이스라엘의 경계지점에 위치한 중요한 성읍이었기에 두 세력이 이곳에서 격돌하였을 수 있다(Firth 2009:337 참조).

의 대표자들을 내보내 서로 힘을 겨루게 하였다(삼하 2:14). 이 대
결이 어떤 형태의 것이었는지 불명확하지만,[130] 16절의 묘사("각기
상대방의 머리를 잡고 칼로 상대방의 옆구리를 찌르매 일제히 쓰러
진지라")는 그것이 얼마나 잔혹하고 격렬한 것이었는지를 잘 보여준
다.[131] 이 싸움에서 승자는 과연 누구였을까? "일제히 쓰러진지라"는
표현이 암시하듯 승패는 아직 가려지지 않았다. 그러나 이어지는 전
면전에서 승자가 누구인지 분명해진다. 내레이터의 말을 들어보자:
"그날에 싸움이 심히 맹렬하더니 아브넬과 이스라엘 사람들이 다윗의
심복들 앞에서 패하니라"(삼하 2:17).

싸움에서 패한 아브넬은 추격하는 요압의 군대 앞에서 도망할 수
밖에 없었다. 특히 요압의 아우 아사헬이 그의 특기인 '들노루'처럼
빠른 속도로 아브넬을 추격하였다. 아브넬은 자신을 추격하는 아사
헬에게 다음과 같이 의미심장한 말을 남긴다: "너는 나 쫓기를 그치
라 내가 너를 쳐서 땅에 엎드러지게 할 것이 무엇이냐 그렇게 하면 내
가 어떻게 네 형 요압을 대면하겠느냐"(삼하 2:22). 아브넬은 이 말
을 통해 은연중 자신의 운명을 예견하고 있다. 그는 결국 아사헬과
의 일이 화근이 되어 요압의 손에 죽게 되기 때문이다(삼하 3:30 참

---

130) 학자들에 따라서는 이 대결이 원래 일정한 룰을 가진 시합이나 경기의 일종
    이었을 것이라고 보는 이들도 있다. 이들의 주장에 따르면 16절에 묘사된
    것("각기 상대방의 머리를 잡고 칼로 상대방의 옆구리를 찌르매 일제히 쓰
    러진지라")은 원래 이 시합의 성격에서 벗어난 것으로 시합이 막바지에 이르
    자 적대감이 고조되어 일어난 일이라고 한다(Herztberg 1960:206; Stoebe
    1994:115). 이 대결을 가리키는 히브리어 동사 שׂחק 의 피엘형(한글성경에는 '겨
    루다'로 번역됨, 삼하 2:14 참조)이 "싸우다"는 의미 이외에도 "놀다", "장난
    하다"와 같은 의미도 가진다는 점이 이들의 견해에 힘을 실어준다(HALAT
    1226). 그러나 שׂחק 은 '싸움'을 완곡하게 표현한 말일 수도 있다(Firth
    2009:338 참조).
131) 메소포타미아의 한 지역(Tell Halāf)에서 발굴된 부조의 본문에 묘사된 것과 같
    은 장면이 나온다고 한다(McCarter 1984:96).

조). 아브넬의 경고를 무시하고 추격을 멈추지 않던 아사헬은 끝내 그의 손에 죽임을 당하고 만다. 그럼에도 불구하고 이 싸움의 결과는 다윗 편에서의 대승이었다. 다윗의 군사는 아사헬을 포함하여 겨우 20명이 전사하였으나 이스보셋 편에서는 전사자가 무려 360명이나 되었기 때문이다(삼하 2:30-31).

2) 이스보셋과 아브넬의 갈등

사무엘하 3:1의 묘사 -"사울의 집과 다윗의 집 사이에 전쟁이 오래 매"- 에 따르면 양 진영간의 싸움이 계속 되었다는 것을 알 수 있다. 이 끈질긴 세력 다툼에서 다윗 진영은 지속적으로 강성해져갔다. 내레이터는 이 사실을 강조하기 위해 3:2-5에서 다윗의 아내들의 이름들과 그들이 헤브론에서 낳은 아들들의 이름들을 간단한 목록양식으로 소개하고 있다. 구약에서 많은 자식들은 하나님의 축복의 하나로 간주되었기에 다윗이 많은 아들들 - 여기서는 여섯 명 - 을 두었다는 것은 그가 하나님의 은총 속에 있었다는 것과 같은 의미이다(시 127:3-4; 창 1:28 참조).

다윗이 이렇게 강성해가는 동안 이스보셋 진영은 어떻게 되었을까? 앞에서 보았던 것처럼 이스보셋은 아브넬에 의해 왕으로 세워진 인물이었다. 그러다 보니 이스보셋은 처음부터 허수아비와 같은 위치에 있었을 수밖에 없다. 그가 어느 정도 권력을 행사할 수 있었다고 한다면 그것은 순전히 사울의 아들이란 상징성 때문이었을 것이다. 그런데 시간이 흘러가면서 이스보셋의 입지는 더욱 약화되었다. 다윗 진영과의 계속되는 싸움으로 인해 아브넬을 중심으로 한 군부세력의 목소리가 더욱 커졌기 때문이다. 내레이터는 이것을 다음과 같

이 이야기한다: "사울의 집과 다윗의 집 사이에 전쟁이 있는 동안에 아브넬이 사울의 집에서 권세를 잡으니라"(삼하 3:6).

아브넬의 세력이 지나치게 커지자 그것은 사울 왕가를 내부로부터 분열시키는 결과를 가져왔다. 물론 아브넬이 자신의 강화된 입지를 기반으로 이스보셋에게 충성을 바쳤더라면 당장 크게 문제되는 일은 없었을지도 모른다. 그러나 불행하게도 이스보셋은 아브넬을 신임하지 못했으며, 아브넬 또한 이스보셋을 왕으로 존중하지 않았던 것 같다. 이런 불편한 관계는 사울의 첩이었던 리스바를 둘러싼 성추문 사건을 통해 구체화되었다. 이스보셋이 어떤 경로를 통해서였는지는 알 수 없지만 아브넬이 리스바와 통간했다는 것을 알게 된 것이다. 사실상 예의 성추문이 사실인지 아니면 단지 이스보셋의 억측일 뿐인지는 분명치 않다. 내레이터 편에서 사실관계를 밝히지 않는데다 당사자인 아브넬 또한 그것에 대해 부정이든 긍정이든 구체적인 언급을 하지 않기 때문이다. 거기에다 리스바가 사울 집안에 대하여 대단히 충실한 여인이었다는 사실 또한 의혹을 더해주는 요소들 가운데 하나이다(삼하 21:10 참조).

그러나 모든 정황을 고려할 때 아브넬이 리스바와 적절치 못한 관계를 가졌다고 보는 것이 옳은 듯하다. 현재의 문맥이 사울 왕가 내에서 비등해진 아브넬의 힘에 초점을 맞추고 있다는 것과(삼하 3:6 참조), 내레이터가 아브넬을 향한 이스보셋의 비난 ―"네가 어찌하여 내 아버지의 첩과 통간하였느냐"(삼하 3:7) ― 을 아무런 코멘트 없이 그대로 소개하고 있다는 사실이 이를 뒷받침해 준다. 더 나아가 아브넬이 이스보셋의 비난에 대하여 과민반응을 하면서도 정작 그가 비난한 내용(성추문)에 대해서는 언급을 회피하고 있는 것 또한 독자들의 의심을 살 만한 태도이다. 그런데 아브넬이 리스바와 관계를 맺었다면 그것은 단순한 스캔들이 아니라 심각한 정치적 파장을 가져올 문제였다. 왕의 첩을 취하는 행위는 왕위를 노리는 행위에 버금가는 일이었기 때문이다(삼하 16:20-23; 왕상 2:13-25 참조). 이스보셋이 아브넬을 공개적으로 비난하고 나선 것도 같은 이유에서였을 것이다.

과연 아브넬은 왕이 되고자 하는 야심을 가지고 있었을까? 여기서 아브넬에 대해 좀 더 살펴보는 것이 유익하다. 3:8에서 아브넬은 이스보셋에게 "내가 유다의 개 머리냐"고[132] 운을 뗀 뒤 자신이 사울 집안에 베푼 '은혜'에 비해 터무니없이 부당한 대우를 받고 있다며 분을 발한다: "당신이 오늘 이 여인에게 관한 허물을 내게 돌리는도다." 특히 아브넬은 자신이 원하기만 했더라면 이스보셋을 다윗의 손에 내어줄 수도 있었을 것이라고 으름장을 놓는다. 그뿐이 아니다. 아브넬은 여호와께서 다윗에게 맹세하신 일 - 사울 대신 다윗을 이스라엘의 왕으로 삼겠다는 맹세(삼상 16:5 참조) - 을 언급하며 자신이 직접 그 맹세가 이루어지도록 앞장서겠다고 다짐하기까지 한다. 독자들은 아브넬이 어떻게 예의 맹세를 알게 되었는지 알 수 없

---

132) "내가 유다의 개 머리냐"(הֲרֹאשׁ כֶּלֶב אָנֹכִי אֲשֶׁר לִיהוּדָה)가 무엇을 의미하는 말인지 모호하다. 주석가들 가운데는 원래 רֹאשׁ כֶּלֶב (dog's head)을 רֹאשׁ כֶּלֶב (the chief of Caleb)으로 잘못 읽은 필사자가 의미를 분명히 하기 위해 관계사절 אֲשֶׁר לִיהוּדָה (that belongs to Judah)을 첨가했다고 보는 이들이 있다(McCarter 1984:106; Anderson 1989:53). 이 견해가 옳다면 관계사절은 삭제되어야 한다. 그렇다면 "개 머리"는 무슨 뜻일까? 사무엘서에 여러 차례 나타나는 '개'와 관련된 언급이 도움을 준다. 다윗이 자기를 추격하는 사울 앞에서 스스로를 비하하는 말로 "죽은 개"라는 표현을 사용했으며(삼상 24:14; 삼하 9:8) 후에 아비새가 다윗을 욕하는 시므이에 대해 같은 표현을 사용했다(삼하 16:9). 따라서 "개 머리"란 극도로 비하하는 말의 일종으로 이해될 수 있다. 이렇게 보면 굳이 관계사절(אֲשֶׁר לִיהוּדָה "유다의")을 문제 삼지 않아도 된다. 당시 유다는 이스보셋 진영의 적이었으므로 "유다의 개머리"란 말은 더욱 경멸적인 의미로 이해되었을 것이다(Fokkelman 1990:73).

다. 볼드윈(Baldwin 1988:188)이 말한 것처럼 그것은 원래 사무엘을 통해 다윗의 가족에게만 알려졌으나 시간이 흐르면서 널리 알려진 것일 수도 있다(삼하 3:17 참조). 그렇지 않다면 그것은 지금까지 다윗의 행적을 지켜보아온 아브넬이 직관적으로 느끼고 깨달은 바일 수도 있다(Fokkelman 1990:75).

위의 내용들을 종합해 볼 때 아브넬은 이스보셋을 전적으로 무기력하고 무능한 자로 인식하고 있었음이 분명하다. 그가 사울의 첩 리스바와 부적절한 관계를 맺은 것도 이스보셋을 하찮은 존재로 본 그의 태도와 무관하지 않을 것이다. 상황이 그러했다면 직접 왕이 되고자 하는 마음까지 가졌을 수 있지 않을까? 아무튼 사울 왕가에서 더 이상 희망을 발견하지 못한 아브넬은 다윗과 손을 잡는 것이 더 낫다고 판단한 것 같다. 자세한 내막은 알 수 없지만 그는 다윗이야 말로 단에서부터 브엘세바까지 온 이스라엘을 다스리기 위해 예비된 인물임을 확신하기에 이르렀다(삼하 3:9-10).

3) 협상, 그리고 죽음

이스보셋과 돌이킬 수 없는 관계에 이른 것을 깨달은 아브넬은 곧바로 자신의 생각을 실천에 옮긴다. 이스보셋에겐 아브넬을 막을 능력도, 용기도 없었다. 그는 아브넬이 명색이 왕인 자신을 향하여 함부로 말을 쏟아내고 있는 동안에도 그저 두려워할 뿐 한 마디도 대꾸할 수 없었다(2:11). 말하자면 아브넬은 아무런 방해도 받지 않고 반역을 꾀할 수 있었던 셈이다. 그는 먼저 다윗에게 전령을 보내어 "이 땅이 누구의 것이니이까 … 내 손이 당신을 도와 온 이스라엘이 당신에게 돌아가게 하리이다"라고 하며 자신과 더불어 언약을 맺을 것을 제안한다(삼하 3:12).

다윗으로서는 이 제안을 거절할 이유가 없었다. 그는 주저없이 아
브넬의 제안을 받아들였다: "좋소이다 내가 그대와 함께 언약을 맺
으리이다"(2:13a). 그런데 한 가지 조건이 있었다. 그것은 한 때 자
신의 아내였던 미갈을 돌려달라는 것이었다.[133] 다윗이 미갈을 다시
찾은 것은 그녀가 다윗의 첫 번째 아내였을 뿐만 아니라 한때 자신을
사랑하였고 또한 자신의 생명을 위험에서 구해준 일을 잊지 않고 있
었기 때문일 것이다. 더 나아가 다윗이 미갈을 되찾고자 한 것은 정
치적 의미도 없지 않다. 미갈은 사울의 딸이었기에 그녀와의 재결합
은 다윗으로 하여금 사울의 추종세력으로부터 정치적 입지를 확보할
수 있도록 해주었을 것이기 때문이다(Gordon 1986:218; Alter
1999:210). 놀라운 것은 다윗이 미갈을 찾는 과정에서 이스보셋에
게 전령을 보냈고 이스보셋은 순순히 다윗의 요구에 응하였다는 사실
이다(2:14-15). 이스보셋이 다윗의 요구를 정당한 것으로 생각했
다는 말인가? 오히려 다윗의 요구를 거절할 처지가 아니었다고 보는
것이 옳지 않을까?

미갈을 다윗에게 돌려보내고 협상을 위한 분위기가 무르익자 아브
넬은 다음 단계로 이스라엘 장로들을 만나 그들과 더불어 의논한다.
이 과정에서 새롭게 드러나는 사실은 이스라엘의 장로들 사이에서 이
미 여러 차례 다윗을 왕으로 세우고자 하는 시도가 있었다는 것이다
(3:17). 이것은 얼마 전 아브넬이 이스보셋에게 한 말 – "내가 오늘
당신의 아버지 사울의 집과 그의 형제와 그의 친구에게 은혜를 베풀

---

133) 미갈은 사울의 작은 딸로(삼상 14:49) 다윗이 블레셋 사람의 양피 일백으로 정
혼한 여인이다(삼상 18:20-29; 삼하 3:14). 그러나 불행하게도 그녀는 다윗이
사울의 박해를 피해 도망할 때 다른 사람 – 발디(삼상 25:44) 혹은 발디엘(삼
하 3:15) – 과 더불어 재혼해야만 했다.

어 당신을 다윗의 손에 내어주지 아니하였거늘"(2:8) - 을 새로운 각도에서 이해하게 해 준다. 아브넬은 한 때 백성들의 요구에도 불구하고 사울 왕가를 지키고자 하였다. 그러나 이제 그의 생각이 바뀌었다. 사울 집안에 대한 그의 기대가 잘못되었다는 것을 뒤늦게 깨달은 것이다. 그는 다윗을 향한 하나님의 계획 - 블레셋을 비롯한 적들의 손에서 이스라엘을 구원하실 것에 대한 계획(3:18) - 에 대해 언급하면서 장로들에게 그들이 원하는대로 다윗을 왕으로 세우라고 말한다. 여기서 우리는 다윗에 대한 하나님의 계획이 당시 이스라엘 백성들에게 널리 알려져 있었다는 사실을 다시금 알게 된다.

장로들과 의견을 조율한 다음 아브넬은 마침내 헤브론으로 건너가 다윗을 만난다. 다윗은 아브넬과 그의 사람들을 환대하고 위하여 큰 잔치를 배설한다. 이에 아브넬은 다윗에게 '온 이스라엘 무리를 모아 더불어 언약을 맺게 하고 마음에 원하는 대로 모든 것을 다스리게 하겠다'고 약속한 후 돌아온다(3:21). 여기까지는 모든 일이 순조로웠다. 그런데 예기치 못한 문제가 다윗 궁정에서 생겼다. 그것은 다름 아닌 요압의 반발이었다. 요압은 얼마 전 기브온 못가에서 아브넬과 전쟁을 치른 적이 있었고, 그곳에서 동생 아사헬을 잃는 아픔을 겪었다. 그런 까닭에 아브넬에 대한 그의 분노는 말할 수 없을 정도로 컸다. 결국 요압은 분노를 참지 못하고 희대의 복수극을 펼친다(3:27). 이렇게 해서 모처럼 이스라엘과 유다 사이에 조성되던 평화의 분위기는 다시 경색될 위기에 놓이게 되었다. 다윗에게 호의적이던 사람들조차 등을 돌릴 수 있는 상황이 되고 말았다.

이처럼 다윗왕국이 세워지는 과정은 순탄한 것만은 아니었다. 그러나 큰 흐름에서 볼 때 아브넬의 죽음은 사울 왕가가 몰락해가는 과정 속에 일어난 현상들 중 하나에 지나지 않는다. 즉 그의 죽음이 불러오게 될 정치적 파장이 어떤 것이든 간에 그것은 필연적으로 이스보셋 진영의 약화를 가져올 수 밖에 없을 것이기 때문이다. 지금까지 이스보셋이 다윗 진영을 상대로 그나마 버틸 수 있었던 것은 아브넬의 존재 때문이었다고 해도 과언이 아니다. 그런데 이제 아브넬이 없어진 상황이 아닌가? 사울 왕가의 몰락은 그야말로 시간문제인 것이다. 이스보셋도 이것을 내다본 것 같다. 내레이터는 아브넬의 죽음 소식을 접한 이스보셋의 모습에 대해 다음과 같이 말해준다: "사울의 아들 이스보셋은 아브넬이 헤브론에서 죽었다 함을 듣고 손의 맥이 풀렸고 온 이스라엘이 놀라니라"(4:1).

이어지는 이야기를 보면 아브넬 이후 사울 왕가는 거의 무방비 상태가 되었다는 것을 알 수 있다. 대낮에 낮잠을 자고 있는 한심한 왕의 모습(4:5), 자객이 들어와 왕을 암살하고 목을 베어가는 모습(4:6-7), 이것이 사울 왕가의 마지막 모습으로 소개되고 있다. 거기에 덧붙여 어릴 때 사고로 다리를 절게 된 요나단의 아들 므비보셋에 대한 이야기는 몰락한 사울 왕가의 처량한 모습을 잘 알려주고 있다(삼하 4:4). 사울 왕가는 이렇게 예기치 못하던 방식으로 종말을 맞았다. 이제 살인과 암살로 어수선해지고 혼란스러워진 상황을 수습하고 백성들의 마음을 하나로 모으는 힘든 과제는 다윗의 몫이었다.

4) 다윗의 연루?

아브넬의 죽음으로 누구보다도 충격을 받은 사람은 다윗이었다. 다윗은 당시 아브넬과 나라의 통일 문제를 놓고 순조롭게 협상을 벌이던 중이었다. 그런데 느닷없이 아브넬이 살해당했다는 소식을 듣게 된 것이다. 그것도 다른 장소가 아닌 헤브론 성문 안에서 자신의 신복인 요압에 의해 자행된 살인이란 사실을 말이다. 영문을 모르는 일반 사람들은 다윗이 개입되었을 것이라고 의심할 수도 있는 상황이었다.[134] 우리는 이스라엘의 장로들이 아브넬과 의기투합하여 다윗을 왕으로 세우고자 했던 사실을 기억하고 있다(삼하 3:17-19). 그런데 그들에게 아브넬이 헤브론에서 살해되었다는 소식이 전해지면 어떤 일이 일어나겠는가? 다윗을 의심하게 될 것은 물론이고 그에 대해 적개심을 품게 되지 않을까? 그렇게 된다면 다윗과 그의 왕국에 두고두고 걸림돌이 될 것이다.

뛰어난 정치적 감각의 소유자 다윗이 이것을 모를 리 없었다. 그는 예의 비보를 접하자 곧바로 "넬의 아들 아브넬의 피에 대하여 나와 내 나라는 영원히 무죄하다"(3:28)고 선언하며 요압을 향하여 저주를 발한다: "그 죄가 요압의 머리와 그의 아버지의 온 집으로 돌아갈지어다 또 요압의 집에서 백탁병자나 나병 환자나 지팡이를 의지하는 자나 칼에 죽는 자나 양식이 떨어진 자가 끊어지지 아니할지로다"(3:29). 사실 요압이 한 일은 심각한 범죄행위에 해당한다. 아브넬이 동생을 죽인 자라 하지만 그것은 어디까지나 전쟁 중에 일어난 일이었다. 더욱이 평화를 위한 목적으로 온 사람을 속임수로 유인하여 죽인 것은 얼마나 비열한 짓인가? 무엇보다도 요압의 행위는 다윗의

---

134) 심지어 사무엘서를 연구하는 학자들 가운데도 아브넬의 죽음 배후에는 다윗의 책략이 개입되었을 것이라고 생각하는 이들이 있다. 그들이 이렇게 보는 이유는 사울 집안의 핵심 인물들이 모두 다윗에게 가장 유리한 시기에 죽었으며, 그 때마다 다윗은 무죄한 인물로 묘사되고 있다는 사실 때문이다(Malul 1996:528). 특별히 반더캄(Vanderkam 1980:521-39)은 아브넬이 다윗에게 위협이 될만한 인물이었기에 다윗은 배후에서 은밀하게 그의 죽음을 지휘하였을 것이며, 이스보셋을 암살한 자들 또한 다윗의 교사를 받은 자들이었을 것이라고 한다. 그러나 본문은 이 문제에 대해 한치의 의혹도 남기지 않는다. 내레이터가 직접 이 모든 일에 대하여 "다윗은 알지 못하였더라"고 밝히고 있기 때문이다(삼하 3:26).

권위를 떨어뜨리고 그의 명예를 심각하게 훼손하는 것이었다. 신하된 자의 입장에서 왕이 환영하고 더불어 언약을 맺은 사람을 죽인다는 것은 오만무례의 차원을 넘어 반역에 버금가는 일이다.

사실 요압이 다윗을 대하는 태도를 보면 아브넬이 이스보셋을 대하던 태도와 방불하다. 그는 한 전쟁에서 이기고 돌아온 직후 다윗이 아브넬을 환대하고 평안히 돌려보냈다는 소식을 듣는다(3:23). 이 소식을 듣자마자 요압은 자초지정을 묻기도 전에 막무가내로 다윗을 나무라며 훈계를 늘어놓는다: "무슨 일을 하신 것입니까? 보십시오! 아브넬이 당신께 왔는데 어찌하여 그를 보내셨습니까? 그는 가버리고 말았습니다. 당신도 아브넬을 아시지만 그는 당신을 속이고자 온 것입니다"(삼하 3:24-25a). 요압이 다윗 앞에서 이렇게 행동할 수 있었던 것은 그가 다윗 진영에서 - 아마도 군사적인 영역에서(삼하 3:22 참조) - 적지 않은 힘을 발휘하고 있었기 때문이라고 풀이된다. 그랬기에 다윗 자신도 요압을 함부로 다룰 수 없었다(3:39 참조).[135] 그러나 다윗은 결코 어리석고 무능한 사람이 아니었다. 하나님이 다윗과 함께 하셨고 그 하나님을 의뢰하는 믿음이 다윗에게 있었다. 그 믿음으로 다윗은 요압을 하나님의 손에 맡겼다: "여호와는 악행한 자에게 그 악한 대로 갚으실지로다(3:39).

이제 다윗이 어떻게 민심을 수습하였는지 간단히 살펴보자. 먼저

---

135) 삼하 3:39의 히브리어 원문은 권력적인 측면에서 다윗이 요압에 비해 약한 상태였다는 것을 말하는 것이 아닐 수도 있다. '다윗'을 수식하는 형용사 '락'(רך)은 하나님 앞에서 부드럽고 온유한 마음을 묘사하는 말로도 사용되며 (왕하 22:19 참조), '요압'을 수식하는 형용사 '카세'(קָשֶׁה)는 주로 하나님 앞에서 완고하고 강퍅한 마음을 묘사하는 말로 사용된다(신 9:6, 13:31:27; 삼상 25:3). 그러므로 이 구절은 정치권력의 차원이 아니라 영적, 윤리적 차원에서 다윗의 부드러운 성품과 요압의 완고한 성품을 대조하는 것일 가능성이 있다.

다윗은 요압을 비롯하여 자기와 함께 있는 모든 백성들에게 아브넬의 죽음을 슬피 애도하라고 명한다: "너희는 옷을 찢고 굵은 베를 띠고 아브넬을 애도하라"(3:31). 무엇보다도 다윗이 직접 나서서 아브넬의 죽음을 슬퍼하는 모습을 보인다. 그는 몸소 아브넬의 상여를 따라가며 "소리를 높여" 울었을 뿐 아니라 아브넬을 위해 슬픈 애가를 지어 불렀다. 그는 이 애가에서 "네 손이 결박되지 아니하였고 네 발이 차꼬에 채이지 아니하였거늘"이라고 하며 아브넬의 죽음을 안타까워한다(3:34a). 이어서 그는 아브넬이 얼마나 억울하게 죽었으며, 그를 죽인 일이 얼마나 악한 일이었는가를 표현한다: "불의한 자식의 앞에 엎드러짐 같이 엎드러졌도다"(3:34b). 그의 애도는 여기서 그치지 않았다. 해가 지도록 음식을 입에 대지 않음으로써 아브넬을 향한 그의 마음이 얼마나 진실하고 참된 것이었는지를 보여주었다. 내레이터는 이런 다윗에 대한 백성들의 반응을 다음과 같이 말해 준다: "온 백성이 보고 기뻐하며 왕이 무슨 일을 하든지 무리가 다 기뻐하므로"(3:36).

이처럼 다윗은 백성들의 마음을 헤아릴 줄 아는 탁월한 지도자였다. 다윗의 그런 모습이 더욱 돋보이는 이유는 그것이 단순하고 얄팍한 정치적 기교가 아니라 백성들을 마음에 품을 줄 아는 신실하고 높은 인간 됨됨이에서 나온 것이었기 때문이다. 백성의 지도자로서 이처럼 탁월한 다윗의 모습은 그가 이스보셋을 암살한 자들을 다루는데서도 다시 한 번 빛을 발한다.[136] 암살자들은 다윗이 자신들의 행위에 대해 보상이라도 해줄 것으로 기대하고 이스보셋의 머리를 들고

---

136) 이스보셋을 암살한 자들은 브에롯 사람 림몬의 아들들이었다. 브에롯 사람들은 원래 베냐민 지파에 속했었는데 어떤 이유로 깃다임이란 지역으로 도망하였던 이력을 가지고 있었다. 그들이 그렇게 도망한 이유는 분명하지 않지

다윗 앞에 나타났다(4:8). 그러나 그것은 큰 오산이었다. 다윗은 이스보셋의 죽음을 결코 기뻐하지 않았다. 그는 오히려 '악인이 의인을 그 침상에서 죽였다'고 개탄하며 암살범들을 처형하였다. 다윗은 사사로운 이해득실을 생각하기보다 공의를 세우는 일에 더 관심을 기울였던 것이다. 여기서 알 수 있듯이 이스라엘은 다윗이란 인물 안에서 마침내 백성들의 진정한 왕이자 목자를 발견하였다.

5) 하나님의 보응

지금까지 우리는 사울 왕가가 몰락해가는 과정을 살펴보았다. 사울 왕가가 왜 이처럼 몰락할 수 밖에 없었을까? 현재의 사무엘서 본문은 사울 왕가의 몰락의 궁극적 원인을 하나님의 말씀에 불순종한 사울 대신 하나님 마음에 합한 자인 다윗을 이스라엘의 왕으로 세우고자 하신 하나님의 뜻에서 찾고 있음이 분명하다. 그런데 겉으로 보면 사울 집안의 몰락은 하나님의 직접적인 개입에 의한 것이 아니었다. 전면에 나타나는 것은 이 세상의 일이요 인간의 모습뿐이다: 전쟁, 반역, 음모, 협상 등등. 마치 하나님은 아무 일도 하지 않으시는 것처럼 보인다. 그러나 모든 세상의 일들과 인간사가 하나님의 뜻을 성취하는 방향으로 움직여 간다. 이것은 무엇을 말해주는가? 폰라트(von Rad 1971:185)가 말한대로 그것은 '인간 삶의 모든 영역이 곧 하나님의 섭리의 장'임을 나타내는 것이라 할 수 있다.

이와 관련하여 사무엘하 3:39에 언급된 표현 −"여호와는 악행

만 학자들은 그것을 사울이 놉의 제사장들을 죽인 사건과 연결시키기도 한다(Blenkinsopp 1972:36). 이것이 옳다면 사울 집안과 브에롯 사람들 사이에는 뿌리깊은 원한이 있었을 것이다.

한 자에게 그 악한 대로 갚으실지로다"- 의 의미를 살펴볼 필요가 있
다. 이 표현이 하나님의 보응을 가리킨다는데는 의심의 여지가 없어
보이지만 달리 생각하는 이들도 있다. 가령 코흐(Koch 1972:159)
와 같은 학자는 이것을 하나님이 단지 악인으로 하여금 자신이 범한
악행의 결과를 보게 하신다는 의미로 받아들인다. 즉 악인이 겪는 불
행은 자신의 행위로 말미암아 나타나는 자연스러운 결과이지 하나님
의 외적인 개입에 의한 것이 아니라는 것이다. 다윗이 아브넬을 살
해한 요압에 대하여 한 다음 말 또한 이 관점을 지지하는 것처럼 보
인다: "그 죄가 요압의 머리와 그의 아비의 온 집으로 돌아갈지어다"
(삼하 3:29). 심지어 코흐는 하나님이 인간의 행위에 대해 보응하
신다고 하는 생각은 구약의 사상세계와는 거리가 멀다고 한다.[137]
그는 구약을 지배하는 사상세계는 소위 '운명을 좌우하는 행위영역'
(schicksalwirkende Tatsphäre)이란 관점이라고 한다. 이 관점은
인간의 '행위'(Tun)와 그 '결과'(Ergehen)가 서로 분리되어 있는 것
으로 보지 않고 그 둘이 서로 하나로 연결되어 있다고 보는 관점이
다. 즉 행위 속에 이미 그 결과가 내포되어 있다는 것이다. 악인들이
악한 결과를 맞이하는 것은 씨앗이 자라서 식물이 되는 것과 같은 이
치라는 것이다(Koch 1972:166).

이렇게 볼 경우 사울 집안의 몰락은 사울이 행한 그릇된 행위의
당연한 귀결일 뿐 하나님의 보응과는 아무런 관계가 없다는 얘기가
된다. 이러한 관점이 과연 옳은가? 본문은 정말 하나님의 보응에 대
해 아무것도 말해주지 않는가? 하나님은 그저 멀리서 행위와 결과 사

---

137) 코흐는 구약에 '처벌'(Strafe)에 상응하는 히브리어 단어가 없다는 사실
에 큰 비중을 둔다. 그는 잘못에 대해 처벌한다는 의미에서의 '정의'(i.e.,
iustitia distributiva)란 단어는 구약에 존재하지 않는다고 주장한다(Koch
1972:164-65).

이에 있는 내적 메커니즘이 잘 작동되게만 하시는 분이신가? 앞서 언급하였듯이 사울가의 몰락과정은 지극히 평범하고 일상적인 사건들(시기, 불화와 반목, 음모와 전쟁 등)의 연속에 지나지 않는다. 그 속에는 어떤 특별한 기적과 같은 일들이 나타나지 않는다. 사울가는 그야말로 사울이 스스로 선택한 운명의 사슬에 매여 몰락의 길을 갔을 뿐인 것처럼 보인다. 그러나 이 모든 자연스런 과정의 시초에 하나님께서 사울을 버리신 사건이 있다는 사실을 잊어서는 안 된다. 그뿐이 아니다. 하나님은 사울을 버리셨을 뿐만 아니라 악령을 보내셔서 그로 하여금 통제력을 잃은 예측불허의 사람이 되게 하셨다(삼상 16:14 참조). 이것은 사울가의 몰락이 세상에 내재된 어떤 원리에 따른 자연스런 결과 이상의 것임을 나타내고 있다. 하나님의 은밀한 섭리의 손길이 이 모든 사건들의 배후에 역사하고 있었던 것이다. 무엇보다도 사울가의 몰락과 함께 다윗이 왕으로 등극하게 된 사실이 이를 잘 뒷받침해 준다.

4. 다윗왕권의 견고화

사무엘하 5:1-8:18은 다윗의 왕권이 어떻게 견고히 세워지게 되었는가를 보여주는 부분으로 다윗의 왕위등극사의 절정을 이루는 곳이다. 이 부분은 편의상 크게 다섯 단락으로 나눌 수 있다: 1) 다윗의 등극(5:1-5), 2) 다윗의 왕도 시온산성(5:6-12), 3) 블레셋과 이방 족속들의 정복(5:17-25; 8:1-14), 4) 법궤 이야기(6:1-19), 5) 다윗언약 (7:1-29). 이들 중 4), 5)는 내용상 특별히 중요하기에 독립된 단락으로 다루고자 한다.

1) 다윗의 등극

마침내 다윗은 이스라엘의 왕으로 등극하게 된다. 앞에서 언급하였
듯이 그는 우선 유다 사람들에 의해 유다 족속의 왕으로 세움을 입는
다(삼하 2:4). 물론 다윗은 이미 선지자 사무엘로부터 기름부음을
받은 적이 있다(삼상 16:13).[138] 또한 사무엘상 22:1-2에 의하면
다윗이 사울을 피하여 아둘람 굴에 있을 때 집안 식구들 이외에 '환
난 당한 모든 자와 빚진 자와 마음이 원통한 자'가 다윗에게로 모여들
었고(약 400명) 다윗은 그들의 리더(שׂר)가 되었다고 한다. 이것은 사
울의 치하에서 사회 경제적으로 정의가 제대로 시행되지 못하고 있었
다는 것을 암시하며,[139] 장차 다윗을 통해 온 이스라엘 백성에게 정
의가 시행될 것을 나타낸다. 그것은 또한 다윗의 후손으로 오신 예
수 그리스도를 통하여 가난한 자에게 복음이 전파되고 사회적으로 소
외된 계층이 위로를 얻게 되는 일과 같은 맥락에 있다(눅 4:16-20
참조).

헤브론에서 유다 족속의 왕이 된 다윗은 7년 6개월 뒤 다시금 헤
브론에서 온 이스라엘의 왕으로 세움을 받게 된다(삼하 5:1-5). 여
기서는 특별히 이스라엘 모든 지파의 장로들과 다윗이 서로 언약을
맺는 모습이 나타난다(3절). 이 언약의 성격이 분명하지 않으나 언약
당사자 간의 책임과 의무를 포함하며 여타의 언약에서와 마찬가지로

---

138) 엔더슨(Anderson 1989:25)에 따르면 두 기름부음의 사건은 각각 신적인 것
과 현세적인 것을 가리키는 것으로 볼 수 있다:"we are dealing with two
different types of anointing, one divine and leading to the status of the
anointed of Yahweh, the other secular and leading to the office of a
king of a particular territory." 카일(Keil 1875:232)은 사울이 먼저 선지자에
의해 기름부음을 받고 백성에 의해 왕으로 세움을 입었듯이 다윗 또한 마찬가
지 절차에 의해 이스라엘의 왕이 되었다고 말한다.

139) 브루거만(Brueggemann 1990:156-57)은 사울과 다윗의 대립관계를 단순히
'북'과 '남'의 대립의 차원이 아니라 사회 경제적으로 기득권층과 여백의 계층들

'맹세'에 의해 확정되었다고 볼 수 있다. 이 언약과 더불어 다윗은 이스라엘의 장로들로부터 기름부음을 받아 온 이스라엘의 왕으로 세움을 입었다. 다윗은 이 시점부터 이스라엘의 합법적인 왕이 된 것이다.

특별히 왕으로 세움 받은 곳이 '헤브론'임이 강조되고 있다(5:1에서 1회, 5:3에서 2회). 헤브론은 유다 지역의 중심지요 매우 영향력 있는 성읍이었다(McCarter 1984:83). 그러나 다윗은 유다 지파뿐만 아니라 온 이스라엘의 왕으로 세움을 입었다. 그러므로 다윗이 헤브론에서 왕으로 세움을 입은 데는 또 다른 이유가 있었다고 볼 수밖에 없다. 헤브론은 이스라엘의 족장들 곧 아브라함, 이삭, 야곱의 묘실이 있었던 곳이다(창 25:7-10; 35:27-29; 50:12-14). 이와 같이 역사적으로 유서 깊은 곳에서 다윗이 이스라엘의 왕으로 세움을 입었다는 사실이 본문에서 강조되고 있다. 이것은 다윗이 족장들의 전통을 이어받고 있음을 암시하며, 나아가서 그의 왕국이 족장들에게 주신 하나님의 언약의 성취라는 사실을 드러내려는 의도로 풀이된다.

이스라엘의 장로들은 여호와께서 다윗을 '이스라엘의 목자' 또는 '주권자'로 삼으셨다고 말한다(삼하 5:2). '목자'라는 칭호가 나타내는 것은 백성들 위에 군림하는 독재자의 모습이 아니라 백성들을 위험에서 보호하고 잘 살 수 있도록 돌보아주는 선한 지도자의 모습이다.[140] 이것은 왕에게 주어진 임무가 무엇인지를 잘 보여준다. 다윗 또한 이를 잘 인식하고 있었던 것 같다: "다윗이 여호와께서 자기를

(marginalized groups) 사이의 대립을 의미하는 것으로 본다. '가진 자'와 '가지지 못한 자' 사이의 계층간 갈등은 나발의 기사(삼상 25)에서도 암시되고 있지 않은가?

140) 볼드윈(Baldwin 1988:195)에 따르면 구약의 창세기와 시편에서 '목자'는 하나님의 돌보심을 묘사하는 말이다. 하나님께서 이스라엘의 목자시라는 의

세우사 이스라엘 왕으로 삼으신 것과 그의 백성 이스라엘을 위하여
그 나라를 높이신 것을 알았더라"(삼하 5:12). 이와 같이 다윗은 자
신에게 주어진 왕권이 스스로를 위한 것이 아니라 백성을 위한 것이
라는 사실을 깨닫고 있었던 것이다. 이렇게 하나님의 마음을 바로 알
아차렸던 다윗이었기에 하나님이 그와 함께 하셨고 그의 왕권은 견고
히 세워질 수 있게 되었다(삼하 5:10).

2) 다윗의 왕도 시온산성

다윗은 이스라엘의 왕으로 등극한 후 예루살렘을 정복하고 그곳을 그
의 왕도로 정하였다. 역사적으로 예루살렘은 가나안 원주민 중의 하
나인 여부스 족속의 성읍으로 이스라엘이 정복하지 못하였던 땅이
다(수 15:63; 삿 1:21). 이 성읍이 얼마나 난공불락의 성읍이었는
지는 여부스 사람들의 말에서도 엿볼 수 있다: "맹인과 다리 저는 자
라도 너를 물리치리라."[141] 이곳이 다윗에 의해 정복되고 '다윗의 도
성'이[142] 된 것은 그의 왕권이 견고하게 세워졌다는 것을 보여주기

식은 이스라엘의 인간 목자들이 신실함과 공의와 인자함의 최고 모범을
가졌다는 것을 의미하였다.
141) 이 말이 무엇을 뜻하는가에 대하여 주석가들의 의견이 분분하다. 어떤 이들
은 힛타이트 문서에서 해석의 실마리를 찾는다. 힛타이트에서는 군인들이 서약
할 때 맹인이나 다리 저는 이를 세워두고 임무를 완수하지 못하는 자들의 운명
을 예시하는 풍습이 있었다고 한다. 따라서 여부스 사람들이 다윗과 그의 군대
를 향하여 맹인과 다리 저는 자를 언급한 것은 이와 같은 힛타이트의 풍습에서
유추한 일종의 저주에 해당한다는 것이다(Alter 1999:221-22 참조). 또 어떤 이들
(Stoebe 1994:165)은 여부스 사람들이 말한 맹인과 다리 저는 자란 다윗의 군사들
중에 있는 오합지졸들을 겨냥한 말로 이해하기도 한다. 심지어 스퇴베는 맹인을 의
미하는 단어 עורים 이 히브리인을 뜻하는 עברים 과 유사하다는 점을 지적하며 여
부스 사람들이 다윗진영(이스라엘)을 경멸적으로 조롱한 것 – 당시 주변민족
들은 경멸적인 어조로 '히브리인'이란 말을 사용하였던 것 같다(삼상 14:11 참

에 충분하다. 또한 지리적으로 예루살렘은 베냐민 지파에 속한 땅이다. 그러므로 베냐민 지파를 비롯한 북부 이스라엘과 유다를 통할하기에 적합한 곳이라 할 수 있다(Rendtorff 2001:137). 다윗은 예루살렘을 왕도로 택함으로써 유다 지파에 편파적이란 인상을 주지 않고 온 이스라엘을 다스릴 수 있는 기틀을 마련한 것이다(Gordon 1986:226).

특별히 다윗이 그의 왕도로 삼은 곳을 '시온산성'(מְצֻדַת צִיּוֹן)이라 한다. 시온은 예루살렘의 남동쪽에 위치한 산지로 이어지는 이스라엘의 역사에서 민족의 소망을 상징하는 곳으로 자리매김 되는 곳이기도 하다. 이후에 이곳은 '하나님의 성'(עִיר אֱלֹהִים), '거룩한 산'(הַר־קֹדֶשׁ), '큰 왕의 성'(קִרְיַת מֶלֶךְ רָב)으로 불리어지기도 하였다(시 48:1-2). 그러나 주해가들을 어리둥절하게 하는 것은 8절의 내용이다. 다윗이 왜 다리 저는 자와 맹인을 미워하였는가? '맹인과 다리 저는 자가 집에 들어오지 못하리라'는 말은 무엇을 의미하는가? 어떤 이는 이것이 신명기 23:1(신 15:21; 17:1 참조)에서 언급되고 있는 '제의적 배제'(cultic exclusion)와 관련된다고 주장한다. 즉 신체적으로 흠이 있는 자는 예배에 참여할 수 없다는 신학적 전통이 여기에 녹아있다는 것이다(Olyan 1998:218-27).

이와 같은 견해가 정당한 것인지는 분명하지 않다. 그러나 본문(8절)이 이스라엘의 시온신학의 출발점을 이룬다고 볼 때 맹인과 다리

조) – 이라고 주장한다. 그러나 여부스 사람들의 말 – "맹인과 다리 저는 자라도 너를 물리치리라"– 은 예루살렘의 견고함에 대한 자신감의 표현이라 보는 것이 가장 자연스럽다(Born 1956:148).

142) '다윗의 도성'(עִיר דָּוִד)이라는 말이 암시하듯 예루살렘은 이스라엘의 어떤 지파에게 소속된 것이 아니라 오직 다윗의 개인적인 소유였다. 이 사실은 다윗이 확고한 통치기반을 얻었음을 반증해 준다(Brueggemann 1990:240).

저는 자에 대한 언급은 제의적 규례와 어느 정도 연결 가능성을 배제할 수 없다. 즉 8절에 나온 속담이 의미하는 바는 '시온산성은 '하나님의 성'이요 '거룩한 산'이기에 온전한 자만 그곳에 들어가 하나님을 섬길 수 있다'는 것이다(레 21:16-24; 22:17-25 참조). 그런데 이것은 시온성의 참된 주인이신 예수께서 오셨을 때의 모습과는 대조적이다. 예수님은 맹인과 장애인을 물리치시지 않고 오히려 고쳐주셨다(마 15:30; 21:14). 이로 보건대 온전한 왕이신 예수 그리스도에 비해 다윗은 불완전한 왕이었다고 말할 수도 있을 것이다(Gordon 1986:227). 그러나 시온성이 어떤 불완전함도 용납하지 않는다는 것은 단순한 배제(exclusion)와 수용(inclusion)의 차원이 아니라 불완전을 온전케 하는 변화(transformation)의 차원을 암시하는 것일 수도 있지 않을까(Brueggemann 1990:241-42 참조)?

앞에서 언급한 바와 같이 다윗은 시온산성을 취하여 왕도로 삼음으로써 자신의 왕권을 견고하게 하였을 뿐만 아니라 하나님께서 '큰 왕'으로 거하사 그 백성을 다스리는 성 곧 하나님 나라의 초석을 놓았다고 할 수 있다. 그러기에 다윗의 왕권은 하나님의 임재하심 가운데 더욱 강성해질 수 밖에 없었다(5:10). 다윗의 왕권이 더욱 견고해졌다는 것은 두로 왕 히람이 다윗을 위하여 백향목 집을 지은 사실에서도 강조되고 있다(5:11). 프리쉬(Frisch 2004:89)가 언급한 바와 같이 히람이 다윗에게 보인 호의는 다윗의 왕권이 당시의 국제 사회에서도 인정받았다는 것을 의미하며 이것은 다시 다윗이 하나님의 축복 가운데 있다는 것을 증거해 준다.

3) 블레셋과 이방 민족들의 정복

다윗이 시온성을 왕도로 삼은 이야기에 뒤이어 그가 블레셋 민족과
더불어 싸운 이야기가 나타나고 있다. 지금까지 블레셋 사람들은 다
윗을 자신들의 봉신 정도로 알았을 것이다(삼상 29:1-11 참조). 그
러나 다윗이 이스라엘 지역에서 왕으로 세움을 입고 세력을 확장해간
다는 소식을 듣고 위협을 느낀 것 같다. 그래서 그들은 다윗의 치하
에서 발흥하는 이스라엘을 제압하고자 하였다.[143] 사무엘하 5:17-
25에 모두 두 차례의 싸움이 소개되고 있다. 이 싸움에서 다윗은 여
호와께 묻고, 여호와께로부터 응답을 받았고, 여호와께 도우심을 받
아 승리를 얻는다. 심지어 두 번째 전투에서는 여호와께서 다윗에
게 싸우는 전략까지 가르쳐 주신 것을 볼 수 있다. 결국 다윗이 고백
한 대로 -"여호와께서 물을 흩음같이 내 앞에서 내 대적을 흩으셨다"
(5:20) - 하나님께서 다윗과 함께하심으로 그에게 승리를 가져다 주
신 것이다.

특별히 여기서 주목하여야 할 것은 블레셋 사람들이 싸움에서 패
하고 그 우상들을 버렸으며 다윗이 그것들을 치웠다고 하는 사실이
다(5:21). 이것은 그 옛날 블레셋 사람들이 여호와의 궤를 빼앗아간
사건을 연상시켜준다(삼상 4:11). 그런데 이제 그들이 다윗과 그의
군사들 앞에 패하고 자기들이 섬기던 신들을 팽개치고 달아난 것이
다. 이것은 이스라엘의 숙적이던 블레셋이 이스라엘 앞에 완전히 무
릎을 꿇었다는 것을 의미한다. 그뿐만 아니라 그것은 또한 "블레셋의
신들에 대한 승리"를 암시하는 것이기도 하다(Willis 2004:130).
사무엘서 초두에 예고되었던 대역전이 마침내 현실화된 것이다. 이

---

143) 18절과 22절의 '편만하다'는 말은 히브리어 '나타쉬'(נטשׁ)를 번역한 것이다. 티
드웰(Tidwell 1979:195-96)에 따르면 이 단어는 '약탈하다'는 의미를 가지므
로 블레셋 군대가 이스라엘을 쳐들어온 것은 물건들을 약탈해가기 위함이었
다고 한다.

모든 일이 가능할 수 있었던 것은 만군의 여호와 하나님이 다윗과 함께 하셨기 때문이다.

다윗은 블레셋 군대를 물리침으로 인해 대외적으로 그의 왕권을 더욱 견고히 하는 일에 성공하였다. 특별히 사무엘하 8:1-14에 나타난 기록을 보면 다윗이 블레셋뿐만 아니라 주변의 모든 민족들을 굴복시키고 자신에게 조공을 바치게 하였다는 것을 알 수 있다. 이들 민족들의 명단을 언급하자면 모압, 소바, 다메섹 아람, 하맛, 암몬, 아말렉 등이다. 다윗이 얻은 광범위한 승리를 그림으로 제시하면 다음과 같다:

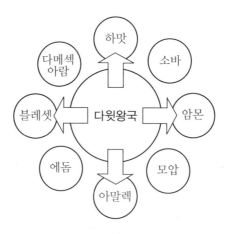

특히 사무엘서 저자는 다윗이 이들 이방민족들로부터 얻은 조공과 전리품들을 여호와께 드렸다는 사실을 강조하고 있다(삼하 8:11-12). 이것은 시온에 '큰 왕'이 계심을 나타내며, 다윗은 그 왕의 통치권을 수행하고 있음을 보여주는 것이다. 나아가서 그것은 세상의 모든 나라와 권세들이 그 왕 앞에 무릎 꿇어 경배하여야 할 것임을 드러내고 있다.

5. 법궤 이야기 II

블레셋과의 전쟁 후 다윗은 바알레 유다에[144] 있던 하나님의 법궤를 예루살렘으로 메어오고자 하였다. 이 사건은 여러 가지 면에서 의문을 불러일으킨다: 다윗이 왜 법궤를 메어 올리고자 하였는가? 하나님을 예배하고자 하는 경건한 열심 때문인가, 아니면 자신의 왕권을 견고히 하기 위한 정치적 목적 때문인가? 하나님께서는 왜 웃사를 쳐서 죽게 하셨는가? 웃사의 잘못은 무엇인가?

먼저 다윗이 왜 자신의 왕도에 법궤를 모셔오고자 하였는가를 생각해 보자. 칼빈은 다윗이 사울 시대에 소홀히 되었던 예배를 회복하기 위해 법궤를 메어올렸다고 말한다(Calvin 1992:229-43). 이것은 역대기 기자가 다윗의 법궤 운반 동기에 대해 한 말에 의해서도 뒷받침 된다: "우리가 우리 하나님의 궤를 우리에게로 옮겨오자 사울 때에는 우리가 궤 앞에서 묻지 아니하였느니라"(대상 13:3). 본문에 묘사된 법궤 행렬의 모습과 다윗의 태도 또한 법궤 운반과 관련된 강한 제의적 관심(예배)을 드러내고 있다. 법궤 행렬 앞에서 다윗과 이스라엘 무리는 각종 악기로 연주하며 춤을 추었다(삼하 6:5, 15절). 특히 다윗은 제사장들이 입는 에봇을 입었을 뿐만 아니라(14절) 직접 번제와 화목제를 여호와께 드리고 여호와의 이름으로 백성들을 축복하였다(17-18절). 이 모든 것은 다윗의 법궤 운반이 그가 가진 제의적 관심과 깊은 관련이 있다는 것을 보여주기에 충분하다.

그러나 현재의 문맥에서 법궤 이야기는 단순히 예배의 회복을 위한 다윗의 경건과 믿음을 드러내려는데 목적이 있는 것만은 아닌 것

---

144) '바알레 유다'에 대한 여러 견해가 있지만(Anderson 1989:101 참조), '기럇여아림'의 다른 이름으로 이해하는 것이 좋아보인다(삼상 7:1-2 참조).

같다. 윌리스는 사무엘상 4:1-7:2에 있는 법궤 이야기와 사무엘하 5:17-25에 있는 이스라엘과 블레셋 간의 전쟁을 배경으로 본문의 사건을 이해하고자 한다. 사무엘상 4:1-7:2에서는 이스라엘 백성들이 블레셋과의 전투에서 패하고 법궤마저 블레셋 사람에게 빼앗기는 내용이 나타난다. 그러나 사무엘하 5:17-6:15에는 반대로 이스라엘 백성들이 블레셋을 물리치고 법궤를 다윗성으로 당당히 메어 올리는 일이 묘사되고 있는 것이다. 이것은 무엇을 의미하는가? 윌리스는 법궤 행렬을 "블레셋에 대한 하나님의 승리를 기리는 개선행진"이라 말한다(Willis 2004:131).

나아가서 윌리스는 다윗이 법궤를 시온성으로 메어 올린 데는 두 가지 중요한 신학적 의미가 함축되어있다고 한다(Willis 2004:138-39). 첫째, 법궤를 예루살렘으로 메어 올려 제의의 중심역할을 하게 함으로써 다윗은 북 이스라엘 10지파와의 관계에서 자신의 입지를 강화하며 그들로부터 지지를 얻고자 하였다.[145] 둘째, 다윗이 법궤를 예루살렘에 메어 올린 것은 인간 왕인 자신이 신적인 왕인 여호와께 기꺼이 복종한다는 것과 여호와가 예루살렘을 자신의 거처로 택하셨다는 사실을 상징적으로 나타내기 위함이었다. 윌리스가 예로 든 바와 같이 이것은 시편 132:13-14이 증거하는 것이기도 하다:

> 여호와께서 시온을 택하시고
> 자기 거처를 삼고자 하여 이르시기를

---

145) 사무엘하 5-8장을 사회학적 관점으로 연구한 플라나간(Flanagan 1983:367)도 이와 유사한 견해를 밝힌다: "In the compiler's view, by transferring the ark to Jerusalem, David symbolically linked himself to and laid claim to the ancient northern traditions associated with the tribal league and Saul."

이는 나의 영원히 쉴 곳이라

내가 여기 거할 것은 이를 원하였음이로다.

이상에서 본 대로 다윗이 법궤를 예루살렘으로 옮긴 데에는 여러 가지 의미가 함축되어 있다. 그 중에서도 두드러진 것은 다윗이 법궤를 자신의 왕도에 메어 올리는 일에 성공함으로써 하나님께서 자신을 이스라엘의 왕으로 세우셨다는 것과 하나님께서 시온에 거하시며 자신과 함께 하신다는 사실을 확증할 수 있게 되었다는 것이다. 이것은 다윗이 미갈에게 한 말에서도 암시된다: "이는[다윗이 뛰놀며 춤을 춘 것] 여호와 앞에서 한 것이라 그가 네 아버지와 그의 온 집을 버리시고 나를 택하사 나를 여호와의 백성 이스라엘의 주권자로 삼으셨으니 내가 여호와 앞에서 뛰놀리라"(삼하 6:21).

이렇게 다윗이 법궤를 메어 올린 사건이 그의 왕권의 정당성을 확증해주는 의미를 갖는 것이라면 웃사에게 일어난 일을 어떻게 이해하여야 하는가? 웃사는 법궤를 싣고 가던 소들이 놀라서 뛰자 법궤를 보호하려고 손을 내밀어 궤를 붙들었다. 그러자 하나님께서 진노하셨고 그 결과 웃사는 죽게 되었다. 과연 웃사의 잘못은 무엇인가? 우선 법궤를 운반하는 방식이 잘못되었다는 점이 지적되어야 한다. 모세의 율법에 따르면 법궤는 반드시 레위인이 어깨로 메어 운반해야 했다(민 4:15). 그러나 다윗은 이런 규례를 무시하고 수레로 법궤를 운반하고자 하였다(3절).[146] 물론 '새 수레'를 준비한 사실에서 알 수

---

146) 옛날 블레셋 사람들이 법궤를 돌려보낼 때 수레를 사용하였던 것을 상기하면 다윗의 행위는 블레셋 사람들의 그것과 유사하다고 할 수 있다(삼상 6:10–16). 특히 놀라운 사실은 블레셋 전쟁에서 하나님이 블레셋 사람들을 치신 일을 묘사하는 표현 – פָּרַץ יהוה אֶת־אֹיְבַי לְפָנַי כְּפֶרֶץ מָיִם (삼하 5:20) – 과 법궤 이야기에서 하나님이 웃사를 치신 일을 묘사하는 표현 – פָּרַץ יהוה פֶּרֶץ בְּעֻזָּה (삼하 6:8) – 이 유사하다는 것이다. 이런 유사성은 하나님이 보실 때 웃사의 행위는 블레셋 사람과 다르지 않다는 것을 보여주는 문학적 기법일 수 있다(Firth 2009:376 참조).

있듯이(3절) 다윗은 하나님께 최대한 존경과 경의를 표하고자 했을 것이다. 그럼에도 불구하고 다윗은 율법에 나타난 하나님의 뜻에 충분한 주의를 기울이지 못하였기에 그의 '열심'에는 자기 만족적인 측면이 없지 않았다고 볼 수 있다.

나아가 웃사가 하나님의 진노를 사게 된데는 보다 직접적인 이유가 있었던 것으로 보인다. 본문에 따르면 웃사의 잘못은 '그가 손을 들어 하나님의 궤를 붙들었다'는 사실에 있다(6, 7절). 모세의 율법 또한 하나님의 성물에 손을 대는 자는 죽으리라고 규정하고 있다(민 4:15). 따라서 웃사가 죽게 된 직접적인 원인은 그가 법궤에 손을 대었기 때문이었다고 할 수 있다. 법궤에 손을 댄 것이 왜 그처럼 큰 죄가 되는가? 더군다나 웃사는 법궤를 보호하고자 한 것이 아닌가? 그러나 바로 이런 생각이 문제이다. 말하자면 웃사는 거룩하신 하나님의 법궤를 자신이 보호하고 제어할 수 있다고 여긴 것이다. 이것은 하나님의 거룩하심과 그분의 주권을 침해하는 심각한 죄에 해당한다. 하나님은 인생들이 경외함으로써 섬겨야 할 분이지 인생들에게 의탁하거나 그들의 도움을 필요로 하는 분이 아니다. 그러나 불행하게도 웃사는 손을 들어 법궤를 잡음으로써 하나님의 거룩하심을 범하고 말았기에 죽음을 당할 수 밖에 없었다(삼상 6:20 참조).

웃사에게 일어난 일은 다윗에게 큰 교훈이 되는 사건이었음에 분명하다.[147] 추측건대 다윗은 법궤를 메어 올리면서 자신이 하나님께 무엇을 해 드린다고 생각하였을지도 모른다. 그러나 웃사의 사건을 통해 하나님은 결코 인생에게 의존하시는 분이 아니며 오히려 인생들

---

147) 사무엘하 6:8에 의하면 다윗이 웃사의 죽음을 보고 '분하여 하였다'(חָרָה לְדָוִד) 고 한다. 다윗의 이런 태도가 무엇을 의미하는지 모호하다. 앤더슨(Anderson 1989:104)은 וַיִּחַר לְדָוִד 이 '다윗이 괴로워 했다'(he was distressed)는 것을 의미하는 표현일 수 있다고 한다.

이 두려움으로 섬겨야 할 분이심을 교훈하여 주신 것이다.[148] 이렇게 볼 때 하나님께서 시온성에 거하셔서 다윗과 함께 하신다는 것이 무엇을 의미하는지 분명해진다: *하나님은 인간의 뜻에 의해 시온성에 거하시는 것이 아니라 스스로의 선택에 의해 시온에 거하시는 것이며 인간 다윗 왕에게 무언가를 의탁하시는 것이 아니라 오히려 다윗이 두려움으로 섬겨야 할 이스라엘의 참된 왕이시다.* 다윗은 값비싼 대가를 치르고 이 교훈을 배우게 되었다. 그러나 마침내 법궤가 예루살렘에 안치되었다는 사실은 다윗의 왕권이 하나님의 보호하심 아래 견고히 세워졌다는 것을 나타낸다.

6. 다윗언약

법궤가 시온성으로 옮겨지는 과정을 통하여서 하나님께서 직접 시온을 자신의 거처로 택하셨다는 점이 확인되었다. 법궤가 시온에 모셔졌다는 것은 이제 하나님께서 그곳에서 그의 백성을 다스리신다는 것을 의미한다.[149] 무엇보다도 하나님의 이러한 다스리심은 다윗왕권을 통하여 시행될 것이다. 이것은 하나님의 임재와 그분의 왕권을 상징하는 법궤가 다윗성(시온산성)에 안착된 사실에서 입증된다. 덤브렐(Dumbrell 1984:143)에 따르면 법궤는 시내산 언약의 가시적

---

148) Gordon 1986:232: "David must not try to make it serve his ambitions as king and would-be emperor; he must learn that the ark is not for manipulating. It must always command his fear and respect."

149) 구약에서 법궤와 법궤 위의 '그룹'이 각각 '하나님의 발등상'과 '하나님의 보좌'로 언급된다는 사실에서 법궤와 하나님의 왕권이 긴밀히 연결되어있음을 잘 알 수 있다(삼상 4:4; 시 18:10; 99:5; 132:7-8; 대상 28:2 참조).

상징물이므로 그것의 임재는 하나님의 통치와 곧바로 동일시되었다고 한다. 그렇다면 하나님의 통치는 어떻게 이루어지는 것인가? 이 질문에 대한 답은 법궤 안에 십계명을 기록한 두 돌판이 들어있었다는 사실에서 찾을 수 있다(출 40:20). 즉 하나님의 통치는 십계명이 대표하는 모든 율법의 말씀을 통해 이루어지게 된다는 것이다. 따라서 하나님의 통치를 대행하는 이스라엘의 모든 왕들은 항상 율법책을 가까이하고 그 말씀에 귀 기울여야 한다(신 17:18-20 참조).

법궤가 안착되자 곧장 다윗은 법궤가 거할 성전을 짓고자 하였다. 그는 먼저 선지자 나단에게 자신의 뜻을 알렸다. 나단은 처음에 다윗의 의견에 찬성하였으나 나중에 입장을 바꾸게 된다. 라토(Laato 1997:265)는 나단의 태도를 '정치적으로 현명한 거부권 행사'로 본다. 그는 나단이 지파중심적 사회체제에 익숙한 백성들이 다윗의 결정 - 성소를 다윗 성에 지음으로 중앙집권적 권력기반을 확보하려는 결정 - 을 반대할 것을 내다보고 다윗의 왕권을 위태롭게 할 수 있는 분쟁을 미연에 방지하고자 했다는 것이다. 사실 왕정 초기의 이스라엘 백성들 가운데는 새로운 정치적 변화를 잘 수용하지 못하는 사람들이 얼마든지 있었을 것이다. 이것은 이후 이스라엘 백성들이 여로보암을 중심으로 솔로몬의 전제정치에 반발하고 나선 사실에서 확인되기도 한다(왕상 11:26). 그러나 정치적 상황과 나단의 태도 변화가 어떻게 맞물려 있든지 간에 후자에 있어서 결정적인 것은 정치적인 것이 아니다. 이것은 나단이 대언한 하나님의 말씀에서 알 수 있다.

먼저 여호와께서 나단을 통하여 다윗에게 던진 수사적 질문(rhetorical question)을 보자: "네가 나를 위하여 내가 살 집을 건축하겠느냐"(הַאַתָּה תִּבְנֶה־לִּי בַיִת לְשִׁבְתִּי). 여기서 인칭대명사 '앗타'(אַתָּה)를 통하여 '너'가 강조되고, 이것은 다시 1인칭 대명사 접미어(ִ)로 표현된 '나'와 대조를 이룬다. 이러한 표현방식(대조)은 다윗과 하나님 사이에 있는 간격과 차별성을 강조하는 효과를 갖는다. 즉 하나님은 '인간인 너 다윗이 온 세상을 지은 나 여호와를 위해 집을 지을 수 있다고 생각하는가'라고 말씀하시는 것이다. 이것은 11절하에서 더욱 분명해진다: "여호와가 너를 위하여 집을 짓고"(כִּי־בַיִת יַעֲשֶׂה־לְּךָ יְהוָה). 이 표현은 5절에서 제기된 질문에 대한 대답으로 볼 수 있다. 그러니까 하나님은 다윗에게 '네가 나를 위해 집을 짓겠다고 하지만 그럴 수 없다 오히려 내가 너를 위하여 집을 지어 줄 것이다'라고 말씀하시는 것이다.

다윗은 비록 좋은 뜻으로 성전을 지으려 하였지만 그의 생각에는 교정되어야 할 부분이 있었던 것 같다. 그에게 하나님을 인간적으로 생각한 면이 없지 않았다는 말이다. 하나님이 지적하신 것은 이것이다(Peels 1995:44): '내가 너처럼 나의 위엄에 걸맞는 집이 필요한 줄 아느냐? 만일 그렇게 할 필요가 있었다면 광야시대에 이미 요구하지 않았겠느냐? 너의 지위가 높아진 것처럼 나도 그렇게 되어야 한다고 생각하느냐?' 이처럼 성전을 짓고자 한 다윗의 생각에 교정되어야 할 요소가 있었던 것이 분명하다. 그러나 이것이 전부는 아니다. 사실 칼슨(Carlson 1964:109)이 잘 지적한 것처럼 다윗이 성전을 짓고자 한 것에는 긍정적인 요소도 없지 않다. 왕으로 등극하고 블레셋을 제압하는 등 형통한 삶을 구가하는 가운데서 하나님을 잊지 않고 있었다는 것이 그것이다(신 8:11-14 참조). 하나님께서도 성전을 짓고자 하는 다윗의 의도를 나쁘게만 보지 않으셨다(왕상 8:18 참조).

그렇다면 다윗의 계획이 기각된 진정한 이유는 무엇인가? 그것은 '안식'의 문제와 관련이 있다. 즉 다윗에게 성전건축이 허락되지 않은 것은 그의 시대에 아직 완전한 안식이 이루어지지 않았기 때문이라는 것이다(신 12:10-11 참조).[150] 다윗이 비록 블레셋을 제압할 수 있었고 그로 인해 이스라엘이 어느 정도 안정을 얻게 된 것은 사실이다. 그러나 10-11절에서 알 수 있듯이 참된 안식은 여전히 미래의 일로 남아있었다. 그런 의미에서 1절에 언급된 '안식'은 절대적인 것이 아니라 상대적인 것이다(Gordon 1986:74). 요약하자면 다윗은 계속해서 '여호와의 전쟁'을 싸워야 했기에 성전을 건축할 수 없었던 것이다. 이것은 열왕기상 5:3에 나타나는 솔로몬의 말이 뒷받침해주는 바이기도 하다. 여기서 다음과 같은 질문이 생겨난다: 왜 성전건축을 위해서 안식이 먼저 이루어져야 하는가? 안식과 성전건축 사이에는 어떤 관계가 있는가?

여기서 우리는 하나님이 거하실 처소로서의 성전의 의미에 대하여 생각해야 한다. 하나님이 장막에 거하시지 아니하고 성전에 거하신다 함은 그분이 그 백성들과 더불어 평화와 안식에 들어가신다는 것을 의미한다(시 132:7-8, 13-14 참조). 이것은 하나님의 임재를 상징하는 언약궤를 통하여 이미 암시된 바이기도 하다. 민수기 10:33에 따르면 언약궤가 이스라엘 백성들 보다 삼 일 길 앞서 행하며 그들의 쉴 곳을 찾았다고 한다. 언약궤가 머물러 쉬면 이스라엘 백성들도 머물러 쉬었고 언약궤가 움직이면 이스라엘 백성들도 행진하며 사방의 적들과 싸워야 했다는 것이 민수기 10:35-36에 보다 잘 표현되어 있다. 이는 무엇을 암시하는가? 이스라엘에게 행하여야

---

150) 역대기 기자는 다윗에게 성전건축이 허락되지 않은 이유에 대해 말하면서 그가 전쟁을 많이 하고 피를 많이 흘린 사실을 언급한다(대상 22:8; 28:3). 역대기 기자의 이러한 언급 또한 다윗 시대엔 아직 '안식'이 이루어지지 않았으며, 바로 그런 까닭에 성전건축이 허락되지 않았다는 것을 뜻한다고 할 수 있다(Japhet 1993:399 참조).

할 길이 남아있고 싸워야 할 싸움이 남아있는 한 하나님은 안식할 처소로 들어가시지 않으신다는 것이다. 다시 말하면 하나님께서는 그 백성들과 함께 행하시며 그 백성들과 함께 대적들과 더불어 싸우신다는 것이다.

다윗의 시대에 성전건축이 연기된 것도 같은 이유에서이다. 하나님께서는 스스로의 주권적인 결정에 의해 시온산성을 택하시고 그곳에 그의 법궤를 메어 올리도록 하셨지만 그러나 아직은 '휘장'(יְרִיעָה)가운데 거하시는 것이 그분의 뜻이었다. 왜냐하면 아직은 싸워야 할 때요 평화와 안식의 때가 아니기 때문이다. 사실 '안식'은 여호수아 시대에 잠정적으로 성취된 일이기도 하다(수 23:1 참조). 그러나 이어지는 사사시대에 이스라엘은 하나님께 불순종함으로 인해 여호수아로 말미암아 주어진 안식을 견고히 하고 완성하는 일에 실패하였다. 이제 다윗을 통하여 그동안 미결로 남아있던 안식의 과업이 비록 짧은 기간이긴 하지만 완전히 성취될 것이다: "전에 내가 사사에게 명령하여 내 백성 이스라엘을 다스리던 때와 같지 아니하게 하고 너를 모든 원수에게서 벗어나 편히 쉬게 하리라"(11절상). 이 후에야 비로소 성전이 지어질 것이고 하나님은 그 백성들과 더불어 평화와 안식에 들어가실 것이다(신 12:11-12 참조).[151]

이상에서 하나님께서 다윗의 성전건축 계획을 허락하시지 않은 이유를 살펴보았다. 그런데 하나님은 다윗에게 성전건축을 허락하지 않은 대신 '내가 너를 위하여 집을 이루리라'(11절하)는 약속의 말씀을 주시고 있다. 이것은 다윗언약으로 알려진 말씀이다. 본문에 '언약'이

---

151) 이렇게 볼 때 성전은 이스라엘 백성들이 하나님 안에서 누리는 영원한 평화와 안식을 상징하는 것이라 할 수 있다.

라는 단어가 나타나지 않는 것이 사실이지만 후에 다윗의 고백 – "하나님이 나와 더불어 영원한 언약을 세우사 만사에 구비하고 견고하게 하셨으니"(삼하 23:5) – 은 본문에 나타나고 있는 바 나단을 통해 다윗에게 주어진 약속의 말씀을 가리키는 것이 분명하다. 그뿐만 아니라 14절에 나타나는 표현인 "나는 그에게 아버지가 되고 그는 내게 아들이 되리니"(אֲנִי אֶהְיֶה־לּוֹ לְאָב וְהוּא יִהְיֶה־לִּי לְבֵן)가 여타의 '언약문구'(출 19:5-6 참조)와 유사하다는 점 또한 본문이 언약의 성격을 가진다는 것을 증거한다.

여기서 다윗언약의 몇 가지 특성을 살펴보도록 하자. 먼저 다윗언약에서 강조되고 있는 것은 하나님의 주권성이다. 이는 5절부터 17절 사이에 계속해서 되풀이되는 1인칭 대명사(x 2), 1인칭 대명사 접미어(x 13), 그리고 1인칭 단수 동사(완료형: x 16, 미완료: x 4)가 모두 하나님을 가리킨다는 사실에서도 드러난다. 다윗을 통하여 이루어졌고 장차 이루어질 모든 일들이 전적으로 하나님의 뜻과 주도하심의 결과로 돌려지고 있다. 양치는 목동이던 다윗을 불러 이스라엘의 주권자로 세워주신 분은 바로 하나님이셨다(8절). 다윗의 이름을 위대하게 만드시고, 그로 하여금 모든 대적들의 손에서 벗어나 평안을 누리도록 하실 분도 하나님이시다(9-11절). 그리고 다윗을 위하여 집을 이루어 주실 분도, 다윗의 위를 영원히 견고케 하실 분도 여호와 하나님이시다(11-16절). 이런 의미에서 다윗을 통해 세워졌고, 또한 장차 세워질 나라는 하나님이 친히 세우시는 나라, 곧 '하나님의 나라'라고 부를 수 있다 (김성수 2000:35 참조).

다음으로 다윗언약에 있어서 두드러지게 나타나는 특징은 '무조건성'이다. 이스라엘의 첫 왕인 사울은 불순종으로 인하여 왕권이 빼앗기고 버림을 당하였다. 그러나 다윗의 경우는 다르다. 그와 그의 후손이 비록 범죄할지라도 징계의 채찍은 있을지언정 은총을 빼앗기지는 않을 것이라 한다.[152] 심지어 다윗의 집과 다윗의 나라가 하나님 앞에서 영원히 보전되고 다윗의 위가 영원히 견고하게 될 것이라 한다(16절). 다윗의 왕권이 영원히 견고하게 되리라는 것은 무엇을 가리키는가? 역사적으로 다윗의 왕권은 주전 587년에 무너지지 않았는가? 덤브렐(Dumbrell 1984:150)은 다윗에게 약속된 영원한 왕권은 신약의 기독론적 관점에서 이해되어야 한다고 한다. 여기에 덧붙여 생각할 것은 사무엘서의 맥락에서 다윗왕권은 하나님의 왕권을 실현하는 도구라는 사실이다. 이러한 관점에서 보면 다윗왕권이 영원하리라는 것은 하나님이 계획하시는 왕국의 일이 결코 좌절되거나 실패하지 않을 것이란 의미로 이해될 수도 있다.

끝으로 다윗언약의 특성으로 언급할 수 있는 것은 그것이 아브라함 언약과 매우 흡사하다는 사실이다: 1) 하나님께서 아브라함에게 '네 이름을 창대케 하리라'(창 12:2)고 약속하셨던 것처럼 다윗에게 '네 이름을 존귀케 만들어 주리라'(삼하 7:9)고 하였다. 2) 하나님께서 아브라함에게 땅을 약속하신 것처럼(창 15:18) 다윗에게도 같은 약속을 주시고 있다(삼하 7:10), 3) 하나님께서 아브라함에게 '네 몸에서 날 자가 네 후사가 되리라'(창 15:4)고 하신 것처럼 다윗에게도 '네 몸에서 날 네 씨를 네 뒤에 세워 그 나라를 견고케 하리라'(삼하 7:12)고 하셨다. 이상에서 예로 든 것처럼 다윗의 언약과 아브라함의 언약 사이에는 많은 유사성이 있다. 이것은 다윗언약이 아브라함 언약의 성취의 성격을 갖는다는 점을 강하게 시사한다.[153]

---

152) 덤브렐(Dumbrell 1984:144-45)은 사울과 다윗의 차이가 그들의 개인적인 자질에 있지 않고 "하나님의 선택이란 사실"(the fact of divine choice)에 있다고 옳게 말한다.

153) Gordon 1986:76-77: "Various aspects of 2 Samuel 7 point to the Davidic covenant as a reflex of the Abrahamic covenant described in Genesis

이제 다윗이 자신에게 주어진 놀라운 약속에 대해 어떻게 반응하였는지를 간략히 살펴보고 이 단락을 마치고자 한다. 다윗은 나단 선지자로부터 자신과 자신의 집에 대한 하나님의 계획을 전해 듣고 성소에 들어가 기도하였다. 사무엘하 7:18-29에 나타나는 이 기도는 크게 세 부분으로 이루어진다: 감사의 표현(18-21절), 하나님께 대한 찬송(22-24절), 기도와 간구(25-29절). 먼저 '감사'에서 다윗은 "나는 누구이오며 내 집은 무엇이기에 나를 여기까지 이르게 하셨나이까"(18절)라며 깊은 감격과 감사의 마음을 표한다. 그런 다음 다윗은 출애굽을 비롯하여 하나님이 이스라엘에게 베푸신 구원사건들을 상기하며 "주와 같은 이가 없고 주 외에는 신이 없음이니이다"(22절)라고 찬송을 드린다. 마지막으로 다윗은 하나님께서 "말씀하신 대로" 행하사(25절) 자신의 집을 "견고하게" 세워주시기를(26절) 간구하며 기도를 끝맺는다.

여기서 특별히 생각하고 넘어가야 할 것은 '감사' 단락에 나타나는 다음 구절이다: "주 여호와여 주께서 이것을 오히려 적게 여기시고 또 종의 집에 있을 먼 장래의 일까지도 말씀하셨나이다 주 여호와여 이것이 사람의 법이니이다"(7:19). 이 구절에서 우리의 관심을 사로잡는 것은 "이것이 사람의 법이니이다"(וְזֹאת תּוֹרַת הָאָדָם)라는 표현이다.[154] 여기서 지시대명사 '이것'(זֹאת)은 무엇을 가리키며, "사람의 법"

---

15. That there should have been interaction between the two covenant traditions would follow as a natural corollary from the recognition of the Davidic kingdom as in some way fulfilling the promises made to Abraham."

154)『개혁한글』에는 이 표현 대신 "인간의 규례대로 하셨나이다"가 나온다. 그러나 『개역개정』의 "이것이 사람의 법이니이다"가 더 좋은 번역이다. 번역문제에 대한 자세한 논의를 위해서는 Kaiser 1991:152-55, Dumbrell 1984:151-52를 참조하라.

(תּוֹרַת הָאָדָם)이란 무엇을 의미하는가? 구문론적으로 '이것'은 바로 앞에 언급된 "종의 집에 있을 먼 장래의 일"을 가리킨다고 보는 것이 자연스럽다. 나아가서 "종의 집에 있을 먼 장래의 일"이란 선지자 나단을 통해 주어진 하나님의 약속을 의미하기에, 지시대명사 "이것"은 궁극적으로 다윗 집안에 대한 하나님의 약속 곧 다윗언약을 가리킨다고 할 수 있다.

그렇다면 "사람의 법"이란 무슨 의미인가? 덤브렐(Dumbrell 1984:91)에 의하면 '법'으로 번역된 히브리어 '토라'(תּוֹרָה)는 사법적인 의미에서 율법을 뜻한다기보다 언약적인 맥락에서 "삶을 위한 지침"을 의미한다고 한다. 그렇다면 다윗이 언급한 "사람의 법"이란 언약의 틀 안에서 인간의 삶을 안내하고 지도하는 '지침' 내지는 '가르침'이 된다. 이것은 결국 다윗이 자신에게 주어진 하나님의 약속(= 다윗언약)을 인류를 위한 삶의 지침으로 이해하였다는 것을 알려준다. 이러한 맥락에서 카이저(Kaiser 1991:152-55)는 다윗이 언급한 "사람의 법"을 "인류를 위한 헌장"(the charter for humanity)으로 이해하기를 제안한다. 카이저의 견해에 동의하면서 덤브렐(Dumbrell 1984:152)은 다음과 같이 말한다: "말하자면 자신에게 주어진 신탁에서 다윗은 인류의 미래와 운명이 관계되어있음을 바르게 알았다."

7. 마무리하는 말

지금까지 우리는 다윗이 사무엘 선지자로부터 은밀히 기름부음을 받는 일로부터 시작하여 영원한 왕권을 약속받기까지 그의 왕권이 어떻게 견고하게 세워지게 되었는가를 보았다. 베들레헴에서 예루살렘까지의 긴 노정에서 다윗은 여호와 하나님을 믿음으로 모든 일에 하나님의 뜻을 좇아 지혜롭게 행하였으며 적들을 맞이하여 여호와의 전쟁을 수행하였다. 이것은 마침내 영원한 왕권의 약속을 골자로 하는 다윗언약으로 연결된다. 사무엘상 15장부터 보아왔던 다윗왕권의 확립과 견고화 과정은 사무엘하 7, 8장에서 뒤돌아볼 경우 하나님의 언약과 깊이 연결되어 있다는 사실이 드러난다. 이제 이 길고 복잡한 역사를 통해 드러나는 왕권의 의미에 대해 정리함으로써 이 장을 마무리짓고자 한다.

1) 여호와의 전쟁

이스라엘의 왕에게 있어서 전쟁은 필수 불가결한 것이었다. 블레셋을 비롯한 주변의 여러 민족들의 군사적 위협으로부터 이스라엘을 보호하고 구원하여 내어야 했기 때문이다. 그런데 이 전쟁에는 특별한 것이 있다. 그것은 이 전쟁이 단순한 민족적 생존이나 유익을 위한 차원의 전쟁이 아니라 이스라엘의 하나님 여호와의 이름을 위한 전쟁이요 여호와 하나님께서 의도하신 나라의 건설을 위한 전쟁이었기 때문이다. 즉 이스라엘의 왕이 수행해야 했던 전쟁은 다름 아닌 '여호와의 전쟁'이었던 것이다.

그렇다면 여호와의 전쟁에서 가장 중요한 요소는 무엇인가? 그것은 여호와 하나님에 대한 믿음과 신뢰이다. 폰라드(von Rad 1969[5]:9)는 여호와의 전쟁에 대하여 다음과 같이 말한다: "적들은 여호와의 적들이다. … 여호와의 행위는 ― 우선 심리적인 측면에서 ― 이스라엘뿐만 아니라 적들의 태도까지 좌우한다. *이스라엘은 두려워하지 말고 믿어야 한다.*" 크라우스(Kraus 1977:241)는 여호와의 전쟁에서 이스라엘이 해야 할 일이란 '하나님이 역사하실 것을 믿고 그분께 싸울 권리와 자리를 내어드리는 것'이라 하였다. 이렇게 보면 다윗은 가장 훌륭히 여호와의 전쟁을 수행한 인물이었음에 분명하다. 우리는 그가 골리앗과 싸울 때 칼과 창에 의지하지 아니하고 만군의 주 여호와 하나님의 이름을 의지하였던 것을 기억하고 있다.

앞에서 언급한 것처럼 여호와의 전쟁에서 빼놓을 수 없는 요소는 여호와 하나님의 이름을 높이는 것과 그분의 뜻을 따르는 것이다. 개인적인 이익과 욕심을 위한 전쟁은 여호와의 전쟁이 아니다. 다윗이 어떤 싸움을 싸웠는가 하는 것은 그가 자신을 해하려는 사울을 어떻게 대하였는가 하는 데서 잘 드러난다. 다윗은 여러 차례 사울을 죽일 수 있는 기회를 얻었음에도 불구하고 그를 해하지 않았다. 이유는 한가지 사울이 여호와의 기름부음 받은 자라는 사실 때문이었다. 이것은 다윗이 하나님 편에 서서 하나님의 싸움을 싸운 자였다는 것을 보여주는 것이 아닌가? 마찬가지 사실이 나발 에피소드에서도 발견된다. 비록 현명한 여인 아비가일의 간언으로 인한 것이긴 하지만 다윗은 친히 자기를 위하여 복수의 칼을 뽑지 아니하였다. 이 모든 것은 다윗이 여호와의 전쟁을 수행한 자요 그러기에 이스라엘의 왕이 되기에 합당한 자였음을 드러내 준다.

다윗이 여호와의 전쟁을 수행하였다는 것은 그가 언제나 하나님의 뜻을 구하고자한 데서 더욱 밝히 드러나고 있다. 우리가 기억하고 있듯이 사울은 블레셋과의 전쟁을 앞두고 신접한 여인에게 찾아가서 도움을 구하였다. 이것은 사울이 버림받은 자 된 것을 드러내는 대표적인 사건이다. 그러나 다윗은 전쟁에 나갈 때마다 여호와께 구하였고 그분의 뜻을 따라 전쟁을 하였다(삼상 23:10-12; 29:7-8; 삼하 5:17-21; 5:22-25). 이와 같이 하나님의 뜻에 대하여 수용적

(receptive)이며 하나님의 역사하심을 믿고 따르는 자세를 견지함으로써 다윗은 이웃 나라와의 전쟁에서 승리할 수 있었던 것이다. 사무엘하 8장에 묘사되고 있는 것처럼 다윗이 주변 민족을 모두 그의 권세 아래 굴복시킨 것은 사실상 여호수아로 더불어 시작된 정복전쟁 (여호와의 전쟁)이 다윗을 통하여 완성되었음을 보여주는 것이라 할 수 있다.

요약하면 다윗은 ① 여호와 하나님을 신뢰하였고, ② 개인적인 이득을 위하기보다 여호와의 이름을 위하였으며, ③ 하나님의 뜻을 구하여 순종함으로써 여호와의 전쟁을 수행하여, ④ 이스라엘을 이방민족들의 손에서 구원하여 내었다.

2) 공의로운 통치

왕에게 여호와의 전쟁을 수행하는 일 못지 않게 중요한 것은 공(מִשְׁפָּט)과 의(צְדָקָה)로서 백성을 다스리는 일이다. 시편 72:1-4은 왕이 공의로 나라를 다스리는 것이 얼마나 중요한 일인지를 (특히 가난하고 약한 자들에게) 잘 보여준다:

하나님이여
주의 판단력을 왕에게 주시고
주의 공의를 왕의 아들에게 주소서
그가 주의 백성을 공의로 재판하며
주의 가난한 자를 정의로 재판하리니
의로 말미암아 산들이 백성에게 평강을 주며

작은 산들도 그리하리로다
그가 가난한 백성의 억울함을 풀어 주며
궁핍한 자의 자손을 구원하며
압박하는 자를 꺾으리로다.

이처럼 왕의 공의로운 통치는 나라의 평화와 번영을 위해 절대적으로 중요하다. 그런데 백성을 공의로 다스릴 수 있기 위해 무엇보다 필요한 것은 통치자적 지혜이다. 지혜가 없으면 수많은 백성들을 잘 지도하고 어거할 수 없을 것이기 때문이다. 우리는 솔로몬이 기브온 산당에서 하나님이 꿈에 나타나셨을 때 장수나 부나 원수의 생명 멸하기를 구하지 아니하고 백성을 다스리는데 필요한 지혜를 구하였던 것을 기억하고 있다(왕상 3:4-15). 이것은 왕이 백성들을 잘 다스릴 수 있기 위해서는 통치자적 지혜가 말할 수 없이 중요하다는 사실을 잘 일깨워준다(현창학 2009:26-27 참조).

사무엘상 18장에 따르면 다윗은 가는 곳마다, 하는 일마다 지혜롭게 행하였으며 그 결과 모든 백성들에게 사랑을 받았고 그 이름이 심히 귀중히 되었다고 한다(5, 14-16, 30). 다윗의 지혜가 돋보이는 곳은 그가 아말렉 군대를 파한 후에 전리품을 나눌 때이다. 여기서 다윗은 직접 싸움에 참여한 자들이나 뒤에서 머무른 자들이나 다같이 전리품을 나누어 가지게 한다(삼상 30:23-24절). 다윗의 논리는 여호와께서 승리를 주셨으므로 전리품은 마땅히 모든 사람에게 공평히 분배되어야 한다는 것이다. 하나님이 주신 것들을 개인의 능력으로 얻은 것처럼 여겨 독점하려 해서는 안 된다는 것이다. 브루거만의 지적과 같이 전리품 분배에 대한 다윗의 '신 중심적'(theocentric) 관점은 예수님의 포도원 비유(마 20:1-16)에서 설명되고 있는 하나님 나라의 원리와 일맥상통한다고 볼 수 있다(Brueggemann 1990:205). 이렇게 볼 때 하나님의 나라는 인간이 수고한 대가로 받는 것이 아니라 하나님이 주시는 은혜의 선물이라는 예수 그리스도의 복음이 다윗의 모습에서 나타나고 있다고 할 수 있다.

이상의 사실이 보여주는 것은 다윗이야말로 이스라엘에 하나님의 공의로운 통치를 펼쳐갈 새롭고 참된 왕이라는 사실이다.[155] 이처럼 다윗이 모든 일에 공과 의를 나타내고 지혜롭게 행하였기에 백성들은 그가 하는 모든 일을 보고 기뻐하였고, 심지어 그가 무슨 일을 하든지 기뻐하였다고 한다(삼하 3:36). 돌이켜 보면 여호수아 시대 이후 이스라엘 백성들의 역사는 온갖 불의와 우상숭배로 점철된 혼돈의 역사요, 기쁨을 상실해버린 역사였다. 간간히 사사들이 나타나 흐트러진 질서를 바로잡기도 했지만 그것이 이스라엘의 혼돈과 무질서와 기쁨없음을 해결해주지 못하였다. 그러나 이제 다윗에게 이르러 모든 상황이 변화되었다. 그의 지혜롭고 공의로운 통치는 백성들에게 평화와 기쁨을 가져다 주었다. 이제 '다윗의 평화'(Pax Davidica)의 시대가 열린 것이다.

3) 시와 찬양

이스라엘은 세상 민족들 가운데서 특별히 하나님을 섬기도록 택하심

---

155) 이에 대해 알터(Alter 1999:188)는 다음과 같이 말한다: "모든 면에 있어서 이 사건은 지도자 다윗의 자질을 보여주도록 꾸며져 있다: 그는 용기를 가지고 위기에 대처하며 하나님의 뜻을 구하며 신속히 군대를 영솔하여 반격을 가하며 전리품을 분배함에 있어서 최고의 공평함을 나타낸다."

을 입은 민족이다. 출애굽기가 이것을 잘 드러내 보여준다. 딜러드와 롱맨(Dillard & Longamn 1997:93)이 잘 지적한 바와 같이 출애굽기가 1) 애굽에서의 구원(1:1-18:27), 2) 율법수여(19:1-24:8), 3) 성막건축(25:1-40:38)의 삼부구조로 되어 있는 것은 구원사건의 전형인 출애굽이 성막에서 하나님을 섬기는 것, 곧 예배를 지향하고 있다는 것을 가리킨다. 출애굽 사건뿐만 아니라 가나안 점령 또한 마찬가지이다. 여호수아서가 가나안에서 땅을 분배받은 이스라엘 백성들에게 여호와를 '섬기라'는 메시지로 끝을 맺고 있는 것(수 22-24)은 땅의 점령이 여호와를 섬기는 것, 곧 예배를 지향하고 있음을 잘 나타내고 있다.[156] 이렇게 옛 이스라엘의 삶이 하나님을 섬기는 것과 불가분의 관계에 있었다는 사실은 우리로 하여금 자연스럽게 다음 질문을 하게 만든다: 다윗에 의해 확립된 이스라엘의 왕권은 어떠한가?

앞에서 보았듯이 사무엘서에 소개된 다윗의 모습은 음악에 남다른 재능을 가진 자의 모습이었다. 그는 여호와의 부리신 악신으로 인해 광기에 사로잡히곤 했던 사울을 수금을 연주하여 낫게 할 정도로 탁월한 음악적 재능을 가지고 있었다. 그뿐이 아니다. 후에 그는 사울과 요나단의 전사 소식을 접하였을 때 슬픈 애가를 지어 그들의 죽음을 애도하기도 하였다. 이 노래가 '히브리 시의 가장 정교한 표본들 중의 하나'로 평가되고 있다는 사실은 다윗의 시적, 음악적 자질이 어느 정도인지를 보여주기에 충분하다. 다윗이 자신의 마지막 말에서 언급한 것처럼 그는 참으로 "이스라엘의 노래 잘하는 자"(삼하

---

156) 꼬르파르(H. J. Koorevaar)는 여호수아서가 네 개의 핵심어(keyword)를 가진 네 개의 단락으로 구성되어있다고 본다: 1) 강을 "건너라"(1:1-5:12), 2) 땅을 "취하라"(5:13-12:24), 3) 땅을 "분배하라"(13:1-21:45), 4) 여호와를 "섬기라"(22:1-24:33). 참조 Provan/Long/Longman 2003:151-52.

23:1)였던 것이다. 옛 이스라엘에서 시와 노래가 예배와 불가분의 관계에 있었다는 사실을 생각하면[157] 다윗의 음악적 재능이 암시하는 바가 무엇인지 짐작하기란 어렵지 않다.

결국 다윗이 탁월한 시적, 음악적 재능을 가지고 있었다는 것은 그의 왕권이 하나님을 섬기는 것, 곧 예배를 지향하는 것이었다는 사실을 나타낸다. 이것은 다윗이 시온산성을 정복하여 자신의 왕도로 삼은 후 여호와의 법궤를 메어 올린 사건에서 가장 뚜렷이 드러난다. 여기서 다윗은 '소와 살진 것'으로 여호와께 제사를 드렸을 뿐만 아니라 기쁨을 이기지 못하여 속살이 드러나는 줄도 모른 채 '여호와 앞에서 뛰놀며 춤추었다'(삼하 6:13, 14, 16). 나아가서 우리는 다윗이 비록 선지자 나단에 의해 기각되기는 했지만 하나님을 위하여 성전을 지으려 하기도 했다는 사실을 알고 있다. 이 모든 것은 다시금 다윗 왕권이 출애굽과 가나안 점령의 전통과 연장선 속에 있다는 것을 보여준다. 즉 다윗왕권이 궁극적으로 지향하였던 것은 하나님을 섬기는 예배 공동체였다.

4) 영원한 언약

앞에서 우리는 이스라엘의 왕권이 언약의 틀 안에서 기능하도록 의도된 것이라고 말한 바 있다. 즉 하나님과의 언약관계에 충실한가 그렇지 못한가 하는 것이 왕권의 존폐에 결정적인 요소가 된다는 것이다. 사울의 왕권이 무너지게 된 궁극적인 원인 또한 그가 언약을 저버렸기 때문이었다. 그는 사무엘 선지자를 통해 들려진 하나님의 목소리

---

157) 여기서 우리는 구약의 시편은 "구약의 찬송가"(The Hymnbook of the Old Testament)였다는 점을 상기할 필요가 있다(Longman 1988:47).

에 청종하지 않음으로 종주의 뜻을 저버렸고(삼상 15장), 신접한 여인을 찾아가 물음으로 하나님을 배반하고 말았다(삼상 28장). 그렇다면 다윗의 경우는 어떠하였는가?

소위 '등극사'에서 그려지고 있는 다윗의 모습은 하나님과의 관계에 충실한 자의 모습이다. 골리앗과의 싸움에서 볼 수 있듯이 그의 마음은 '온 땅으로 이스라엘에 하나님이 계신 줄 알게 하려는' 열심으로 가득했다(삼상 17:46). 후에 사울이 자신을 죽이고자 하였을 때 '여호와의 기름부음 받은 자'라는 이유로 그를 선대하고(삼상 24:17), 그의 생명을 해하지 아니하였다(삼상 26:21). 나발이 언약공동체의 규약을 깨뜨리고 자신의 정당한 권리를 인정해주지 아니하였을 때에도 다윗은 – 지혜로운 여인 아비가일의 간언으로 – 직접 자신을 위하여 보복하지 않고 언약의 하나님께 의탁하는 믿음을 보여주었다(삼상 25장). 또한 다윗은 자신이 직접 사울의 목숨을 거두었노라고 하며 그의 왕관과 팔고리를 가져온 아말렉 청년을 환대하지 않고 징벌함으로써 언약관계의 본질적 요소 중의 하나인 공의를 저버리지 아니하였다.

하나님과의 언약관계에 신실한 다윗의 모습은 무엇보다도 그가 선지자의 말에 순종한 것에서 가장 뚜렷이 드러난다. 그는 하나님께 성전을 지어드리고자 하는 마음이 간절하였음에도 불구하고 나단 선지자를 통해 전달된 하나님의 음성에 귀기울이고 자신의 뜻을 고집하지 아니하였다. 고대 근동의 문화적 맥락에서 왕이 신전을 건축하는 것은 곧 왕의 특권이자 명예였다는 것을 고려한다면 다윗의 태도는 놀라운 것이 아닐 수 없다.[158] 여기서 드러나는 것은 다윗이 하나님과

---

158) 엥넬(Engnell 1967:32)은 수메르, 악카드 왕의 주요 기능이 성전건축과 관계되어 있었다고 하며 다음과 같이 말한다:"Apart from the tasks of the

의 관계에 충실한 자였다는 사실이다. 이러한 다윗을 기뻐하여 하나
님은 다윗에게 영원한 왕권을 약속해주셨다(삼하 7장). 이 모든 것은
이스라엘의 왕권이 오직 하나님과의 올바른 관계 안에서 세워지고 유
지될 수 있다는 것을 보여준다. 이런 의미에서 하나님이 다윗에게 베
푸신 언약은 오고 오는 모든 세대의 하나님의 백성들을 위한 강령이
자 헌장이라 할 수 있다.

---

daily cult, the king's sacral function is mainly bound up with the
two special events, which are, in their turn, in a particular way
linked together, to wit, temple-erecting and consecration, and the
enthronement festival."

제 6장

사무엘하 9 - 20장
다윗왕권의 위기

1. 시작하는 말

사무엘하 9-20장은 다윗이 사울가의 후손인 므비보셋을 예루살렘에 거하도록 배려한 기사로 시작하여 베냐민 사람(사울의 혈족) 비그리의 아들 세바가 일으킨 반란에 대한 기사로 끝난다. 정치적으로 매우 의미심장한 이들 두 사건들 사이에는 다윗 왕가에 일어난 일련의 범죄들과 음모, 그리고 반역에 대한 이야기들이 나타난다. 먼저 이부분의 문학적 통일성의 문제와 신학적 메시지에 대하여 간단히 살펴보기로 하자.

1) 통일성의 문제

오래 전부터 사무엘하 9-20장은 통일적인 글로서 인정되어왔다. 퀘넌(Kuenen 1861:242)은 이 단락을 '다윗의 상세한 가족사'(de uitvoerige familiegeschiedenis van David)로 보았고, 벨하우젠(Wellhausen 1963⁴:255-60)은 사무엘하 9-20장을 열왕기상 1, 2장과 더불어 솔로몬의 왕위 계승에 대한 문제를 다루는 '궁정사'(Hofgeschichte)로 여겼다. 이들 초기 비평학자들의 견해를 계승 발전시킨 이가 로스트이다. 로스트는 그의 유명한 책『다윗의 왕위계승에 대한 전승』(Die Überlieferung der Thronfolge Davids)에서 사무엘하 9-20장과 열왕기상 1-2장이 '누가 다윗의 뒤를 이어 왕이 될 것인가'하는 문제에 초점을 둔 독립된 문헌전승이라 주장하였다.[159]

---

159) 사실상 로스트(Rost 1926:32-139)는 미갈의 무자함에 대한 기사(삼하 6:16, 20-23)와 다윗에게 주어진 영원한 왕권의 약속(7:11b, 16)을 '왕위 계승사'의 출발점으로 본다.

로스트에 따르면 문체와 구상, 그리고 특히 종교적 관점에 있어 사무엘하 9장부터 열왕기상 2장에 이르는 단락(이후부터 '계승사') 이 주변 문맥과 뚜렷이 구분된다고 한다. 먼저 문체의 경우, 대화체 에서 A-B-A 구조가 사용되는 것이 특징이라고 한다. 예컨대 사무 엘하 11:20-21에서 '어찌하여 성에 가까이 갔더냐'는 표현이 두 번 반복되고, 그 사이에 아비멜렉에 대한 이야기가 나타난다. 로스트에 따르면 이와 같은 구조가 사무엘하 11:25b; 13:32f.; 15:19f.; 16:7f., 10f.; 18:19-31; 19:12f.; 열왕기상 1:24-27; 2:42f.에도 나타난다고 한다(Rost 1926:114). 다음으로 글의 구상에 있어서도 전체 본문이 '누가 다윗의 뒤를 이어 왕위에 오를 것인가'(왕상 1:20) 하는 문제를 중심으로 엮여있다고 본다(Rost 1926:85-86). 나아가서 로스트는 주변 문맥에 비해 '계승사'에는 제의적 관심이 크지 않고, 신적 개입의 측면보다 인간의 행위가 전면 에 드러난다고 주장한다(Rost 1926:83-84).

그러나 칼슨(Carlson 1964:133)이 지적한 것처럼 A-B-A 구 조는 '계승사'에서뿐 아니라 구약 내러티브에서 흔히 볼 수 있는 문학 적 기교이다(출 3:7-10; 삼상 3:17; 17:28; 19:4-5 참조). 또 한 사무엘하 9-20장이 왕위계승의 문제를 다루고 있는지도 불명확 하다. 사실상 왕위계승의 문제는 열왕기상 1장에 가서야 비로소 대 두되기 시작한다. 군(Gunn 1978:83)이 언급한 바와 같이 사무엘 하 13-20장에는 왕위계승사에 있음직한 후보자들 간의 라이벌 관 계에 대한 묘사가 없으며, 주인공인 솔로몬의 등장 또한 플롯의 자 연스런 전개에 의한 것이 아닌 갑작스런 것이다. 게다가 사무엘하 9-20장의 저자가 '제의'나 '초자연적 현상'을 등한시 한다는 로스트 의 관점에도 문제가 있다. 칼슨은 내레이터가 법궤의 중요성을 언급하고 있다는 사실을 지적하며(삼하 11:11; 15:24-29 참조) 사무엘하 9장 이하의 이야기를 지배하는 것은 '제의적 드라마'라 말한다 (Carlson 1964:134). 더욱이 고든(Gordon 1984:88)은 사무엘하 후반부를 장식하는 여러 사건들의 시발점이 되는 밧세바 에피소드에 '하나님의 태도와 행위'가 언급되는 것(삼하 11:27; 12:1, 15)을 예로 들면서 사무엘하 9-20장을 정당하게 다루고자 한다면 '하나님의 역사개입'이란 측면을 도외시해서는 안 된다고 주장한다.

지금까지 살펴본 바와 같이 사무엘하 9-20장과 열왕기상 1-2 장이 왕위계승의 문제를 다루는 독립된 전승이라는 로스트의 견해에는 문제점들이 많이 있다. 더군다나 소위 '계승사'의 범위에 대한 학자들의 견해들이 일치되지 못하고 있는 실정이다.[160] 내용상으로도 사무엘하 9-20장에 나타나는 이야기들은 사무엘서의 앞부분을 전제로 하고 있는 경우가 많이 있다. 예컨대 다윗이 요나단의 아들 므비보셋에게 은혜를 베푸는 내용을 담고 있는 사무엘하 9장은 사무엘상에 묘사된 다윗과 요나단 간의 언약관계를 떠나서는 정당하게 이해될 수 없는 것이다(삼상 20; 23:17f.; 24:8-22 참조). 그럼에도 불구하고 사무엘하 9-20장이 문학적 통일성을 갖는다는 로스트의 기본적 입장은 유효한 것으로 인정되어야 한다. '계승사'에 대한 그의 입장을 따르지 않는 학자들도 사무엘하 9-20장이 통일적인 글이라는 점에 거의 동의하기 때문이다. 무엇보다도 이 단락의 앞부분과 끝부분이 유사한 '요약기사'(summary information)로 둘러싸

---

160) 몇가지 예만 들더라도 반세터스(Van Seters 1983:277-91)는 사무엘하 2장이, 뷰르트봐인(Würthwein 1994:78)은 사무엘하 10장이 계승사의 시작이라 주장한다. 계승사의 끝과 관련하여서는 노트(Noth 1983²:11)는 열왕기상 1:53을 업급하는 반면 플라나간(Flanagan 1972:175)은 열왕기상 1-2와 사무엘하 9-20은 별개의 이야기라 주장한다.

여 있다(삼하 8:15-18; 삼하 20:23-26)는 사실은 그것이 독립된 문학적 단위로 읽혀야 한다는 것을 강하게 암시한다.

2) 중심 메시지

사무엘하 9-20장의 중심 메시지(주제)에 대해서는 의견이 분분하다. 블렌킨숍(Blenkinsopp 1966:47)은 두 개의 구별되는 주제를 이야기 한다: 1) 다윗 자신의 주장에 대한 정당화, 2) 왕조를 출범시키기로 한 그의 결정으로 인해 야기된 왕위계승을 위한 투쟁. 플라나간의 견해 또한 이와 유사하다. 그는 편집사적인 관점에서 사무엘하 9-20장과 열왕기상 1-2장을 분석하여, 한편으로 사무엘하 11-12장과 열왕기상 1-2장에는 왕위계승의 주제가 들어 있고, 다른 한편으로 사무엘하 13-20장에는 '다윗의 정당화'(David's legitimation)에 관한 주제 – 다윗이 어떻게 권력을 유지하고 이스라엘과 유다의 합법적인 왕으로 지속할 수 있었는가의 문제 – 가 들어있다고 주장한다(Flanagan 1972:173). 그러나 사무엘하 11-12장에서 이야기의 초점은 솔로몬의 출생에 가 있다기보다 다윗이 하나님 앞에서 얼마나 심각한 악을 범하였는가를 보이는 데 있다. 이것은 솔로몬에 관한 이야기가 전체에서 단 두 구절뿐인 반면(12:24-25), 나머지 부분은 모두 다윗이 범한 죄의 문제를 다루고 있다는 점에서도 드러난다.[161]

　　브루거만(Brueggemann 1972:13)은 사무엘하 9-20장의 '결정적인 케리그마적 요소'는 '야웨의 눈'(11:27)이라고 하며 다음과

---

161) 군(Gunn 1978:82) 또한 사무엘하 11-12장의 밧세바 이야기는 솔로몬의 왕위 계승 문제보다도 다윗이 후에 겪은 여러가지 재난들과 더 깊이 연결된다고 말한다.

같이 말한다: "이 내러티브의 케리그마는 야웨께서 질서의 보증인이자 경계의 유지자로서 거기에 계신다는 것이다." 지혜문학을 염두에 둔 듯한 브루그만의 이 말은 사실상 '계승사'를 지혜의 관점에서 본 와이브레이(R. N. Whybray)의 견해에 기초한 것이다. 여기서 다음과 같은 질문이 제기된다: 사무엘서는 이스라엘에 세워진 왕과 왕권의 문제를 다루는 책인만큼 사무엘하 9-20장 또한 지혜의 관점보다 제왕신학의 관점에서 읽는 것이 자연스럽지 않는가? 이러한 의문은 케이즈의 견해에도 그대로 해당된다. 케이즈(Keys 1996:180)에 따르면 '죄와 처벌'이 사무엘하 9-20장의 중심주제를 이루며, 그것이 의도하는 것은 "범죄의 필연적 결과"를 증명하는 것이라고 한다.

다른 한편, 군은 사무엘하 9-20장에서 다루어지고 있는 내용이 왕위계승에 대한 '정치적 선전'이 아니라 정치적 및 개인적 영역에서 펼쳐지는 다윗의 다양한 삶에 대한 이야기라고 한다. 특히 군은 이 이야기의 주된 관심사가 다윗이 어떻게 정치적 또는 개인적 삶에서 지위나 권위를 취하고, 빼앗기며, 다시 얻는가를 흥미진진하게 묘사하는 것이라고 말한다(Gunn 1978:110-11). 군의 이러한 견해는 사무엘하 9-20장의 다양한 내용을 '스토리'로 보는 그의 해석학적 관점과 맥을 같이한다. 그러나 사무엘서를 다윗을 위한 '변증서'로 보는 맥카터는 사무엘하 9-20장에 그려지고 있는 다양한 이야기들을 다르게 이해한다. 그의 견해에 따르면 이 글은 이스라엘의 왕으로서 끊임없이 자신의 행위를 변호하고 정당화해야 할 상황에 처해 있었던 "다윗의 행적에 대한 변증적 설명"이다(McCarter 1984:15).

이상의 견해들은 모두 사무엘서가 가진 신학적 관심사 - 이스라엘에 새로이 도입된 왕의 제도가 하나님 앞에서 어떤 위치와 기능을 가지는가? – 를 정당하게 다루지 않는 듯 하다. 앞에서 살펴본 것처럼 사무엘상 15장부터 사무엘하 8장까지의 내용은 다윗이 왕이 되는 과정을 추적함으로써 왕권의 성격을 밝히고 있다. 이러한 배경 속에서 사무엘하 9-20장을 읽으면 이 단락의 신학적 관심사가 무엇인지 더욱 선명히 드러난다: 앞부분(삼상 15-삼하 8)과 마찬가지로 사무엘하 9-20장은 다윗의 궁정 안에서 벌어진 일련의 사건들을 통하여 왕권의 문제를 조명하고 있는 것이다. 그런데 특이하게도 사무엘하 9-20장에서는 앞부분에 비해 다윗의 부정적인 측면이 강하게 부각된다. 여기서 다윗은 왕권을 남용함으로 말미암아 왕권을 상실할 지경에 이르도록 재난을 당하는 모습으로 나타난다. 물론 종국에 가서 그의 왕권이 다시 회복되긴 하지만 말이다. 이런 이유로 인해 사무엘하 9-20장은 앞부분(삼상15-삼하 8)과 신학적 주제면에서 완벽하게 균형을 이룬다고 할 수 있다.

2. 헤세드 엘로힘

얼핏보면 사무엘하 9장과 10장부터 언급되는 암몬 전쟁사는 서로 무관한 것처럼 보인다. 그러나 자세히 살펴보면 두 부분은 동일한 단어(חֶסֶד, '헤세드')의 반복적인 사용을 통하여 서로 연결되어 있다: 다윗이 사울의 손자이자 요나단의 아들인 므비보셋에게 베푼 '헤세드'(9:1, 3, 7)와 다윗이 암몬 자손의 왕 나하스의 아들 하눈에게 베푼 '헤세드'(10:2). 후에 더 자세히 밝혀지겠지만, 암몬 전쟁사를 외곽 틀로 하는 밧세바 이야기 또한 – 비록 '헤세드'란 단어가 구체적으로 나타나지 않긴 하지만 – '헤세드'를 중심 내용으로 삼고 있다.[162]

---

162) 에슬러(Esler 2006:202)는 사무엘하 11장에서 묘사된 밧세바의 남편 우리아의 모습은 '헤세드'의 모범이 되지만 다윗은 그 반대라고 말한다.

1) 다윗과 므비보셋

다윗은 예루살렘에 왕도를 정한 후 사울 집안과의 관계문제에 관심을 기울인다. 그의 질문 -"사울의 집에 오히려 남은 사람이 있느냐"(9:1) - 은 블레셋 전쟁과 이어지는 정치적 불안정 가운데서 사울 집안이 심각하게 위축되었다는 것을 암시한다. 그럼에도 불구하고 '다윗이 므비보셋을 돌보아 준 일'(삼하 9)이 기브온 사람들에 의해 사울의 일곱 남자 후손들이 처형당한 사건(삼하 21:1-14) 이후에 일어났다고 볼 필요는 없다.[163] 그렇지 않다면 므비보셋의 행방에 대해 무지한 다윗의 모습(삼하 9:1)이 이해되지 않는다(삼하 21:7 참조). 하여간 다윗은 자신의 옛 친구 요나단을 기억하여 사울 집안에 '하나님의 은총'(חֶסֶד אֱלֹהִים)을 베풀고자 한다. 히브리어 '헤세드'(חֶסֶד)가 주로 언약적 맥락에서 언약당사자들 사이의 "친절과 신뢰"(Hilfsbereitschaft und Treue)를 의미하는 단어인 것을 고려할 때(Eichrodt 1957⁵:150), 다윗은 지금 요나단과의 언약관계를 신실하게 지키려 한다는 것을 알 수 있다. 이것은 다시금 다윗이 언약백성인 이스라엘의 왕으로서 합당한 인물임을 보여준다.

여기서 다윗이 베풀고자 한 '헤세드 엘로힘'에 대해 잠시 더 생각해 보는 것이 유익할 것이다. 구약의 이스라엘은 창조와 역사에서 경험한 여러 가지 축복과 구원의 사건들 속에서 하나님의 '헤세드'를 인식하였다. 이것이 시편 136편에서 훌륭하게 묘사되고 있다. 여기서 시인은 온갖 피조물들(하늘과 땅과, 물, 그리고 해와 달과 별) 속에서 하나님의 '헤세드'를 인식하며(5-9절), 출애굽을 비롯한 여러가

---

163) 군(Gunn 1978:68)이 잘 언급하고 있듯이 사무엘하 9:1의 배경으로서 아브넬과 이스보셋의 죽음(삼하 3, 4장)을 생각할 수 있을 것이다.

지 구원사건과 가나안 땅을 기업으로 얻는 사건 속에서 하나님의 '헤세드'를 깨닫는다(10-22절). 나아가서 시인은 모든 생명체가 식물을 얻는 것 또한 하나님의 '헤세드'로부터 말미암는 것으로 고백한다(25절). 하나님의 '헤세드'와 관련된 이러한 내용들은 다윗이 요나단의 아들 므비보셋에게 베풀고자 하는 '헤세드 엘로힘'의 의미를 밝혀준다. 다윗은 므비보셋을 불행한 삶(은둔자의 삶)에서 건져내고 가산을 물려받을 수 있도록 해주었을 뿐 아니라, 날마다 왕의 식탁에서 먹을 수 있는 영예를 베풀어주었다. 다윗이 이처럼 므비보셋에게 은총을 베푼 것은 그가 한때 요나단으로부터 경험했던 '헤세드 엘로힘' 때문이었을 것이다(삼상 20:14 참조).

그런데 사울 집안에 베푼 '헤세드'에 대한 이야기의 말미에서 왜 므비보셋의 신체적 결함 –"그는 두 발을 다 절더라"(9:13) –이 강조되고 있는 것인가? 이것을 단순히 저자의 사실주의적 관심만으로 보기 어려운 것은 '다윗의 등극사'에서 므비보셋의 신체적 결함은 사울 왕가의 쇠퇴와 관련된 정치적 의미를 갖는 것이었기 때문이다(삼하 4:4). 따라서 그처럼 정치적으로 의미심장한 사실이 9장에서 새삼 강조되는 것은 사울 집안과 다윗 사이의 미묘한 정치적 긴장관계를 암시하기 위한 것으로 볼 수 있다. 므비보셋에게 '미가'라 불리는 젊은 아들이 있다는 것과 사울의 사환 시바가 므비보셋과 긴밀한 관계를 가지고 있다는 사실 또한 다윗이 어떠한 잠재적 위협 가운데 있는지를 보여주기에 충분하다.[164] 그러기에 여러 주석가들은 다윗이 므

---

164) 브루거만(Brueggemann 1990:269)은 사무엘하 9장이 사울 문제를 일단락짓는 듯하지만 므비보셋과 시바의 최후에 대한 이야기가 빠져있다는 점을 지적하면서 다음과 같이 말한다: "왕관은 여전히 불안하게 다윗의 머리에 놓여있다. 그 이유는 사울의 일파가 사라지기를 거부하고 있기 때문이다." 클레멘트(Klement 2000:75)는 심지어 사무엘하 9장이 사무엘하 20장에서 "시도된 반란의 가능한 출발점"(a possible starting-point for an attempted coup)이라고 주장한다.

비보셋을 예루살렘으로 부르고, 그로 하여금 매일 왕의 식탁에서 먹도록 한 것은 그를 감시하기 위한 정치적 행위라고 보기도 한다.[165]

그러나 굳이 다윗의 행위를 이처럼 정치적으로 해석하지 않는다 할지라도 이후의 역사는 다윗과 사울 가문이 계속적인 긴장 가운데 있었다는 것을 보여준다. 후에 다윗이 압살롬의 반역을 피하여 도망할 때에 사울 집안에 속한 시므이라 하는 자가 다윗에게 강한 적대감을 내비치며 저주한다: "피를 흘린 자여 사악한 자여 가거라 가거라 사울의 족속의 모든 피를 여호와께서 네게로 돌리셨도다"(삼하 16:7, 8). 그뿐만 아니라 다윗이 므비보셋에게 종으로 준 시바가 후에 그 주인을 반역자로 무고(誣告)하여 다윗을 혼란에 빠뜨리는 일이 일어난다(삼하 16:1-4; 19:24-30). 이로 인해 다윗이 므비보셋에게 베푼 '하나님의 헤세드'는 사실상 무효화될 위기에 처하게 된다. 놀랍게도 뒤이어 나오는 암몬 전쟁사에서 우리는 다윗의 '헤세드'가 오히려 모욕으로 다윗에게 되돌아오는 것을 보게 된다(삼하 10:1-5). 따라서 사무엘하 9장에 묘사된 '헤세드 엘로힘'의 이야기는 뒤이어 나타나게 될 다윗왕권의 위기에 대한 이야기의 서론 역할을 한다고 보아도 무방할 것이다.

2) 암몬 전쟁사

앞에서 언급한 것처럼 '암몬 전쟁사'(삼하 10:1-11:1; 12:26-31)는 다윗이 암몬 왕 나하스의 아들 하눈에게 베풀고자 한 '헤세드'의 이야기로부터 시작한다. 암몬 족속의 기원은 아브라함의 조카 롯에게로 거슬러 올라간다(창 19:38). 요단 동

---

165) 대표적인 학자들로는 헤르츠베르그(Hertzberg 1960:246), 맥카터(McCarter 1984:265), 베이욜라(Veijola 1990:74) 등이다.

편에 거하던 이 민족은 역사상 줄곧 이스라엘에 대하여 적대적이었다(삿 10:17-18; 삼상 11). 그러나 다윗의 말 – "내가 나하스의 아들 하눈에게 '헤세드'를 베풀되 그의 아비가 나에게 '헤세드'를 베푼 것 같이 하리라"(אֶעֱשֶׂה־חֶסֶד עִם־חָנוּן בֶּן־נָחָשׁ כַּאֲשֶׁר עָשָׂה אָבִיו עִמָּדִי חֶסֶד)에서 볼 수 있듯이, 다윗과 나하스 사이에는 우호관계가 있었던 것으로 보인다. 여러 주석가들(Anderson, Gordon)이 추측하듯, 아마도 이러한 친분(또는 계약)관계는 다윗이 사울을 피하여 도망할 때 생겨났을 가능성이 크다(삼하 17:27 참조). 하여간 다윗은 나하스와의 친분에 기초하여 그의 아들 하눈에게도 '헤세드'를 베풂으로써 암몬과의 우호관계를 이어가고자 하였다.

그러나 다윗의 이러한 호의적 태도는 하눈과 그의 신하들에 의해 받아들여지지 않았다. 그들은 오히려 다윗의 행위를, 기회를 틈타 자신들의 성을 함락시키고자 하는 정치적 계략으로 곡해하였다(10:3). 다윗이 주변 민족들을 향하여 팽창정책을 편 것을 고려해 볼 때(참조, 삼하 8), 암몬족속 편에서의 그 같은 과민반응은 어느정도 이해되는 일이다. 따라서 어떤 이는 암몬 왕에게 '친절과 신뢰'('헤세드')를 보이고자 한 다윗의 행위를 '순진한'것으로 여기기도 한다(Esler, 197). 하지만 외교적인 측면뿐 아니라 인간적인 측면에서도 다윗이 평소 친분관계에 있던 나하스의 죽음을 조문하려 한 것을 굳이 문제삼을 이유는 없는 것 같다. 어쨌든 암몬 왕은 자신의 부친을 조문하러 온 다윗의 신하들에게 극도의 모욕적인 행위를 하여 다시 이스라엘 땅으로 돌려보낸다.[166]

---

166) 에슬러(Esler 2006:197)에 따르면 수염을 절반 깎고 의복을 '중동볼기'까지 자른 것은 인습적인 애도의식(사 15:2)에 대한 일종의 패러디로서 조객들의 가장된 의도를 겨냥한 "독설적인 익살"(mordant humor) – "너희들이 내 아버지를 애도하러 왔느냐? 내가 도와주지!" – 이라고 한다. 다른 한편 구약에서 수치를 당하는 일은 '볼기'를 드러내는 것에 비유된다(사 20:4).

흥미롭게도 암몬 왕의 모욕적인 행위에도 불구하고 다윗의 반응은 의외로 소극적이다. 그는 암몬 왕에 대하여 분개하고 응징하려는 태도를 보이는 대신 조용히 신하들을 맞이한다(5절). 오히려 암몬 족속 편에서 먼저 전쟁을 위해 나선다. 또한 전쟁이 벌어졌을 때에도 다윗 자신이 직접 전장에 나아가 싸움을 이끌지 않고 부하 장수들을 보내는 선에서 머물고 있다. 이것은 앞에서(삼상 15 - 삼하 8) 볼 수 있었던 다윗의 모습과는 많이 다르다. 거기서 다윗은 언제나 용맹스럽게 전장에 나아가 적군들과 싸워 이김으로써 '여호와의 싸움'을 싸우는 용사로서의 모습을 보여준다. 그런데 뜻밖에도 여기서 다윗은 - 누구보다도 다윗 자신이 암몬 족속으로부터 심한 모욕을 받았을 것임에도 불구하고 - 그저 소극적으로 대처하고 있을 뿐이다. 그가 전장에 모습을 드러낸 것은 전쟁이 막바지에 이르렀을 때이다(10:15-19). 이 모든 것은 다윗이 이미 권력의 맛에 길들여져 왕으로서 가지고 있어야 할 긴장의 끈을 놓고 있었음을 암시하는 것이라 할 수 있다.

따라서 '암몬 전쟁사'는 후에 다윗왕권을 위기의 소용돌이 속으로 몰아넣게 될 사건들의 서막이 되는 것이 분명하다. 즉 암몬과의 전쟁에서 나타나는 다윗의 해이한 모습이 밧세바와의 범죄사건으로 이어지게 된다는 것이다. 문학적 구성면에 있어서도 '암몬 전쟁사'(10:1-11:1+12:26-31)는 '밧세바 이야기'(11:2-12:25)의 외곽틀을 형성하며 독자들로 하여금 후자를 전자의 배경 속에서 이해하도록 만든다:[167]

'밧세바 이야기'로 넘어가기 전에 '암몬 전쟁사'에 대하여 조금 더 살펴보자. 사무엘하 10:6-19에 따르면 암몬 족속은 이스라엘과의 전쟁을 위해 시리아 지역의 여러 왕들과 연합전선을 구축한다. 이들 연합군들은 헤르몬산 기슭에 위치한 벧르홉 아람 사람, 다메섹과 하맛 사이에 위치한 소바 아람 사람, 길르앗과 헤르몬 사이에 위치한 작은 아람 왕국인 마아가 사람, 갈릴리 남동쪽에 위치한 돕 사람으로 이루어져 있다(10:6). 일차전에서 요압과 아비새를 중심한 이스라엘 군대가 아람 연합군을 격퇴한다(10:9-14). 그러자 소바 왕 하닷에셀이 이끄는 아람 연합군이 두 번째로 이스라엘 진영을 공격한다(10:15-19). 이 전쟁에는 다윗이 직접 참전하여 대승을 거둔다. 그 결과 아람 연합군은 해산되고, 암몬 족속은 단독으로 이스라엘과 맞설 수밖에 없게 된다(10:19). 이것은 이스라엘 편에서 내민 선의의 손길('헤세드')을 악의로 되갚은 것에 대한 정의로운 결과일 것이다(10:12 참조). 마침내 암몬 족속은 그들이 염려했던 그대로 – 그러나 자신들의 그릇된 판단 때문에 – 왕도 랍바(오늘날 요르단의 수도 암만)를 함락당하고 노예민으로 전락하고 만다(12:26-31).

3. 밧세바 이야기 I

'암몬 전쟁사'를 배경으로 펼쳐지는 '밧세바 이야기'는 다윗 역사에서 일대 전환점을 이룬다. 내레이터는 다음과 같은 말로써 다윗 왕가에 엄청난 파장을 불러올 사건을 이야기하기 시작한다:

---

167) 원래 '암몬 전쟁사'가 독립된 글이었다고 보는 로스트(Rost 1926:74f.)와는 달리 스퇴뵈(Stoebe 1994:285)는 '암몬 전쟁사'와 '밧세바 이야기'는 '잘 연결된 통일체'를 이룬다고 말하며, 후자는 전자의 빛 아래서 이해되어야 한다고 주장한다.

"해가 돌아와 왕들의[168] 출전할 때가 이르자
다윗이 요압과 그 신복들과 온 이스라엘을 보내었고
저희는 암몬 자손을 멸하고 랍바를 에워쌌다.
그러나 다윗은 예루살렘에 머물러 있었다"(삼하 11:1 사역).

여기서 독자의 관심을 사로잡는 것은 '왕들의 출전할 때'가 되었음에
도 불구하고 다윗은 여전히 예루살렘에 머물고 있다는 사실이다. 이
스라엘의 왕에게 요구된 직무가 무엇인가? 이스라엘 군대를 영솔하
여 여호와의 전쟁을 싸우는 것이 아닌가? 그럼에도 불구하고 다윗은
지금 전장에 나가는 대신 편안한 왕궁에 머물고 있다. 이처럼 무책임
한 다윗의 모습은 하늘을 뒤덮어오는 먹구름과 같이 불길한 분위기
를 자아낸다. 천둥이 치고 소나기가 쏟아지는 것은 시간문제이다.

다윗의 나태한 모습은 저녁에 침상에서 일어나 지붕 위를 거니는
모습에서 극을 이룬다. 부하 장수들과 병사들은 살벌한 전장에서 목
숨을 걸고 적과 싸우는 중인데 정작 그들의 왕은 낮잠을 즐기고, 여
유로운 시간을 보내고 있는 것이다. 이것은 결코 온 백성들에게 '헤
세드'을 베풀어야 할 왕의 올바른 모습이 아니다. 요나단의 아들 므
비보셋 뿐 아니라 암몬 왕 나하스에 대하여서도 신의("헤세드")를 지
키고자 했던 다윗의 모습을 기억하는 독자라면 이와 같은 다윗의 이
중적인 모습에 놀라지 않을 수 없다: "다윗은 절망적으로 헤세드를
베풀 능력을 상실하고 말았다"(Fokkelman 1981:52). 다윗의 이

---

168) 맛소라 본문은 '사자들'(the messengers, הַמַּלְאָכִים)로 읽는다. 그러나 א에 모음부
호가 없다는 것이 이례적이다. 또한 여러 히브리어 사본들(약 40개)과 역본들(칠십
인경, 탈굼, 불가타 등등) 및 역대기의 같은 본문(대상20:1)에서는 '왕들'(הַמְּלָכִים)이
나타난다. 따라서 맛소라 본문의 읽기는 필사자의 오류에 의한 것이라고 봄이 좋
을 것이다. 보드너(Bodner 2004:107–08)는 맛소라 본문의 독법과 다른 사본 및
역본들의 독법의 관계는 모호하며, 이런 '모호성'(ambiguity)이야 말로 이 구절이
가진 아이러니─마땅히 '왕'이 전쟁에 나가야 함에도 불구한 '사자들'만 출전하는
것─를 고조시키는 것이라고 주장한다.

런 이중적인 모습은 날마다 선과 악의 긴장 사이에서 배회하는 우리의 이중성을 적나라하게 폭로하는 것이 아닌가?

"게으른 자에게 마(魔)가 틈탄다"("the devil finds work for idle hands")는 속담처럼 다윗왕권을 송두리째 뒤흔들 사건은 다윗이 한가하게 왕궁 지붕 위를 거닐고 있을 때 벌어졌다. 우연히 다윗의 시야에 들어오는 광경이 있었으니 그것은 바로 '심히 아름다운 한 여인'(הָאִשָּׁה טוֹבַת מַרְאֶה מְאֹד)이 목욕하고 있는 모습이었다. 주석가들의 말에 따르면 오늘 날 예루살렘의 구(舊)시가지에서도 다른 사람의 지붕이나 뜰에서 일어나는 생활상을 보는 것이 가능하다고 한다(Hertzberg 1960:254). 다윗의 경우 높은 왕궁의 지붕 위에 있었기에 상대적으로 낮은 곳에서는 볼 수 없는 것까지 엿볼 수 있었을 것이다. 간혹 타인의 눈에 띌 수 있는 곳에서 목욕하는 것을 계산된 행위 – 다윗을 유혹하기 위한 – 로 보기도 하지만(Anderson 1989:153), 본문에서 부각되고 있는 것은 욕정에 사로잡힌 다윗의 모습이다.

다윗은 '보고', '보내어 알아보고', '취하고', '동침한다'. 그는 그 여인이 누구인가에 대해서는 전혀 아랑곳하지 않는다. 그에게 있어서 그 여인은 – 비록 결혼한 여인이요, 충성스러운 부하 장수의 아내였지만[169] – 단지 "욕망의 대상일 뿐"(a mere object of desire)이었다. 여기서 드러나는 다윗의 모습은 왕으로서의 권력을 남용하여 백

---

169) 다윗이 알아본 결과 그 여인은 엘리암의 딸이자 헷 사람 우리아의 아내인 밧세바였다. '엘리암'이란 이름은 다윗의 엘리트 용사들의 명단(삼하 23:34)에서도 나타나는데 밧세바의 아버지와 동일한 인물인지는 분명치 않다. 밧세바의 남편 '우리아'는 헷 사람으로 소개된다. 그의 이름(אוּרִיָּה = "여호와는 빛이시다")에서 알 수 있듯이 아마도 그는 오래 전부터 이스라엘 땅에 정착하여 살고 있었던 헷 족속 혈통의(이스라엘화 된) 사람이었을 것이다. '밧세바'(בַּת־שֶׁבַע '맹세의 딸' 또는 '일곱째 날에 난 딸')란 이름과 관련하여서도 어려움이 있다.

성들을 착취하는 독재자의 모습이다. 얼마 전까지만 해도 '헤세드'의 사람이던 그가 이렇게 맹목적인 야욕의 사람으로 돌변할 수 있다니! 여기서 "그 여자가 그 부정함을 깨끗하게 하였다"(4절)는 표현에 주목할 필요가 있다. 이것은 그 여인의 목욕이 여성의 '주기'와 관련된 정결의식(레 15:19-24)에 해당한다는 것을 의미하며, 또한 그녀의 잉태(5절)가 다윗으로 말미암은 것이었음을 입증해 준다. 동시에 '토라'에 기록된 정결의식에 대한 언급은 다윗의 행위가 윤리적으로나 종교적으로 얼마나 '부정한' 것인가를 암시하는 것이라고도 볼 수 있을 것이다(Fokkelman 1981:52).

한 번 죄의 덫에 사로잡히면 그 죄가 지닌 괴력으로부터 쉽사리 빠져나가기 어려운 것인가 보다(약 2:15 참조). 뜻밖에 밧세바가 잉태한 사실을 알고나자 다윗은 더 야비하고 악랄한 폭군의 모습으로 둔갑한다. '정의'와 '의'를 위해 사용되어야 할 왕권이 이제 다윗의 손에서 '불의'를 감추고 '악'을 행하는 수단으로 오용되고, 이렇게 해서 권력이 지닌 교활하고 파괴적인 얼굴이 그 근원까지 드러나게 된다. 다윗은 먼저 자신의 죄를 은폐하기 위해 전장에 나가있던 밧세바의 남편 우리아를 급히 왕궁으로 불러들인다. 이유인즉 그로 하여금 밧세바와 잠자리를 같이하게 하고, 그렇게 해서 밧세바가 잉태한 아이가 우리아의 아이인양 꾸미기 위해서였다. 그러나 다윗은 그러한 자

역대기에서 이 이름은 '밧수아'(בת־שוע)로 나타나는데 이것은 아마도 ב 와 ו 사이의 철자혼동에서 기이한 필사상의 오류일 것이다. 흥미롭게도 가드너(Gardner 2005:521-35)는 '밧세바'가 고유명사가 아니라 '세바의 딸'이라는 의미의 보통명사라고 하며, 솔로몬의 어머니가 바로 베냐민 사람 '세바'의 딸이었다는 견해를 내놓았다. 가드너에 따르면 베냐민 지파가 끝까지 유다 지파와 함께 할 수 있었던 것은 바로 솔로몬 왕의 어머니가 베냐민 지파의 딸이었기 때문일 것이라고 추정한다. 그러나 이러한 견해는 단지 이름의 유사성과 정치적 형편에 근거한 것이기에 설득력이 없어 보인다.

신의 절박한 의도를 철저히 숨기고, 겉으로는 부하들의 안부를 묻고 전쟁의 상황을 점검하는 덕망있고 책임감 있는 왕의 모습으로 우리아를 만난다. 그런 만큼 자연스러운 듯한 다윗의 말 – "네 집으로 내려가서 발을 씻으라"(11:8) – 은 독자들에게 더욱더 역겹게 다가온다.

이제 모든 일이 다 잘 되리라고 기대하였던 다윗은 다음날 뜻밖의 사실을 발견하게 된다. 우리아가 집으로 가지 않고 왕궁 문에서 '경비병'들과 함께 밤을 지낸 것이다. 이 소식을 전해들은 다윗은 우리아를 불러 집에 내려가지 않은 까닭을 묻는다: "네가 길 갔다가 돌아온 것이 아니냐 어찌하여 네 집으로 내려가지 아니하였느냐"(11:10). 혹자는 우리아가 왕과 자기 아내 사이의 일을 궁중에서 떠돌고 있는 소문을 통해 알게 되었고, 왕에게 앙갚음할 목적으로 고집스럽게 왕의 뜻을 따르지 않고 왕궁에 머물렀다고 말한다(Hertzberg 1960:254-55). 그러나 우리아의 다음 말에서 왕에 대한 반감을 찾기란 힘들다:

> "언약궤와 이스라엘과 유다가 야영 중에 있고 내 주 요압과 내 왕의 부하
> 들이 바깥 들에 진치고 있거늘 내가 어찌 내 집으로 가서 먹고 마시고 내
> 처와 같이 자리이까 내가 이 일을 행하지 아니하기로 왕의 살아계심과 왕
> 의 혼의 살아계심을 두고 맹세하나이다"(11:11).

오히려 이 말에서 우리는 우리아의 경건한 신앙과 그의 신실한 인간 됨됨이를 발견한다. 그는 '언약궤'와 '언약백성'(이스라엘과 유다)이 '영체'(병영막사, מָסֻכּוֹת) 가운데 있다는 사실과 요압을 비롯한 병사들이 적과 대치 중인 상황을 언급하며,[170] 자기 혼자 아내와 더불

---

170) 폰라드(von Rad 1969:35-36)는 이스라엘과 유다와 요압이 이끄는 병사들과
   의 구분이 다윗 시대 군대조직의 이원화 – '동원된 군대'(Heerbann)와 '용병'
   (Söldner) – 를 보여준다고 한다.

어 낙을 즐길 수 없노라고 말한다. 다음 맹세의 말은 그의 굳은 의지를 잘 보여준다: "왕의 살아계심과 왕의 혼의 살아계심을 두고 맹세하나이다." 우리아의 이 말은 비수와 같이 다윗의 폐부를 찔렀을 것이다. 그는 이스라엘의 왕이었지만 욕정에 눈이 멀어 하나님과 백성들을 저버린 행위를 하지 않았는가! 그런데 혈통적으로 헷 사람인 우리아는 오히려 동료들과 백성들, 그리고 나아가서 하나님께 변치 않는 신의("헤세드")를 보여주고 있다. 결국 우리아의 태도는 다윗의 범죄행위의 본질을 더욱 밝히 드러내고, 그의 '반언약적'(anti-covenantal) 행위를 더욱 강하게 부각시키는 효과를 주는 것이라 하겠다.

우리아의 모습을 바라보면서 다윗이 자신의 행위를 반성하였더라면 그나마 다행이었을 것을 다윗은 더 악랄한 계교를 꾸민다. 그것도 군대의 최고 통수권자인 왕의 권력을 이용해서 말이다. 이렇게 해서 백성에게 '샬롬'을 가져오도록 의도된 왕권이 백성을 죽이는 '살인기계'로 변질되었다(삼상 9:17 참조). 다윗의 마음에는 백성의 생명과 안위에 대한 관심보다도 오직 자신의 부끄러움을 숨기고자 하는 병적 이기심만 있을 뿐이었다. 다윗은 우리아의 손에 그의 죽음을 교사하는 편지를 들려 다시 전장으로 돌려보낸다. 계획대로 우리아가 전사하자 다윗은 천연스레 그의 아내를 왕궁으로 데려온다.[171] 여기서 독자들은 다윗의 비열함에 분노하고, 우리아의 억울한 죽음 앞에 망연자실하게 된다. 하나님은 어디에 계시는가? 이 질문에 답하기라도

---

171) 김지찬(2003:406)은 설화자가 밧세바를 우리아의 처로 부르고 있다는 사실에 주목하고 다음과 같이 말한다: "성경 기자는 밧세바를 우리아의 처로 기억하기를 원하고 있다. 실제로 마태복음의 예수님의 족보에 보면, 다말, 라합, 룻이 다 자기의 독립적인 정체성으로 등장하는 반면에, 밧세바만 우리아의 처로 남아있다(마 1:6)."

하듯 설화자는 "다윗의 소위가 여호와 보시기에 악하였더라"(11:27)
라고 말한다. 얼마 지나지 않아 다윗은 자신의 행위를 지켜보며 판단
하는 분이 계시다는 것을 뼈저리게 깨닫게 된다.

4. 밧세바 이야기 II

앞에서 본 것처럼 밧세바 이야기는 다윗이 왕권을 남용하여 '헤세드'
에 역행하는 '반언약적' 행위를 함으로써 언약공동체의 '샬롬'을 유린
하는 과정을 그리고 있다. "언약의 보호자요 중재자"(the protector
and mediator of the treaty)이신 여호와께서 이 사실을 그냥
묵과하고 넘어가실 리가 없다(Fensham 1964:99). 중대한 일이
있을 때 늘 그렇게 하셨던 것처럼(삼상 9-10; 12; 15; 16:1-13;
삼하 7), 하나님은 자신의 선지자 - 여기서는 '나단' - 를 보내시어
사건에 개입하신다(12:1).

나단은 겉으로 법률사건을 가지고 온 것처럼 가장하여 다윗에
게 나아온다. 그가 다윗에게 이야기 한 내용은 이것이다. 어느 마을
에 작은 암양 한 마리를 가진 가난한 자와 양과 소를 많이 가진 부자
가 있었는데, 부자가 자기에게 찾아온 손님을 대접하기 위해 자기 양
은 아끼고 그 가난한 자의 양을 빼앗았다는 것이다. 11장의 사건을
알고있는 독자들로서는 가난한 자와 부자가 각각 누구를 가리키는지
알기란 어렵지 않다. 특히 새끼 암양이 가난한 자에게 마치 '딸'(בַּת)과
같은 존재였다는 표현은 '맹세의 딸' 혹은 '7일에 낳은 딸'인 '밧-세바'
(בַּת־שֶׁבַע)를 연상시키기에 충분하다. 그러나 다윗은 이 비유의 숨은 의
도를 모른 채 의분을 발한다:[172]

---

172) 이처럼 실제 사건을 가장하여 죄를 지은 사람으로 하여금 스스로를 정
    죄하도록 꾸며진 비유를 가리켜 '사법비유'(juridical parable)라 한다
    (Anderson 1989:160). 그러나 에이니켈(Eynikel 2000:90)은 이 이야기에서

"여호와의 살아계심을 두고 맹세하노니 이 일을 행한 그 사람은 마땅히 죽을 자[מָוֶת-בֶן]라[173] 그가 불쌍히 여기지 아니하고 이런 일을 행하였으니 그 양 새끼를 네 배나 갚아 주어야 하리라"(12:5-6).

이 인용구절에서 알 수 있듯이 다윗은 '맹세공식'(oath-formula)의 하나인 '여호와께서 사시거니와'(יְהוָה-חַי)를 사용하여 부자를 정죄한다: "이 일을 행한 그 사람은 마땅히 죽을 자라." 여기서 드러나는 다윗의 격한 감정은 자신의 소유물은 **아끼면서**(חָמַל) 가난한 이웃의 소유는 **아끼지 않는**(חָמַל לֹא) 부자의 비열한 행위에 대한 분노의 표출이라 할 수 있다. 그러나 양을 도적질하여 잡거나 팔 경우 네 배로 갚아야 한다는 모세의 율법에 비추어볼 때(출 22:1), 부자에게 극형까지 가하는 다윗의 태도는 너무 지나친 것이 아닌가? 포클만(Fokkelman 1981:76-77)은 이러한 다윗의 태도를 밧세바 스캔들에서 받은 양심의 가책을 반영하는 것으로 본다:

"그는 간음을 행하고 냉소적인 살인을 통해 그 사실을 숨긴 일로 매우 혼란스런 상태였다. 그 때 이후로 그는 이 무도한 일들을 숨기고 안정을 얻기 위해 엄청난 양의 에너지를 소모해야만 했다. 여기서는 그의 에너지가 불의한 행위에 대한 분노로서 나타나고 있다. 비록 에너지의 방향과 형태는 다르지만 그 근원은 모두 다윗의 보이지 않는

법률적 요소는 순전히 문맥, 즉 다윗의 왕직이라는 실재에서 기인하는 것일 뿐이라고 하며 '사법비유'라는 장르구분에 회의적이다. 한편 군(Gunn 1978:40-43)은 나단의 이야기에 대해 '심판을 유도하는 비유'(Judgment-eliciting Parable)라는 장르구분을 사용한다.

173) 맥카터(McCarter 1984:299)는 *ben māwet*이 사람의 행위를 특징짓는 표현일 뿐이라고 하면서 '지옥의 악마'(a fiend of hell)로 번역한다. 반면 엔더슨(Anderson 1989:162)은 사울이 *ben māwet*을 다윗에 대하여 사용한 적이 있고 요나단은 그것을 '죽어야 할 자'란 의미로 이해하였다는 점을 지적하며(삼상 20:31-32), *ben māwet*을 '죽어 마땅한 사람'으로 이해해야 옳다고 한다. 그러나 엔더슨은 *ben māwet*을 법적 판결(사형언도)로는 보지 않고 '주관적인 평가' 정도로 이해한다.

생명력이다 … 다른 사람을 정죄함으로써 그가 얻고자 했던 큰 만족
은 우리아의 제거로 인해 다윗의 마음 속에 생긴 공허함을 채우기 위
한 것이었다."

결과적으로 나단의 시도는 성공을 거둔 셈이다. 보드너(Bodner
2001:54)가 말한 것처럼 그를 가리켜 탁월한 문학적 재능을 가진
'문학가'(a literary artist)라 하여도 좋을 것이다. 그는 적절한 문
학적 장치("대조")를 사용하여 '어린 암양'이 가난한 자에게 얼마나 소
중한 존재였으며, 그것을 빼앗은 부자가 얼마나 파렴치한 존재인지
를 섬세하게 표현해내었다. 그뿐만 아니라 사려깊은 어휘선택 – '먹
다'(אָכַל), '마시다'(שָׁתָה), '눕다'(שָׁכַב), '딸'(בַת) – 을 통하여 밧세바 사건을
우회적으로 암시함으로써 다윗의 내면을 흔들어 놓는다. 그 결과 다
윗은 거의 무의식적으로 스스로를 정죄하는 말을 한다: "이 일을 행
한 그 사람은 마땅히 죽을 자라!"

이 순간을 놓칠새라 나단은 곧바로 다윗에게 말한다: **"앗타 하
이쉬"**(אַתָּה הָאִישׁ "당신이 그 사람이라!"). 이 말은 다윗이 곧 파렴치
한 도적이요 살인자이며, 그래서 죽어야 할 자라는 의미이다. 이어
서 나단은 예언의 맥락에서 자주 등장하는 '사자공식'(messenger
formula = כֹּה־אָמַר יְהוָה)을 사용하여 다윗에게 심판의 메시지를 전
한다. 여기서 자주 등장하는 '신적 일인칭'은 지금 나단을 통하여 말
씀하시는 이는 하나님인 것을 분명히 해 준다. 특히 신탁의 도입부
에 나오는 '이스라엘의 하나님 여호와'란 표현은 당면한 문제가 다윗
의 개인적인 문제로 그치는 것이 아니라 이스라엘 전체와 관련되는
'나라의 문제'요 '왕권의 문제'라는 것을 보여준다. 그러기에 하나님
은 무엇보다도 먼저 선지자 사무엘을 통하여 다윗에게 기름부은 일

을 언급하신다(삼상 16:1-13 참조). 나아가서 하나님은 사울의 박해에서 다윗을 건져내시고, 사울의 집과 처들을 그에게 주시고, 마침내 이스라엘과 유다의 백성들을 그에게 맡기신 일을 언급하신다(12:7-8). 그리고 덧붙이기를 "만일 그것이 부족하였을 것 같으면 내가 네게 이것 저것을 더 주었으리라"고 하신다(12:8).

이 말을 들으면서 다윗은 무슨 생각이 들었을까? 숨을 죽인 채 듣고 있는 그의 모습이 그의 심경을 잘 말해주는 듯하다. 마침내 하나님은 다윗을 향하여 날카로운 '질책의 말씀'(Scheltwort)을 하신다: "그런데 어찌하여…?" 이 표현으로써 하나님은 다윗의 범죄행위가 얼마나 터무니없고 배은망덕한 것인가를 폭로하신다. 아담과 하와가 동산의 모든 실과에도 불구하고 선악과를 따먹은 것처럼, 다윗은 그가 거느리고 있던 수많은 처첩들에도 불구하고 신하의 아내를 빼앗았던 것이다. 하나님은 그런 다윗의 행위를 '여호와의 말씀'을 업신여기는 악행으로 보셨다. 사실상 다윗은 밧세바 사건에서 세 가지 계명 – 살인, 간음, 탐욕에 대한 금령 – 을 범하였기에, 그의 행위는 '여호와의 말씀'을 업신여긴 것에 해당하는 것이 분명하다.

특별히 인상적인 것은 하나님께서 우리아의 편에서 말씀하고 계시다는 사실이다: "헷타이트 사람 **우리아**를 칼로 죽이고, **그의 아내**를 취하여 네 처로 삼고, 그를 암몬 자손의 칼로 죽였다"(12:9b의 사역). 더욱이 하나님은 다윗이 우리아의 아내를 빼앗은 일을 '하나님 자신'을 업신여긴 일로 보시기까지 한다(12:10). 여기서 우리는 우리아가 비록 억울하게 죽었지만 하나님은 우리아편에 서서 그의 억울함을 신원하여 주신다는 사실을 발견한다(계 6:9-11; 7:17 참조).

'질책의 말'이 끝나자 '심판선고'가 뒤따른다. 심판의 내용은 다윗이 저지른 범죄행위와 정확히 일치한다. 먼저 하나님은 다윗이 칼로 우리아를 죽였던 것처럼, 칼이 다윗의 집에서 *영영히* (עַד־עוֹלָם) 떠나지 않을 것이라고 말씀하신다(12:10). 또한 하나님은 다윗이 우리아의 아내를 빼앗은 것처럼, 다윗의 아내들 또한 다른 사람에게 -그것도 *대낮에*(לְעֵינֵי הַשָּׁמֶשׁ) - 유린당하게 될 것이라고 하신다(12:11-12). 여기서 특별히 두 번째 심판의 내용에 주목할 필요가 있다. 왕의 아내들이 다른 사람에게 유린당한다는 것은 무엇을 의미하는가? 그것은 곧 왕권이 다른 사람의 손에 넘어가게 된다는 것과 같은 의미이다. 결국 다윗은 자신의 반언약적 범죄행위로 말미암아 왕권을 잃어버릴 위기 앞에 서게 된 것이다. 어디 그뿐인가? 왕권이 흔들리게 되면 궁정은 물론이거니와 온 백성들이 혼란에 빠져들게 된다. 앞에서 우리는 사울의 끈질긴 박해와 블레셋 군대의 도전에도 불구하고 다윗이 하나님 앞에 신실하게 행하였기에 마침내 '다윗의 평화'(Pax Davidica)의 시대가 열린 것을 보았다. 그런데 이제 다윗은 하나님의 말씀을 업신여김으로 인해 자신의 왕권뿐 아니라 나라 전체를 위태롭게 만들고 있다.

다윗이 처음 밧세바와 더불어 밀회를 가졌을 때 그가 행하는 일이 이처럼 엄청난 파장을 몰고 오리라고 예측할 수 있었을까? 그에게 주어진 권력이 영원할 것으로만 알았지 않았을까? 그런 다윗이 이제 하나님의 준엄한 심판 앞에 모든 것을 잃어버릴 귀로에 서게 된 것이다. 이 절대절명의 순간에 다행스럽게도 다윗은 선지자에게 반발하거나 구차하게 변명을 늘어놓으려 하지 않고(삼상 15 참조), 자신을 부정하고 회개하는 바른 길을 택한다: *"하타-티 라도나이"* (חָטָאתִי לַיהוָה "내가 여호와께 범죄하였노라!"). 히브리어 성경에는 이 구절 뒤에 여백이 있는데, 엔더슨(Anderson 1989:163)에 따르면, 그것은 밧세바 사건에 대한 다윗의 회개를 담고 있는 시편 51편

을 참조하라는 제안이라고 한다. 이 제안을 따라 시편 51편의 몇 구
절을 소개한다:

"하나님이여
주의 인자를 따라 내게 은혜를 베푸시며
주의 많은 긍휼을 따라 내 죄악을 지워 주소서
….
내가 주께만 범죄하여
주의 목전에 악을 행하였사오니
주께서 말씀하실 때에 의로우시다 하고
주께서 심판하실 때에 순전하시다 하리이다
…..
하나님이여
내 속에 정한 마음을 창조하시고
내 안에 정직한 영을 새롭게 하소서
나를 주 앞에서 쫓아내지 마시며
주의 성령을 내게서 거두지 마소서."

놀랍게도 다윗의 고백이 있고 나자 즉시로 용서의 메시지가 뒤따
른다: "여호와께서도 당신의 죄를 사하였나니 당신이 죽지 아니하리
라"(12:13). 방금까지만 해도 하나님은 다윗을 향하여 강한 질책의
말씀과 준엄한 심판의 메시지를 전하시지 않으셨는가? 그런데 어찌
일순간에 입장을 바꾸실 수 있단 말인가? 이런 의문점들로 인해 오
래전 벨하우젠(Wellhausen 1963:256)은 12:10-12에 나오는
'심판선고'를 후대의 편집자에 의한 삽입으로 보기도 하였다. 즉 13
절에 나오는 용서의 말에 비추어볼 때 10-12절의 무서운 '심판선고'

는 "미학적으로" (ästhetisch) 전혀 어울리지 않으며, 따라서 13장 이후에 나타나는 사건들(암논의 근친상간, 압살롬의 보복과 반역, 세바의 반란)과의 조화를 위해 의도적으로 삽입된 글이라는 것이다. 그러나 우리가 보기에 본문에 묘사된 하나님의 갑작스런 태도 변화는 편집작업의 산물이 아니라 다윗의 회개가 가져온 결과이다. 인간의 회개가 심판의 완화 또는 용서를 가져온 예는 구약에서 드물지 않다(왕상 21:27-29; 대하 33:10-13; 겔 18:21-22; 욘 3:10). 다윗의 경우도 마찬가지이다. 그는 밧세바와의 사건으로 인해 죽어야 할 운명에 처하였지만 죄를 고백함으로써 다시 살 길을 얻게 되었다.

이처럼 다윗의 고백은 그와 하나님과의 관계에서 중요한 의미를 갖는 것이었다. 그런데 다윗과 하나님의 관계를 보다 넓은 맥락에서 바라보면 본문에 묘사된 하나님의 즉각적인 용서는 더 깊은 의미를 얻는다. 한때 하나님은 다윗에게 영원한 왕권을 약속하신 일이 있다(삼하 7). 거기서 하나님은 다윗의 아들이 범죄할 경우 '사람채찍과 인생막대기'로 징계하실지라도 사울에게서와 같이 '은총'("헤세드")을 빼앗지는 않으리라고 말씀하셨다(삼하 7:14-15). 이 약속의 관점에서 밧세바 사건을 읽으면 여기서 다윗이 경험한 하나님의 용서는 단순히 회개의 결과일 뿐 아니라 하나님의 '언약적 사랑'("헤세드")으로부터 말미암는 것이 된다. 카일(Keil 1875:305) 또한 "주께서 그[다윗]에게 사형을 면하게 해 주신 것은 그의 철저한 회개 때문만이 아니라 오히려 더 7장 11절 이하에서 그에게 주신 약속에 근거한 부성적 은혜와 자비 때문이라"고 한다. 종합하면 다윗왕권의 존립은 결국 하나님의 언약적 사랑에 기초한다고 볼 수 있다.

위에서 본 것처럼 다윗은 왕권을 남용함으로 인해 죽음의 위기로 내몰렸다가 하나님의 은혜로 용서받게 되었다. 그러나 그렇다고 해서 모든 일이 다 끝난 것은 아니다. 선지자 나단의 말을 들어보자: "이 일로 인하여 여호와의 원수로 크게 훼방할 거리를 얻게 하였으니 당신의 낳은 아이가 정녕 죽으리이다"(12:14). 이 말의 의미가 무엇인가? 다음 헤르츠베르크(Hertzberg 1960:258)의 설명이 적절해 보인다: "다윗의 행위는 하나님께 대한 죄일 뿐 아니라 – 용서받긴 했지만 – 세상에 영향을 미치는 죄이기도 하다. 다윗과 같이 "주께서 함께 하시는" 기름부음 받은 자가 그렇게 악한 일을 저지른다면, 주님의 일이 심각하게 손상을 입게 된다. … 죄인과 주님 사이의 일은 하나님의 은혜로 해결되었지만, 그러나 아이의 죽음은 하나님께서 계명을 범하는 것에 대해 어떻게 생각하시는지를 보여주며, 그러한 경우로부터 그분을 대적할 꺼리를 찾을 수 있다고 생각하는 자들의 입을 막기 위함이다."

나단 선지자의 예고대로 불의의 씨앗인 아이는 심하게 앓다가 칠일 만에 죽고 만다. 어린 생명이 고통 가운데 죽어가는 모습을 보면서 다윗은 자신의 반언약적 행위가 불러온 결과가 어떤 것인지를 뼈저리게 맛보았을 것이다. 나아가서 아이의 죽음은 당시 밧세바 사건을 알게 된 사람들뿐 아니라 오늘날의 진지한 성경 독자들에게까지 결코 죄를 용납하지 않으시는 거룩하신 하나님의 모습을 드러내 보여준다 하겠다. 다른 한편 계속되는 다윗 역사의 빛 아래서 볼 경우 아이의 죽음은 불행의 종지부가 아니라 연속되는 재난의 시작일 뿐이다. 다윗은 선지자 나단이 예언한대로(12:10-12) 가족들 안에서 근친상간을 비롯한 형제살해와, 심지어 사랑하는 아들로부터의 반역을 경험하게 된다. 그러나 다윗이 죄를 용서받고 죽지 않았다는 사실은 그의 왕권이 하나님의 은총("헤세드") 안에서 지속할 것임을 암시한다. 밧세바와의 사이에 두 번째로 태어난 아이 솔로몬이 '여호와의 사랑을 입은 자'(여디디야, יְדִידְיָהּ)라는 사실이 이를 입증한다 (12:25).

5. 죄와 시련의 용광로

앞에서 우리는 선지자 나단이 다윗의 범죄가 어떤 불행한 결과를 가져오게 될 것인가를 예언하는 것을 보았다(12:10-12). 이제 13장부터 소개되는 내용들은 선지자의 메시지가 다윗 왕가에 어떻게 성취되는가를 소상하게 보여준다. 여기서 우리가 기억해야 할 것은 다윗에게 닥쳐온 모든 재난들이 밧세바 사건에 대한 심판으로 이해되어서는 안 된다는 것이다. 앞에서 보았듯이 다윗의 죄는 그가 회개하였을 때 이미 용서되었다(12:13). 이처럼 용서받은 죄에 대하여 계속적인 심판이 뒤따랐을 것이라고 생각하는 것은 불합리하다. 오히려 다윗에게 일어난 모든 재난들은 그가 범한 죄의 심각성을 보여주어 그와 그의 뒤를 이을 자들로 하여금 하나님의 뜻에 순종하여 올바르게 왕권을 행사하도록 하게하기 위한 훈육의 방편으로 보는 것이 옳을 것이다(Calvin 1992:614 참조).

1) 오누이 간의 성폭행

다윗으로 하여금 자신이 범한 죄의 비열함과 추악함을 뼈지리게 느낄 수 있도록 해 준 사건이 그의 자녀들 사이에서 벌어졌다. 성경기자는 이 사건의 시작을 다음과 같이 전해 준다:

"그 후에 이런 일이 일어났다. 다윗의 아들 압살롬에게 다말이라 이름하
는 아름다운 누이가 있었는데 다윗의 아들 암논이 그녀를 사랑하였다.
암논은 자신의 누이 다말로 인해 쇠약해질 정도로 번민하였다. 이유인즉
그녀가 처녀였기 때문이다. 그러나 암논이 보기에 그녀에게 어떤 일을
하기란 어려웠다"(삼하 13:1-2의 사역).

이야기의 초두에 다말이 압살롬의 누이로 소개되고 있다. 이것은 압
살롬이 암논과 다말 이야기에서 앞으로 중요한 역할을 하게 될 것임
을 암시하는 것이라 할 수 있다.[174] 본문에서 독자의 관심을 사로잡
는 또 다른 요소는 압살롬의 누이 다말이 아름다운 외모를 가졌으며,
그녀의 이복 오라비인 암논이 그녀를 사랑하게 되었다는 사실이다.
이것은 다윗이 밧세바의 아름다움에 혹하여 넘지 말아야 할 선을 넘
게 된 것을 기억나게 만든다(창 6:2 참조).

물론 오라비가 누이 동생을 사랑한 것을 반드시 부정적인 의미로
해석할 필요는 없다. 사실 '사랑하다'(אָהֵב)란 단어는 긍정적인 의미
로 많이 사용된다. 그러나 본문에 묘사된 암논의 모습에는 의심스러
운 요소가 한두 가지가 아니다. 우선 그가 누이 동생 다말로 인해 '쇠
약해질 정도로 번민하였다'는 것이 이상하다. 이것은 다말을 향한 암
논의 마음가짐이 비정상적이었다는 것을 드러내 준다. 특히 성경기
자는 암논이 번민하게 된 이유가 다말이 처녀였기 때문이라고 말한
다.[175] 여러 주석가들은 다말이 결혼 적령기에 이른 처녀였기에 철
저히 보호받고 있었고, 이러한 상황이 암논을 더 힘들게 만들었을 것

---

174) 바-에프랏(Bar-Efrat 2004:241)은 다말 사건이 압살롬이 주역으로 등장하는
내러티브들의 서막에 해당한다고 여긴다.
175) 한글성경은 주로 '다말이 처녀였기 때문이다'는 부사절을 뒤에 오는 문장에
종속되는 것으로 번역한다: '다말이 처녀였으므로 암논이 그녀에게 아무 일도
할 수 없었다'. 그러나 히브리어 본문에서 예의 부사절은 오히려 앞문장과 연
결된다.

이라고 설명한다(Anderson 1989:174; Gordon 1986:262; McCarter 1984:321). 하지만 성경기자는 암논이 번민하게 된 이유를 다말이 성숙한 처녀였다는 점과 연결시킨다. 우리가 보기에 이것은 다말에 대한 암논의 감정이 육체적 욕망의 차원에 지나지 않는 것이었음을 보이려는 의도인 듯하다(Bar-Efrat 2004:243-44 참조). 이렇게 보면 암논이 다말에게 하고자 했으나 할 수 없었던 '어떤 일'(מְאוּמָה)이 무엇을 가리키는지 짐작하기란 어렵지 않다.

그에게 왕권이 주어졌더라면 아마도 자기 아버지 다윗이 그랬던 것처럼 왕의 권력을 이용하여서라도 자신의 욕망을 이루고자 하였을 것이다. 잘못된 사람에게 권력이 주어지는 것은 얼마나 위태한 일인가! 다행히도 암논에게는 아직 그런 권력이 주어지지 않았다. 그러나 그의 욕망에 물꼬를 터준 이가 있었으니 다름 아닌 그의 사촌이자 친구인 요나답이다. 요나답은 암논에게 아버지 다윗을 이용하여 다말을 가까이할 수 있는 묘책을 일러준다. 그것은 다름이 아니라 병든 체하고 있다가 다윗이 찾아오면 다말을 보내서 음식을 준비하여 먹여주도록 부탁하라는 것이다(삼하 13:5).[176] 후에 아들이 자신을 이용하여 딸의 정조를 유린한 것을 알게 되었을 때 다윗에게 어떤 마음이 들었을까?

암논은 친구가 일러준 대로 하여 누이 동생 다말을 자신의 집으로 끌어들이는데 성공한다. 물론 다말은 아무것도 눈치채지 못하고 있었다. 그저 병든 오라비를 위한다는 마음으로 음식을 준비하였

---

176) 요나답의 묘안이 원래 성적인 접촉을 염두에 둔 것이었는지는 불분명하다. 그는 다만 암논이 그토록 애태우고 있는 사람(다말)을 가까이 할 수 있는 방법을 알려주고자 했을 뿐이었을 수도 있다. 그럼에도 불구하고 누이동생에 대하여 비정상적인 생각을 품고 있는 친구를 도와 일을 꾸민 것을 좋게 보아줄 수는 없다(레 18:9, 11; 20:7; 신 27:22 참조).

고,[177] 준비한 음식을 그에게 먹여주고자 하였다. 더군다나 이것은 아버지(다윗)가 부탁한 일이 아니었던가? 그랬기에 다말은 서슴지 않고 암논의 침실에까지 들어가고 만다. 이후에 어떤 일이 벌어졌는 가를 알게 되면 욕망이 얼마나 교활하고 야수적인 모습을 띨 수 있는 지 실감하게 된다. 포식자가 먹잇감을 노려보고 있다가 포획하듯이 그렇게 암논은 한걸음씩 대상을 의도된 지점으로 유인하였다: 다말의 집 → 암논의 집 → 음식 만드는 장소 → 침실. 이 모든 가슴 조이는 과정에서 그는 속임수를 쓰고, 아버지까지 이용하였다. 무엇보다도 포획의 대상이 다름 아닌 누이 동생이었다는 사실이 충격적이다. 이것은 다시금 충성스러운 신하의 아내를 겁탈하였던 다윗의 모습을 기억하게 만든다.

다말이 암논의 악의를 알게 되었을 때는 이미 늦었다. 함께 있던 사람들이 자리를 비운 상태였고 상대는 힘센 사내였기 때문이다. 다말이 할 수 있는 일이란 말로써 상대를 설득하는 것뿐이었다. 먼저 그녀는 암논에게 그의 행위가 이스라엘에 있어서는 안될 '악한 일'(נְבָלָה)이며, 그치지 않을 경우 '악한 자들 중의 한 사람처럼' (כְּאַחַד הַנְּבָלִים) 될 것이라고 경고한다(삼하 13:12, 13). 바-에프랏 (Bar-Efrat 2004:262)이 지적한 것처럼 '이스라엘에서 נְבָלָה를 행하다'는 표현이 나타날 때 문제가 되는 것은 주로 성적인 범죄이며(참고, 창 34: 7; 신 22:21; 삿 20:6, 10; 렘 29:23), 이 경우 범행을 저지른 자는 대개 자신의 생명을 대가로 치룬다. 사실상 암논 또한 자신의 악행으로 인해 목숨을 잃는다. 사람들이 자신의 목숨을

---

177) 흥미롭게도 그레이(Gray 1998:45)에 따르면 히브리어 '바채크(בָּצֵק, 밀가루)와 '라 바쉬' לוּשׁ (반죽하다)가 성적인 문란을 포함하여 부조리한 일을 다루는 본문에 나타나는 단어들이라고 한다(호 7:4; 렘 7:18; 삼상 28:24 참조).

담보로 악을 행하는 어리석은 경우가 얼마나 많은가!

다음으로 다말은 암논의 행위가 그녀 자신에게 몰고올 불행을 말하면서 자신을 욕되게 하지 말아달라고 호소한다: "어디에서 내가 이 수치를 없앨 수 있을까요?"(13절 사역). 이 말의 의미는 이것이다: '네가 지금 무슨 일을 하고 있는지 아느냐? 너는 네 욕심을 위해 남의 일생을 망치려 들고 있다!' 그러나 이러한 말에도 암논은 막무가내였다. 정욕에 눈이 먼 사람에겐 상대방의 생각, 감정, 앞날과 같은 것들이 전혀 문제가 되지 않는가 보다. 경고나 호소에도 통하지 않자 이제 다말은 결혼제의라는 최후의 수단에 희망을 건다: '제발 왕에게 말씀하세요. 그가 저를 오라버니께 주실 것입니다'(13절).

여기서 구약의 결혼제도에 대한 의문이 생겨난다. 다말의 말에 따르면 당시에 오빠와 누이동생 사이의 결혼이 가능했다는 인상을 받는다. 그러나 모세의 율법은 그 같은 혈족간의 결혼을 허용하지 않는다(레 18:9, 11; 20:7; 신 27:22 참조). 이러한 불일치를 어떻게 이해하여야 할까? 퍼스(Firth 2009:438)에 따르면 혈족간의 결혼을 금지하는 율법이 당시에는 아직 시행되고 있지 않았거나, 또는 왕가에는 해당되지 않았을 수도 있다고 한다. 그러나 프랍(Propp 1993:43)이 지적한 것처럼 본문의 저자가 '오라버니', '누이'라는 말을 계속적으로 사용하고 있다는 사실에 주목할 필요가 있다. 이것은 적어도 저자 편에서 혈족간의 성적관계를 문제삼고 있다는 것을 의미하는 것이 아닌가? 그러므로 우리가 보기에 다말의 말은 다윗이 특별한 상황인 점을 감안하여 예외적으로 두 사람의 결혼을 허락해 줄 것이라는 의미로 이해하는 것이 옳은 듯하다 (McCarter 1984:324; Gutbrod 1973:160).

그러나 다말의 마지막 제안도 허사였다. 이로 보건대 애당초 암논에겐 원칙 내지는 올바른 것에 대한 고민이 없었던 것이 분명하다.

암논의 이러한 무분별한 태도는 - 적어도 성적인 문제와 관련하여서는 - 그 아버지 다윗에게서 받은 영향이 아닐까? 재미있게도 포클만은 암논이 "아버지를 꼭 닮은 아들"(chips off the old block)이라고 잘 말하였다(Fokkelman 1981:125). 그런데 암논의 죄질은 다윗의 그것에 비해 훨씬 더 심각하다. 어떤 면에서 다윗과 밧세바와의 관계는 우발적인 것이었다고 할 수 있다(삼하 11:2 참조). 반면 암논과 다말의 관계는 암논 편에서 치밀하게 계획한 것이었다. 더군다나 강제추행 이후 암논에게 나타난 태도 변화는 독자들을 분노케 만든다. 다말에 대하여 미안한 마음이나 책임감을 갖기는커녕 오히려 미움에 사로잡혀 그녀를 '거리의 여자'처럼 밖으로 내쫓았다. 한때 얼굴이 수척해지기까지 연애하던 그 마음은 어디로 가버렸는가?

암논에게 모든 것을 빼앗긴 채 '헌신짝'처럼 버려진 다말. 슬픔과 절망 외에 그녀에게 남은 것이 무엇일까? 본문은 다말의 처량한 모습을 다음과 같이 묘사한다: "다말이 머리에 재를 끼얹고, 입고 있던 '셔츠 모양의 겉옷'(כְּתֹנֶת הַפַּסִּים)을 찢고, 손을 그 머리에 얹고, 가서 크게 울었다"(삼하 13:19). 이 소식을 가장 먼저 접하게 된 이는 다말의 친오라비 압살롬이었다. 그런데 압살롬의 반응은 의외로 차분하다: "누이야, **지금은** 가만히 있어라. 그는 네 오라비이다. 이 일 때문에 마음쓰지 말아라"(20절 사역). 여기서 압살롬이 암논과 다말의 관계(오라비-동생)를 언급한 것은 두 사람의 결혼이 원칙적으로 불가능하다는 의미이거나(Stoebe 1994:327; Propp 1993:45) 아니면 암논이 가족이기에 현실적으로 그에게 할 수 있는 일이 그리 많지 않다는 의미일 수 있다(Anderson 1989:176).[178] 그러나 압

---

178) 사실상 암논의 죄는 '근친상간'과 '강제추행' 두가지이다. 구약의 율법에 따르면 후자의 경우 가해자는 벌금형을 당하든지 아니면 벌금을 내고 피해자를 아내로 맞이해야 한다(출 22:16, 17). 반면 전자의 경우 구약의 율법은 범행 당사자가 백성 중에서 끊어지거나(레 18:29) 혹은 저주받을 것이라고

살롬의 이런 약한(?) 태도는 암논에 대한 그의 복수심 또한 약했다는 것을 의미하지 않는다. '지금은'이란 말이 암시하듯 그는 적절한 시기에 복수할 마음을 먹고 있었다.

다른 한편 암논과 다말의 비극적인 사건은 다윗에게도 알려졌다. 이때 다윗에게 어떤 마음이 들었을까? 다윗의 반응에 대한 본문의 묘사 —"왕 다윗이 이 말을 듣고 매우 분노하였다"(21절 사역) — 는 그의 참담했을 마음을 표현하기에 오히려 부족하다는 생각이 든다. 그런데 놀랍게도 다윗은 암논에 대하여 아무런 조치도 취하지 않는다. 왕이 불의한 일을 보고 분노하였다면 이에 상응하는 법적 대응이 뒤따라야 마땅하지 않는가? 다윗이 이처럼 소극적인 태도를 취한 원인이 무엇인가? 칠십인역에 따르면 다윗이 장자인 암논을 특별히 사랑했기 때문이라고 한다. 이러한 칠십인역의 설명은 쿰란 사본(4QSam[a])에 의해서도 지지받는다(Urlich 1978:84). 그러나 이것은 칠십인역의 모체가 되는 히브리어 본문이 따로 존재하였을 가능성을 보여줄 뿐 그 이상은 아니다. 우리는 왕의 소극적인 태도에 대해 침묵하는 맛소라 본문에 더 마음이 끌린다. 종종 저자는 침묵을 통해서도 말하기 때문이다. 본문의 경우 저자가 말하고자 하는 바는 아마도 이것일 것이다: 다윗은 암논에게서 자신의 과거모습을 보았고, 이것이 그로 하여금 암논에게 아무 제재도 하지 못하도록 만들었다(Baldwin 1988:250; Firth 2009:438).

2) 형제살해

한다(신 27:22). 그러나 '끊어지다'나 '저주받는다'와 같은 표현이 사법적인 의미에서의 형벌을 염두에 둔 것인지는 불명확하다.

우리는 앞에서 다윗이 암논의 범죄에 대해 그저 분노할 뿐 아무런 제재도 가하지 못하는 모습을 보았다. 왕권이 부패하면 이처럼 더 이상 백성들을 공의로 다스릴 명분과 능력을 잃게 되고, 이것은 다시금 더 큰 비극을 불러오게 된다. 이러한 비극의 악순환이 이어지는 다윗 역사에서 되풀이 된다. 우선 다윗이 합법적인 방식으로 죄를 벌하고 피해자의 처량함을 달래주지 못하고 있는 동안 은밀하게 무법한 복수극이 꾸며지고 있었다.

이 복수극의 주인공 압살롬은 여러 면에서 대단히 용의주도한 인물이었다. 그는 이 년 동안이나 암논에 대한 미움을 가슴에 간직한 채 복수의 기회를 엿보고 있었다. 브루거만(Brueggemann 1990:289-90)이 생각하듯 압살롬이 암논을 왕위에 대한 경쟁자로 알고 제거하고자 하였는지는 불확실하다. 본문은 다만 압살롬이 누이 동생 다말의 일로 인해 복수의 칼을 갈고 있었다고 알려줄 따름이다(삼하 13:22, 32). 그럼에도 불구하고 후에 그가 아버지 다윗을 대항하여 반역을 도모한 사실을 고려하면 암논과의 관계에서도 정치적 이유가 개입되었으리라고 보는 것이 바람직하다.

하여간 압살롬은 특별한 축제행사인 '양털 깎는 일'을 기회로 삼아 자신의 은밀한 계획을 실행에 옮기고자 하였다. 이 축제는 일종의 "공동체 행사"였으므로 압살롬은 왕을 비롯하여 모든 왕자들을 자연스럽게 잔치에 초청할 수 있었다(Firth 2009:439). 그렇지만 아마도 다윗 왕과 암논은 이 제의에 선뜻 응하기 어려웠을 것이다. 다윗은 자신의 참여가 압살롬에게 지나친 부담이 될 것이라 여겼을 것이며(삼하 13:25), 암논은 할 수 있는 한 압살롬과의 만남을 피하고자 하였을 것이기 때문이다. 이것을 예상한 압살롬은 먼저 다윗을 초청하였고, 다윗이 이를 사양하자 기다렸다는 듯 암논을 대신 보내달라고 간청한다. 압살롬의 요구가 석연치 않아 보였으나 - "왜 그가 너와 함께 가야하는가?"(26절 사역) - 다윗은 이를 차마 거절할 수 없었고, 이렇게 해서 압살롬은 암논을 예루살렘에서 북쪽으로 약 32km 떨어진 장소(바알하솔)로 이끌어내는데 성공하였다.

비록 마음 내키는 일은 아니었겠지만 동생의 잔치에 참여한 암논은 시간이 흐르면서 흥겨운 분위기에 동화되어 갔다. 하지만 그는 이 모든 것이 자신을 보복하기 위해 미리 꾸며진 함정인 줄은 꿈에도 몰랐을 것이다. 암논의 행동을 일거수 일투족 예의주시하고 있던 압살롬은 마침내 사환들에게 명을 내렸고 - "저를 죽이라"(28절) - 그들은 주인이 지시한 바를 실행에 옮겼다. 이렇게 해서 보복극은 마무리되고, 미모의 여인 → 강간 → 살인으로 이어지는 비극이 일단락된다. 놀랍게도 여기서 밝혀지는 사건의 패턴은 앞에서 보았던 밧세바 이야기와 대동소이하다. 거기서 우리는 다윗이 밧세바의 미모에 혹하여 간음하고, 그것이 결국 살인사건으로 번지는 것을 보았다(약 1:15 참조). 여기서 내릴 수 있는 결론은 암논-다말 사건이 다윗-밧세바 사건의 재현이며, 따라서 그것은 다윗이 범한 죄의 심각성을 재확인해주는 의미를 갖는다.

바알하솔에서 벌어진 사건은 곧바로 다윗에게 알려졌다. 처음에 다윗은 와전된 소문으로 인해 잔치에 참여한 모든 왕자들이 압살롬의 손에 의해 살해된 줄 알았다. 아마도 왕자들과 관련한 이런 소문은 당시 궁정 안의 분위기를 반영하고 있는 듯하다: 왕자들과 그들의 측근들 사이에 형성되고 있던 긴장관계(삿 9 참조). 하여간 다윗은 뜻밖의 참변소식을 전해듣고 "일어나서, 옷을 찢고, 땅에 엎드러졌다"(31절 사역). 비록 얼마 지나지 않아 왕자들 중 암논만 죽었다는 사실을 알게 되었지만[179] 이것이 다윗의 슬픔을 달래줄 수는 없었다.

신하들과 함께 통곡하는 다윗의 모습(36절)은 독자들로 하여금 죄가 인간에게 가져다주는 불행이 어떤 것인지 다시 생각하게 만든다.

한편 형을 살해한 압살롬은 자신의 외할아버지인 그술 왕 달매에게로 도망하여 그곳에서 삼 년을 머문다.[180] 여기서 잠시 압살롬이 한 일을 평가하고 지나갈 필요가 있다. 사실 내레이터는 압살롬의 행위에 대해 아무런 가치평가를 내리지 않고 있다. 그렇지만 본문에는 압살롬의 입장을 공감하게 만드는 요소들이 있다: 누이 동생이 암논에게 유린당하고 버려진 것, 그 결과 누이동생이 일생을 불행하게 살아야 한다는 것, 그럼에도 불구하고 암논은 아무런 제재도 받지 않고 살고 있다는 것. 이 모든 것은 압살롬의 마음에 복수심이 불타오르도록 하기에 충분하였을 것이다. 모세의 율법도 경우에 따라 복수를 허용하는 경우가 있다(민 35장 참조). 또한 야곱의 딸 디나가 추행당하였을 때 그 오라비들은 죽임으로써 가해자를 보복하였다(창 34장).

이렇게 볼 때 압살롬의 보복행위는 어느 정도 정당성을 갖는다고 할 수 있다. 그러나 이 사건 후 압살롬이 즉시 국외로 망명한 것을 보면 그의 행위는 당시 이스라엘 사회에서 용납될 수 없었던 것이 분명하다. 사실상 구약의 어디에도 약혼하지 않은 처녀와의 성관계를 극형으로 다스린 경우는 없다. 비록 모세 율법이 형제간의 성관계를 엄히 금하고 있는 것은 사실이지만 이것이 사법적인 성격을 갖는 것이었는지는 불분명하다. 설령 암논의 행위가 극형을 당해 마땅

---

179) 다윗에게 이것을 먼저 말한 사람은 요나답이다. 그가 암논의 친구였음에도 불구하고 왜 암논과 함께 하지 않고 예루살렘에 남아있었는지 의문이다. 아마도 암논이 다말을 강제추행한 이후 요나답은 암논을 멀리하게 되었는지도 모른다(Bar-Efrat 2004:250).

180) 그술은 트렌스요르단 지역 – 바산과 헤르몬산 사이에 있는 – 의 작은 왕국이다(Anderson 1989:49).

한 것이었다 할지라도 최고 재판기구인 왕권이 엄연히 존재하는 상황에서 압살롬이 스스로 죄를 다스리려 한 것은 도에 지나친 일이라 할 수 밖에 없다. 압살롬에게서 나타나는 이런 '허영'(vanity)은 후에 다윗 왕가에 또 다른 재앙을 불러오게 될 것이었다(Fokkelman 1981:149).

3) 드고아의 슬기로운 여인

시간이 흘러감에 따라 암논의 죽음이 남긴 충격과 상처도 어느덧 아물게 되었고, 압살롬을 향한 다윗의 분노도 가라앉게 되었다.[181] 때를 같이하여 궁정에서는 압살롬이 다시 돌아와야 한다는 분위기가 무르익고 있었다. 사무엘하 14:1은 다음과 같이 당시의 상황을 알려준다:

וַיֵּדַע יוֹאָב בֶּן־צְרֻיָה   스루야의 아들 요압이
כִּי־לֵב הַמֶּלֶךְ עַל־אַבְשָׁלוֹם: 왕의 마음이 압살롬에게 있는 줄 알았다.

여기서 전치사 עַל은 다양한 의미로 사용된다: '위에'(on), '때문에'(because of), '반대하여'(against), '향하여'(toward). 이 때문에 압살롬에 대한 다윗의 마음이 무엇인지 알기란 쉽지 않다. 주석가들

---

181) 사무엘하 13:39a – וַתְּכַל דָּוִד הַמֶּלֶךְ לָצֵאת אֶל־אַבְשָׁלוֹם – 은 번역상 어려움이 많은 구절이다. 주어는 '남성'이지만 여성형 동사가 사용되고 있기 때문이다. 따라서 역본들은 대개 다윗 앞에 여성명사 '마음'(רוּחַ)이 빠졌을 것으로 보거나 또는 דָּוִד 을 רוּחַ 에 대한 서기관의 오기(lapsus calami)로 보고 '다윗(또는 왕)의 마음이 압살롬을 향하여 간절하였다'와 같이 번역한다. 그러나 히브리어 구문 א לָצֵאת אֶל ב 는 오히려 א 가 ב 를 쫓기를(또는 추적하기를) 그치다'로 번역되는 것이 옳다. 칠십인역 또한 이 문장을 '왕의 마음이 압살롬을 쫓기를 그쳤다'(καὶ ἐκόπασεν τὸ πνεῦμα τοῦ βασιλέως τοῦ ἐξελθεῖν ὀπίσω Αβεσσαλωμ)로 번역하며, 여러 주석가들도 여기에 동의한다(Anderson 1989:182; Alter 1999:274; McCarter 1984:335; Stoebe 1994:335).

중에는 다윗이 여전히 압살롬에 대하여 '적대적'(against)이었다고 보는 이들도 있다(Anderson 1989:182; Baldwin 1988:253).

그러나 사무엘하 14장을 주의 깊게 살펴보면 압살롬에 대한 다윗의 마음이 그렇게 단순한 것이 아님을 알 수 있다. 본문에 의하면 요압이 다윗의 마음을 알아차리고 압살롬의 귀환을 위해 힘쓴다. 그런데 이상하게도 이 과정에서 요압은 다윗과 직접 의논하는 대신 우회적인 방법을 택한다. 요압 편에서의 이같은 신중한 태도는 압살롬에 대한 다윗의 마음이 대단히 복잡미묘한 것이었음을 반증한다. 여기서 요압이 압살롬의 귀환을 위해 꾸민 방책을 더 생각해볼 필요가 있다. 요압은 드고아 출신의 슬기로운 여인을 구하고, 그 여인을 형제 살해 죄로 죽을 위기에 처한 아들의 어미로 변장시킨다. 그런 다음 그 여인을 다윗 왕에게 보내어 남은 아들의 목숨을 위해 간청하게 만든다. 이 같은 '각본'이 의미하는 것이 무엇인지는 분명하다. 여기서 여인과 그녀의 남은 아들은 각각 다윗과 압살롬을 가리키며, 여인의 입장 – 정의의 원리에 따르면 마땅히 죽어야 할 아들임에도 불구하고 살리기를 원하는 어머니의 마음 – 은 다윗의 마음을 대변하는 것이다. 이처럼 요압은 제삼의 인물을 통하여 다윗의 숨은 마음을 드러내고, 압살롬의 귀환이 가능하도록 만들었다.[182]

내어 쫓긴 아들 압살롬을 다시 돌아오게 한 다윗의 결정이 과연 옳은 것이었을까? 압살롬은 형제를 살해함으로써 피흘린 죄를 범

---

182) 요압이 자신의 정치적 의도를 가지고 압살롬이 돌아오도록 책략을 꾸몄다고 보는 이들이 있다(Evans 2000:196–97; Anderson 1989:189). 심지어 폴진(Polzin 1993:142)은 요압이 다윗으로 하여금 드고아 여인을 통하여 말하는 자는 요압 자신인 것을 알아차릴 수 있게 함으로써 간접적으로 다윗을 위협하려 했다고 말한다: "압살롬을 돌아오게 하지 않으면 내가 그와 더불어 당신을 대적할 것이오." 그러나 이 견해는 압살롬이 돌아온 후 요압이 그에게 별다른 관심을 보이지 않았다는 점에서 설득력을 잃는다.

하였기에 그에 상응하는 처벌을 받아야 하지 않는가(창 9:5-6; 출 21:12; 레 24:17; 민 35:31 참조)? 이 질문과 관련하여 프랍은 드고아 여인의 다음 말에 우리의 주의를 환기시킨다: "내 주 왕이시여 이 죄는 나와 내 아비 집이 당할 것이니 왕과 왕위는 무죄할 것입니다"(9절). 프랍에 따르면 이 여인의 말은 형제를 죽인 자를 살려놓는 것은 결국 죄에 해당하며, 따라서 다윗이 압살롬을 살려둠으로써 재앙을 당하게 될 것을 암시하는 아이러니라고 한다(Propp 1993:52). 이 견해가 옳은 것이라면 압살롬을 다시 예루살렘으로 불러들인 다윗의 결정은 잘못된 것이라 할 수 있다. 이처럼 그릇된 다윗의 판단은 다시금 누이 동생을 추행한 암논에 대하여 아무런 징계를 하지 않던 다윗의 무기력한 모습을 상기시킨다.[183]

그런데 비록 압살롬이 예루살렘으로 돌아오긴 하였지만 한동안 다윗의 얼굴을 볼 수 없었다. 다윗이 그와의 대면을 원치 않았기 때문이다(24절). 이런 상황은 압살롬에게 심리적으로 큰 부담이 된 것은 물론이고 행동에도 많은 제약을 주었을 것이다. 이제 일이 어떻게 전개될 것인가? 앞에서 우리는 압살롬이 누이동생 다말의 문제를 해결하는 과정에서 형제 살해라는 극단적 방편을 사용하는 것을 보았다. 여기서도 그의 태도는 변하지 않는다. 요압을 통해 돌파구를 찾으려 하였지만 일이 뜻대로 되지 않자 그의 밭(보리밭)에 불을 지르는 과격한 조치를 취한다. 압살롬의 이런 과격한 태도 이면에는 독선(獨善)과 다윗에 대한 강한 불만이 자리하고 있다. 요압을 향해 한

---

183) 흥미롭게도 폴진은 드고아 여인이 다윗의 지혜를 칭찬한 말 – "내 주의 지혜는 하나님의 사자의 지혜와 같습니다"(20절) – 에도 '반어적 음조'(ironic tones)가 들어있다고 한다. 즉 여인 자신이 아들의 문제로 슬퍼하는 것처럼 꾸미고 있듯이, 다윗 또한 하나님의 사자처럼 지혜롭게 보일 따름이라는 것이다(Polzin 1993:141).

그의 말이 이를 뒷받침해 준다: "네가 나로 하여금 왕의 얼굴을 볼 수 있게 하라 내가 만일 죄가 있으면 왕이 나를 죽이시는 것이 옳으니라"(32절하).[184]

요압의 중재로 압살롬은 마침내 다윗을 만나게 된다. 오랜만에 아버지의 얼굴을 대한 압살롬은 엎드려 절을 하고 다윗은 아들에게 입을 맞춘다(33절). 얼핏보면 이것은 감격적인 재회의 장면인 듯하다. 그러나 볼드윈이 지적하였듯이 다윗과 압살롬 사이에 아무런 대화가 없는 것이 어색하게만 느껴진다(Baldwin 1988:257). 다윗이 압살롬에게 입을 맞춘 것은 의례적인 행위로 풀이될 수도 있다(Alter 1999:282). 요셉과 그의 형제들의 만남의 예에서 볼 수 있듯이 두 사람 사이에 진정한 화해가 이루어졌더라면 서로 부여잡고 운다든지 아니면 적어도 안부를 묻는 장면이라도 있었어야 했지 않을까(창 45:1-15 참조)? 하여간 다윗과의 재회를 시도하는 과정에서 목격된 압살롬의 과격하고 독선적인 태도는 두 사람의 장래를 어둡게 보이도록 만드는 요소임에는 분명하다. 압살롬이 자신의 수려한 외모에 대해 거의 나르시시즘(narcissism)에 가까운 허영심을 보이는 것 또한 독자들에게 불길한 예감을 던져 준다(25-27절).[185]

4) 압살롬의 반역

---

184) 이 말에서 압살롬의 생각을 엿볼 수 있다. 말하자면 그는 암논을 죽인 자신의 행위는 정당하며 오히려 암논을 처벌하지 않은 채 방치한 다윗의 태도가 잘못이라고 생각하였던 것이다(Alter 1999:281; Baldwin 1988:256).

185) 압살롬이 자신의 머리 털을 저울로 달아보는 모습에서 그의 나르시스적 허영심을 읽을 수 있다. 흥미롭게도 압살롬이 무거운 머리 털을 가진 것은 사사 삼손이 긴 머리 털을 가졌던 것과 유사하다. 사실상 삼손이 자신의 머리카락으로 인해 불행을 겪게 되었듯이 압살롬 또한 머리카락 때문에 죽게 된다(삼하 18:9-15 참조).

해소되지 않은 긴장은 어떤 형태로든 표출되기 마련이다. 다윗과 압살롬 사이의 긴장관계는 예상보다 훨씬 더 충격적인 방식으로 모습을 드러내었다. 사무엘하 15장으로 넘어오면 다윗에 대해 치밀하게 반역을 준비하는 압살롬의 모습을 만나게 된다. 압살롬은 먼저 병거와 말들을 준비하고 호위병을 세우는 등 군사적 준비를 한다(1절).[186] 이와 더불어 압살롬은 백성들의 마음을 얻기 위해 나름대로 정치적 수완을 발휘하기도 한다. 비록 야비한 술책이긴 하지만 말이다. 한편으로 압살롬은 백성들로 하여금 다윗이 자신들의 문제에 무관심한 왕이란 생각을 가지게 함으로써 민심이반을 부추겼다(3절). 다른 한편 그는 스스로 정의를 세우는 재판관임을 자처하며 백성들의 관심이 자신에게 쏠리도록 하였다(4-6절).

압살롬이 이렇게 하는 동안 다윗은 무엇을 하고 있었는지 궁금하다. 그는 밧세바 사건 이후 더 이상 나랏일을 제대로 돌보지 못하는 무기력한 인물이 되고 말았는가? 어쨌건 압살롬이 그처럼 반역을 꾀하게 된 데에는 다윗의 책임이 없지 않다. 그는 암논-다말 사건을 법에 따라 공정하게 처리하지 않고 그냥 방치하고 말았다.[187] 이것은 압살롬으로 하여금 다윗의 재판을 비판적으로 보게 한 직접적 원인이 되었을 것이다. 그렇다고 압살롬의 행위가 정당하였다는 얘기

---

186) 어떤 주석가는 압살롬의 군사적 준비가 이스라엘의 풍습과는 거리가 먼 것으로 그가 자기 외조부(그술 왕 달매)에게서 받은 영향이라고 한다(Hertzberg 1960:276).

187) 브루거만(Brueggemann 1990:301)은 압살롬이 반역을 시도하게 된 것은 다윗이 재판관으로서 왕의 직책을 제대로 수행하지 못하고 있었기 때문이라고 하며 다음과 같이 말한다: "Verses 4-6 give the impression that the problem in David's court is not that David was dispensing unpopular justice but that no justice at all was administered. The royal system of justice seems to have become dysfunctional. The king failed in his role as king."

는 아니다. 그는 거짓과 약은 술수로 왕위를 가로채고자 한 반역자에 지나지 않는다. 그럼에도 불구하고 압살롬의 시도는 일단 성공적이었다. 그는 미리 짜인 각본에 따라 헤브론으로 내려갔고, 그곳에서 자신이 새로운 왕이 되었다는 사실을 이스라엘 각 지파에 알렸다(10절). 시간이 지남에 따라 압살롬편에 서는 백성들이 많아지게 되었고, 다윗의 모사 아히도벨까지 압살롬을 따르게 되었다(12절).[188]

아히도벨을 잃은 것은 다윗에게 큰 손실이었다. 아히도벨의 지략은 워낙 뛰어난 것이어서 그가 "베푸는 계략은 사람이 하나님께 물어서 받은 말씀과 같은 것"이었기 때문이다(16:23). 압살롬이 예루살렘을 장악하고 나자 아히도벨은 먼저 그가 다윗의 후궁들과 더불어 동침하게 만든다(16:21). 이것은 고도의 정치적 계산에서 나온 책략이다. 압살롬의 입장에서 다윗의 후궁들과 더불어 동침하는 것 이상으로 왕권을 취한 사실을 더 잘 알릴 방법은 없기 때문이다. 그것은 또한 압살롬과 다윗의 화해를 불가능하게 만들 것이기에 압살롬의 추종자들의 마음을 견고하게 하는 효과를 가져왔을 것이다. 주목할 만한 것은 압살롬이 다윗의 후궁들과 더불어 동침함으로써 -그것도 "온 이스라엘 무리의 눈 앞에서"(16:22) - 나단 선지자가 다윗에게 한 예언이 성취되었다는 사실이다(12:11 참조).

그러나 아직 압살롬이 반역에 완전히 성공한 것은 아니다. 비록 도망하는 중이긴 하였지만 다윗과 그의 추종자들이 건재하고 있었다. 더군다나 다윗은 누가 뭐래도 이스라엘의 합법적인 왕이었고 백성들에게 영웅적인 지도자로 기억되는 인물이었다. 따라서 민심이

---

188) 성경의 증거로 미루어 아히도벨은 밧세바의 외조부였던 것으로 보인다(삼하 11:3; 23:34 참조). 따라서 아히도벨이 압살롬편에 선 것은 그가 평소 손녀딸에 대한 다윗의 범죄행위에 안 좋은 감정을 가지고 있었기 때문이라고도 볼 수 있다(Hertzberg 1960:277 참조).

언제 다윗에게로 돌아설지 알 수 없는 상황이었다. 그러기에 압살롬에게 최선의 방책은 가능한 한 빠른 시간 안에 다윗을 제거하고 그의 추종세력을 무력화시키는 것이었다. 아히도벨 또한 이 사실을 잘 알고 있었고, 그랬기에 압살롬에게 지체없이 추격전을 벌일 것을 주장하였다(17:1-4). 그러나 바로 이 때 다윗이 백전노장임을 들어 신중론을 들고 나온 사람이 있었으니 이름하여 후새라는 사람이었다.

그는 다윗의 친구로서 아히도벨을 견제하기 위해 몰래 압살롬편에 들어온 인물이었다. 그러므로 그가 제시한 책략은 당연히 다윗을 위한 것으로 다윗이 안전한 곳으로 피하여 전열을 가다듬을 시간을 벌게 하기 위한 것이었다. 그럼에도 불구하고 압살롬은 아히도벨의 좋은 책략 대신에 후새의 제안을 택하는 실수를 범하고 만다. 이것은 싸움의 승패를 판가름 짓는 중대한 실수였기에 아히도벨은 사태의 심각성을 알고 고향으로 돌아가 스스로 목을 메고 만다(17:23). 내레이터는 압살롬의 실수에 대해 다음과 같이 말한다: "이는 여호와께서 압살롬에게 화를 내리려 하사 아히도벨의 좋은 계략을 물리치라고 명령하셨음이더라"(17:14). 여기서 우리는 인간의 실수조차 하나님의 뜻 가운데 있으며 하나님의 재가를 받지 못한 어떤 기도(企圖)도 실패할 수 밖에 없다는 사실을 알게 된다.

압살롬은 후새의 제안과 같이 많은 군사를 모집하여 일시에 다윗을 치면 틀림없이 승리할 것이라 생각하였다. 그러나 그것은 다윗과 그의 용사들을 지나치게 얕잡아 본 것이었다. 다윗과 그의 용사들이 누구인가? 수많은 전쟁에서 적들을 물리치고 승리를 쟁취했던 인물들이 아닌가? 더군다나 다윗은 여호와의 기름부음을 받은 자로서 하나님과 특별한 관계 가운데 있는 사람이었다. 압살롬은 이 모든 사실을 망각한 채 겁없이 싸우겠다고 나선 것이다. 그 결과는 불보듯

뻔한 것이다. 그는 제대로 싸워보지도 못하고 죽임을 당하고 만다 (18:9-15). 특히 압살롬이 자신의 자랑거리이던 머리털 때문에 나무에 매달려 죽게 된 것은 그의 죽음을 초래한 것이 무엇인지를 말해주는 듯하다: 왕이 되고자 한 그의 허황된 허영심. 압살롬의 비극적인 죽음은 불의한 방법을 동원하여 왕이 되려 하다가 불행하게 생을 마감한 아비멜렉을 생각나게 만든다(삿 9장 참조).

5) 내 아들 압살롬아

이제 다윗의 입장에서 압살롬의 반역을 어떻게 대처하였는지 살펴보기로 하자. 앞에서 언급한 것처럼 압살롬이 반역을 꾀하게 된 데는 다윗의 책임이 없지 않다. 그는 다말을 추행한 암논을 벌하지 않았을 뿐 아니라 형제를 살해하고 도망한 압살롬에게도 그에 상응하는 제재를 가하지 않았다. 이것은 밧세바 사건 이후 다윗왕권이 제 기능을 다하지 못하고 표류하고 있었다는 것을 의미한다. 왕권이 부패하면 자연히 율법이 해이해지고 정의가 시행되지 못하게 마련이다(합 1:4 참조). 이렇게 될 경우 법의 보호를 받지 못하는 개인이나 계층들이 불만을 품게 되고, 이것이 심해지면 반란이나 폭동으로 번질 수도 있다. 이와 같은 정치, 사회적 악순환이 분열왕국 - 특히 북왕국 - 의 역사에서 거듭 되풀되는 것을 볼 수 있다. 사무엘서 후반부에 그려지고 있는 압살롬의 반역사건 또한 같은 현상의 하나에 해당한다 하겠다.

다윗은 압살롬의 반역소식을 접하고 당황해할 겨를도 없이 바로 예루살렘을 떠나 피난길에 오른다. 이런 처량한 모습은 왕이 통치자로서 제 기능을 다하지 못할 때 어떤 불행을 겪게 되는지를 잘 보여준다. 왕이 모세의 율법에 나타난 하나님의 뜻을 따라 공의롭게 백성을 다스리지 않으면 왕권을 잃어버릴 수도 있고, 급기야 나라가 망할수도 있다.[189] 이제 다윗은 어떻게 될 것인가? 그 또한 왕권을 잃고말 것인가? 그러나 다행스럽게도 비록 피난길에 오른 다윗이지만 어둠 속의 등불처럼 그의 길을 밝히는 희망적인 요소들이 발견된다. 우선 다윗의 신하들과 적지 않은 수의 백성들이 마치 하나님의 은총의손길인양 다윗과 함께 하는 것을 볼 수 있다.[190] 그들은 변함없이 다윗에게 충성을 다짐한다: "우리 주 왕께서 하고자 하시는 대로 우리가 행하리이다 보소서 당신의 종들이니이다"(15:15).

다음으로 제사장 사독을 비롯하여 레위인들이 법궤를 메고 나아와 다윗을 만난다(15:24). 독자들에게 이 장면은 하나님이 다윗편에 계시다는 증표처럼 다가온다. 특히 법궤가 "하나님의 언약궤"(אֲרוֹן בְּרִית הָאֱלֹהִים)로 일컬어지고 있는 것은 하나님께서 다윗에게 하신약속은 여전히 유효하다는 메시지를 전하고 있는 것 같다(삼하 7:16참조). 그런데 놀라운 것은 다윗의 태도이다. 그는 법궤를 자기 곁에

---

189) 이 맥락에서 왕이 온 백성들과 더불어 울며 기드론 시내를 건너 광야 길로 들어가는 모습을 묘사하는 15:23은 시사하는 바가 크다. 이 장면은 마치 역출애굽과 같다는 인상을 줌과 동시에 분열왕국 후기 왕권의 부패로 인해 나라가 망하고 백성들이 포로로 사로잡혀가는 모습을 앞당겨 보여주는 듯하다(호 2:14-15; 8:13; 암 7:27). 이렇게 보면 후에 다윗이 반란군을 진압하고 요단강을 건너 길갈을 경유하여 예루살렘으로 돌아오는 것은 포로귀환으로 대표되는 미래 이스라엘의 회복과 비견되는 사건이 아닌가? 라는 생각이 든다(삼하 19:39-40 참조).

190) 다윗을 따라 피난길에 오른 사람들은 백성들 외에도 그의 모든 신하들과 그렛 사람과 블렛 사람 그리고 가드에서 온 600명 가량의 사람들이었다(15:18). 아마도 여기에 언급된 그렛 사람과 블렛 사람은 다윗의 정예부대들이었을 가능성이 크다(삼하 8:18 참조). 블레셋 지역에 속한 가드 사람들이 다윗을 따른 것이 놀랍게 여겨진다. 이들은 아마도 다윗이 사울을 피해 가드 땅에 머물 때 다윗의 수하에 들어온 사람들일 가능성이 크다(Anderson 1989:203; Gordon1986:273).

머물게 하는 대신 다시 예루살렘 성안으로 돌려보낸다. 그가 이렇게 한 까닭이 무엇인가? 그의 말을 직접 들어보자: *"만일 내가 여호와 앞에서 은혜를 입으면 도로 나를 인도하사 내게 그 궤와 그 계신 데를 보이시리라 그러나 그가 이와 같이 말씀하시기를 내가 너를 기뻐하지 아니한다 하시면 종이 여기 있사오니 선히 여기시는 대로 내게 행하시옵소서 하리라"(15:25b-26).*

여기서 우리는 다윗의 위대한 점을 발견한다. 그는 비록 돌이킬 수 없는 죄를 지었고 그 여파로 지도력에 심각한 손상을 입었지만 여전히 하나님을 바라보고 있으며, 더 나아가 모든 것을 겸허히 하나님의 손길에 맡기는 태도를 보이고 있다. 이것이야말로 여호와의 기름 부음을 받은 자, 이스라엘의 왕이 가져야 할 덕목이요 왕도이다. 외형적으로 다윗은 왕권을 잃어버릴지도 모를 위기 가운데 내몰렸지만 실상은 진정한 왕의 모습을 너무도 훌륭하게 보여주고 있다. 그는 모든 것이 하나님의 손길 안에 있다는 것을 깨닫고 있었으며, 어린 아이처럼 그것을 믿고 있었다. 그의 이러한 태도야말로 후일을 기약하게 해주는 초석과도 같은 것이었다.

하나님의 사람으로서 다윗의 탁월함은 그가 시므이를 만나는 장면에서 다시 한번 더 빛을 발한다. 시므이는 사울의 친족 가운데 한 사람으로서 평소 다윗에 대하여 강한 악감정을 가지고 있었던 사람이다. 그가 다윗이 반역을 당하여 쫓기고 있다는 소식을 듣자 의기양양하게 달려와 돌팔매질을 하며 보란듯 다윗에게 저주의 말을 퍼붓는다: "피를 흘린 자여 사악한 자여 가거라 가거라 사울의 족속의 모든 피를 여호와께서 네게로 돌리셨도다 … 보라 너는 피를 흘린 자이므로 화를 자초하였느니라"(16:7-8).[191] 이에 다윗의 부하 장수 아비새가 분하여 시므이를 응징하려 나선다: "이 죽은 개가 어찌 내 주 왕을 저주하리이까"(9절). 이 때 다윗은 아비새를 말리며 말한다: "그가 저주하는 것은 여호와께서 그에게 다윗을 저주하라 하심이니 네가 어찌 그리하였느냐 할 자가 누구겠느냐"(10절). 이어서 다윗은 자기 몸에서 난 아들도 자기를 번역하거든 하물며 이 베냐민 사람일까보냐 하며 "그가 저주하게 버려두라 혹시 여호와께서 나의 원통함을 감찰하시리니 오늘 그 저주 때문에 여호와께서 선으로 내게 갚아주시리라"고 말한다(11-12절).

이상에서 볼 수 있듯이 다윗은 가장 뼈아픈 굴욕의 순간에 하나님을 바라보며 공의로우신 하나님께 모든 것을 의탁한다. 다윗의 이런 모습은 여인들의 노랫가락 -"사울이 죽인 자는 천천이요 다윗은 만만이로다"(삼상 18:7) - 에도 상처를 받고 격노하던 사울과 사뭇 대조적이다. 이것은 다윗이 비록 외적으로 '화'를 당한 것처럼 보이지만 내적으로 여전히 하나님의 은혜 가운데 있었다는 것을 의미한다. 같은 맥락에서 다윗이 아렉사람 후새를 만나는 장면에 주목할 필요가 있다. 후새는 다윗의 친구이자 뛰어난 모략가였다. 그런데 그가 다윗에게 온 시점은 다윗이 막 아히도벨이 압살롬편에 섰다는 소식을 접하고 기도할 때였다: "여호와여 원하옵건대 아히도벨의 모략을 어리석게 하옵소서"(15:31). 이 기도 직후에 후새가 나타났고 그가 다윗의 지시대로 압살롬 진영에 들어가 아히도벨을 견제하는 역할을 하게 된다. 이 모든 것은 다윗이 하나님의 도우시는 손길 가운데 있었다는 것을 보여주기에 충분하다.

---

191) 시므이의 이 말은 당시 백성들 가운데는 아브넬과 이스보셋 등 사울 집안 사람들의 죽음이 다윗에 의해 계획된 것이라고 생각하는 이들이 있었다는 것을 보여준다(Firth 2009:459). 또는 시므이가 언급한 '사울의 족속의 모든 피는 다 윗이 기브온 족속과 사울 집안 간의 갈등을 해결하는 과정에서 사울의 일곱 남자 후손을 기브온 사람들에게 처형하도록 내어준 일을 가리키는 것일 수도 있다(삼하 21:1-14 참조).

이처럼 하나님이 다윗과 함께 하셨기에 압살롬의 반역은 실패로 돌아갈 수 밖에 없었다. 아무리 수적으로 우세하다고 하지만 사람의 수효가 하나님 앞에서는 무의미하다. 과거 하나님은 기드온의 삼백 용사로 헤아릴 수 없이 많은 미디안 군사들을 이기게 하지 않으셨는가? 여기서도 마찬가지이다. 내레이터는 반역군의 패배에 대해 다음과 같이 말한다: "그 땅에서 사면으로 퍼져 싸웠으므로 그날에 **수풀에서** 죽은 자가 칼에 죽은 자보다 많았더라"(18:8). 이것은 하나님께서 우박과 같은 자연현상을 동원하여 이스라엘의 적들을 물리치신 일들을 연상시킨다(수 10:11; 출 14:24, 25 참조). 결론적으로 다윗은 하나님의 도우심으로 말미암아 반군들을 진압하고 마침내 예루살렘 왕궁으로 복귀할 수 있었다.

끝으로 다윗과 압살롬의 관계를 간단히 살펴보고 이 단락을 마치고자 한다. 아들이 반역을 일으키고 군대를 모아 자신을 뒤쫓아 왔을 때 다윗에게 어떤 생각이 들었을까? 부모로서 그 비통한 심경은 이루 말할 수 없는 것이었겠지만 그에겐 먼저 선지자 나단의 말 -"칼이 네 집에서 영원토록 떠나지 아니하리라"(삼하 12:10) - 이 생각나지 않았을까 싶다. 이 같은 생각은 자연스럽게 모든 비극의 궁극적인 책임이 자신에게 있다는 생각으로 이어졌을 것이다. 그랬기에 다윗에겐 압살롬에 대한 미움과 분노의 감정보다도 자신의 부끄러운 과거에 대한 자책과 회한의 마음이 앞섰을 것이다. 이러한 다윗의 마음은 압살롬과 더불어 싸우러 나가는 부하들에게 한 그의 당부에 잘 반영되고 있다: "나를 위하여 젊은 압살롬을 너그러이 대우하라"(18:5). 후에 다윗은 압살롬이 전사하였다는 소식을 듣고 "내 아들 압살롬아 내 아들 압살롬아 차라리 내가 너를 위하여 죽었더면, 내 아들 압살롬아 내 아들 압살롬아" 하며 슬퍼하였다(18:33). 이처럼 밧세바와 그의 남편 우리아에 대한 다윗의 범죄행위는 그에게 지울 수 없는 상처와 아픔으로 되돌아왔던 것이다.

6) 세바의 난

앞에서 우리는 왕권이 제 기능을 다하지 못하여 나라에 공의가 시행되지 못할 때 사회 구성원들 사이에 불만이 증폭되고 그것이 나라를 분열시키는 결과를 가져올 수도 있음을 보았다. 사사시대에도 나라를 공의로 다스릴 왕이 없었기에 지파들간에 다툼이 끊이질 않았고 급기야 온 나라가 내전에 휩싸이는 사태까지 벌어졌었다(삿 19-21장 참조). 사실상 밧세바 사건 이후 다윗왕국은 사사시대의 모습과 방불하다고 해도 과언이 아니다. 압살롬을 따라 다윗에게 등을 돌린 백성들이 많았다는 사실은 차치하고서라도 시므이 사건은 좁게는 사울 집안과 다윗 집안 사이의 갈등이지만 넓게는 베냐민 지파와 유다 지파 사이의 갈등관계를 드러내 보여준다 하겠다(삼하 16:11 참조).[192]

당시 이스라엘 사회 이면에 도사리고 있던 이런 불협화음들은 다윗이 예루살렘으로 귀환하는 과정에서도 표출된다. 19:40-43에 묘사된 상황에 따르면 유다 지파가 다윗의 귀환행렬을 인도하는 데 앞장선 것 같다. 그런데 이에 대해 불만을 표출한 이들이 있었으니 그들은 다름 아닌 북쪽 열지파 사람들이었다. 이들의 불만은 다윗이

---

192) 다윗이 압살롬을 피해 도망하였을 때 므비보셋의 사환 시바가 다윗에게 나아와 자기 주인을 무고한 일이 있었다(16:1-4). 물론 이 무고는 나중에 거짓임이 밝혀지게 된다(19:24-30). 그럼에도 불구하고 다윗이 선뜻 시바의 말을 믿은 것을 보면 다윗의 마음 한편에 므비보셋 - 나아가서 사울 집안 - 에 대한 의혹이 자리하고 있었다는 것을 반증한다(Hertzberg 1960:284).

왜 자신들을 제쳐놓고 유다 사람들만 가까이하느냐는 것이다. 여러 이익집단들이 공존하는 사회에서 이런 불만은 흔히 있는 일이다(행 6:1 참조). 그러므로 지도자가 최대한 지혜를 발휘하여 아무도 부당한 처우를 받지 않는다는 생각을 갖게 하는 것이 매우 중요하다. 처음에 다윗은 이런 일에 한치의 헛점도 없었다. 그랬기에 당시에는 백성들이 그가 무슨 일을 하든지 기뻐하였다고 한다(삼하 3:36). 그러나 밧세바 사건 이후 다윗을 바라보는 백성들의 시각에 큰 변화가 왔던 것 같다. 이러한 변화가 유다 지파와 북쪽 지파들 사이의 갈등에서 표출되었고, 그것은 다시 지금 우리가 살펴보고자 하는 세바의 난에서 더 구체화된다.[193)]

세바는 베냐민 지파 사람으로서 다윗의 지도력에 강한 불만을 품고 있었던 사람이었던 것으로 보인다. 그가 일어나 사람들을 선동하자 –"우리는 다윗과 나눌 분깃이 없으며 이새의 아들에게서 받을 유산이 우리에게 없도다 이스라엘아 각각 장막으로 돌아가라" (20:1b) – 유다 지파를 제외한 거의 모든 이스라엘 사람들이 그를 추종하기 시작하였다. 이것을 보면 당시 북쪽 지파들과 다윗을 중심한 유다 지파 사이의 감정의 골이 꽤 깊은 상태였다는 것을 알 수 있다. 이러한 긴장관계는 후에 솔로몬의 실정이 결정적 계기가 되어 왕국의 분열이란 결과를 낳게 된다(왕상 12:16-20 참조). 놀랍게도 위에서 인용한 세바의 선동은 왕국분열 당시 여로보암이 이스라엘 백성들을 향하여 한 말과 거의 같다: "우리가 다윗과 무슨 관계

---

193) 이렇게 볼 때 다윗이 압살롬의 반란을 제압하고 예루살렘으로 돌아오는 과정에서 유다의 장로들과만 상의한 것은 큰 실수였다고 할 수 있다(19:11-15 참조). 다윗의 그런 행위는 분명 북쪽 지파들에게 소외감을 주었을 것이다. 19:9-10에 따르면 사실상 그들이 먼저 다윗의 귀환에 관심을 보였다(Baldwin 1988:278).

가 있느냐 이새의 아들에게서 받을 유산이 없도다 이스라엘아 너희의 장막으로 돌아가라 다윗이여 이제 너는 네 집이나 돌아보라"(왕상 12:16).

상황이 이러하였기에 다윗은 세바의 반란에서 큰 위협을 느꼈다. 그는 압살롬보다 세바가 오히려 더 큰 해를 끼칠 것이라고 우려하였다(20:6). 이로 보건대 다윗은 아마도 세바의 난이 나라의 분열을 초래할지도 모른다고 생각하였던 것 같다. 따라서 그는 신속히 대처하는 것이 무엇보다 중요하다고 보고 아마사를 보내 삼 일 내로 유다 사람들을 징집하도록 하였다.[194] 그러나 아마사가 지체하자 아비새에게 기존의 군사들을 맡겨 세바를 추격하게 하였다. 이 과정에서 요압의 위치가 모호하게 보이는데, 그것은 아마도 압살롬 사건 이후 요압이 다윗의 신임을 크게 잃었기 때문일 수도 있다(Gordon 1986:294). 아무튼 요압은 경쟁자를 용납하지 않는 야심가였음이 분명하다. 그는 과거 아브넬에게 하였던 것처럼 자기 대신 지휘관이 된 아마사를 암살하고 아비새와 함께 세바를 추격하였다(10절). 이 추격에서 거둔 성공으로 인해 요압은 다시 군대의 수장자리를 되찾을 수 있었다(23절).

이제 세바의 반란이 어떻게 진압되었는지 살펴보자. 세바는 반란을 일으킨 다음 자기의 지지 세력이 있는 '벧 마아가 아벨'(אָבֵל בֵּית־מַעֲכָה)[195]

---

194) 아마사는 원래 압살롬편에서 군대 지휘관 노릇을 했지만(삼하 17:25) 나중에 다윗이 요압 대신 등용한 인물이다(삼하 19:13). 다윗이 이처럼 반역에 가담한 자를 등용한 것은 나름대로 갈등을 최소화하기 위한 포용정책의 하나였을 가능성이 크다.

195) 개역개정판 20:14("아벨과 벧마아가")에 의하면 '아벨'과 '벧마아가'가 서로 다른 두 지역인 것처럼 보인다. 그러나 15절의 표현 "벧마아가 아벨"으로 미루어 두 단어가 같은 지역을 가리킨다는 것을 알 수 있다. 아마도 '아벨'을 '벧마아가' 지역의 한 성읍으로 보는 것이 가장 좋을 것이다(GKC §125h). 이 지역은 이스라엘의 북단에 위치한 '단'에서 가까운 곳으로 아람왕 마아가와 관계가 있었던 지역인 것 같다(삼하 10:6 참조).

의 '비그리 사람들'[196]에게로 갔다. 세바가 이렇게 이스라엘의 북단에 있는 자신의 고향땅에서 세를 결집하고자 한 것을 보면 그의 지지세력이 다윗이 우려했던 만큼 그렇게 크지는 않았던 것 같다. 아벨 사람들이 한 여인의 설득으로 세바에 등을 돌린 것을 보더라도 그의 세력이 미미했다는 것을 알 수 있다. 하여간 세바는 한 때 아비멜렉이 그랬던 것처럼 고향의 친족들을 발판삼아 자신의 야심을 이루려 하였다. 그러나 그들은 세바를 따라 목숨을 걸고 요압의 군대와 맞설만큼 어리석지 않았다. 아벨이 어떤 곳이던가? '아벨에 가서 물을 것이라'(20:18)는 속담이 있을 정도로 지혜의 본고장이 아니었던가? 결국 세바는 지지를 기대했던 고향 사람들의 손에 목이 잘려 죽는 비운의 인물이 되고 만다(20:22).

결과적으로 볼 때 세바는 상황판단을 제대로 하지 못한 어리석고 맹목적인 사람이었다는 평을 받아 마땅하다. 그는 압살롬의 반역으로 어수선해진 시국을 자신의 야망을 이룰 절호의 기회로 여겼을 것이다. 어쩌면 권력에 대한 욕심이 그로 하여금 모든 상황이 자신에게 유리하다고 오판하도록 만들었을지도 모른다. 사실상 권력에는 인간의 눈을 멀게하는 마력이 들어있는 것 같다. 우리는 이것을 압살롬과 사울, 그리고 더 거슬러 올라가서 아비멜렉에게서 확인할 수 있다. 그러나 이들 권력을 향한 투쟁의 역사는 하나님으로부터 나오지 않는 권력은 결국 무너지고 만다는 사실을 교훈해 준다. 결국 세바의 난은 범죄한 다윗을 징계한 채찍은 되었지만 그의 왕권을 뒤엎지는 못했다. 하나님이 여전히 다윗편에 계셨기 때문이다. 20:23-26에 소개되는 다윗의 신하들의 목록은 다윗왕권이 완전히 회복되었다는

---

196) 개역개정판의"베림"은 맛소라 본문의 읽기(בֵּרִים)를 따른 번역인데 최근의 많은 주석가들은 בֵּרִים 을 בִּכְרִים의 오기(lapsus calami)로 보고'비그리 사람들'(Bichrites)로 이해해야 한다고 주장한다(Anderson 1989:241; Firth 2009:493; Gordon 1986:295).

사실을 암묵적으로 증거하고 있다.[197]

6. 마무리하는 말

지금까지 살펴본 것처럼 사무엘하 9-20장은 다윗이 '헤셋'의 사람으로 출발하였으나 밧세바 사건과 같이 '헤셋'에 역행하는 반언약적 행위를 함으로써 거의 왕위를 잃어버릴 정도에 이르기까지 재난을 당하다가 마침내 가까스로 왕권을 회복하는 모습을 그리고 있다. 이제이 파란만장한 역사 속에서 드러나는 왕의 도리가 무엇인지를 몇 가지로 정리함으로써 이 단락을 마무리 하고자 한다.

첫째, 다윗이 요나단과의 언약을 기억하여 사울 집안 사람들에게 '하나님의 헤셋'을 베풀기를 원하는 모습에서 이스라엘의 왕도가 무엇인지 가르침 받는다. 왕은 스스로 언약관계에 충실하여야 할 뿐 아니라 백성들 사이에서 언약관계를 보증하고 보호하는 역할을 하여야한다. 이스라엘은 하나님과 특별한 언약관계하에 있는 백성이므로이것이 필수적이다. 왕이 언약관계에 충실할 때 이스라엘은 하나님이 의도하신 대로 언약백성으로서의 자기 정체를 보존할 수 있기 때문이다. 더욱이 왕은 하늘 왕이신 하나님의 대리통치자(viceroy)이므로 온 백성들에게 하나님의 언약적 사랑이 미치도록 신실하고 충성되게 나라를 다스려야 한다.

둘째, 다윗이 왕권을 남용하여 신하의 아내를 빼앗고 이어서 그 신하마저 죽게 하는 악을 행한다. 그 결과로 다윗왕권은 심각한 위기

---

197) 20:23-26의 목록과 8:15-18의 목록을 비교해 보면 둘이 비슷하다는 것을 알수 있다. 플라나간(Flanagan 1972:177)은 이러한 유사성에 근거하여 20:23-26의 목록은 다윗왕권이 원래의 상태로 완전히 회복되었다는 것을 알리는 기능을 한다고 주장한다.

에 봉착하게 된다. 가정 내에서는 갓난 아이의 죽음, 오누이간의 성폭행, 형제살해 등 끔찍한 일들이 연이어 일어나고 국가적으로는 지파들간의 반목과 갈등이 고조되어 반란이 일어나기도 하였다. 이 모든 상황은 아직 왕이 세워지지 않았던 사사시대 말기의 형편과 별반 다를 바가 없다. 여기서 우리는 왕권이 오용되면 왕이 없는 시대만큼이나 불행해진다는 교훈을 받게 된다. 그러므로 왕이 정의롭게 나라를 다스리는 것은 왕 자신을 위해서나 백성들을 위해서나 무엇보다 중요한 일이다.

셋째, 위에서 언급한 왕권남용에 대해 선지자 나단은 *여호와의 말씀을 업신여긴 행위*라고 규정하였다(12:9). 이것은 다시금 신명기에 나타난 왕의 법전을 생각나게 만든다: "그가 왕위에 오르거든 이 율법서의 등사본을 … 평생에 자기 옆에 두고 읽어 그의 하나님 여호와 경외하기를 배우며 이 율법의 모든 말과 이 규례를 지켜 행할 것이라"(신 17:18, 19). 이 말씀은 이스라엘의 왕도가 무엇인지 잘 보여준다. 이스라엘의 왕은 자의적으로 권력을 행사하는 전제군주가 아니며 그렇다고 백성들의 뜻을 최고의 가치로 삼는 인본주의적 군주도 아니다. 이스라엘의 왕은 어디까지나 율법에 제시된 하나님의 뜻에 따라 다스리는 신본주의적 군주이다.

넷째, 다윗이 비록 범죄하여 하나님의 진노를 사게 되었지만 선지자 앞에 자신의 죄를 솔직히 시인함으로 인해 사죄를 얻을 수 있었다. 나아가서 그는 아들에게 반역을 당하는 고통 속에서도 하나님께 모든 것을 의탁하며 오직 그분께 소망을 두는 믿음의 모습을 보여준다. 이런 다윗의 모습에서 우리는 하나님의 은혜가 여전히 그와 함께 하고 있다는 사실을 발견한다. 다윗이 피난길 가운데 경험한 각양각색의 도움의 손길들 또한 하나님이 여전히 다윗편에 계신다는 것을 확인시켜준다. 무엇보다도 반역군들이 '수풀'에서 죽어가는 모습은 하나님이 다윗편에서 싸우시는 것을 뚜렷이 증거해 준다. 이 단락의 마지막에 이르면 다윗이 모든 환란을 극복하고 다시 왕권을 회복한 것을 보게 된다(20:23-26). 이 모든 것은 왕이 비록 범죄했을지라도 하나님 앞에 올바른 태도를 보일 때 회복의 길이 있으며, 그와 동시에 하나님이 다윗에게 주신 약속은 취소되지 않는다는 것을 가르쳐준다(삼하 7:16 참조).

제 7장

사무엘하 21 - 24장
인애와 정의로 세우는 왕권

1. 시작하는 말

이제 사무엘의 출생으로부터 시작되는 사무엘서의 긴 역사가 종결되는 지점에 이르렀다. 신명기와 여호수아서의 끝부분을 기억하는 독자들이라면 여기서 자연스레 다윗의 마지막 날들에 대한 기록을 기대할 것이다. 그러나 뜻밖에도 다윗의 마지막 날들과 관련된 글은 그의 유언시를 담고 있는 23:1-7뿐 나머지는 모두 시점을 확인하기 어려운 다양한 성격의 글들이다. 이들을 간단히 소개하면 다음과 같다: ① 사울의 피흘린 죄로 인해 야기된 기근 이야기(21:1-14), ② 다윗과 그의 용사들이 블레셋의 거인 장수들을 물리친 에피소드(21:15-22), ③ 다윗의 감사시(22:1-51), ④ 다윗의 유언시(23:1-7), ⑤ 다윗과 그의 용사들의 행적에 대한 에피소드(23:8-39), ⑥ 다윗의 인구조사로 인해 야기된 재앙 이야기(24:1-25).

1) 통일성의 문제

위에서 간단히 언급한 것처럼 사무엘하 21-24장은 독자들의 기대와는 달리 다윗의 마지막 날들에 대한 기록들 대신 시점을 추정하기 어려운 다양한 성격의 글들을 포함하고 있다. 오히려 다윗의 마지막 날들에 대한 기록은 열왕기상 1-2장에 나타난다. 이러한 상황은 이 단락이 주변 문맥(삼하 9-20, 왕상 1-2)과 이질적인 것처럼 보이게 만든다. 그뿐만 아니라 이 단락 안에 있는 글들조차 얼핏 보기에 문학적인 양식에 있어서나 내용에 있어서 차이가 있기에 어떤 통일성을 발견해낸다는 것이 불가능해 보인다. 따라서 지금까지 많은 학자들은 사무엘하 21-24장을 사무엘서에 느슨하게 첨가된 부록정도

로 여기기 일쑤였다.[198]

그러나 이 단락을 자세히 읽으면 이 본문이 결코 사무엘서의 내용과는 동떨어진 이차적 첨가물이 아니라는 사실을 알 수 있다. 우선 이 단락의 중심부를 차지하는 다윗의 두 노래는 사무엘서의 초반부에 자리하고 있는 '한나의 노래'(삼상 2:1-10)와 이 책의 중간 부분에 나타나는 '다윗의 애가'(삼하 1:17-27)와 함께 사무엘서를 장식하는 '삼부작'(triptych)을 이루고 있다(Polzin 1993:202). 이것은 적어도 사무엘하 21-24장의 두 시가 전체 사무엘서와 더불어 구조적 관계하에 있다는 것을 의미한다. 게다가 사무엘하 21-24장의 글들 또한 '아무런 질서'가 없는 '첨가물 덩어리'가 아니다. 여기에 수록되어 있는 여섯 개의 글들은 문학적 양식이나 주제에 있어 정교한 대칭구조를 이루고 있다:[199]

A	21:1-14		내러티브	사울의 피흘린 죄
	B	21:15-22	목록	다윗의 용사들
		C 22:1-51	시	다윗의 감사시
		C´ 23:1-7	시	다윗의 유언시
	B´	23:8-39	목록	다윗의 용사들
A´	24:1-25		내러티브	다윗의 인구조사

따라서 사무엘하 21-24장은 최근 연구가들 사이에 사무엘서에

---

198) 예컨대 퀘넌(Kuenen 1861:247)은 이 단락에서 '아무런 질서(geenerlei orde)'를 발견할 수 없다고 하였고, 클로스터만(Klostermann 1887:XXIII)은 그것을 '성유물들'(Reliquien)에 비유하기도 하였다. 또한 유대인 학자 세갈(Segal 1965-1966:36)은 이 단락의 배열이 '비합리적(irrational)'이라 하였으며, 노트(Noth 1957:62)는 이 단락을 신명기 역사서가 각각의 책들로 나누어진 후 덧붙여진 '첨가물 덩어리'(ein Konglomerat von Zusätzen)라 평하였다.

199) 사무엘하 21-24장이 정교한 대칭구조를 이루고 있다는 사실을 처음으로 발견한 학자는 독일의 주석가 Karl Budde라고 한다(Bruggemann 1988:383).

없어서는 안될 구성적 요소로 새롭게 주목받고 있다. 폴진이나 클레멘트와 같은 학자들은 이 단락이 사무엘서의 '결론부'를 형성한다고 하며(Polzin 1993; Klement 2000), 심지어 차일즈는 그것이 사무엘서의 이해를 위한 '해석학적 지침'이 된다고 주장하기까지 한다(Childs 1978:272). 필자 또한 이들 학자들의 견해와 전적으로 공감한다. 앞에서(§ 1.4.1) 설명한 것처럼 사무엘하 21-24장은 문학적 구성이나 신학적 주제면에 있어서 전체 사무엘서와 긴밀히 연결되어 있으며 이 책을 종결짓는 결론부의 역할을 한다.

2) 중심 메시지

사무엘하 21-24장이 사무엘서의 결론부라고 한다면 이 단락의 중심 메시지 또한 전체 사무엘서와 긴밀히 연결되는 것이 당연하다. 앞에서 우리는 사무엘서가 옛 이스라엘에서의 왕직의 기능과 성격이 어떤 것인지를 밝히는데 초점을 둔 책이라는 점을 강조하였다. 특히 사무엘서의 중심부를 차지하는 사무엘상 15장부터 사무엘하 20장까지는 한편으로 사울/사울 왕가와의 갈등관계 속에서 다윗이 어떻게 왕으로 세워지게 되었는가를 보여주며(삼상 15-삼하 8), 다른 한편으로 다윗이 왕권을 남용하여 어떤 재난을 겪게 되었는가를 보여준다(삼하 9-20). 이를 통하여 저자는 왕이 하나님을 경외하는 가운데 공의롭게 왕권을 행사할 경우 그의 나라가 "돋는 해의 아침 빛 같이" 또는 "땅에서 움이 돋는 새 풀 같이" 번성할 것이지만(삼하 23:4), 그렇지 않을 경우 그와 그의 나라가 다함께 불 같은 재난을 당하게 될 것임을 말하고 있다(삼하 23:6, 7).

　우리가 보기에 이와 같은 사무엘서의 메시지가 사무엘하 21-24

장에서 최종적으로 재현되고 있다. 즉 저자는 내러티브, 목록, 시 등 다양한 문학양식과 정교한 대칭구조를 통하여 사무엘서의 두 중심 주제(다윗왕권의 확립과 다윗왕권의 위기)를 다시 한번 요약제시함으로써 사무엘서를 끝맺고 있다. 대칭구조의 전반부(21:1-14; 21:15-22; 22:1-51)는 다윗이 사울과 블레셋으로 대표되는 이방민족들과의 관계에서 최후 승리자로 우뚝 서게 되는 모습을 묘사하고 있으며, 후반부(23:1-7; 23:8-39; 24:1-25)는 다윗이 왕권을 남용함으로 인해 충성스러운 신하들뿐 아니라 온 백성들의 생명까지 위태롭게 한 일을 소개하고 있다. 이를 통하여 저자는 왕이 하나님을 경외하는 가운데 공의롭게 나라를 다스려야만 왕국의 미래가 보장된다는 메시지를 전하고 있다. 이렇게 볼 때 사무엘하 21-24장은 두 개의 음조가 대위법적 평행 가운데 흘러가는 푸가(fugue)의 종악장(finale)에 비교된다고 할 수 있다.

아래에서 사무엘서 21-24장이 어떻게 전체 사무엘서의 결론부를 형성하는가를 본문 주해를 토대로 살펴보고자 한다. 앞에서 언급한 것처럼 이 단락의 각 본문들은 문학적 양식이나 주제 면에서 짝이 되는 본문과 정교하게 대칭을 이룬다. 따라서 이러한 구조적 특성을 고려하여 본문을 분석할 필요가 있다. 즉 사울의 피흘린 죄에 대해 이야기하는 21:1-14은 다윗의 인구조사에 대해 이야기하는 24:1-25와 나란히 다루어져야 한다.[200] 이 단락의 나머지 본문들 또한 마

---

200) 21:1-14과 24:1-25은 모두 내러티브 양식으로 되어있으며 왕의 범죄로 야기된 국가적 재난을 다루고 있다는 점에서 공통점이 있다. 24:1의 "여호와께서 *다시* 이스라엘을 향하여 진노하사" 또한 21:1-14에 묘사된 여호와의 진노를 염두에 두고 있다. 무엇보다도 두 본문의 관련성은 이들이 모두 유사한 표현으로 끝난다는 점에서 확인된다: וַיֵּעָתֵר אֱלֹהִים לָאָרֶץ אַחֲרֵי־כֵן"그 후에야 하나님이 그 땅을 위한 기도를 들으시니라"(21:14); וַיֵּעָתֵר יְהוָה לָאָרֶץ"이에 여호와께서 그 땅을 위한 기도를 들으시매"(24:25).

찬가지이다: 다윗의 용사들(21:15-22; 23:8-39), 다윗의 시 (22:1-51; 23:1-7).

2. 사울의 피흘린 죄

21:1-14은 독자들의 마음을 사로잡는 몇 가지 비극적 사건들을 담고 있다. 먼저 사울의 피흘린 죄로 인해 이스라엘에 삼 년의 기근이 임하고, 그 결과 사울의 남자 후손들 중 일곱 명이 처형당한다. 이어서 사울의 첩 리스바가 자신의 처형당한 두 아들의 시신을 지키는 애처로운 광경이 나타난다. 마침내 다윗이 처형당한 자들의 시신뿐 아니라 사울과 요나단의 유해까지 - 이때까지 이들은 길르앗 땅에 매장되어 있었다(삼상 31:7-13 참조) - 거두어 고향 땅 조상의 선영에 안치한다. 그제서야 비로소 하나님과 이스라엘의 관계가 회복된다. 이 모든 이야기가 의미하는 바는 무엇이며, 사무엘서의 현재 자리에 놓인 이유는 무엇인가?

1) 무법한 사울

본문은 "다윗의 시대에 해를 거듭하여 삼 년 기근이 있었다"(1a)는 보도와 함께 시작된다. 정황상 이 기근은 비가 오지 않아 생긴 것으로 보인다(10절 참조). 알려진 바와 같이 고대 팔레스타인의 농업과 목축업은 비나 이슬에 전적으로 의존되어 있었다. 그러기에 삼 년간의 긴 가뭄은 백성들에게 말 그대로 '재앙'이었을 것이다. 특히 풍요의 문제가 왕의 자질과 관련된다고 여겼던 고대 근동의 문화적 맥락을 고려하면 이 기근은 무엇보다도 다윗왕권을 위협하는 것이었다고 볼 수 있다(시 72편 참조).[201] 이러한 위기의 때에 다윗은 하나님의 얼굴을 구하였고 하나님은 그런 다윗에게 기근의 원인을 알려주셨다: "이는 사울과 피를 흘린 그의 집으로 말미암음이니 그가 기브온 사람을 죽였음이니라." 이처럼 처음부터 본문은 다윗과 사울을 대조하는 것으로부터 시작한다. 다윗은 하나님과 친밀한 관계 속에 있는 경건한 인물로 등장하며 사울은 범죄하여 하나님의 진노를 사는 인물로 소개된다.

그런데 여기서 몇 가지 짚고 넘어가야 할 문제가 있다. 먼저 왕(사울)이 범죄하였는데 왜 백성들이 고통을 당해야 했는가 하는 문제이다. 이 질문에 답하기 위해서는 사울이 왕이 된 것은 백성들의 그릇된 욕망 – 열방과 같이 되고자 하여 왕을 구함(삼상 8:20) – 과 관련되어 있었다는 점을 상기할 필요가 있다. 당시 선지자 사무엘은 백성들의 잘못된 요구가 가져올 불행한 결과들에 대해 경고한 바 있다(삼상 8:10-18; 12:14-15 참조). 이런 선지적 경고를 배경으로 본문을 읽으면 백성들이 사울의 범죄로 인해 왜 기근과 같은 재앙을 겪어야 했는지를 이해할 수 있다. 즉 지금 이스라엘 백성들이 당하는 재앙은 자신들이 한 때 그릇된 욕망으로 왕을 구한 것에 대한 준엄한 심판의 성격을 갖는다는 말이다.

더 나아가 왕은 여호와의 기름부음을 받은 자로서 하나님의 통치를 대행하는 자일 뿐 아니라 백성의 대표자란 사실을 염두에 두어야한다. 다시 말하면 백성과 왕 사이에는 깊은 연대관계(solidarity)가 있다는 것이다. 카민스키(Kaminsky 1995:52)는 이 연대관계에 대해 다음과 같이 설명한다:

---

201) 고대 이집트에서는 풍요를 주관하는 신 Min이 파라오와 동일시 되었고, 따라서 왕직이 풍요의 혜택을 백성들에게 보장해주는 것으로 여겨졌다고 한다 (Frankfort 1978:189).

"왕이 일반 백성들의 죄에 책임이 있었던 것과 마찬가지로 일반 백성들 또한 왕의 죄에 연루되었다. 왕은 일개 평범한 개인이 아니라 지상에서 하나님의 대리인이었으며 백성과 하나님 사이에 가장 중요한 중보자였다. 범죄한 왕은 두 가지 측면에서 백성들의 안녕을 위태롭게 했다. 우선 이 죄는 하나님 앞에 국가의 대표로서 지은 죄이며 따라서 왕의 행위는 결코 자신만을 위한 것이 아니었다. 다음으로 왕은 국가의 공적 예배의 분위기를 선도하는 위치에 있기에 그가 어떤 제의적인 죄를 범할 경우 백성들은 자동적으로 그 죄에 연루되게 된다. 왜냐하면 그들은 제의적인 문제에 있어 왕의 인도를 따르도록 되어 있었기 때문이다."

이스라엘 백성들이 사울의 범죄로 기근을 겪게 된 것은 바로 왕과 백성 사이에 존재하는 이 연대관계 때문이라 할 수 있다. 이렇게 볼 때 백성들의 행불행은 그들이 어떤 왕의 통치를 받느냐에 달려있다 해도 과언이 아니다. 신약의 성도들이 복된 이유도 선한 목자이신 예수 그리스도가 그들의 왕이기 때문이다(요 10:11 참조).

다음으로 생각해 보아야 할 문제는 사울이 기브온을 멸하고자 한 것이 왜 그렇게 큰 죄가 되는가 하는 것이다. 고대 사회에서 한 민족이 자국의 이익을 위하여 다른 민족을 치는 것은 일반적인 관행이었다. 본문은 사울 또한 나라를 위한 '열심' 때문에 기브온 족속을 멸하고자 하였다고 밝힌다(2절). 더욱이 기브온 족속은 이스라엘 입장에서 진멸해야 할 가나안 원주민들 가운데 하나였다(신 7:1-5 참조).[202] 그런 기브온 족속을 멸하고자 한 사울의 행동이 왜 잘못되었는가? 내레이터의 설명에 따르면 사울의 행동이 문제가 된 이유는

---

202) 기브온 족속은 인종적으로 원래 '히위 사람'(הַחִוִּי)이었다(수 9:7 참조). 본문 2절에서 저자가 기브온 족속을 '아모리 사람'(הָאֱמֹרִי)이라 부르는 이유는 이 명칭이 가나안 원주민들에 대한 일반적 칭호였기 때문인 듯하다(Stoebe 1994:453).

그것이 기브온과의 언약을 깨는 것이었기 때문이라고 한다: "이스라엘 족속들이 전에 그들에게 **맹세하였거늘** 사울이 … 그들을 죽이고자 하였더라"(2절).[203]

사실상 여호수아 시대 이래로 이스라엘과 기브온 사이에는 언약관계가 있어왔다. 당시 이스라엘은 기브온 사람들의 계략에 속아 그들과 더불어 언약을 맺었다(수 9장). 그럼에도 불구하고 그 언약은 여호와의 이름으로 맹세한 신성한 약속이었기에 무효화될 수 없는 것이었다(수 9:15). 그런데 사울은 이런 언약관계를 무시하고 기브온을 멸하고자 하였다. 말하자면 사울은 이스라엘과 유다를 위한다는 명분으로 여호와의 이름으로 맺어진 언약을 깨고 말았던 것이다. 여기서 드러나는 사울의 모습은 민족주의적 열심에 사로잡힌 '열방의 왕들'과 다를 바 없으며, 여호와를 경외하고 그분의 뜻에 충성하는 신정적(theocratic) 왕의 모습과는 거리가 멀다. 사울은 기브온을 침으로써 언약을 깨뜨렸을 뿐만 아니라 언약의 주인이신 하나님의 이름을 더럽혔으며, 언약백성으로서의 이스라엘의 정체에 치명적 손상을 가하였다. 이처럼 무법한 사울의 모습은 그가 아말렉과의 전쟁에서 살찐 양과 소를 탈취하기에 급급하여 하나님의 명령을 어긴 일을 상기시켜준다(삼상 15장).

2) 공의로운 다윗

---

203) 멘덴할(Mendenhall 1954:51-76)에 따르면 '맹세'(oath-taking)는 주전 2000년대 히타이트 조약과 구약의 몇몇 언약본문들에서 중요한 요소들 가운데 하나라고 한다. 특히 덤브렐(Dumbrell 1984:20)은 맹세가 언약을 지칭하는 일종의 제유(synecdoche)로서 성경이나 성경 외적 문서에서 '언약의 실질적인 동의어'(a virtual synonym for covenant)라고 주장한다.

하나님의 계시를 통해 재난의 원인을 알게 된 다윗은 문제의 해결을 위한 조치를 취한다. 위에서 본 것처럼 문제의 핵심은 기브온과의 언약이 지켜지지 않았다는데 있다. 따라서 문제의 해결을 위해 무엇보다도 중요한 것은 깨어진 언약관계가 회복되는 것이다. 어떻게 하여야 이것이 가능할 것인가? 이스라엘 편에서 일방적으로 일을 처리한다면 진정한 회복은 기대하기 어려울 것이다. 다윗이 기브온 사람들을 불러 그들의 입장을 물어본 이유도 여기에 있다. 다윗은 그들에게 "내가 어떻게 속죄하여야 너희가 여호와의 기업을 위하여 복을 빌겠느냐"라고 묻는다(3절).[204] 여기서 우리는 다윗이 기브온 사람들에게 적절한 보상을 함으로써 그들과의 관계회복을 꾀하고자 하였다는 사실을 알 수 있다.

3-6절에 기브온 사람들과 다윗 사이의 대화가 나타나는데 이것은 마치 재판에서의 심리과정과 같다는 인상을 준다. 말하자면 다윗은 재판관이요 사울 집안은 피고이며 기브온 사람들은 원고이다. 이 모든 것은 사울의 문제가 공정한 법적인 절차에 따라 다루어지고 있다는 것을 암시한다. 특히 다윗이 시종일관 기브온의 의견을 묻고 듣는 태도를 보이고 있는 모습이 인상적이다: "내가 너희를 위하여 어떻게 하랴", "너희가 말하는대로 시행하리라", "내가 내주리라."이는 왕의 권세로 부당하게 재판을 굽게 하거나 자의적으로 재판하지 않고 공정하게 사건을 다루는 의로운 재판관의 모습이다.

이에 기브온 족속들은 자신들이 사울로부터 얼마나 잔혹한 핍박

---

204) 여기서 다윗이 '속죄'를 언급한 것은 제의적인 의미에서의 속죄를 의미한 것이라기보다 이스라엘이 기브온 사람들에게 끼친 피해에 대한 '보상'을 의미한 것이라 할 수 있다. 야노브스키(Janowski 1982:113-14)에 따르면 본문에서 다윗이 언급한 '속죄'는 기브온 사람들에 대한 '경의의 표시'(Reverenzerweis)로 이해될 수 있다고 말한다.

을 당하였는지를 설명한다. 그들은 사울과 자기들의 문제는 은과 금으로 해결될 일이 아니라고 말한다. 특히 5-6절에 보면 그들의 격앙된 감정이 '파격구문'(anacoluthon)을 통해서 잘 표현되고 있다:

הָאִישׁ אֲשֶׁר כִּלָּנוּ וַאֲשֶׁר דִּמָּה־לָנוּ   "우리를 결딴내었고 우리를 대적한 자

נִשְׁמַדְנוּ   '우리는 멸절되어

מֵהִתְיַצֵּב בְּכָל־גְּבֻל יִשְׂרָאֵל   이스라엘 지경에 머물 수 없게 되었나이다'

יֻתַּן־לָנוּ שִׁבְעָה אֲנָשִׁים מִבָּנָיו[205]   그의 일곱 남자후손을 우리에게 주소서"

위의 표현으로 미루어 짐작컨대 사울이 기브온 사람들에게 행한 일은 일종의 '인종청소'(genocide)와 같은 만행이었을 것이다.[206] 기브온 사람들의 말이 터무니없는 과장이 아니라면 그들의 요구 또한 부당한 것이라 할 수 없다. 마침내 다윗은 기브온 사람들의 요구를 들어준다:"아니 엣텐"(אֲנִי אֶתֵּן "내가 주리라!").

이렇게 해서 사울의 일곱 남자 후손들이 처형을 당하게 된다. 이들의 처형방식을 가리키는 히브리어 동사 '호키아'(הוֹקִיעַ, יקע의 히필 완료형)의 의미가 무엇인지는 분명하지 않다.[207] 그것이 정확히 무

---

205) 맛소라 본문의 יֻתַּן은 비정상적인 모음표기를 하고 있다. 따라서 맛소라 학자들은 יֻתַּן (Hophal, impf 3 msg)으로 읽기를 제안하지만(Qere) 모음부호만 수정하여 יִנָּתֵן (Niphal impf 3 m sg)로 읽어도 무방할 것이다(Nowack 1902:238; McCarter 1984:438; Stoebe 1994:454).

206) 사울이 기브온을 침공한 이유로서는 다음 세 가지가 대표적이다: 첫째, 기브온 족속이 블레셋과 공모(共謀)하였기 때문이다(Bright 1972²:184). 둘째, 사울이 기브온을 자신의 왕도로 삼고자 했기 때문이다(Blenkinsopp 1974:3). 셋째, 사울은 이방민족이 이스라엘 땅에 거주하는 것을 싫어했기 때문이다 (Schmitt 1970:123-24).

207) 최근 여러 학자들은 הוֹקִיעַ의 어근 יקע가 '탈구시키다'(to dislocate), '사지를 자르다'(to dismember)의 의미를 갖는다는 점에 착안하여 이 동사의 의미를 '사지를 꺾어 내놓다'(to expose with broken limbs) 정도로 이해하기를 제안한다(DCH IV 1998:274).

엇을 의미하든 기브온 사람들을 만족시키는 속죄의 방식이었다는 것은 분명하다. 먼저 기브온 사람들이 이스라엘의 언약 파트너였다는 점을 감안할 때 הוקיע는 언약의 저주과 같은 것이었다고 볼 수 있다. 사실상 고대 근동의 언약문서들에는 사무엘하 21:1-14의 내용과 유사한 요소들이 나타난다. 힛타이트 왕 Mursilis의 기도서에 따르면 아비가 언약을 파기한 것에 대한 책임을 자식이 져야 한다는 내용이 나타나며 바벨론의 경계석(Babylonian boundary stones)에는 언약 파기자의 시신은 매장하는 대신 들짐승의 먹이가 되도록 해야 한다는 규정이 나오기도 한다. 신명기 율법 또한 언약을 파기한 자와 그 자손에게 온갖 종류의 재앙이 임할 것이며 그들의 시체는 '공중의 모든 새와 땅 짐승들의 밥이 될 것이라'는 경고를 담고 있다(신 28:26). 이 모든 것을 종합할 때 사울의 일곱 남자 후손은 결국 언약의 저주라는 법적 규정에 따라 처형된 것이라 할 수 있다.[208]

더 나아가 본문은 기근의 원인을 사울의 '피흘린 죄'에 돌리고 있다는 사실에 주목할 필요가 있다. 이는 사울의 후손의 처형이 '피의 복수'(blood vengeance)라고 하는 법적인 제도와도 관련된다는 것을 의미한다. 이 제도는 인간이 하나님의 형상대로 지음을 받았기에 어떠한 경우에도 무죄한 피를 흘려서는 안 된다는 것을 그 내용으로 한다. 창세기 9:6을 보자: "무릇 사람의 피를 흘리면 사람이 그

---

208) 종종 언약의 저주는 언약을 맺는 의식에서 표현되기도 한다. 근동의 Mari 지역에서 발견된 문서에 따르면 언약을 맺는 것을 가리켜 *haiara qatalu* ("to slay an ass") 혹은 *napista lapatu* ("to touch one's throat")라는 표현을 사용하였다. 여기서 표현되고 있는 것은 언약을 깰 경우 죽음을 면치 못할 것이라는 것이다. 히브리어에서는 언약을 맺다는 말이 *qarat bᵉrit* (to cut a covenant)라는 표현을 사용한다. 이는 언약을 맺을 때 짐승을 둘로 쪼개어 나누는 관습에서 유래된 표현이라고 한다(창 15장 참조). 심지어 폴진(Polzin 1969:227-40)은 본문에 나타나고 있는 처형형태(הוקיע) 또한 전형적인 언약저주의 방식이라고 주장한다(민 25:4 참조).

피를 흘릴 것이니 이는 하나님이 자기 형상대로 사람을 지었음이라."
같은 맥락에서 구약은 '피의 보수자'(blood avenger)에 대하여 말
씀하고 있다는 것을 상기할 필요가 있다. 민수기 35:16에 의하면
누군가가 고의로 사람을 죽이면 피의 보수자가 그 살인자를 죽여야
했다. 특히 민수기 35:33은 사울의 후손의 처형과 직접적인 관련이
있는 것으로 보인다: "너희는 거하는 땅을 더럽히지 말라 피는 땅을
더럽히나니 피 흘림을 받은 땅은 이를 흘리게 한 자의 피가 아니면
속할 수 없느니라."[209]

끝으로 사울의 후손의 처형은 소위 '탈리오의 법'(lex talionis)과
도 관련된다고 볼 수 있다. 이 법은 소위 받은 만큼 되돌려주는 것
을 규정하는 법이다: 생명은 생명으로 눈은 눈으로 이는 이로 등(출
21:22-25 참조). 그렇다면 본문 어디에서 이 법의 흔적을 찾아볼
수 있는가? 본문 5-6절에 따르면 사울은 기브온 족속을 멸절시키고
자 하였고 이에 대해 기브온 사람들은 사울의 후손 중 일곱을 내어주
기를 요구하고 있다. 알려진 바와 같이 일곱은 완전수로서 사울 집안
전체(혹은 이스라엘 전체)를 상징하는 숫자이다. 따라서 기브온 사
람들은 사울이 자신들을 멸절시키고자 하였기에 사울 집안 또는 이
스라엘 전체를 벌하겠다는 의미로 사울의 후손 일곱을 요구했다고
할 수 있다. 이처럼 사울의 후손들을 처형하고자 한 다윗의 판결 배
후에는 탈리오의 법이 작용하였다.

이상에서 본 바와 같이 사울의 후손이 처형된 것은 철저히 당시에
통용되던 법적원리(legal principles)에 의한 것이었다. 그 결과

---

209) 메르쯔에 따르면 '피의 복수'에 있어서 일차적인 복수의 대상은 살인자 자신이
    지만 가족들이 복수의 대상이 될 수도 있었다고 한다(Merz 1916:82). 또한 그
    린버그(Greenberg 1991:346)는 언약파기와 같이 하나님의 이름에 직접적인 손
    상을 입힌 범법행위의 경우 가족들뿐만 아니라 공동체 전체가 연대책임을 져야
    했다고 말한다.

사울과 그 집안의 무법함이 강조되고 다윗의 공의로움이 부각된다. 여기서 특히 전면에 나서는 것은 언약관계이다. 사울은 여호와의 이름으로 맺어진 언약을 깨뜨린 자로, 다윗은 깨어진 언약을 회복시키는 자로 나타난다. 언약을 신실하게 지키는 다윗의 모습이 7절에서 강조된다. 그는 요나단과 맺은 언약(여호와의 맹세)을 지키고자 므비보셋을 처형하도록 넘기지 않았다. 이와 같이 사무엘하 21:1-14은 이스라엘의 첫 두 왕인 사울과 다윗의 상반된 모습을 '여호와의 맹세'로 표현되는 언약의 관점으로 조망하고 있다.

3) 다윗과 리스바

그런데 뜻밖에도 사울의 후손들의 처형과 함께 모든 이야기가 종결되지 않는다. 형이 집행되자 이야기의 초점은 곧바로 처형된 자들 중 두 사람의 어머니인 리스바에게로 옮겨간다. 그녀는 아들들이 처형되던 날로부터 시작하여 하늘에서 비가 내리기까지 굵은 베를 반석 위에 펴고 시신을 지키는 일을 한다(10절). 이 소식을 전해들은 다윗은 처형된 자들을 비롯하여 멀리 길르앗 땅에 묻혀있는 사울과 요나단의 유해까지 베냐민 땅 가족묘지에 안장한다(12-14b). 놀랍게도 내레이터는 이 모든 일이 있고 난 다음에야 하나님과 이스라엘의 관계가 회복되었다고 한다(14c). 여기서 다음과 같은 질문들이 생긴다: 왜 하나님과 이스라엘의 관계회복이 지연되었는가? 하나님이 사울 집안사람들의 매장을 그처럼 중요하게 보신 이유가 어디에 있는가? 하나님은 그들의 처형을 원치 않으셨는가?[210] 이러한 질문들에

---

210) 사실상 많은 학자들은 하나님께서 처형을 원하지 않으셨고 하나님이 인정하신 것은 오직 리스바가 보여준 사랑의 행위일 뿐이라고 주장한다(Schulz 1920:262; Dietrich 1997:302; Frolov & Orel 1995:145-54).

답하기 위해서는 먼저 다윗이 사울과 요나단의 유해까지 재매장한 이유가 무엇이며, 또한 그 같은 다윗의 태도에 직접적으로 영향을 미친 리스바의 행위가 무엇을 의미하는지를 이해하여만 한다.

리스바의 행위를 이해하는데 가장 큰 난점은 본문이 그녀가 왜 그 같은 일을 하였는지에 대한 직답을 주지 않고 있다는 사실이다. 따라서 주해가는 문맥의 흐름을 파악하고 수사적 장치들을 살펴 저자의 의도를 파악하여야만 한다. 먼저 독자의 눈에 띄는 것은 12절의 내용이다. 여기에는 다윗이 리스바의 행위를 알고 난 직후 사울과 요나단의 유해를 가져오기 위해 길르앗 야베스 땅에 갔다는 기록 외에도 길르앗 야베스 사람들이 과거에 행한 일이 비교적 상세히 부연되고 있다. 그것은 그들이 벧산 성벽에 매달린 사울과 요나단의 시신을 돌보기 위해 목숨의 위험을 무릅쓰고 블레셋 진영으로 갔다는 내용이다. 놀랍게도 이것은 10절에 묘사되고 있는 리스바의 행위와 평행을 이룬다. 여기서 저자가 말하고자 하는 바가 무엇인지 드러난다: *길르앗 야베스 사람들처럼 리스바도 아들들과 다른 희생자들의 시신을 매장해줄 수 있기 위해 모든 노력을 기울였다.*

그렇다면 다윗이 처형된 자들뿐 아니라 사울과 요나단의 유해까지 새로 매장한 이유는 무엇인가? 그는 한때 사울과 그 아들들의 유해를 돌보아준 야베스 사람들의 행위를 칭찬한 적이 있다(삼하 2:4-7). 이것은 아마도 그들의 **신실한** 모습에서 받은 깊은 감명 때문이었을 것이다. 마찬가지로 다윗은 리스바의 소식을 접한 순간 그녀의 "가족적 충절과 모성적 유대"(familial loyalty and maternal bonds)에 강한 인상을 받았을 것이다. 그러나 여기서 중요한 것은 단순히 '감명'과 같은 감정의 문제가 아니다. 다윗은 옛날 사울에게 그의 이름을 아비 집에서 멸하지 않겠노라고 야웨의 이름으로 맹세한 적이 있다(삼상 24:21-22). 그럼에도 불구하고 다윗은 오래 동안 사울의 유해를 고향땅 아비의 묘실에 묻어줄 생각을 못하고 있었다. 이것은 사울과 맺은 언약을 어기는 행위일 뿐 아니라 언약의 하나님인 야웨를 소홀히 여기는 행위이다. 리스바의 '충절'은 다윗으로 하여금 바로 그 같이 중대한 과오를 깨닫게 하는 촉매제 역할을 하였다. 그렇지 않다면 다윗이 리스바의 소식을 듣자마자 몸소 야베스 땅으로 가서 사울과 요나단의 유해를 메어온 까닭이 어디에 있겠는가?

이제 왜 회복이 지연되었으며 하나님께서 사울과 요나단의 매장을 그처럼 중요하게 보신 이유가 무엇인지 분명해졌다. 그것은 다윗이 사울과 그 가족들의 유해를 방치함으로써 사울과 맺었던 언약관계에 충실하지 못하였기 때문이다. 그러나 다행하게도 다윗은 사울의 첩 리스바의 행위로 인해 자신의 책임을 이행할 수 있게 되었고 그 결과 이스라엘에 최종적인 회복을 가져올 수 있게 되었다. 이렇게 보면 문제의 초점이 사울 사람들의 매장 그 자체에 있지 않고 여호와의 이름으로 맹세한 언약관계에 있음을 알게 된다. 결국 사무엘하 21:1-14은 사울 집안과 다윗 사이에 일어난 일련의 사건들을 통하여 언약에 충실한 것이 왕과 백성에게 얼마나 중요한 것인지를 드러내고 있다.

4) 본문의 위치와 기능

본문의 내용분석을 통하여 사무엘하 21:1-14은 여호와의 이름으로 맹세한 언약관계에 대한 사울과 다윗의 상반된 태도와 그에 따른 결과를 보여주고 있다는 사실을 알게 되었다. 사울 왕은 언약을 깨뜨림으로써 온 백성들을 도탄에 빠뜨렸을 뿐 아니라 자신의 집안까지 망하게 하였다. 반면 다윗은 언약관계에 충성됨으로 인해 나라를 위기에서 건져내고 자신의 왕권을 더욱 견고하게 만들었다. 사울 때문에 생겨난 위기는 다윗의 적절한 대응으로 인해 결국 축복으로 막을 내린다. 기브온 족속의 상처가 치유되고, 가뭄으로 핍절된 땅이 회복되어 다시 풍요를 가져오게 되었고, 하나님과의 관계가 새롭게 되어 온 백성들이 평강을 누릴 수 있게 되었다.

사울 왕가의 최종적인 몰락 또한 다윗왕권을 더욱 굳게 세우는 결과를 낳았다. 사무엘서에 나타난 여러 정황으로 미루어볼 때 사울 집안과 다윗 사이에는 계속 긴장과 갈등이 있었다(삼하 16:1-4; 5-8; 20:1-2). 그러므로 사울 집안 사람들은 알게 모르게 다윗왕권을 약화시키는 요인으로 작용하였을 것이다. 그러나 이제 사울의 남자 후손 일곱 명의 처형으로 사울 집안은 회복 불능의 상태로 완전히 몰락하였다. 두말할 나위 없이 이것은 다윗왕권을 더욱 견고하게 하는 결과를 가져왔을 것임에 틀림없다.

이것이 사실이라면 이 본문이 현재의 자리에 오게 된 이유가 무엇이며 현재의 자리에서 그것이 하는 기능은 무엇인가? 앞에서 언급한 것처럼 많은 사무엘 연구가들은 사무엘하 9-20장과 열왕기상 1-2장이 서로 연결된다고 보고 그 사이에 있는 사무엘하 21-24장을 이차적인 삽입(부록)으로 다룬다. 그러나 이들의 견해는 사무엘서의 문학적 구성과 신학적 의도에 대한 오해에서 비롯된 것이다. 물론 사무엘하 9-20장이 독립된 단락을 이루고 있다는 견해는 옳은 것이다. 이것은 사무엘하 9-20장을 둘러싸고 있는 '인명목록'(삼하 8:15-18; 20:23-26)에서 분명해진다. 이들 인명목록들은 사무엘하 21장 이후의 내용과 사무엘하 9-20장의 내용이 서로 구분되며, 사무엘하 8장까지의 내용과 사무엘하 9-20장의 내용 또한 서로 구분된다는 것을 알려준다. 이를 도식화 해보자:

이와 같은 구분을 고려한다면 사무엘하 21장 이후의 내용과 사무엘하 9-20장의 내용이 단절되는 것처럼 보인다 해서 문제될 것이 없다. 오히려 이 단절은 저자에 의해 의도된 것으로 볼 수 있기 때문이다.

그렇다면 이 단절을 통해 저자가 의도하는 바는 무엇일까? 앞에서 우리는 21:1-14의 중심내용이 사울가의 몰락과 그에 따른 다윗왕권의 견고화란 사실을 발견하였다. 사무엘서에서 이 내용은 어느 부분과 연결되는가? 우리는 사무엘상 15장부터 사무엘하 8장까지의 내용 또한 사울가의 몰락과 다윗왕권의 확립에 초점을 두고 있다는 점을 알고 있다. 여기서 다음과 같은 사실이 밝혀진다: 사무엘하 8장까지의 내용이 21:1-14에서 재현된다. 물론 그것은 동일한 내용의 단순한 반복이 아니다. 21:1-14은 사울가의 최종적인 몰락을 인치고 있다는 점에서 다윗과 사울간의 관계의 종지부를 찍는 본문에 해당한다. 따라서 우리는 21:1-14이 사무엘하 8장까지의 대단원을 형성한다고 결론내릴 수 있다.

요약하자면 사무엘서의 저자는 사무엘하 8장까지의 내용 - 사울은 하나님의 말씀을 불순종함으로 버림받은 왕이 된 반면 다윗은 하나님과의 관계에 충성됨으로 인해 이스라엘의 왕으로 세워지게 되었다 - 을 사무엘서의 말미에 다시 한번 제시함으로써 독자들에게 진정한 왕도가 무엇인지를 가르치고 있다.

3. 왕권을 남용한 다윗

이제 21:1-14과 대칭관계에 있는 24:1-25을 살펴볼 차례이다. 이 본문은 다윗의 인구조사와 그로 인해 야기된 국가적 재난을 다루고 있다. 이 장에는 21:1-14과 마찬가지로 우리의 이해를 어렵게 만드는 요소들이 있다. 우선 하나님이 왜 이스라엘에게 진노하셨는지 밝혀져 있지 않다. 하나님은 까닭 없이 진노하시는 분이신가? 더욱 난해한 것은 하나님께서 이스라엘을 벌하시기 위해 다윗으로 하여금 인구조사를 하게 하시고 그 인구조사를 빌미로 이스라엘에 진노를 쏟아 부으셨다는 사실이다. 하나님께서 왜 하필이면 인구조사를 하게 하셨을까? 인구조사가 그렇게 잘못된 것인가? 더군다나 범죄한 이는 왕이지 않은가? 왜 왕의 범죄로 인하여 백성들이 재앙을 당하여야만 했는가? 이런 여러 가지 질문들에 답하기 위해서는 먼저 인구조사에 대한 이해가 선행되어야 한다. 그러므로 우리는 먼저 구약에서 인구조사의 의미가 무엇인지를 생각하고 이어서 다윗의 인구조사에서 문제가 되는 것이 무엇인지를 살피고자 한다.

1) 구약의 인구조사

어떤 이는 구약에서 인구조사란 어떤 특별한 의미를 갖는 것이 아니었다고 말한다(Neufeld 1994:196-204).[211] 이 견해에 따르면 다윗의 인구조사 후 백성들이 재난을 당한 것은 그저 우연의 일치일

---

211) 푸쓰(Fuß 1962:145-64)는 다윗의 인구조사 이야기가 아라우나의 타작마당에 번제단이 세워지는 것으로 끝난다는 사실을 가리키며 이 본문을 '제단 원인론'(Altar-Ätiologie)라 부른다.

뿐이라고 한다. 즉 다윗이 인구조사를 하고 난 뒤 우연히 국가에 재난이 발생하게 되고 그 재난의 탓을 인구조사로 돌린 것에 지나지 않는다는 것이다. 이 견해를 내세우는 사람은 구약의 여러 곳에 재앙을 만나지 않고 인구조사가 행해진 예들이 있다고 주장한다: 삼상 11:8; 13:15; 15:4; 삼하 18:1 등등. 그러나 이 본문들은 인구조사 그 자체(the census proper)를 다루지 않는다. 그것들은 다만 적들과 싸우기 위해 모여든 사람들을 계수하는 모습을 보여줄 따름이다.

구약에서 인구조사 자체에 대해 – 인구조사의 성격이나 절차와 방법 – 말씀하고 있는 곳은 없는가? 다행히도 출애굽기 30:11-16에 인구조사에 대한 규례가 나타나고 있다. 여기서 언급되고 있는 인구조사 제도는 사무엘하 24장의 내용과 상당히 유사하다. 인구조사가 규례대로 행해지지 않을 경우 백성들 가운데 질병이 있을 것이라는 것이 그것이다. 실제로 다윗의 인구조사로 인해 백성들에게 전염병이 임하여 많은 사람들이 죽었다. 그렇다면 출애굽기에서 명하고 있는 인구조사의 규례는 무엇인가? 인구조사를 행할 때에는 반드시 조사를 받는 각 사람이 자신의 생명을 위한 속전을 하나님께 드려야 한다는 것이다. 누군가 생명의 속전을 드리지 않고 백성들의 수효에 계수되면 이는 하나님의 진노를 사게 될 일로서 재앙을 당하게 된다는 것이 출애굽기의 가르침이다.

인구조사에 대한 이런 가르침 속에 담긴 신학적 의미는 무엇인가? 이 질문에 대하여 다양한 답들이 제시되었다. 먼저 모든 인간은 죄인이므로 하나님의 백성으로 녹명되기 위해서는 죄를 속하여야 했다는 견해가 있다.[212] 다음으로 인구조사에서 속전을 내는 것은 정결예식에 해당한다는 견해가 있다(McCarter 1984:513-14). 이

---

212) Keil 1878:585; Cassuto 1983:393 참조.

는 인구조사가 주로 전쟁에 나갈 군사들을 모집하기 위해 이루어졌고 또한 전쟁을 앞둔 군사들은 여러 가지 결례를 지켜야 했다는 것을 고려한 견해이다(수 3:5; 신 23:9-14). 위의 두 견해는 다음과 같은 이유로 받아들이기 어렵다: 첫째, 구약에서 돈이 사람의 죄를 속하는 도구로 사용된 사례가 전무하다는 것과 둘째, 생명을 속한다는 의미의 '속전'(koper)과 '정결예식'을 직접적으로 연결시키는 것은 무리이다.[213)

오히려 백성에 대한 하나님의 소유권이라는 관점에서 인구조사를 이해하는 셴커의 견해가 더 설득력이 있다(Schenker 1982:16-18). 이 견해에 의하면 이스라엘 백성들은 하나님께 속하였기에 그들을 계수하는 것은 오직 하나님께 속한 고유한 권한이라는 것이다(Stoebe 1994:519 참조). 따라서 필요에 의해 부득이 인구조사가 이루어져야 할 경우 각 사람의 생명의 속전을 하나님께 드림으로써 백성들의 생명에 대한 참된 소유권이 하나님께 있음을 보여야 했다고 한다. 그러므로 만일 누군가 ─ 비록 이스라엘의 왕이라 할지라도! ─ 속전을 드리는 규례를 어기고 인구조사를 하면 그것은 바로 하나님의 권한을 침해하는 심각한 죄에 해당되는 것이었다고 한다.

2) 다윗의 인구조사

위에서 구약에서의 인구조사에 대해 알아보았으므로 이제 다윗의 인

---

213) 학자들은 근동의 텍스트들에서 인구조사와 정결예식이 긴밀히 연결된다는 점을 내세우지만 Mari 텍스트에 언급된 정결예식과 구약의 '속전'을 연결시키는데는 여전히 어려움이 있다. 덜햄(Durham 1987:402)은 원래 인구조사시에 행해졌던 정결의식이 구약에서 '속전'의 형태로 변형되었다고 함으로써 이 문제를 해결하려 들지만 만족스런 견해는 아니다.

구조사에 대해 알아볼 차례이다. 다윗은 이스라엘 전역(단 - 브엘세바)의 모든 지파들에 인구조사를 행하였다. 9절에 나타나는 '이스라엘에서 칼을 빼는 담대한 자'라는 표현을 고려할 때 인구조사의 일차적인 목적이 군사적인 것이었으리라고 짐작할 수 있다. 물론 백성들에게 징수할 세금이나 또는 건축사업이 인구조사의 동기가 되었을 수도 있다. 그러나 중요한 것은 다윗이 인구조사를 한 그 자체에 문제가 있는 것이 아니라 - 구약에서 인구조사는 합법적인 것이었다 (출 30:11-16 참조)! - 인구조사를 행한 의도와 방식에 문제가 있었다는 사실이다. 그리고 인구조사의 방식에서 드러나는 문제점은 다윗왕권에 잠재해 있는 보다 더 근원적인 문제들과 연결되어 있다.

그렇다면 다윗이 행한 인구조사의 문제점은 무엇인가? 우리가 보기에 다윗은 모세가 정한 규례대로 인구조사를 하지 않았다. 즉 인구조사를 받는 각 사람들이 하나님께 속전을 드리도록 해야 했음에도 불구하고 다윗은 그런 규례를 도외시하고 인구조사를 하였다는 말이다. 물론 이것이 본문에 분명히 밝혀져있는 것은 아니다. 그러나 적어도 본문은 다윗의 인구조사로 인해 많은 사람들이 전염병으로 죽게되었다는 사실을 밝히고 있다. 이것은 인구조사 대상자가 생명의 속전을 내지 않을 경우 백성들에게 전염병이 생길 것을 말하는 출애굽기 30:12과 정확히 일치한다. 그러므로 다윗의 인구조사가 가진 일차적인 문제점은 그가 하나님이 정하신 규례대로 인구조사를 하지 않은 것이라고 말할 수 있다. 이런 위법행위는 사실상 백성들에 대한 하나님의 절대소유권을 침해하는 일에 해당된다(Schenker 1982:17).

이렇게 볼 경우 인구조사 이면에 숨겨진 다윗왕권의 문제가 밝히 드러나게 된다. 다윗은 백성들에 대한 하나님의 소유권까지 무시

할 정도로 세속적인 절대군주가 되어가고 있었던 것이다. 이것은 본문 3절에 있는 요압의 말에서도 확인된다: "이 백성은 얼마든지 왕의 하나님 여호와께서 백 배나 더하게 하사 내 주 왕의 눈으로 보게 하시기를 원하나이다." 여기서 알 수 있는 것은 다윗이 백성들의 수효의 많고 적음 내지는 군사적인 힘에 지나치게 마음이 빼앗겨 있었다는 사실이다. 말하자면 다윗은 왕으로서의 자신의 권세에 집착한 나머지 하나님께 마땅히 지켜드려야 할 규례까지 무시해버리고 말았던 것이다. 이처럼 사무엘하 24장이 다루고 있는 문제는 다윗의 사소한 실수가 아니라 그의 왕권이 가지고 있는 치명적인 위험성에 대한 것이다: *열방의 왕들처럼 권력중심의 세속적인 왕권지향.*

하나님은 다윗의 범죄를 매우 엄하게 다루셨다. 그의 왕권이 거의 몰락할 지경에까지 이르렀다. **지리적**으로 단에서 브엘세바까지, **숫자적**으로 칠만 명의 백성이 죽었다고 하는 것은 하나님의 진노가 온전히 나타났다는 것을 의미한다. 이것은 이스라엘에서의 왕권의 위기란 **안으로부터** 온다는 것을 보여준다. 사실상 구약에서 이스라엘 백성들이 외부적인 어떤 요인들 때문에 위기를 겪은 경우는 거의 없다. 대개 그들은 내부적인 요인들(우상숭배, 도덕적인 해이 등)로 인해 재난을 겪었다. 사무엘하 24장이 가르치는 것도 마찬가지이다: 하나님의 뜻 안에서 왕권이 시행되지 않고 남용되게 될 때 그 왕권은 심각한 위기를 맞이할 수 밖에 없다!

그런데 다윗왕권에는 사울의 왕권에 비해 특이한 것이 있다. 사울의 경우 이기적인 욕심 때문에 하나님의 명령을 어기고서도 뉘우칠 줄을 몰랐다. 심지어 하나님이 보내신 선지자 앞에서도 회개하기는커녕 변명하기에만 급급했다. 하지만 다윗의 경우는 다르다. 다윗은 일시적 충동에 의해 그릇된 인구조사를 하였으되 지체하지 않고 잘못을 뉘우치는 태도를 보였다(삼하 24:10). 그러나 사울과 다윗의 가장 큰 차이점은 다른데 있다. 사무엘하 21:1-14에서 보았던 것처럼 사울의 경우 왕권남용은 자신과 자기 집안의 완전한 몰락으로 이어졌다. 다윗의 경우는 그렇지 않다. 하나님께서 진노를 쏟아 부으시는 가운데서도 긍휼을 잊지 않으셨다. 24:16에 의하면 천사가 예루살렘을 멸하려 하는 순간 하나님이 그 뜻을 돌이키시고 재앙을 멈추게 하셨다. 그뿐만 아니라 선지자 갓을 통하여 다윗으로 하여금 여부스 사람 아라우나의 타작 마당에 번제단을 쌓게 하심으로써 다윗 왕과 그의 백성에게 항구적인 속죄의 길을 열어 주셨다 (24:18-25).[214]

그러므로 다윗의 왕권이 보존된 것은 다윗의 개인적인 장점이나 공로 때문이 아니라 하나님의 긍휼하심 때문이었다고 할 수 있다. 예루살렘이 어떤 곳이던가? 다윗이 여부스 사람에게서 취하여 자신의 왕도(royal city)로 삼은 곳이 아니던가(삼하 5:6-10)? 하나님께서 이곳을 보시자 긍휼히 여기시고 재앙을 거두셨다는 것은 곧 다윗 왕가와 그가 다스리는 나라를 긍휼히 보셨다는 의미이다. 다윗왕권에 대한 하나님의 이러한 긍휼은 어디에서 온 것일까? 이 질문에 답하기 위해서는 사무엘하 7장에 기록된 다윗언약을 기억하여야 한다. 즉 하나님께서 다윗 왕가와 그의 나라를 긍휼히 여기신 것은 다윗과 맺은 영원한 언약과 불가분의 관계 속에 있다는 말이다. 결론적으로 하나님은 언약적 사랑에 기초하여 다윗 왕가를 긍휼히 여기시고 그의 나라를 보존하셨다고 할 수 있다.

---

214) 아라우나의 타작마당은 후에 솔로몬 성전이 지어지게 될 터가 된다(대하 3:1 참조).

3) 본문의 위치와 기능

위에서 살핀 바에 의하면 사무엘하 21:1-14과 마찬가지로 사무엘하 24장 또한 왕권의 문제를 다루고 있음이 분명하다. 두 본문 모두 왕권이 남용되게 되었을 때 어떤 재난이 미치게 될 것인가를 보여주고 있다. 그러나 두 본문은 강조하는 바에 있어서 차이를 보인다. 사무엘하 21:1-14은 다윗과 사울을 여호와의 맹세라는 측면에서 비교함으로 사울 왕가의 최종적 몰락과 다윗왕권의 견고화를 보여주고 있다. 그러나 사무엘하 24장은 다윗이 하나님의 뜻에 불순종하여 왕권을 남용함으로 심각한 위기를 맞이하게 되었고 결국 언약에 신실하신 하나님의 긍휼하심 때문에 왕권을 보존할 수 있었다는 내용을 그리고 있다.

본문의 주제가 밝혀졌으므로 이제 우리가 해야 할 일은 이 본문이 사무엘서 안에서 갖는 위치와 기능을 규정하는 것이다. 앞에서 우리는 사무엘하 21:1-14이 '다윗왕권의 확립과 견고화'라는 주제를 중심으로 사무엘상 15장부터 사무엘하 8장까지의 내용과 연결되어 있음을 보았다. 그런데 놀랍게도 사무엘하 24장은 사무엘하 9-20장과 주제면에서 서로 긴밀한 관계 속에 있다. 즉 사무엘하 24장이 다윗의 왕권남용이 가져온 위기의 문제를 다루고 있는 것처럼 사무엘하 9-20장 또한 다윗이 왕권을 남용함으로 인해 거의 왕권을 잃을 지경까지 이르렀다가 가까스로 왕권을 회복한 내용을 담고 있다. 이처럼 사무엘하 24장은 사무엘하 9-20장과 내용상 긴밀히 연결되어 있다. 요약하자면 사무엘하 24장은 사무엘하 9-20장의 주제를 다시금 강조함으로써 사무엘서를 마무리짓는 역할을 하고 있다.

지금까지 살펴본 바를 도식화하면 다음과 같다:

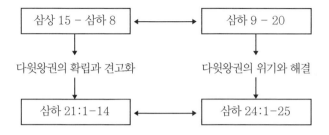

4. 전쟁 에피소드

얼핏 보기에 사무엘하 21:15-22와 23:8-39은 그것을 둘러싸고
있는 두 개의 이야기(삼하 21:1-14; 삼하 24)와 문학적 양식이나
주제에 있어서 서로 아무 관련이 없는 것처럼 보인다. 그뿐만 아니라
21:15-22와 23:8-39 사이에도 어떤 관계가 있는지 모호하다. 그
러나 이 본문들을 면밀히 검토해보면 새로운 사실을 발견하게 된다.

1) 다윗의 용사들 I

사무엘하 21:15-22에는 다윗과 그의 용사들이 블레셋을 물리친
내용을 담고 있다. 이 본문에서 두드러지게 나타나는 몇 가지를 언급
하면 다음과 같다: 1) 다윗이 매우 무력하고 수동적인 모습으로 그
려지고 있으며, 2) 블레셋 사람들 중 '장대한' 자들만 소개되고 있다.
　우선 첫 번째 문제를 생각해 보자. 놀랍게도 본문에서 다윗은 무
력하고 수동적인 모습으로 나타난다: 피곤하여짐 (15절), 죽을 위
기에 놓임(16절). 이와 같은 모습은 사무엘서의 다른 부분에 나타나
는 다윗의 모습과 사뭇 다르다. 거기에 묘사된 다윗은 블레셋을 비
롯한 이방의 적군들과 용맹스럽게 싸우고 언제나 승리를 거두는 용

사의 모습이다. 블레셋의 거인장수 골리앗을 물리치는가 하면(삼상 17장) 이곳 저곳을 돌아다니며 약탈을 일삼는 아말렉 군대를 정벌하기도 하였다(삼상 29장). 그런데 본문에서 우리는 그처럼 용맹스런 다윗의 모습 대신 부하들을 의지하는 수동적이고 무력한 다윗의 모습을 만난다. 이러한 이유로 인해 학자들은 사무엘하 21:15-22은 사무엘서에 이상적으로 소개된 다윗의 이미지를 해체시키는 기능을 한다고 주장하기도 한다(Brueggemann 1988:387; Polzin 1993:202-07; Dietrich 1997:88).

그러나 본문에 나타나는 다윗의 이미지를 부정적인 것으로만 볼 수 없다. 얼핏 보기에 다윗은 무력한 자처럼 묘사되고 있지만 그는 여전히 '이스라엘의 등불'(נֵר יִשְׂרָאֵל)로 일컬어지고 있다(17절). 나아가서 다윗은 충성스럽고 용맹스러운 부하 장수들에 의해 보호받고 있는 자로 나타난다. 다윗을 지키는 이들 부하 장수들을 아람 군대들 앞에서 선지자 엘리사를 둘러싸고 있었던 '불 병거와 불 말들'에 비유하는 것은 지나친 일일까(왕하 6:14-19)? 여하튼 본문이 그리고 있는 다윗의 모습은 비록 연약한 모습이긴 하지만 또한 적들로부터 철저히 보호받고 있는 모습이다. 더욱이 본문은 다윗을 블레셋과의 싸움에서 최후 승리자로 부각시키고 있다: "이 네 사람 가드의 거인족의 소생이 다윗의 손과 그 부하들의 손에 다 넘어졌더라"(22절).[215] 무엇보다도 본문은 다윗과 그의 용사들이 블레셋 군사들 중

---

215) 사무엘하 21:19의 히브리어 본문은 독자들을 혼란스럽게 만든다. 그 이유는 이 본문은 사무엘상 17장과 달리 골리앗을 죽인 자로 '베들레헴 사람 엘하난'이란 자를 언급하고 있기 때문이다. 따라서 최근의 여러 주석가들은 원래 골리앗을 죽인 사람은 엘하난이란 무명의 인물이지만 그의 업적이 보다 유명한 다윗에게 옮겨졌다고 주장한다(Alter 1999:334; Stoebe 1994:468). 그러나 21:19의 히브리어 본문은 여러 면에서 부패의 흔적을 보이고 있다. 가장 대표

에서도 특별히 '거인족'을 죽였다는 사실을 강조한다.

　이상에서 본문의 의도가 무엇인지 드러난다. 그것은 다윗이 마침내 블레셋을 완전히 제압하였다는 사실을 보여주는 것이다. 그런데 본문은 왜 다윗을 보다 능동적이고 강한 자로 소개하지 않는가? 우리가 보기에 이것은 다윗이 싸워서 거둔 모든 승리의 본질을 드러내기 위한 것이라 여겨진다. 다윗이 얻은 승리는 그 자신의 힘과 능력에 의한 것이 아니라 순전히 하나님의 도우심과 능력으로 말미암은 것이란 말이다. 실로 다윗이 블레셋을 비롯한 이방 민족들을 제압한 것은 그가 하나님을 믿고 의지하였기에 가능한 일이었다. 이와 같이 본문은 사무엘서의 말미에서 다윗과 블레셋 간의 전쟁의 특정한 측면을 포착하여 묘사함으로써 다윗이 싸운 모든 싸움의 본질과 성격을 밝혀주고 있다.[216]

　이렇게 볼 경우 본문은 21:1-14과 내용적으로 밀접하게 연결되어 있음을 알 수 있다. 21:1-14은 다윗과 사울과의 관계를 '여호와의 맹세'라는 언약적 관점에서 조망함으로 다윗왕권이 어떻게 견고해졌는가를 보여주는 반면, 21:15-22은 다윗이 하나님의 도우심으로 이방민족을 굴복시키고 그의 나라를 견고히 세운 내용을 담고 있다. 그러니까 21:1-14은 국내 정치적인 부분(통치자)에 있어서,

---

　적인 것이 '야르오레김'(עֲרֵי אֹרְגִים)이란 인명이다. 여기서 אֹרְגִים은 '직조공'(weaver) 이란 의미로서 이 구절 끝에 오는 같은 단어의 '부주의한 반복'임이 분명하다. 이런 문제점을 고려할 때 이 구절의 내용을 그대로 받아들이는 것은 문제가 있다. 오히려 역대상 20:5절이 이 구절에 관한한 원본을 보존하고 있다고 보아야 한다. 이 문제에 대하여 보다 자세한 논의를 위해서는 Provan/Long/Longman 2003:224-25를 보라.
216) 다윗이 이방민족들과 더불어 싸운 싸움은 이스라엘 백성들에게 진정한 평화와 안식을 가져오기 위한 것이었으며(삼하 7:1, 11) 이 싸움은 여호와의 뜻에 의해 여호와의 능력으로 싸운 싸움이었으므로 '여호와의 전쟁'(מִלְחֲמוֹת יהוה)이었다고 할 수 있다(삼상 25:28).

21:15-22은 국외 군사적인 영역(구원자)에 있어서 다윗왕권이 어떻게 견고히 세워지게 되었는가를 보여준다. 여기서 분명해지는 사실은 21:15-22은 21:1-14과 마찬가지로 사무엘상 15장부터 사무엘하 8장까지와 내용상으로 서로 연결되어 있다는 것이다. 그 이유는 이 단락(삼상 15 - 삼하 8)이 다윗과 사울 간의 관계 이외에도 다윗이 하나님의 도우심으로 여호와의 전쟁을 싸워 마침내 이스라엘 주변의 모든 민족들을 정복하였다는 내용을 담고 있기 때문이다(삼하 8장 참조). 따라서 21:15-22은 21:1-14와 함께 사무엘상 15장부터 사무엘하 8장의 결론부를 형성한다고 할 수 있다.

2) 다윗의 용사들 II

사무엘하 21:15-22과 마찬가지로 사무엘하 23:8-39 또한 다윗의 용사들의 이름들과 그들의 용맹스런 행적들을 담고 있다. 여기에 '삼인'이나 '삼십인'과 같은 표현이 자주 나타난다. 이들에 대한 의견이 분분하나 그들이 다윗의 군대의 심장부를 이루는 용사들이었을 것이라 보면 될 것이다.[217] 문제는 본문이 현재의 위치에서 독자들에게 말하고자 하는 것이 무엇인가 하는 것이다. 몇몇 학자들은 본문이 다윗의 긍정적인 면에 초점을 맞추고 있다고 주장한다.[218]

    그러나 본문이 헷 사람 우리아의 이름과 더불어 끝나고 있다는 사

---

217) 엘리거(Elliger 1935:29-75)에 따르면 '삼십 인'은 이집트의 $m^c bzyt$와 유사한 제도라고 하며 나아만(Na aman 1988:71-79)은 '삼 인'과 '삼십 인'을 다윗의 직업군대의 핵심을 이루는 장수들이라고 한다. 그런가 하면 쉴레이(Schley 1990:321-26)는 그들을 용맹스런 업적을 통해 명성을 얻고 다윗의 신복이 된 엘리트 용사를 가리킨다고 주장한다.

218) 브루거만은 분문에서 다윗이 부하들의 '진정한 동료'(genuine comrade in solidarity)의 모습으로 그려지고 있다고 본다(Brueggemann 1988:394). 클레

실에 주목하지 않으면 안 된다. 본문과 유사한 목록을 담고 있는 역대하 11장에는 우리아 다음에 16명의 용사들 이름이 더 소개되고 있다. 이로 보건대 사무엘서의 저자는 어떤 특별한 의도를 가지고 다윗의 용사들의 목록이 우리아의 이름으로 끝맺게 한 것이 분명하다. 우리아가 누구인가? 다윗이 왕으로서 범한 가장 악한 일을 상징하는 인물이다. 이러한 인물이 의도적으로 인명목록의 끝에 배치되고 있는 것이다. 우리가 보기에 이것은 다윗이 범한 왕권의 남용을 강하게 부각시키는 문학적 장치(literary device)이다.

이와 더불어 본문 13-17절을 살펴볼 필요가 있다. 여기에는 다윗이 아둘람 굴에 있을 때의 일화가 담겨있다. 아둘람은 다윗의 고향인 베들레헴과 가까운 곳이다. 이때 다윗의 마음 속에 베들레헴 성문 곁에 있는 우물 물을 마시고 싶은 생각이 일어났다. 그러나 아둘람과 베들레헴 사이에는 르바임 골짜기가 가로놓여 있었고 이 골짜기에는 블레셋 군대가 진치고 있었다. 따라서 베들레헴의 우물 물을 길어오기 위해서는 르바임 골짜기에 진친 블레셋 진영을 통과하여야만 한다. 이것은 위험천만한 일이다. 그럼에도 불구하고 다윗은 부하들을 향하여 "베들레헴 성문 곁 우물 물을 누가 나로 마시게 할꼬"라며 무리한 주문을 한다. 그러자 다윗의 부하들 가운데 세 용사가 다윗의 소원대로 블레셋 진영을 통과하여 베들레헴 성문 곁 우물에서 물을 길어온다.

이 일화가 보여주고자 하는 것은 무엇인가? 다윗에게 얼마나 충

멘트(Klement 2000:197)는 사무엘하 24장에 비해 23:8-39은 다윗의 개인적인 부하 용사들을 소개하고 있다고 주장한다. 이 견해에 따르면 24장은 이스라엘에서 징집된 군대에 재앙이 임하는 사건을 그리고 있는 반면 23:8-9는 다윗의 개인적인 부하 용사들의 군사적 업적을 기리는 기능을 함으로써 하나님이 다윗편에 계시다는 사실을 강조하고 있다는 것이다.

성스럽고 용맹스러운 부하들이 있었는가를 보이기 위함인가? 그런 면이 전혀 없다고 볼 수는 없을 것이다. 그러나 현재의 문맥에서 이 일화는 또 다른 중요성을 갖는다. 즉 본문 39절에 언급된 상징적 인물 '우리아'와 더불어 아둘람에서의 에피소드는 왕권이 어떻게 오용되고 남용될 수 있는가를 드러내는 역할을 한다고 볼 수 있다.[219] 앞에서 우리는 사무엘하 24장이 다윗이 그릇된 인구조사를 함으로 인해 칠만 명이나 되는 백성을 잃어버린 사건을 담고 있음을 확인한 바 있다. 이와 마찬가지로 23:8-39는 짧은 에피소드 형식의 글들과 인명목록이라는 양식을 통하여 왕권의 남용은 가장 충성스러운 부하들의 생명까지 위태롭게 할 수 있다는 사실을 예시하고 있다.

이처럼 23:8-39은 전후 문맥과 분리된 글이 아니다. 그것은 사무엘하 24장과 내용적으로 - 왕권의 남용과 그에 따른 위기 - 긴밀하게 연결되어 있다. 앞에서 언급한 것처럼 사무엘하 9-20장에서 다윗의 왕권남용의 희생자였던 우리아가 23:8-39의 전략적 위치에 재등장한다는 사실은 두 본문 사이의 관계를 밝히 드러내준다. 그러므로 사무엘서 전체의 맥락에서 23:8-39은 24장과 더불어 사무엘하 9-20장의 결론부를 형성한다고 할 수 있다.

5. 감사의 노래와 유언시

사무엘하 22:1-51과 23:1-7은 사무엘하 21-24장에 나타나는 대칭구조에서 가장 가운데 위치하는 '이항 쌍'(binary pair)이다.

---

219) 그렌트(Grant 1997: 417)도 같은 관점에서 이 본문을 읽는다: "다윗의 용사들의 이야기는 그[다윗]가 고향의 우물 물을 마시기 위해 그들[부하들]의 생명을 위태롭게 한 사실을 말해 준다. 그는 그들이 이 불가능한 일을 수행한 후에야 뉘우친다."

히브리 문학 양식에 있어서 저자가 말하고자 하는 핵심 내용이 대칭 구조의 중심에 놓인다는 사실을 감안할 때 22:1-51와 23:1-7은 사무엘하 21-24장의 이해는 물론 사무엘서 전체의 이해를 위한 핵심적인 부분이라 할 수 있다.

1) 다윗의 감사시

먼저 사무엘하 22장을 간략히 살펴보기로 하자. 이 긴 시는 크게 다섯 부분으로 나눌 수 있다: I. 표제어(1절), II. 원수로부터 구원 (2-20절), III. 다윗의 의(21-28절), IV. 적들로부터의 구원 (29-50), V. 결미(51절). 이 다섯 부분들 중 표제어(1절)와 결미 (51절)를 제외한 시의 몸체 부분은 다윗의 의를 강조하는 21-28절 을 축으로 다윗이 경험한 두 가지 구원사건을 2-20절과 29-50절 에서 각각 다루고 있다:

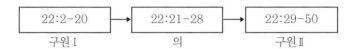

위와 같은 문학적 구성은 다윗이 하나님 앞에서 의로운 자이었기에 두 가지 큰 구원의 사건을 경험하였다는 것을 말해 준다.

먼저 다윗의 의를 노래하는 21-28절을 살펴보자. 여기서 다윗 은 여러 가지 수사적 표현을 사용하여 자신이 '여호와의 도를 지키 고 악을 행함으로 하나님을 떠나지 아니하였노라'고 노래한다(22 절). 심지어 그는 자신이 하나님 앞에 완전하였다고 말하기까지 한 다: "내가 또 그의 앞에 완전하여 스스로 지켜 죄악을 피하였나니" (24절). 얼핏 보면 자신을 높이는 듯한 이런 말들을 어떻게 이해하여야 할까? 폴진(Polzin 1993:204)은 여기에 나타나는 다윗의 모습이야 말로 자기 의에 사로잡혀 스스로를 신격화하는 자의 오만한 모습이라고 비판한다. 그러나 21-28절이 보이고자 하는 것은 다윗의 뻔뻔스런 자기 신격화(self-apotheosis)라기보다 여호와의 공의로우심을 높이는 그의 겸허한 찬송이다. 크봐클(Kwakkel 2002:282) 또한 21-28절은 시인의 공로를 이야기한다기보다 하나님의 신실하심과 의로우심을 노래하는 것이라고 잘 지적하였다.

이 영감어린 노래에서 다윗은 자신이 하나님의 계명과 규례를 어기지 아니하였고 모든 일에 의롭게 행하였다고 고백한다. 여기서 다윗이 말하는 '의'(צְדָקָה)란 하나님이 요구하시는 율례에 따라 사는 삶을 가리킨다. 물론 본문 전체를 지배하고 있는 하나님께 대한 강한 신뢰의 분위기는 시인과 하나님 사이에 존재하는 친밀한 관계를 반영하고 있다. 이것은 시인이 일인칭 소유격을 사용하여 '**내 하나님**을 떠나지 아니하였다'고 말하는데서도 드러나는 사실이다(22절). 따라서 시인이 염두에 두고 있는 '의'(צְדָקָה)란 하나님의 법도에 따라 사는 삶의 차원과 하나님과의 관계에 충실한 태도의 차원을 함께 포함한다.[220] 다시 말해 시인은 하나님께 충성되고자 하였기에 모든 일에 있어 하나님의 뜻에 따르고자 최선을 다하였다고 말하고 있다(Kwakkel 2002:245). 이와 같은 시인의 '의'(צְדָקָה)에 대한 하나님의 응답이 곧 2-20절과 29-50절에 나타나는 이중적 구원이다.

---

220) 학자들 가운데는 구약의 '의'(צְדָקָה)의 개념을 주로 '공동체 관계'와 연결시키는 이들이 있다. 즉 구약 이스라엘에서는 '공동체 관계'의 요구에 부합된 행동방식이 의로 간주되었다고 한다. 이렇게 보면 하나님 앞에서 '의로운 자'(צַדִּיק)는 그분과의 관계에 충실된 자이다(von Rad 1992:382-95). 이러한 관점은 바른 것이지만 그러나 '의'의 개념에서 하나님의 법도에 따라 사는 삶의 차원을 배제하는 것은 옳지 않다(Kwakkel 2002:42-48).

이제 2-20절과 29-50절에서 시인이 노래하고 있는 구원에 대해 살펴보자. 우선 2-20절에서 다윗은 출애굽 당시의 신현 (theophany)을 연상케 하는 표현들을 사용하여 하나님이 자신을 원수들의 손에서 구원한 사건을 묘사하고 있다: "내가 찬송 받으실 여호와께 아뢰리니 내 원수들에게서 구원을 받으리로다"(4절); "나를 강한 원수와 미워하는 자에게서 건지셨음이여 그들은 나보다 강했기 때문이로다"(18절). 이 원수들/원수는 누구를 가리키는가? 먼저 이 단락에서 '거친 광야'를 상징하는 표현들이 많이 나타난다는 사실에 주목할 필요가 있다: 반석, 요새, 높은 망대, 피난처(Craigie 2004:173). 이러한 표현들은 다윗이 사울의 핍박을 피하여 광야로 도망하던 시기를 연상케 한다. 왓츠도 이러한 사실에 주목하고 다음과 같이 말한다: "그러므로 시의 언어와 표제어에 나타난 사울에 대한 언급으로 미루어 이 시의 전반부는 다윗이 사울로 부터 도망하던 시기를 반영하고 있다"(Watts 1993:108). 따라서 2-20절에서 언급된 원수는 일차적으로 사울을 가리키며 여기서 언급된 구원사건은 다윗이 사울의 손에서 구원받은 것을 가리킨다고 보는 것이 옳다.

그렇다면 29-50절에 묘사된 구원사건은 어떤가? 다음 구절들은 이 단락에서 다루어지고 있는 구원사건이 무엇을 가리키는지 분명히 해 준다: "내가 주를 의뢰하고 적진으로 달리며 내 하나님을 의지하고 성벽을 뛰어넘나이다"(30절); "이는 주께서 내게 전쟁하게 하려고 능력으로 내게 띠 띠우사 일어나 나를 치는 자를 내게 굴복하게 하셨사오며"(40절); "이방인들이 내게 굴복함이여 그들이 내 소문을 귀로 듣고 곧 내게 순복하리로다"(45절); "이러므로 여호와여 내가 모든 민족 중에서 주께 감사하며 주의 이름을 찬양하리이다"(50절). 여기서 알 수 있는 바와 같이 이 단락은 다윗이 이방인들과 싸워 승리한 내용을 다루고 있다. 말하자면 다윗은 이방인들과의 싸움에서 거둔 모든 승리들 속에서 하나님의 구원의 손길을 보고 그런 구원을 베푸신 하나님께 감사의 노래를 부르고 있다.

이상에서 밝혀진 바와 같이 사무엘하 22장은 다윗이 경험한 두 가지 구원사건을 다루고 있다. 시인은 이 두 가지 구원사건 중심에 다윗이 하나님 앞에서 의로운 자였다는 사실을 배치함으로써 다윗에게 주어진 구원과 승리가 하나님을 의지하고 그의 말씀을 순종한 것과 불가분리의 관계에 있음을 강조하고 있다. 여기서 우리는 사무엘하 22장이 사무엘하 21장에서 다루어진 내용을 재현하고 있다는 사실을 알게 된다. 즉 사무엘하 21장에서 내러티브 양식(사울의 문제, 1-14절)과 에피소드 양식(블레셋 문제, 15-22절)으로 이야기된 것이 사무엘하 22장에서는 시적인 언어로 노래되고 있다. 이처럼 사무엘서 저자는 책의 말미에서 다양한 문학적 양식(내러티브, 에피소드, 시)을 통하여 다윗이 왕직 곧 통치자의 역할(사울 문제)과 구원자의 역할(블레셋 문제)을 훌륭히 수행하였음을 보여준다.[221] 무엇보다도 사무엘하 22장은 다윗이 경험한 모든 구원과 승리를 하나님께 돌림으로써 이스라엘의 왕권은 오직 하나님으로 말미암아 세워지고 견고하게 된다는 것을 강조하고 있다.

2) 다윗의 유언시

---

221) 이렇게 볼 때 사무엘하 22장은 21장과 더불어 사무엘상 15장부터 사무엘하 8장까지의 결론부를 형성하는 것이 분명하다. 왜냐하면 두 부분 모두 동일한 주제 - 다윗이 사울과 블레셋(이방 나라) 문제를 해결하고 자신의 나라를 굳게 세운 것 - 를 다루고 있기 때문이다.

끝으로 사무엘하 23:1-7을 살펴보도록 하자. 여기에 기록된 시는 사무엘서의 구성적 특징상 책의 대미를 장식하는 글이므로 본문을 소개하는 것이 유익하리라 생각된다. 다음은 필자의 사역이다:

1. 이는 다윗의 마지막 말이니 곧 이새의 아들 다윗의 말이요

   높이 세워진 자, 야곱의 하나님의 기름부음 받은 자,

   이스라엘의 노래 잘하는 자의 말이라.[222]

2. 여호와의 영이 나를 통해 말씀하시며

   그의 말씀이 내 혀에 있도다.

3. 이스라엘의 하나님이 이르시며

   이스라엘의 바위가 내게 말씀하시기를

   "정의로 사람을 다스리되

   하나님을 경외함으로 다스리는 자여

4. 저는 해 돋는 아침 빛 같으며

   구름 없는 아침 같으며

   비 후에 땅에서 밝게 움 돋는 풀 같으니라."

5. **진실로 (כִּי־לֹא)** 내 집이 하나님께 그러하도다.[223]

   이는 그가 나와 더불어 세운 영원한 언약

   곧 모든 일에 준비되고 보증된 언약 때문이라.

---

222) 이 구절은 시의 표제어(superscription)로서 시에 포함되지 않는다.

223) כִּי־לֹא의 해석과 관련하여 다음 세 가지 견해가 있다. 니베르그(Nyberg 1938:381-82)는 כִּי־לֹא를 부정적 의미로 해석하여 이 어구가 이스라엘이 하나님과 올바른 관계를 맺는데 실패한 것을 묘사하고 있다고 본다. 반면 드라이버(Driver 19132:359-60)와 같은 학자는 이 어구가 긍정의 의미를 지닌 부정어라고 주장한다: is it not…? 그런가 하면 리챠드선(Richardson 1971:263)을 비롯한 많은 학자들은 כִּי־לֹא 이 '확언의 의미'를 갖는다고 본다: Surely, my house is…(Carlson 1964:255-56; Anderson 1989:267; McCarter 1984:482).

진실로 (כִּי־לֹא) 그가 내 모든 구원과 모든 소망을 번성케 하시리라.

6. 그러나 사악한 자는 모두 가시처럼 버려지리니

　　손으로 잡을 수 없기 때문이로다.

7. 그것들을 만지는 자는 철과 창자루로 무장하리니

　　그 처소에서 불타 없어지고 말리라.

이 시는 크게 네 부분으로 나누어진다: I. 표제어(1절), II. 도입부 (2절), III. 왕권의 번영과 소망(3-5절), IV. 왕권의 오용에 대한 경고(6-7절). 이러한 구성이 보여주듯 이 시는 이스라엘의 왕권이 번영을 누리기 위해서는 어떻게 해야 하는가? 라는 문제를 다루고 있다. 여기서 중요한 것은 '정의'(צְדָקָה)와 '하나님에 대한 경외'(אֱלֹהִים יִרְאַת)이다. 즉 하나님을 경외하는 가운데 왕권을 남용하지 아니하고 정의롭게 나라를 다스려야만 그 왕권이 축복을 누릴 수 있다는 것이다. 이 말은 만일 왕이 하나님을 두려워하지 않고 불의를 행하게 될 때 그 왕권은 시들어지고 쇠퇴할 수 밖에 없다는 경고이기도 하다. 실제로 6-7절은 사사기의 요담의 비유를 연상케 하는 방식으로 왕권의 남용을 경계하고 있다(삿 9: 7-15 참조).

　　다른 한편 23:1-7은 다윗이 하나님과 맺은 언약을 강조한다. 5절을 보자: "진실로 내 집이 하나님께 그러하도다. 이는 그가 나와 더불어 세운 영원한 언약 곧 모든 일에 준비되고 보증된 언약 때문이라. 진실로 그가 내 모든 구원과 모든 소망을 번성케 하시리라." 여기서 다윗은 자신의 구원과 미래의 모든 소망이 하나님이 자신에게 허락하신 '영원한 언약'(בְּרִית עוֹלָם)에 근거한다고 고백한다. 다시 말하면 왕이 하나님을 경외함으로 공의를 행하는 것이 왕권의 존립과 번영을 위해 필요 불가결한 것이지만 그러나 왕권의 궁극적인 안전과 소망은 하나님의 언약적 사랑 안에 있다는 것이다. 이 언약은 모든 일에 '준비되고'(set in order) '보증된'(secured) 것이기에 왕과 그의 나라를 든든히 지켜내고야 말 것이다. 이상의 사실들로부터 우리는 하나님 경외에서 비롯된 '정의'(צְדָקָה)의 시행과 왕과 백성에 대한 하나님의 '언약적 사랑'(חֶסֶד)은 이스라엘의 왕정을 지탱하는 두 기둥이라고 말할 수 있다.

이처럼 다윗의 유언시는 왕이 왕권을 남용하지 않고 정의롭게 나라를 다스려야 한다는 사실과 왕권의 궁극적 안전은 하나님의 언약적 사랑 안에 있다는 사실을 강조함으로써 이스라엘에서의 왕도가 무엇인지 가르치고 있다. 그러므로 현재의 문맥에서 23:1-7은 23:8-39과 24장의 주제를 재현하고 있는 것이 분명하다. 23:8-39과 24장에서 에피소드/리스트와 내러티브 양식으로 다루어진 내용 ― 왕권남용의 비극적 결과와 그 해결 ― 이 23:1-7에서 시적언어로 노래되고 있다. 사무엘서 저자는 책의 말미에서 다양한 문학적 양식(내러티브, 에피소드/리스트, 시)을 사용하여 왕권을 위태롭게 하는 것이 무엇이며 왕권의 존립과 번영을 위해 필요한 것이 무엇인지를 밝히고 있는 것이다. 따라서 다윗의 유언시는 23:8-39 및 24장과 더불어 사무엘하 9-20장의 올바른 이해를 위한 신학적 해석을 제공하며 이를 통해 이 단락을 장엄하게 종결하는 역할을 한다.[224]

여기서 이 시의 도입부인 2절을 주목할 필요가 있다. 이 구절은 다윗을 성령의 감동에 의해 말씀하는 자로 소개한다: "여호와의 영

---

[224] 물론 이 시의 표제어 ― "이는 다윗의 마지막 말이라" ― 가 암시하듯 다윗은 사무엘서에 기록된 자신의 전체 생애를 돌아보며 이 노래를 불렀다고 할 수 있다. 그러므로 차일즈와 같이 이 시를 "다윗의 전 생애에 대한 신학적 해석으로서 메시야 소망을 예시하는" 것으로도 이해할 수 있다(Childs 1979:275).

(רוּחַ יְהוָה)이 나를 통해 말씀하시며 그의 말씀이 내 혀에 있도다."이것은 23:1-7이 단순한 시가 아니라 하나님께서 다윗을 통하여 말씀하시는 예언의 성격을 갖는다는 것을 가리킨다. 말하자면 다윗은 본문에서 이스라엘의 왕권에 대한 선지적 메시지를 전하는 선지자로 등장하고 있는 것이다.[225] 따라서 23:1-7은 사무엘서에 기록된 역사를 회고 정리하는 기능을 하는 것만으로 그치지 않고 앞으로 다가올 일을 예견하는 예언적 기능을 하고 있는 것이다.

이러한 맥락 속에서 본문이 '영원한 언약'을 언급하며 다윗을 '메쉬아흐 엘로헤 야아콥'(מְשִׁיחַ אֱלֹהֵי יַעֲקֹב "야곱의 하나님의 기름 부음 받은 자")이라 칭하고 있는 것은 의미심장하다. 그러니까 분문은 다윗의 일생을 돌아보며 이스라엘의 왕권이 '하나님의 언약'과 '정의'의 시행을 기초로 하고 있다는 사실을 밝힘과 동시에 그 왕권이 하나님의 기름 부음 받은 자 메시아를 통하여 영원까지 이어질 것을 내다보고 있는 것이다. 그러기에 23:1-7은 사무엘하 9-20장을 시적 언어로 장엄하게 마무리하는 선에서 끝나지 않고 사무엘서 전체를 포괄하면서 미래를 지시하는 기능을 한다고 볼 수 있다. 사무엘하 23:1-7은 말 그대로 사무엘서의 신학적 정점(theological apex)을 이루며, 아브라함으로부터 시작하여 메시아의 오심으로 이어지는 구원역사의 '신학적 안내자'(theological guide) 역할을 한다.

6. 마무리하는 말

지금까지 사무엘하 21-24장에 수록된 글들을 살펴보았다. 우리가

---

225) 표제어에서 다윗이 한 말을 지칭하는 히브리어 명사 '네움'(נְאֻם)또한 신지적 예언에 나타나는 전형적인 어휘이다(Firth 2009:526).

알게 된 사실은 이 글들이 결코 사무엘서에 느슨하게 첨부된 부록이 아니라는 것이다. 이 글들은 문학적 양식이나 내용상으로 정교하게 구성되어 사무엘서의 대미를 장식하는 역할을 한다. 다시 말하면 이 단락은 내러티브, 에피소드/목록, 시를 통하여 왕의 제도에 대한 사무엘서의 메시지를 장엄한 결말로 이끌고 있다. 이제 앞에서 살펴본 내용들을 몇 가지로 요약 정리함으로써 이 단락을 마무리하고자 한다:[226]

첫째, 왕은 하나님과의 올바른 관계 안에서 통치권을 행사하여야 한다. 그렇지 않을 경우 백성들은 도탄에 빠지고 왕권 또한 위태롭게 된다. 사울의 경우에서 이것을 확인할 수 있다. 한때 그는 여호와의 이름으로 맹세한 언약관계를 무시하고 기브온 족속을 멸하고자 한 일이 있었다. 그 행위는 하나님의 무서운 진노를 불러왔고 그 결과 그의 가문이 완전히 몰락하고 말았다. 비록 차이가 있긴 하지만 다윗의 경우도 예외가 아니다. 전반적으로 다윗은 하나님의 마음에 합한 왕이었던 것이 사실이지만 그럼에도 불구하고 그 또한 하나님의 뜻을 저버리고 왕권을 남용한 적이 있었다. 자신의 세를 과시하기 위해 부당하게 인구조사를 한 것이 그것이다. 그것은 수많은 백성들의 생명을 앗아가고 왕권을 심각하게 약화시키는 결과를 낳았다. 이 모든 것은 왕이 하나님을 경외함으로 그분의 뜻에 순종하여 정의롭게 나라를 다스리는 것이 왕권의 존립에 본질적이라는 사실을 가르쳐준다.

둘째, 왕은 백성들을 다스리는 통치자의 역할뿐만 아니라 이방 세력들의 위협으로부터 백성들을 구하여내는 구원자의 역할을 하여

---

[226] 사실상 내러티브, 에피소드/목록 그리고 시는 사무엘서에 나타나는 대표적인 세 가지 문학양식이다. 그러므로 저자가 이 세 가지 문학양식으로 사무엘서를 끝맺는 것은 그가 문학적으로 얼마나 탁월한 감각을 가지고 있는지를 보여주는 단적인 예이다.

야 한다. 이런 구원자의 역할을 함에 있어서도 하나님께 대한 믿음과 순종이 본질적이다. 단순한 민족적 열심만으론 부족하며 맹목적 민족주의는 오히려 불행을 초래한다. 사울은 맹목적인 민족주의 의식에 사로잡혀 하나님의 이름으로 맺어진 언약을 무시하고 기브온 사람들을 공격하였다. 이것은 오히려 이스라엘에 재앙을 불러오는 화근이 되었다. 그러나 다윗은 하나님을 믿고 의지함으로 여호와의 전쟁을 싸워 이스라엘을 블레셋을 비롯한 이방세력의 손에서 구하여내었다. 앞에서 보았듯이 사무엘서 저자가 다윗을 블레셋과의 싸움에서 최후 승리자로 묘사하되 그의 피곤하고 약한 모습을 부각시킨 이유는 바로 그가 얻은 승리가 자신의 힘이 아닌 하나님의 도우심으로 말미암은 것이었음을 보이기 위함이다. 이러한 사실에서 우리는 왕이 구원자의 역할을 수행하는데도 군사력이나 그밖에 어떤 인간적인 힘보다 하나님께 대한 믿음과 순종이 절대적이라는 사실을 알게 된다(신 17:16 참조).

셋째, 인간 왕의 믿음과 순종만으로 왕국의 존속과 번영이 보장되는 것은 아니다. 인간 왕은 언제나 하나님의 뜻을 저버리고 자신에게 주어진 권력을 남용할 위험에서 자유롭지 못하기 때문이다. 앞에서 보았듯이 사울이 하나님 앞에서 범죄하였던 만큼 다윗 또한 그에 못지 않는 잘못을 범하였다. 다윗이 어떤 인물인가? 하나님의 마음에 맞는 사람으로 평가되었던 인물이 아니던가? 그런 그가 넘어지고 실패하였다면 다른 사람이야 말할 필요도 없을 것이다. 그렇다면 왕국의 미래는 인간의 태도에 따라 부침을 거듭하다 언젠가 사라지고 말 운명인가? 그러나 사무엘서는 그렇지 않다고 말하며, 그 이유를 다윗왕권에게 허락된 하나님의 영원한 약속에서 찾는다. 위에서 언급한 것처럼 다윗은 사울만큼이나 문제가 많은 사람이었다. 그럼에도 그의 왕권은 무너지지 않았다. 그것은 그가 잘못을 뉘우치고 실수를 바로잡는데 민첩하였기 때문이기도 하지만 그러나 더 근본적으로는 그를 향한 하나님의 언약적 사랑 때문이었다.

우리는 다윗이 범죄하여 징계를 받는 가운데서도 하나님의 긍휼을 덧입는 모습을 보았다. 이 하나님의 긍휼은 일시적인 현상이 아니다. 그것은 여부스 사람 아라우나의 타작마당에 세워진 번제단이 암시하는 바와 같이 다윗 왕가에 지속적으로 함께할 것이었다. 즉 인간 왕의 모든 연약함과 실패에도 불구하고 다윗 왕가를 향한 하나님의 약속은 취소되거나 무효화되지 아니할 것이라는 말이다. 이러한 이유로 인해 다윗은 그의 마지막 말에서 왕국의 미래와 소망이 오직 자신에게 '영원한 언약'(בְּרִית עוֹלָם)을 허락하신 하나님께 있다고 노래한다(23:5). 이 말은 결국 하나님의 언약적 사랑 안에 왕국의 존속과 번영이 보장되어있다는 의미이다. 물론 이것은 인간 왕에게서 하나님을 경외함으로 그의 뜻에 따라 정의롭게 나라를 다스려야 할 책임을 면제시켜주는 것이 아니다. 오히려 그것은 모든 왕들로 하여금 오직 소망을 하나님께 두며 믿음과 순종으로 왕직을 수행하도록 이끈다.

제 8장

사무엘서와 구속사

1. 시작하는 말

책을 마무리하면서 사무엘서에 제시된 제왕신학이 그리스도의 구속 사역에서 그 정점에 도달하는 하나님의 구원역사에서 어떤 자리를 차지하는지를 간략히 살펴보고자 한다. 사무엘서에 제시된 모든 내용을 이러한 관점에서 살핀다는 것은 지나치게 많은 지면을 요구할 것이다. 따라서 우리의 관심사를 사무엘서가 제시하는 제왕신학의 핵심내용에 제한하고자 한다. 앞에서 우리는 이스라엘의 왕정을 지탱하는 두 기둥이 하나님께 대한 경외심에서 오는 '의로운 통치'와 다윗 왕가를 향한 하나님의 '언약적 사랑'임을 보았다. 그러므로 '정의'와 '언약'을 골자로 하는 제왕신학이 다윗왕권의 등장을 어떻게 예비하였으며 더 나아가 그것이 이스라엘 열왕의 역사와 포로기/포로 후기 시대를 넘어 그리스도에 이르기까지 어떻게 왕의 길을 안내하는지 추적하는 것이 지금 우리에게 주어진 과제이다.

2. 왕국이전 시대

사무엘서에 제시된 제왕신학은 그 근원이 멀리 창조에까지 거슬러 올라간다. 창세기 저자는 하나님께서 원래 인간에게 땅을 '정복하고' 모든 생명체를 '다스리는' 사명을 부여하셨다고 말한다: "생육하고 번성하라 땅에 충만하라, 땅을 **정복하라**, 바다의 물고기와 하늘의 새와 땅에 움직이는 모든 생물을 **다스리라**"(창 1:28). 이것은 곧 인간이 처음부터 왕적인 기능을 행사하도록 지음받았다는 것을 의미한다.[227] 물론 인간이 왕직을 수행하도록 지어졌다 하여 그에게 모든 일을 마음대로 할 수 있는 권세가 주어졌다는 말은 아니다. 어디까지나 인간은 하나님의 형상대로 지음받은 존재로서 자신들에게 위임된 권한을 수행해야 했다.[228] 말하자면 인간은 다른 피조물과의 관계에서 하늘에 계신 참된 왕의 뜻을 받드는 대리 통치자의 위치에 있었던 것이다. 최초의 인류에게 선악과를 먹지 말라는 명령이 주어진 사실이 이를 뒷받침해 준다(창 2:16-17).

이렇게 볼 때 인간과 하나님의 관계는 고대 근동의 언약문서에서 볼 수 있는 왕과 봉신의 관계에 비견된다. 말하자면 왕이 자신과 언약관계에 있는 봉신에게 통치권을 위임하듯이 하나님께서 자신과 특별한 관계 속에 있는 인간(하나님의 형상)에게 세상을 정복하고 다스리는 권세를 위임하였다는 것이다. 그러므로 위에서 인용한 창세기 1:28의 말씀은 창조시 하나님께서 인간에게 베푸신 '언약의 규약'(covenant regulation)에 해당한다고 할 수 있다. 물론 그곳에 '언약'이란 단어가 나타나는 것은 아니다. 사실상 창세기에 '언약'이란 단어가 처음 나타나는 곳은 6:18이다: "그러나 너와는 내가 언약을 세우리니…."그런데 여기서 사용된 표현은 통상적으로 언약을 체결하는데 사용되는 전문용어인'카랏 브릿' (כָּרַת בְּרִית) 이 아니라 '헤킴 브릿'(הֵקִים בְּרִית) 이다. 반대의견이 없지 않

---

227) 구약에서 '다스리다'는 의미의 히브리어 동사'라다'(רָדָה) 는 주로 왕들의 통치행위를 묘사할 때 사용된다(왕상5:4; 시 72:8; 110:2; 사 14:6). 마찬가지로 '정복하다'는 의미의 히브리어 동사'카바쉬'(כָּבַשׁ) 또한 왕의 통치행위에서 유래된 말일 수 있다고 한다(Westermann 1999⁴:218-22).

228) 인간이 '하나님의 형상'이라고 했을 때 '형상'(צֶלֶם)의 의미가 무엇인지에 대해서는 여러가지 견해가 있다(Wenham 1987:29-32 참조). 그러나 하나님의 형상인 인간에게 위임된 일이 다름 아닌 '다스리는' 일이었으므로 적어도 인간에게 부여된 왕적 특성이 '형상'의 중요한 한 요소였다고 볼 수 있다. 다윗은 인간에게 부여된 왕적 위엄과 권세에 대하여 다음과 같이 노래한다: "그를 하나님보다 조금 못하게 하시고 영화와 존귀로 관을 씌우셨나이다 주의 손으로 만드신 것을 다스리게 하시고 만물을 그의 발 아래 두셨으니"(시 8:5, 6).

지만 הָקִים בְּרִית 은 처음으로 언약관계를 맺는 것을 의미한다기보다 기존의 언약관계를 재가하고 확증하는 것을 의미한다고 보는 것이 옳다(Wenham 1987:175; Dumbrell 1984:20-26). 창세기의 문맥에서 이 기존의 언약이란 1:28의 위임명령을 가리키는 것이 분명하다. 노아언약이 창조시 위임명령에서 주어진 생육과 번성의 축복을 그대로 다시 언급하고 있기 때문이다(창 9:1-7 참조).

따라서 인간은 처음부터 하나님과의 특별한 관계(언약관계) 안에서 왕적 기능을 수행함으로써 하나님의 통치를 실현해나갈 존재로 지음받은 것이 분명하다. 그런데 불행하게도 인간은 뱀의 유혹으로 하나님 없이 왕노릇하고자 하는 오만에 빠지고 말았다. 이것이 하나님처럼 되고자 하나님의 명령을 어기고 선악과를 따먹은 사건이 보여주는 바이다. 잘못된 길로 들어선 인간은 선로를 벗어난 기차처럼 엄청난 재난을 뒤로 남긴 채 파멸의 길로 달려갔다. 하나님의 선한 뜻을 실현할 은사와 자질들이 이기적인 욕심을 이루기 위한 수단으로 오용되었고 그 결과 세상은 탐욕과 폭력으로 넘쳐나게 되었다. 그런데 놀랍게도 인간과 하나님의 관계는 끝나지 않는다. 비록 죄가 세상을 파국으로 몰고간 것이 사실이지만 그런 가운데서도 하나님은 인류를 보존하셨고 그들에게 생육과 번성의 복을 주심과 동시에 다시금 모든 생명체에 대한 지배권을 인정해주셨다(창 9:1-7 참조).[229] 무엇보다도 하나님은 죄에 빠진 인간에게 죄의 세력을 멸할 구원자를 약속하심으로써 인간이 원래의 지위(하나님의 대리 통치

---

229) 창조언약과는 달리 노아언약(the Noahic covenant)에서는 땅을 정복하고 생물들을 다스리라는 명령 대신 하늘과 땅과 바다의 모든 생물들이 인간을 두려워하게 될 것이라는 언급이 나타난다. 이는 타락으로 인해 인간에게 주어진 통치권에 근본적인 변화가 왔다는 것을 암시한다.

자)를 회복하게 될 것을 알려주셨다(창 3:15 참조).

이처럼 인간의 실패에도 불구하고 그들을 향한 하나님의 뜻은 좌절되거나 포기되지 않는다. 인간이 더 이상 하나님을 반역하지 않고 그분의 뜻을 충실하게 받드는 날이 온다면 세상은 낙원으로 바뀔 것이며 창조의 목적이 실현될 것이다. 이와 같은 하나님의 구속경륜 안에서 등장하는 인물이 바로 아브라함이다. 하나님은 갈대아 우르에서 아브라함을 불러 내시고 그와 더불어 언약을 맺으셨다(창 12:1; 15:18; 17:7). 이 언약관계를 통하여 이제 하나님은 아브라함의 하나님이 되실 것이며 아브라함은 그의 뜻을 충실하게 받드는 대리 통치자로서의 지위를 가지게 될 것이다. 따라서 아브라함의 등장과 함께 그처럼 '복'(בְּרָכָה)이 강조되는 것은 이상한 일이 아니다.[230] 아브라함을 통하여 저주아래 놓인 세상이 창조시 하나님이 보시기에 좋았던 축복된 세상으로 다시 회복될 것이기 때문이다.

하나님은 세상을 향한 자신의 계획을 구체화하는 방안으로 아브라함에게 두 가지를 약속하셨다: 땅과 후손. 먼저 하나님은 아브라함에게 가나안 땅을 기업으로 주실 것을 약속하셨다(창 12:1; 15:18; 17:8). 이처럼 하나님이 아브라함과 그의 후손에게 땅을 약속하시는 이유는 그들이 타락한 세상에서 구별되어 하나님만을 섬기는 삶을 살 수 있게 하기 위해서였다. 구약은 아브라함과 그의 후손에게 약속된 땅을 "젖과 꿀이 흐르는 땅"(민 13:27; 14:8) 또는

---

230) 아브라함의 소명에 대해 말해주는 창세기 12:1-3절에는 '복', '복주다', '복받다'와 같은 말이 모두 다섯 차례 반복된다. 볼프에 따르면 창세기 12:1-3에 다섯 차례 나타나는 '복'과 관련된 낱말이 창세기 1-11장에 모두 다섯 차례 나타나는 '저주'와 상응관계에 있다고 지적하였으며 헤밀턴(Hamilton 2007:103)은 창세기 1-11장에 복과 관련된 낱말 역시 다섯 차례 나타난다는 사실을 언급하였다.

"심히 아름다운 땅"(민 14:7)이라 부른다. 땅에 대한 이러한 묘사들은 "보기에 아름답고 먹기에 좋은 나무"(창 2:9)로 가득하였던 에덴동산의 모습을 연상케 한다. 따라서 아브라함과 그의 후손들에게 약속된 가나안 땅은 '회복된 에덴동산' 혹은 '제 2의 에덴동산'으로서의 의미를 갖는다고 할 수 있다(성주진 2007:161-64). 그러므로 이곳에서 아브라함의 후손들(이스라엘)은 에덴동산에서 추방되었던 아담과 하와의 잘못을 반복하지 말고 온전히 하나님의 말씀에 따르는 순종의 삶을 살아야 한다. 후에 출애굽한 이스라엘 백성들에게 수여된 율법은 바로 이와 같은 순종의 준칙으로서 의미를 갖는 것이라 할 수 있다.

다음으로 하나님이 아브라함에게 약속하신 것은 후손에 대한 것이다. 하나님은 아브라함에게 '하늘의 별과 같고 바닷가의 모래와 같이' 많은 후손을 약속하셨다(창 22:17). 아브라함의 자손이 이처럼 번성하리라는 것은 우리로 하여금 다시 창조언약을 생각하게 만든다: "하나님이 그들에게 이르시되 생육하고 번성하여 땅에 충만하라"(창 1:28). 여기서 우리는 아브라함과 그의 후손들을 통하여 창조언약이 계속 유지되고 성취된다는 것을 알 수 있다. 특히 하나님은 아브라함에게 그의 후손들을 통하여 '큰 민족'이 이루어지고(창 12:2) 그의 후손들 가운데서 '왕들'이 나오게 될 것이라고 말씀하셨다(창 17:6). 이것은 아브라함의 후손들을 통하여 왕이 통치하는 큰 민족/나라가 생겨날 것을 의미한다. 우리는 이 하나님의 약속이 출애굽을 거쳐 다윗, 솔로몬 시대에 성취되었다는 것을 알고 있다. 더 나아가서 아브라함에게 약속된 후손/왕은 창세기 3장에 언급된 이른바 뱀의 머리를 상하게 할 '여인의 후손'과 연결된다(창 3:15). 다시 말하면 창세기의 문맥은 하나님과 인간의 관계를 파괴한 죄의 문제가 아브라함에게서 날 후손/왕을 통해 극복될 것을 암시한다.

아브라함에게 주어진 두 가지 약속, 곧 땅과 후손에 대한 약속은 후대 이스라엘 역사에서 모두 성취되었다. 아브라함의 후손들은 애굽에서 사백년 이상 체재하는 동안 큰 민족으로 성장하였을 뿐 아니라(출 1:7) 모세의 인도하에 출애굽에 성공하고 마침내 가나안 땅을 점령하여 그곳에 정착할 수 있게 되었다(수 21:43-45). 여기서 우리는 수많은 역사의 굴곡 가운데서도 자신의 언약을 지켜내시고야 마는 하나님의 신실하심을 확인하게 된다. 인간을 하나님의 대리 통치자로 규정하는 창조언약이 아브라함을 통해 갱신되고, 마침내 가나안 땅에 정착한 그의 후손들에게서 (잠정적인 것이긴 하지만) 현실화된 것이다. 이제 이스라엘은 하나님의 뜻 안에서 가나안 땅을 '정복하고'(수 18:1; 창 1:28 참조) 그 땅에서 명실공히 지배권을 행사할 수 있게 되었다.

그런데 문제는 이스라엘 백성들이 하나님의 신실하심에 부응하여 하나님이 정하신 언약의 규약에 순종하여 살았는가 하는 것이다. 모세는 가나안 정복을 앞둔 이스라엘 백성들에게 오직 공의를 행하여야만 그 땅을 차지하고 생명을 누릴 수 있다고 강조한 바 있다(신 16:18-20). 여호수아 또한 그의 마지막 설교와 세겜에서의 언약갱신 예식에서 이스라엘 백성들이 자자손손 축복을 누리기 위해서는 하나님만을 섬기며 모세의 율법을 지켜 행하는 것이 가장 중요한 문제라고 가르쳤다(수 23:6; 24:14). 그러나 불행하게도 이스라엘 백성들은 하나님의 언약적 사랑에 올바로 응답하는데 실패하였다. 그들은 모세의 율법을 따라 하나님의 거룩한 백성이 되는데 관심을 갖는 대신 가나안의 종교와 세속적인 문화에 더 매력을 느꼈다. 무엇보다도 이스라엘 백성들은 하나님이 자신들의 최고 왕이란 사실을 망각하고 스스로 왕노릇 하고자 하였다. 사사기 후반부에 되풀이되는 표현 —"그때에는 이스라엘에 왕이 없었으므로 사람마다 자기 소견에 옳은 대로 행하였더라"(삿 17:6; 21:25) — 은 이같은 영적 무정부 상태를 잘 반영하고 있다.

상황이 이렇게 되었기에 이스라엘 백성들은 가나안 땅에서 생육하고 번성하며 세상을 향하여 영적 지배권을 행사하는 축복을 누릴 수 없게 되었다. 오히려 그들은 이방사람들로부터 노략을 당하고 압제를 받는 비참한 처지에 이르고 말았다. 하나님께 대한 불순종으로 낙원을 상실한 아담과 하와의 비극이 가나안 땅에 정착한 아브라함의 후손들에게 그대로 되풀이되었던 것이다. 여기서 우리는 다음과 같은 심각한 질문 앞에 서게 된다: 인간이 이처럼 하나님을 반역할 수밖에 없는 이유는 무엇인가? 하나님이 인간을 다루는 방식에 문제가 있는가? 이제 세상과 인생을 향한 하나님의 계획은 어떻게 되는 것인가?

분명한 것은 이 불행한 반역의 역사의 책임이 하나님께 있는 것은 아니라는 사실이다. 앞에서 보았듯이 하나님은 인간을 원래의 축복된 상태로 회복시키고자 모든 노력을 다 기울이셨다. 그들은 출애굽과 가나안 땅 정착을 경험하면서 하나님의 능력과 언약적 사랑을 충분히 경험하였다(신 4:32-40 참조). 그럼에도 불구하고 그들이 하나님께 대하여 보인 불순종의 태도는 오직 한 가지 사실로써만 바르게 설명될 수 있다. 그것은 다름이 아니라 최초의 인류가 뱀의 유혹에 넘어져 반역의 정신에 지배당한 이래로 인간은 나면서부터 반역과 불순종의 성향을 가지게 되었다는 것이다(창 8:21; 시 51: 5; 엡 2:1 참조). 그러기에 인간은 도무지 하나님의 언약적 사랑에 응답하여 그분께 순종하는 복되고 의로운 삶을 살 수 없게 되었다. 그러므로 인간과 하나님의 관계가 근본적으로 새로워지기 위해서는 인간을 지배하는 악의 문제가 극복되지 않으면 안 된다는 것이 지금까지 역사의 교훈이다.

이것은 우리로 하여금 다시 가나안 정복을 앞두고 '마음의 할례'를 역설하였던 모세의 설교를 상기하게 만든다: "그러므로 너희는 *마음에 할례를 행하고 다시는 목을 곧게 하지 말라*"(신 10:16). 더 거슬러 올라가서 그것은 첫 인류에게 약속된바 있는 뱀의 머리를 상하게 할 '여인의 후손'의 도래를 고대하게 만든다. 이 '여인의 후손'이 도래하여 인간을 속박하고 있는 악의 문제를 해결할 때에야 비로소 인간은 하나님의 사랑에 엇박자를 내지 않고 믿음과 순종으로 응답할 수 있게 될 것이다. 이 '여인의 후손'이 누구이며 그가 과연 언제 도래할 것인가? 사사기의 끝구절 - "그 때에 이스라엘에 왕이 없으므로 사람이 각기 자기의 소견에 옳은 대로 행하였더라" (삿 21:25) - 은 이 '여인의 후손'이 '왕'의 모습으로 임할 것을 예고하고 있다.

3. 열왕들의 시대

사무엘의 등장과 더불어 고대하던 왕의 시대가 열리게 된다. 지금까지의 역사를 추적하는 과정에서 우리는 왕의 등장과 더불어 하나님과 인간과의 관계가 새로운 국면으로 접어들게 될 것이란 사실을 알게 되었다. 여기서 이스라엘의 왕이 어떤 존재인지 생각할 필요가 있다. 신명기의 왕의 법전에 언급되어 있듯이 이스라엘의 왕은 철저하게 모세의 율법에 따라 백성들을 다스려야 하는 신본주의적 왕이다 (신 17:18-20). 놀랍게도 이것은 이스라엘의 왕이 최초의 인류와 마찬가지로 하나님의 대리 통치자의 위치를 갖는다는 것을 의미한다.[231] 이런 관점에서 보면 인간을 향한 하나님의 원래 계획이 이스라엘의 왕에게서 연속된다는 것을 알 수 있다.

그렇다면 일반 백성들은 어떻게 되는가? 그들은 지속적인 반역과 불충성으로 인해 하나님의 관심에서 영 제외되고 말았는가? 이제 인간에게 왕적 지위를 부여하고자 한 하나님의 의도가 오직 이스라엘의 왕에게로 좁혀지고 한정되고 말았는가? 이 질문들에 대한 대답은 당연히 '그렇지 않다'는 것이다. 우선 위에서 언급한 신명기의 왕의 법전은 왕과 백성들을 단순히 지배자와 피지배자의 관계가 아닌 형제관계로 설명한다: "그가 왕위에 오르거든 … 그의 마음이 그의 **형제** 위에 교만하지 아니하고 …"(신 17:18-20). 이것은 왕과 백성들이 하나님 앞에서 같은 위치에 있다는 의미가 아닌가?

사실 구약은 이스라엘 백성들과 그들의 왕이 하나님과의 관계에서 모두 아들의 위치에 있다고 가르친다. 예컨대 미디안에서 애굽으로 향하는 모세에게 하나님은 "이스라엘은 내 아들 내 장자라"고 밝히신다(출 4:22). 그런데 다윗에게 영원한 왕위를 약속하는 사무엘하 7장에서 하나님은 다윗 계열의 왕에 대하여 "나는 그에게 아버지가 되고 그는 내게 아들이 되리라"고 말씀하신다(14절). 더 나아가 포로기

---

231) 시편 45편은 하나님과 인간 왕 사이에 있는 밀접한 관련성을 잘 알려 준다. 맥켄(McCann 1996:862)이 말하듯이 여기서 시인은 왕과 하나님의 의도를 동일시하기에 심지어 왕을 '엘로힘'이라 부른다: "*하나님이여* 주의 보좌는 영원하며 주의 나라의 규는 공평한 규이니이다"(6절, 이텔릭체는 저자의 것). 크라우스(Kraus 2003⁷:490-91)는 이 본문이 왕을 신격화하는 고대 근동의 제왕 이데올로기가 구약에 들어 온 매우 이례적인 예에 해당한다고 말하기도 한다. 그러나 람파르트(Lamparter 1977:233)가 말한 것처럼 이 본문에서 시인이 왕을 가리켜 '엘로힘'이라 부른 것은 그의 인격을 두고 한 말이라기 보다 그가 하나님을 대표하는 직분자로서 가진 신적인 소명을 두고 한 말이라고 보아야 한다.

의 한 시인은 하나님께서 다윗에 대하여 '내가 그를 장자로 삼았다'고 하신 사실을 언급한다(시 89:27). 이처럼 구약은 백성들과 왕이 모두 하나님 앞에서 아들이요 장자의 위치에 있다고 가르친다. 따라서 왕과 백성 사이에는 깊은 연대관계가 있으며, 왕은 백성들 가운데 한 사람(*primus inter pares*)으로 하나님 앞에서 이스라엘을 대표하는 위치에 있다고 말할 수 있다.[232] 이렇게 보면 왕에게 해당하는 모든 것들은 왕들만 위한 것이 아니요 백성들에게도 그대로 해당된다는 것이 드러난다.

옛 이스라엘에서 왕이 어떤 존재인지를 알게 되었기에 이제 왕의 등장과 더불어 이스라엘에 찾아온 변화가 무엇인지를 알아볼 차례이다. 비록 사울이 이스라엘의 첫번째 왕이긴 하지만 하나님이 의도하신 진정한 왕은 다윗이었기에 그에 대한 이야기로부터 시작하는 것이 좋을 것이다. 우리가 사무엘서를 연구하는 과정에서 본 것처럼 다윗은 비록 중대한 실수를 범하기도 했지만 전반적으로 하나님께 순종한 인물이다. 그는 하나님의 명예를 위해 목숨을 걸고 골라앗과 맞붙어 싸웠으며, 삶의 중요한 순간마다 하나님의 뜻을 구하여 순종하였다. 심지어 그는 죄를 지었을 때에도 자신을 부정하고 회개하기를 주저하지 않았다. 다윗에 대한 성경의 잘 알려진 평가 -'하나님의 마음에 맞는 사람'(삼상 13:14; 행 13:22) - 는 다윗의 이러한 신실한 모습을 염두에 둔 것임이 분명하다.

---

232) 카이저(Kaiser 1991:162)는 왕과 백성들 사이에 있는 연대관계에 대해 다음 과 같이 잘 말해 준다: "More significant is the fact that what happened to the king happened to the people. Their lives were totally bound up with his. When he acted in faithfulness and righteousness, prosperity and blessing were the result(Pss. 18; 45:6-7; 101). But when the king was rejected, so were they. The king, then, became the channel of God's blessings and judgments."

다윗이 이처럼 하나님의 마음에 맞는 사람이었다는 사실은 에덴 동산에서 아담의 반역과 가나안 땅에서 이스라엘의 불순종이란 배경 속에서 그 고유한 의미를 얻는다. 즉 아담으로부터 시작된 인간의 불순종의 역사가 다윗왕권을 통하여 획기적인 전환점을 맞게 된다는 말이다. 사실상 다윗 시대를 살펴보면 처음 인류가 에덴 동산에서 누렸던 축복이 되돌아왔다는 인상을 강하게 받는다. 다윗의 공의로운 통치하에 백성들은 안식과 번영을 누리고 있으며(삼하 7:1; 8:15), 무엇보다도 블레셋을 비롯한 이방민족들에 대하여 확고한 지배권을 행사하고 있다(삼하 5:17-25; 8:1-14). 특히 열왕기 저자가 솔로몬 시대를 묘사하는 방식을 보면 놀랍다:

> "유다와 이스라엘의 인구가 바닷가의 모래같이 많게 되매 먹고 마시며 즐거워하였으며 … 솔로몬이 그 강 건너편을 … 모두 다스리므로 그가 사방에 둘린 민족과 평화를 누렸으니 … 각기 포도나무 아래와 무화과 나무 아래에서 평안히 살았더라"(왕상 4:20-25).

위의 인용문에서 우리는 다윗-솔로몬 시대에 처음 인류에게 주어진 축복 − '생육하고 번성하며 온 세상을 정복하고 다스리라'(창 1:28) − 과 아브라함의 축복 −'네 씨가 크게 번성하여 하늘의 별과 같고 바닷가의 모래와 같게 하리니 네 씨가 그 대적의 성문을 차지하리라"(창 22:17) − 이 성취되었다는 것을 확인할 수 있다. 이제 다윗-솔로몬으로부터 시작하여 이 땅 위에 하나님의 공의로운 통치가 펼쳐질 것이며, 인간은 다윗 계열의 왕 안에서 하나님의 통치에 참여

---

233) 사실상 구약 이스라엘의 왕들은 이 땅위에 하나님의 통치(Herrchaftbereich)을 드러내는 자이다. 침멀리(Zimmerli 1989⁶:78)가 말한 대로 하나님의 일이 지상에서 왕들을 통하여 이루어지므로 하나님의 통치는 인간 왕들의 통치와 놀랍게 연결되어 있다고 할 수 있다. 이것은 솔로몬의 등극을 "여호와의 나라 왕위"에 앉는 것으로 이해하는 역대기 사가의 말에서도 뒷받침된다(대상 28:5).

하는 복을 누리게 될 것이다.[233] 이렇게 보면 다윗-솔로몬 시대에 이르러 세상을 향한 하나님의 계획이 그 목표지점에 도달하였다는 느낌을 갖게 된다. 그러나 이것은 성급한 생각이다.

앞에서 언급한 바와 같이 다윗은 하나님의 뜻에 순종하여 왕권을 행사함으로써 인간 본연의 위치와 역할이 무엇인지를 모범적으로 보여준 인물임에는 틀림없지만 그에게는 적지 않은 문제점들도 있었다. 우리는 그가 육체의 정욕을 이기지 못하여 충성스러운 신하의 아내를 범한 일과 권력에 대한 욕심 때문에 백성들을 희생시킨 사실을 알고 있다. 다윗의 이러한 약한 모습들은 그가 아담 이후의 인간을 특징지우는 불순종의 정신에서 자유롭지 못하다는 것을 보여주기에 충분하다. 인간이 이런 상태에 있는 한 하나님의 언약적 사랑에 부응하여 그분의 뜻을 이 땅에 펼치는 정의로운 통치란 요원한 일일 수밖에 없다.[234] 아직도 인간을 향한 하나님의 사랑은 그들의 순종 안에서 만족을 얻기까지 더 기다림과 인내의 시간을 보내지 않으면 안 된다(롬 3:25 참조).

하나님의 뜻에 순종하는데 무능한 인간 왕의 모습은 솔로몬에게서 여실히 드러난다. 솔로몬은 비록 하나님의 사랑을 많이 받은 사람이었지만(삼하 12:25 참조) 정치, 경제적 목적을 위해서라면 하나님이 금하신 일까지 서슴지 않고 하였다. 이방 왕들의 딸과 정략결혼을 한 것은 물론이고 그들의 종교적 풍습까지 주저 없이 받아들였던 것이다. 후에 솔로몬의 아들 르호보암이 왕이 되었을 때 백성들이 요구한 내용 -"왕의 아버지가 우리에게 메운 멍에를 가볍게 하라"(왕상

---

234) 프로이쓰(Preuß 1992:25)는 이러한 긴장으로 인해 옛 이스라엘에서 하나님의 뜻에 온전히 순종하는 이상적인 왕에 대한 종말론적 기대가 생겨났다고 말한다.

12:9) - 을 보면 그가 백성들을 공의롭게 다스리는데도 실패하였다는 것을 알 수 있다. 솔로몬 왕에게 있었던 이런 문제점들은 BC 586년 다윗 왕가가 몰락하기까지 끊임없이 되풀이 되었다. 다윗부터 시드기야까지 하나님 마음에 합한 왕이 불과 두 세 명에 불과했다는 사실은 인간 왕의 절망적인 형편을 여실히 보여준다.

인간 왕이 제 기능을 다하지 못하자 하나님은 선지자들을 일으키셔서 그들의 잘못을 통렬히 꾸짖으셨다: "신실하던 성읍이 어찌하여 창기가 되었는고 **정의**가 거기에 충만하였고 **공의**가 그 가운데에 거하였더니 이제는 살인자들뿐이로다"(사 1:21); "이스라엘의 통치자들아 … 너희는 포악과 겁탈을 제거하여 버리고 **정의와 공의**를 행하여 내 백성에게 속여 **빼앗는** 것을 그칠지니라"(겔 45:9); "네가 백향목을 많이 사용하여 왕이 될 수 있겠느냐 네 아버지가 먹거나 마시지 아니하였으며 **정의와 공의**를 행하지 아니하였느냐 그 때에 그가 형통하였었느니라"(렘 22:15). 이런 말씀들에서 우리는 하나님께서 통치자들에게 기대하셨던 것이 무엇이었는지를 알 수 있다. 선지자 아모스의 말과 같이 하나님은 그들이 "오직 **정의**를 물같이, **공의**를 마르지 않는 강같이 흐르게" 하기를 바라셨던 것이다(암 5:24).

왕들에게 정의와 공의를 요구하는 이들 선지적 메시지들 이면에는 자기 백성을 향한 하나님의 지극한 관심과 사랑이 자리하고 있다. 그러나 불행히도 그러한 하나님의 마음은 왕들과 백성들에게 철저히 외면당하였다. 그러기에 하나님과 이스라엘의 관계는 또 다시 파국을 맞이할 수밖에 없었다. 주전 722년과 586년의 사건은 하나님과 이스라엘의 관계단절을 극적으로 보여주고 있다. 특히 하나님의 임재의 상징이던 솔로몬 성전이 파괴되고 성전의 물건들이 바벨론으로 넘어간 것은 하나님과 이스라엘의 관계가 모두 끝나고 말았다는 인상을 주기까지 한다. 과연 하나님은 자기 백성을 영 버리셨는가? 인류를 향한 하나님의 계획은 이렇게 허무하게 실패로 끝나고 마는가? 그렇다면 전능하신 하나님의 이름과 명예는 어떻게 되는 것인가?

여기서 우리는 다시금 하나님의 언약적 사랑을 생각하여야 한다. 이스라엘은 언약백성으로서 마땅히 하나님께 순종해야 할 책임이 있지만 그렇다고 해서 그들의 불순종이 하나님의 사랑을 질식시킬 수 있는 것은 아니다. 오히려 불순종이 낳은 모든 불행한 결과들에 대해 하나님은 심각하게 근심하시며 더 나아가 긍휼히 여기신다. 호세아 선지자는 이런 하나님의 사랑에 대해 잘 알려준다:

"에브라임이여 내가 어찌 너를 놓겠느냐 이스라엘이여 내가 어찌 너를 버리겠느냐 내가 어찌 너를 아드마 같이 놓겠느냐 어찌 너를 스보임 같이 두겠느냐 내 마음이 내 속에서 돌이키어 나의 긍휼이 온전히 불붙듯 하도다"(호 11:8).

호세아 선지자를 통해 표현된 이 하나님의 마음은 이스라엘과 하나님의 관계가 쉽사리 끝날 수 없다는 것을 암시한다. 앞에서 언급한 바와 같이 하나님과 인간 왕 또는 하나님과 이스라엘은 아버지와 아들의 관계에 있다. 그러므로 인간 왕/이스라엘에게 문제가 있다 하여 하나님과 그들과의 관계가 무효화될 수 있는 것은 아니다. 하나님께서 다윗에게 약속하신 말씀처럼 다윗 계열의 왕들이 죄를 범하면 여러 가지 형태의 징계는 있겠지만 결코 하나님의 은총(= 언약적 사랑)을 빼앗기는 일은 없다(삼하 7:14-15). 이 모든 것은 주전 586년의 사건이 하나님과 이스라엘과의 관계의 끝이 아니라 - 비록 심각한 것이긴 하지만 - 일시적인 징계의 성격을 갖는다는 것을 가르쳐 준다.

여기서 잠시 멈추어 서서 다윗-솔로몬으로부터 시작된 왕정시대의 의미를 간략히 정리하고 다음 단락으로 넘어가는 것이 유익하다. 먼저 옛 이스라엘 역사에서 약 400년간 지속된 왕정시대는 하나님의 사랑에 제대로 응답하지 못하는 인간의 절망적 형편을 잘 보여준다. 이를 통해 우리는 인간이 얼마나 심각하게 죄의 지배를 받고 있는지를 알게 되며, 나아가서 그런 인간을 포기하지 않으시고 기다리시며, 권고하시며, 책망하시며, 징계하시는 하나님의 큰 사랑을 깨닫게 된다.

다음으로 왕정시대는 관심의 초점이 일반 백성에게서 왕에게로 옮겨졌다는 것이 언급되어야 한다. 사사시대까지만 하더라도 일반 백성들의 태도와 행위가 중요하게 다루어졌으나 왕정시대가 도래하면서 관심이 모두 왕에게 집중된다: 왕들의 성공과 실패, 그들의 순종과 불순종, 그들의 믿음과 배반 등. 이러한 변화는 백성들이 관심에서 제외되었다는 의미로 받아들여서는 안 된다. 왕은 백성들의 대표인만큼 백성들과 왕 사이에는 깊은 연대 관계가 있으며, 따라서 백성들은 왕과 더불어 운명공동체로서 하나로 연결되어 있다. 이제 백성들은 그들의 대표자인 왕으로 인해 복을 받기도 하고 화를 받기도 한다. 이것은 인류를 회복시키고자 하는 하나님의 계획이 이스라엘의 왕을 통해 이어진다는 것을 의미한다.

끝으로 다윗-솔로몬 왕국은 이스라엘의 열왕들의 역사에서 모범적인 위치에 있다는 사실이 강조되어야 한다. 앞에서 본 것처럼 다윗-솔로몬 시대는 마치 낙원이 되돌아왔다는 인상을 받을 정도로 온전한 시대였다. 왕은 하나님의 뜻에 온전히 순종했고, 그 결과 이스라엘은 주변민족을 지배하는 위치에 서게 되었으며 물질적인 번영을 누리게 되었다. 다윗-솔로몬 시대의 이러한 모습은 창조언약과 아브라함 언약의 성취를 의미함과 동시에 먼 미래에 있을 더 완전한 성취의 그림자이기도 하다. 하나님께서 다윗에게 영원한 왕권을 약속하신 것은 다름 아닌 이 언약의 역사를 배경으로 한다(삼하 7:16; 23:5 참조). 열왕들의 시대에 등장한 선지자들이 불순종하는 왕과 백성들에게 심판의 메시지를 전하는 중에도 장차 다윗 시대가 재현될 것을 예고하는 것 또한 같은 맥락에서 이해할 수 있다(호 3:5; 암 9:11; 미 5:2; 사 11:1).

4. 포로/포로후기 시대

앞에서 우리는 이스라엘의 열왕들이 하나님의 언약적 사랑에 응답하여 공의로 나라를 다스리는 일에 실패하였기에 결국 나라가 망하고 말았다는 것을 알게 되었다. 열왕기의 끝부분에 이르면 유다의 마지막 왕 시드기야가 두 눈이 뽑힌 채 바벨론으로 끌려가는 모습을 만나는데(왕하 25:1-7), 이것은 과거 다윗이 아들에게 쫓겨 예루살렘을 떠나 기드론 시내를 건너는 모습(삼하 15:23)과 더 거슬러 올라가 첫 인류 아담과 하와가 불순종하여 낙원에서 추방당하는 모습과 크게 다르지 않다(창 3:22-24). 이렇게 이스라엘과 하나님의 관계는 비극적으로 끝나는 듯하였지만, 늘 그랬던 것처럼 자기 백성을 향한 하나님의 사랑은 여기서 중단되지 않는다. 선지자들은 범죄한 왕들과 백성들에게 엄중한 하나님의 심판을 경고하였지만, 그와 동시에 다윗과 맺은 하나님의 언약이 불변할 것도 함께 예언하였다:[235]

> "여호와께서 이와 같이 말씀하시니라 너희가 능히 낮에 대한 나의 언약과 밤에 대한 나의 언약을 깨뜨려 주야로 그 때를 잃게 할 수 있을진대 내 종 다윗에게 세운 나의 언약도 깨뜨려 그에게 그의 자리에 앉아 다스릴 아들이 없게 할 수 있겠으며 내가 나를 섬기는 레위인 제사장에게 세운 언약도 파할 수 있으리라"(렘 33:20-21).

포로기의 이스라엘 백성들이 현실적으로 더 이상 아무런 소망이 남아있지 않는 상황임에도 불구하고 여전히 회복을 갈구할 수 있었던 것은 바로 다윗에게 주어진 하나님의 약속을 바라보았기 때문이다: "주여 주의 성실하심으로 다윗에게 맹세하신 그 전의 인자하심이 어디 있나이까 주는 주의 종들이 받은 비방을 기억하소서"(시 89:49-50a). 포로기의 선지자 다니엘은 다윗의 이름을 언급하지는 않지만 한때 다윗의 성이었던 예루살렘을 가리키며 이스라엘의 회복을 소망한다: "주여 구하옵나니 주는 주의 공의를 따라 주의 분노를 주의 성 예루살렘, 주의 거룩한 산에서 떠나게 하옵소서 이는 우리의 죄와 우리 조상들의 죄악으로 말미암아 예루살렘과 주의 백성이 사면에 있는 자들에게 수치를 당함이니이다"(단 9:16).

결국 포로이전의 선지자들이 예언했던 대로, 그리고 포로기의 '남은 자들'이 소망하였던 대로 이스라엘 나라는 다시 회복되었다. 주전 538년 바벨론을 정복한 페르시아 왕 고레스의 칙령으로 유다 백성들은 다시금 예루살렘에 귀환하여 무너진 성벽을 쌓고 파괴된 성전을 재건할 수 있었다(스 1:2; 느 6:15; 학 1:14). 하나님은 얼마나 신실하신 분이신가! 그런데 여기서 다음과 같은 질문이 생긴다: 이스라엘 백성들이 또다시 하나님의 뜻을 저버리면 어떻게 되는가? 만일 이런 일이 반복된다면 회복이 무슨 의미가 있는가? 역사는 그저 같은 일만을 되풀이할 뿐인가? 부인할 수 없는 사실은 인간이 근본적으로 변하지 않는다면 회복은 또 다른 불행을 위한 막간일 뿐 그 이상의 의

---

235) 폰라트(von Rad 1992:323)는 다윗왕권이 영원하리라는 나단 선지자의 예언이 후대의 모든 메시야 소망(messianische Erwartungen)의 "역사적 원천"이자 "합법적인 토대"라고 말한다. Alt 1959:63-64; Zimmerli 1989:78; Gordon 1984:78; Childs 1993:154 참조.

미를 갖지 못한다는 것이다. 완전한 회복을 위해서는 인간 편에서의 근본적인 변화가 무엇보다도 절실하다.

그렇다면 과연 아담의 타락 이후 인간을 지배해온 불순종과 반역의 정신이 근본적으로 극복된다는 것이 가능한가? 놀랍게도 선지자들은 이 물음에 대해 긍정적으로 대답한다. 포로기 직전의 예레미야 선지자는 장차 있을 회복이 인간의 마음의 근본적인 변화까지 포함할 것이라고 말한다(렘 31:31-34). 포로기의 선지자 에스겔은 이 문제에 있어 더욱 분명하다. 그는 인간의 마음이 근본적으로 새로워질 것에 대해 다음과 같이 말한다:

> "맑은 물을 너희에게 뿌려서 너희로 정결하게 하되 곧 너희 모든 더러운 것에서와 모든 우상 숭배에서 너희를 정결하게 할 것이며 또 새 영을 너희 속에 두고 새 마음을 너희에게 주되 너희 육신에서 굳은 마음을 제거하고 부드러운 마음을 줄 것이며 또 내 영을 너희 속에 두어 너희로 내 율례를 행하게 하리니 너희가 내 규례를 지켜 행할지라"(겔 36:25-28).

이처럼 인간의 마음이 근본적으로 새로워지면 인간은 더 이상 하나님의 뜻을 거역하지 않을 것이다. 왕정시대의 문제점은 왕들이 하나님의 언약적 사랑에 응답하여 공의롭게 나라를 다스리지 못하였다는데 있다. 말하자면 하나님의 사랑과 인간의 반응 사이엔 항상 균열과 불균형이 존재했던 것이다. 그러나 이제 새로 회복된 시대에는 하나님의 사랑과 인간의 태도 사이에 있는 간격과 불균형이 더 이상 존재하지 않는다. 이에 대하여 포로 후기의 한 시인은 시편 85:10-11에서 다음과 같이 아름다운 말로써 묘사한다:

> "인애와 진리가 같이 만나고

의와 화평이 서로 입맞추었으며
진리는 땅에서 솟아나고 의는 하늘에서 굽어보도다"

시인은 지금 '인애'(חֶסֶד), 즉 언약적 사랑이 '진리'(אֱמֶת)와 함께 하며 '의'
(צֶדֶק)와 '화평'(שָׁלוֹם)이 서로 충돌을 일으키지 않는 새로운 세상을 바라
보고 있다.

　　사실상 진리가 없으면 사랑이 퇴색할 수밖에 없고, 의가 없으면
화평은 무용지물이 되고 만다(Weber 2003:93). 따라서 사랑은 진
리를 요구하며 화평은 의에 의존한다. 이러한 사실은 앞에서 우리
가 이스라엘의 왕도에 대해 말한 것과 통한다: 왕권은 언약(적 사랑)
과 정의의 시행이란 두 기둥 위에 서 있다(시 89:14 참조). 구약 이
스라엘의 열왕들은 이런 균형을 지키는데 실패하였기에 백성들의 삶
을 도탄에 빠트리고 나라를 망하게 하였다. 그런데 이제 포로기를 전
후한 선지자들은 그러한 불균형이 자취를 감추고 "인애와 진리가 만
나고 의와 화평이 서로 입맞추는" 시대를 내다보고 있다(Zimmerli
1989:79 참조).

　　호세아 선지자는 이 시대가 되면 포로로 사로잡혀갔던 백성들이
'한 두목'(רֹאשׁ אֶחָד)의 인도하에 약속의 땅으로 돌아올 것이라고 말한다
(호 1:11). 특히 그는 이 특별한 지도자가 다름 아닌 '다윗'이 될 것
임을 밝힌다(호 3:5). 물론 호세아가 언급한 '다윗'은 실제로 다윗을
의미한다기보다 다윗계열의 미래 통치자를 의미한다(삼하 7:16 참
조). 호세아와 마찬가지로 선지자 아모스도 다윗의 집이 재건될 미래
를 내다보았으며(암 9:11), 그 때가 되면 잃어버린 낙원이 되돌아오
리라고 예언하였다: "여호와의 말씀이니라 보라 날이 이를지라 그 때
에 파종하는 자가 곡식 추수하는 자의 뒤를 이으며 포도를 밟는 자가

씨 뿌리는 자의 뒤를 이으며 산들은 단 포도주를 흘리며 작은 산들은 녹으리라"(암 9:13). 심지어 스가랴 선지자는 이 때가 되면 모든 사람들이 다윗의 영광에 참여하게 될 것이라고 예언한다: "그 날에 여호와가 예루살렘 주민을 보호하리니 그 중에 약한 자가 그 날에는 다윗 같겠고 다윗의 족속은 하나님 같고 무리 앞에 있는 여호와의 사자 같을 것이라"(슥 12: 8).

5. 신약시대

지금까지 우리는 '인애'와 '정의'를 골자로 하는 구약 이스라엘의 왕도(Kingship)가 어떻게 왕의 길을 안내하였으며, 왕국이 사라지고 난 다음에도 그것이 선지자들에 의해 어떻게 미래를 위한 소망의 메시지로 재해석되고 있는지를 살펴보았다. 선지자들은 한결같이 다윗 계열의 한 왕이 다시 등장할 것이며, 그 때가 되면 인간이 더 이상 하나님의 언약적 사랑에 엇박자를 내지 않고 즐거이 그분의 뜻에 순종하는 복된 시대가 열릴 것을 예언하였다(사 9:6-7; 11:1-5; 렘 33:20-22; 겔 34:23-24; 37:24-25; 호 3:5; 암 9:11; 미 5:2; 슥 12:8). 이 때가 되면 하나님께서 인류에게 원래 계획하셨던 일, 곧 인간이 하나님의 대리 통치자로서 온 땅을 다스리며 번성하는 축복을 누리는 일이 실현될 것이다. 이제 이 구약의 소망이 어떻게 신약으로 이어지고 있는지를 살펴볼 차례이다.

신약의 첫 페이지를 열면 "아브라함과 다윗의 자손 예수 그리스도의 계보라"(마 1:1)는 구절이 독자의 시선을 사로잡는다. 이 구절로부터 시작하여 신약의 사복음서에는 "다윗의 자손"이란 말이 모두 17번이나 등장한다. 특별히 지금 우리가 살펴보고 있는 주제와 관련하여 중요한 구절은 마태복음 21:9에 나타나는 다음 구절이다: "앞에서 가고 뒤에서 따르는 무리가 소리 높여 이르되 호산나 다윗의 자손이여 찬송하리로다 주의 이름으로 오시는 이여 가장 높은 곳에서 호산나 하더라." 이 구절은 예수께서 생애 마지막으로 예루살렘에 들어가실 때 그를 따르는 무리들이 외친 말로서 왕의 등극을 알리는 표현이다. 그러니까 당시 많은 사람들은 나사렛의 예수가 구약의 선지자들이 예언하였던 그 '다윗 계열의 왕'인 것을 믿었으며, 그것은 복음서를 비롯한 신약성경이 가르치는 바이기도 하다.

복음서에 묘사된 예수님의 모습을 보면 그분이야말로 진정한 왕이라는 사실을 알 수 있다. 우선 그분이 요단 강에서 세례를 받으실 때 하늘로부터 "이는 내 사랑하는 아들이요 내 기뻐하는 자라" 하는 음성이 들려오는 것을 볼 수 있다(마 3:17). 이것은 구약 이스라엘 백성들과 왕들이 하나님과의 관계에서 아들의 위치에 있었다는 사실을 상기시켜 준다. 이런 구약의 배경을 통해 예수님을 바라보면 그는 구약 이스라엘 백성들과 구약 왕들의 지위와 신분을 이어받은 분이요, 더 나아가 그것을 가장 이상적으로 구현한 분인 것이 드러난다. 말하자면 나사렛의 예수는 하나님의 참 아들로서 참 이스라엘 사람이자 진정한 왕이라는 것이다. 그러기에 복음서에서 그는 구약 이스라엘 백성들과 왕들이 실패한 모든 부분에 있어 성공한 분으로 소개되고 있다.

예수님이 세례 받으신 후 광야에서 40일간 마귀에게 시험을 받으신 일을 예로 들어보자. 주의 깊은 성경독자들은 '광야', '40일', '시험'과 같은 단어들을 보면서 곧바로 옛 이스라엘 백성들이 40년 동안 광야 생활을 하면서 여러 가지 시험을 받았던 것을 기억하게 된다. 또한 예수께서 마귀에게 먹는 문제 ─ "이 돌들로 떡덩이가 되게 하라"

(마 4:3) - 로 시험을 받으신 것은 첫 인류 아담과 하와가 뱀에게 먹는 문제(선악과)로 시험을 받았던 것을 상기시켜 준다. 놀라운 것은 첫 사람 아담과 옛 이스라엘 백성들은 모두 이 시험에 실패하였지만 예수님은 모든 시험을 이기고 승리하셨다는 사실이다. 이로써 예수님은 아담과 이스라엘의 실패를 만회할 구원자이자 창조 당시 세상을 향한 하나님의 원래 계획을 성취할 분이심이 드러난다.

더 나아가 예수님이 자신을 가리켜 "나는 선한 목자라"(요 10:11)고 하신 말씀에 주목할 필요가 있다. 잘 알려져 있는 바와 같이 '목자'는 고대 근동에서 왕을 지칭하는 칭호였으며, 이것은 구약에서도 마찬가지이다. 예컨대 다윗은 이스라엘의 진정한 왕이신 하나님을 가리켜 "여호와는 나의 목자"라고 하였고(시 23:1), 선지자 에스겔은 다윗을 가리켜 목자라 하며 다음과 같이 말하였다: "내가 한 목자를 그들 위에 세워 먹이게 하리니 그는 내 종 다윗이라 그가 그들을 먹이고 그들의 목자가 될지라"(겔 34:23). 따라서 구약을 배경으로 예수님의 말씀을 읽으면 예수님이 스스로를 '왕'으로 인식하였다는 것을 알 수 있다. 이것은 예수님이 잡히시던 날 밤 빌라도에게 심문을 받으시면서 '네가 유대인의 왕이냐' 한 그의 질문에 '네 말이 옳도다'라고 답하신 것에서도 확인된다(마 27:11).

그렇다면 예수님은 자신의 왕직을 어떻게 수행하셨는가? 우선 이 질문에 답하기 전에 왕직을 수행하는데 있어 가장 중요한 것이 무엇인지를 알아야 한다. 이 글의 앞부분에서 보았던 것처럼 왕에게 가장 중요한 것은 하나님의 뜻에 순종하여 공의롭게 백성을 다스리는 것이다. 즉 하나님께 대한 온전한 순종이 왕에게 무엇보다 중요하다는 말이다. 사울이 버림받은 것도 하나님께 불순종하였기 때문이며, 다윗의 뒤를 이은 이스라엘의 열왕들이 실패할 수 밖에 없었던 이유도 다름 아닌 불순종 때문이었다. 대부분의 구약 왕들은 하나님의 뜻에 순종하여 선한 목자처럼 양들을 돌보고 먹인 것이 아니라 도리어 '살진 양을 잡아 그 기름을 먹고 그 털을 입는' 독재자들이었다(겔 34:3). 그런데 진정한 왕으로 오신 예수님은 그들과 완전히 다른 분이었다.

요한복음에는 예수께서 하나님의 뜻에 온전히 순종하심으로 진정한 왕도가 무엇인지를 분명하게 보여주신 사실을 잘 소개하고 있다. 예수님은 사마리아의 수가성에서 먹을 것을 권하는 제자들에게 "나의 양식은 나를 보내신 이의 뜻을 행하며 그의 뜻을 온전히 이루는 이것이니라"고 말씀하셨다(요 4:34). 또한 예수님은 어느 안식일에 베데스다 못가에서 38년 된 병자를 고치신 후 자신을 힐난하는 자들에게 이렇게 말씀하셨다: "내가 아무것도 스스로 할 수 없노라 듣는 대로 심판하노니 나는 나의 뜻대로 하려 하지 않고 나를 보내신 이의 뜻대로 하려 하므로 내 심판은 의로우니"(요 5:30). 심지어 예수님은 십자가에 달리셔서도 성경을 이루시고자 "내가 목마르다"(요 19:28)고 말씀하셨고, 마지막 순간 하나님의 뜻을 이룬 것을 선언하심으로 – "다 이루었다"(요 19:30) – 생을 마감하셨다.

이상에서 살펴본 것처럼 예수님은 철저하게 자신을 비우시고 죽기까지 하나님의 뜻에 순종하셨다(빌 2:6-8 참조). 이렇게 하심으로써 예수님은 아담이 하지 못했던 일, 그리고 이스라엘 백성들과 그들의 왕들이 하지 못했던 일을 온전히 이루셨다. 즉 하나님께서 원래 인간에게 기대하셨던 일, 곧 하나님의 대리통치자로서의 모습을 훌륭히 보여주신 것이다: 하나님께 대한 온전한 순종. 여기서 다시금 사도 요한이 예수님에 대해 증언한 것을 기억할 필요가 있다. 요한복음 1:14에서 사도 요한은 예수님에 대해 이렇게 증언하고 있다: "말씀이 육신이 되어 우리 가운데 거하시매 우리가 그의 영광을 보니 아버지의 독생자의 영광이요 은혜와 진리가 충만하더라." 여기서 특별히 우리의 관심을 사로잡는 것은 "은혜와 진리가 충만하더라"는 표현이다.

'은혜'와 '진리'는 헬라어로 각각 χάρις 와 ἀλήθεια 이다. 사실상 이 단어들은 구약에서 '인애'와 '진리'로 번역되는 히브리어 חֶסֶד와 אֱמֶת 에 상응하는 말들이다(Schnackenburg 1979:247-48). 따라서 "은혜와 진리가 충만하더라"는 말을 구약적으로 바꾸면 "인애와 진리가 충만하더라"로 읽을 수 있다. 이것은 우리로 하여금 포로 후기의 한 시인이 시편 85:10에서 다가올 회복의 시대를 내다보며 노래했던 다음 싯귀를 다시 생각하게 만든다:

"인애와 진리가 같이 만나고 의와 화평이 서로 입맞추었으며"

이 얼마나 놀라운 일인가! 포로 후기를 살았던 한 시인의 말이 그로부터 수백 년 뒤에 등장한 사도 요한의 말에서 그대로 메아리치고 있다. 이것이 의미하는 것은 분명하다. 구약이 고대하였던 시대, 즉 하나님의 언약적 사랑이 진리(또는 정의)와 온전히 조화를 이루는 시대가 예수 그리스도를 통하여 실현되었다는 말이다. 다시 말하면 구약 이스라엘의 왕의 제도에서 항상 긴장 가운데 있었던 '언약'과 '정의'가 진정한 왕이신 예수 그리스도 안에서 서로 만나 완전한 조화와 일치를 이루게 되었다는 것이다.

따라서 예수 그리스도를 통하여 세상이 새롭게 회복되는 것은 너무도 당연한 일이다. 각종 질병에서 고생하던 자들이 예수님으로 말미암아 치유함을 얻었고 굶주렸던 자들이 예수님으로 말미암아 배부름을 얻게 되었다(마 4:23-25; 요 6:1-15). 그뿐만 아니라 사회적으로 상처입고 소외된 사람들이 예수 그리스도를 통해 위로를 얻고 새로운 삶을 살게 되었다(막 2:15; 눅 19:1-10). 더 나아가 심지어 죽었던 자들까지 예수님을 통해 다시 살아나는 일이 일어났다(눅 7: 11-17; 8:40-56; 요 11: 43-44). 이제 아담 이후 타락했던 세상이 원래의 복된 상태로, 더 정확히 말하자면 그보다 더 완전한 상태로 나아가는 대 회복의 시대가 시작된 것이다. 복음서에 수많이 등장하는 기적들과 초자연적인 사건들은 이러한 회복을 알리는 서곡이요 신호탄과도 같은 것들이다.

여기서 반드시 언급되어야 할 것은 예수 그리스도로 말미암아 인간에게 일어난 근본적인 변화이다. 우리가 구약 역사를 살피면서 발견한 것은 아담의 타락 이후 인간은 불순종의 정신에 깊이 빠져 하나님의 뜻을 행하는데 한없이 무능한 존재가 되고 말았다는 것이다. 이것은 에덴동산에서의 실패가 가나안 땅에서의 실패에서 재현되고, 아담의 실패가 이스라엘 백성들과 그들의 왕들의 실패에서 되풀이되는 모습에서 확인된다. 그런데 이제 예수 그리스도 안에서 새로운 일이 일어났다. 앞에서 우리는 예수께서 '은혜와 진리가 충만한 분'이라는 사도 요한의 증언을 언급하였다. 이 증언에 비추어 그리스도를 믿고 따르는 자들에게 일어난 변화를 설명하면 이렇다: 예수님은 은혜로 충만하신 분, 곧 하나님의 언약적 사랑의 화신이시므로 그분 안에서 그의 백성들이 하나님의 사랑을 충만하게 받는다; 또한 예수님은 진리가 충만하신 분, 곧 진리의 화신이시므로 그분 안에서 그의 백성들이 진리의 사람들이 되며 온전히 의로운 사람들이 된다.

그러므로 그리스도를 믿고 따르는 자들은 모두 원래 하나님이 인간에게 의도하셨던 바와 같이 하나님의 대리 통치자로서의 지위를 회복하게 된다. 우리는 구약 이스라엘 백성들과 그들의 왕들 사이에 연대관계가 있다는 것을 알고 있다. 그러나 그리스도와 그의 백성들 사이에는 이보다 더 깊고 온전한 연합이 있다. 신약의 서신서에 자주 나타나는 "그리스도 안에서"(ἐν Χριστῷ)라는 표현은 이 깊은 연합을 잘 말해주고 있다. 따라서 그리스도께 속한 자들은 그분이 가진 모든 좋은 것들을 함께 공유하게 된다. 그분이 십자가에 달려 죽으신 것처럼 그들 또한 죄에 대하여 죽은 자들이 되며(롬 6:6; 갈 2:20), 그분이 죽은 자들 가운데서 부활하신 것처럼 그들 또한 다시 살게 되며(롬 6:5; 엡 2:5), 그분이 하나님의 아들이신 것처럼 그들 또한 하나님의 자녀가 되며(롬 8:15), 그분이 왕이신 것처럼 그들 또한 그분과 함께 왕 노릇 한다(벧전 2:9; 계 5:10).

이 모든 일은 예수 그리스도의 죽으심과 부활을 통하여 이미 다 이루어졌지만 아직 완성된 것은 아니다. 그러기에 그리스도께 속한 자들은 현재 그와 더불어 왕노릇하고 있지만 아직은 모든 면에서 완전히 하나님의 뜻에 순종하는 참다운 왕의 상태에 이른 것은 아니다. 그들은 온전히 하나님의 뜻을 받들어 순종하고 충성하기를 원하지만 여전히 불순종의 정신에 이끌리는 좌절을 맛보기도 한다(롬 7:24 참조). 그들이 하나님의 대리 통치자로서 온전케 되는 일은 그리스도께서 승천하실 때 약속하신 것처럼 구름을 타고 다시 오실 때 비로소 일어날 것이다(행 1:11 참조). 그 때 우리는 그분이 의로운 것처럼 온전히 의롭게 될 것이며, 그분과 같이 부활하여 하나님의 나라를 상속받을 것이며, 그분과 더불어 영원토록 왕 노릇 할 것이다: "다시 밤이 없겠고 등불과 햇빛이 쓸 데 없으니 이는 주 하나님이 그들에게 비치심이라 그들이 세세토록 왕 노릇 하리로다"(계 22:5).

6. 마무리하는 말

앞에서 우리는 사무엘서에 나타난 왕의 제도와 관련된 하나님의 계시가 창조, 타락, 구속, 완성으로 이어지는 구원역사에서 어떻게 전개되는지를 살펴보았다. 우리가 알게 된 사실은 하나님께서 원래부터 인간을 하나님의 통치를 대행할 왕적 존재로 지으셨다는 사실이다. 그러나 이처럼 고귀한 인간의 지위와 신분은 언약의 하나님께 순종과 충성을 바침으로써만이 제대로 유지되고 향유될 수 있는 것이었다. 그러기에 인간이 하나님을 불순종할 때 세상은 조화와 질서를 잃어버리고 혼란에 처하게 된다는 것은 너무도 자명한 일이다. 구약에 기록된 숱한 왕들의 이야기는 하나님의 뜻을 받드는 것에 실패함으로 인해 야기된 불행과 재난이 무엇인지를 생생히 보여준다.

그러므로 이 모든 문제들이 해소되기 위해서는 인간이 온전히 새롭게 되어 하나님의 대리 통치자로서의 지위를 회복하여야 한다. 감사하게도 신약성경은 다윗의 후손으로 오신 그리스도 안에서 이 일이 일어났다고 증거한다. 말하자면 그리스도를 머리로 모신 신약의 성도들은 그리스도 안에서 원래 인간에게 의도된 왕의 신분과 권세를 회복한 것이다. 다음 사도 베드로의 말이 이를 증거하고 있다: "너희는 택하신 족속이요 왕같은 제사장들이요 거룩한 나라요 그의 소유된 백성이니"(벧전2:9a). 이와 마찬가지로 사도요한은 다음과 같이 증언한다:

> "이 첫째 부활에 참여하는 자들은 복이 있고 거룩하도다 둘째 사망이 그들을 다스리는 권세가 없고 도리어 그들이 하나님과 그리스도의 제사장이 되어 천 년 동안 그리스도와 더불어 왕 노릇 하리라"(계 20:6).

부록: 사무엘서 해석사

보다 균형잡힌 사무엘서의 이해를 위해서는 지금까지 연구의 역사를
검토하고 평가하는 일이 중요하다. 그것은 앞서간 연구들은 종종 현
재 우리가 서 있는 위치를 알게 해주고 또한 앞으로의 연구방향을 지
시해주기 때문이다. 한정된 지면이기에 여기서는 일반적으로 역사비
평학의 시작으로 여겨지는 고전적인 자료비평으로부터 시작하여 현
재까지의 연구들을 간략히 평가하고자 한다.

1. 자료비평

자료비평가들은 사무엘서에 여러 개의 문서자료들이 들어있다고
생각하고 그것들을 찾아내고자 하였다. 그들이 이러한 노력을 기
울였던 까닭은 과거의 역사를 '있는 그대로'("Wie es eigentlich
gewesen war") 재구성해내려는 역사적 관심 때문이었다. 자료 비
평가들 중 대표적인 인물은 벨하우젠이다. 그는 사무엘서에 두 개
의 서로 다른 문서자료들이 들어있는데, 그 중 하나는 이른 시기
의 것으로서 왕정에 대해 호의적이며 다른 하나는 늦은 시기의 것
으로 왕정에 대해 비판적이라는 견해를 내어 놓았다(Wellhausen
1963⁴:240-46). 벨하우젠의 이론은 당시의 학자들에게 많은 호
응을 얻었다. 부대와 아이스펠트와 같은 학자들은 벨하우젠의 두
문서자료를 오경과 연결되는 것으로 보아 친왕적 문서는 야웨문서
(J)에, 반왕적 문서는 엘로힘문서(E)에 속한다고 보았다(Budde
1906:32-65; Eissfeldt 1964³:362-76).

　성경상의 증거로 볼 때 사무엘서가 여러 자료들을 포함하고 있다

는 사실에는 더 이상 의심의 여지가 없다. 사무엘서 자체가 자료의 사용을 밝히고 있으며(삼하 1:18 참조), 역대기의 기자는 사무엘서에 등장하는 선지자들(사무엘, 나단, 갓)이 기록한 글들에 대해 말하고 있기 때문이다(대상 29:29). 이처럼 사무엘서가 여러 가지 자료들을 포함하고 있다고 하여도 그 자료들을 제대로 구분하여 낼 수 있는가 하는 문제는 그리 간단하지가 않다. 능숙한 저자라면 여러 가지 자료들을 정교하게 연결하여 하나의 완성된 작품으로 만들어내었을 것이기 때문이다. 사무엘서의 문서 자료와 관련하여 제시된 견해들의 다양성은 자료를 찾아내는 작업이 무모한 시도라는 인상을 강하게 준다.[236]

2. 양식비평

자료비평가들이 문서자료들을 구분해내는데 몰두하고 있는 동안 새로운 학문적 관심이 대두되었다. 이러한 변화는 19세기 동안 고고학과 문학사의 발달로 고대 근동의 종교와 문학이 알려지기 시작한 것과 맥을 같이 한다. 구약학자들은 이제 이스라엘의 문학 속에 반영되고 있는 종교와 사상세계 속으로 들어가기를 원하였다. 이와 같은 새로운 학문적 방향을 주도한 인물은 헤르만 궁켈이다. 궁켈은 고대 히브리인들의 정신과 그들의 문학 작품을 이해하려는 의도를 가지고 고대 이스라엘의 문학을 그 원래의 구전형태까지 거슬러 올라가는 문학사를 재구성하고자 했다. 구약과 시간과 공간적으로 너무나 먼 거리

---

[236] 예컨대 19세기 화란의 문서비평가 퀘넌(Kuenen 1861:231-38)은 사무엘서에서 7개의 서로 다른 문서들을 구분하여 낼 수 있다고 하였으며, 독일의 테니우스 (Thenius 1864²:ix-xiii)는 5개의 자료들과 부록(삼하 21-24)을 발견할 수 있다고 하였다.

에 있는 연구가의 입장에서 구약에 담겨있는 히브리문학의 역사를 추적한다는 것이 가능한 일인가?

궁켈은 다음 세 가지 가정에 근거하여 구약을 문학사적으로 연구할 수 있다고 보았다: ① 모든 종교는 그 형태와 내용에 있어서 보수적이며, ② 종교적 형태와 내용은 공동체 내에서 특정한 자리("Sitz im Leben")를 가지며, ③ 문학형식에 있어서 뚜렷한 규칙성이 모든 전승들의 특징을 이룬다(Kraus 1969²: 344). 따라서 궁켈은 성경에서 특정한 삶의 자리와 연결된 특정한 문학형식을 찾는데 심혈을 기울였고, 이를 가리켜 양식비평이라 부른다. 다음은 궁켈 자신의 말이다: "이스라엘의 문학사가 그 재료에 충실하고자 한다면 그것은 우선 작가들 개인과 관계하기보다 - 비록 이것 또한 적당한 때에 정당하게 다루어져야 하겠지만 - 각 개인들 근저에 놓여 있는 전형적인 것, 즉 문학 장르와 관계한다. *따라서 이스라엘의 문학사는 이스라엘 문학 장르의 역사이며, 우리는 그것을 우리의 자료들로부터 만들어 낼 수 있다*"(Gunkel 1913:31).

따라서 궁켈의 방법론을 따르는 학자들은 사무엘 안에서 여러 가지 문학장르들을 찾아내고자 하였다: 자가(Saga),[237] 전설, 역사 이야기, 노벨라(Novella), 목록, 노래, 일화 (Anekdote) 등. 궁켈 자신은 사무엘 안에서 다음 세 가지의 '역사 이야기'를 구분해내었다: ① 블레셋에 대한 사울의 승리(삼상 13장 이하), ② 다윗의 통치 초기(삼하 1-5), ③ 압살롬의 반역(삼하 13-20). 그래쓰만

---

237) 궁켈(Gunkel 1906:73)에 따르면 saga는 "도처에 신이 나타나 활동하게 하고, 기적을 즐겨 이야기 한다." 또한 saga는 "역사적 인물의 특징을 제대로 묘사하기도 하지만 그것은 종종 역사를 바꾸기도 하고, 전형적이고 이상적인 면들을 심화시키며 방해되는 것을 제거하고, 영웅적인 인물들은 더욱 위대하게 그리고 갈등들은 더욱 크게 만든다."

(Gressmann 1921:XI-XVIII)은 사무엘서에 여러 가지 Saga들과 전설들이 들어있다고 하였으며, 카스파리(Caspari 1926:10)는 사무엘서가 목록, 노래, 일화 그리고 노벨라로 이루어져 있다고 하였다.

이상에서 살펴본 바와 같이 궁켈의 양식비평은 구약의 문학적 측면에 주의를 환기시킴으로써 사무엘 연구에 매우 큰 영향을 미쳤다. 그러나 그의 비평방식은 여러 가지 측면에서 비판을 받기도 한다: ① 최초의 구전 단계로 거슬러 올라가는 순수한 문학적 단위와 그것의 삶의 자리에 대한 지나친 관심으로 인해 자료 비평에서와 마찬가지로 성경을 지나치게 분해하고, 나아가서 현재의 본문이 갖는 중요성을 훼손하였다. ② 성경의 이해를 위해 삶의 자리를 이해하는 것은 중요한 일이지만 그것은 종종 구약의 본문들을 지나치게 정해진 사회적, 제의적, 문학적 틀과 연관시킴으로 그것들이 갖는 고유한 문학적 특성과 신학적 의미를 축소하는 결과를 낳았다.[238]

3. 전승사 비평

궁켈의 양식 비평적 방법론은 전승사 비평이라 불리는 또 다른 방법론을 낳게 되었다. "이 연구 방법은 전승들이 가장 초기의 확인 가능한 형태에서 최종적인 본문 표현까지 지나오고 발전해 온 그 과정과 운명을 복원시키려고 한다"(Hayes 1980[2], 166). 여기서 알 수 있

---

238) Harrison 1969:38: "--- Gunkel laid a disproportionate amount of emphasis upon what he considered to be the general usage in the matter of ancient literary styles. In this connection it ought to be noticed that the Psalms in particular frequently exhibit a considerable degree of independence from stylized literary conventions in the essentially personal nature of their approach to the problems of the spiritual life."

듯이 전승사 비평가들은 여러 독립적인 단편들이 전승의 과정을 거치면서 재해석(또는 현실화) 되고, 서로 결합되어 현재 형태의 본문으로 자라나게 되었다고 보고, 그러한 전승의 과정을 재구성하고자 시도한다.

사무엘서와 관련하여 전승사 비평을 사용한 최초의 학자는 로스트일 것이다. 로스트는 사무엘서에 원래 여러 개의 독립된 문헌전승들이 결합되어 만들어진 것이라 하였다: '법궤 이야기'(삼상 4:1b-18a, 19-21; 5:1-11ba, 12; 6:1-3ba, 4, 10-14, 16, 19-7:1; 삼하 6:1-15, 17-21a), '나단의 예언'(삼하 7), '암몬과의 전쟁 이야기'(삼하 10:6-11:1; 12:26-31), '다윗의 등극사'(삼상 23:1 - 삼하 5:10). 좀 더 자세히 말하자면, 로스트는 솔로몬 시대의 한 저자(아히마아스, 왕상 4:15)가 기존의 문서 블록들을 이용하여 솔로몬의 왕위계승을 정당화하려는 의도로'다윗의 왕위계승사'(삼하 9-20, 왕상 1-2)를 기록하였다고 주장하였다(Rost 1926:128, 139).

로스트의 견해는 사무엘서 연구에 지대한 영향을 미쳤다. 많은 학자들이 로스트를 좇아 사무엘서가 여러 개의 독립된 문헌 블록들이 연결되어 만들어진 책이라 여기게 되었다. 이제 연구의 방향은 각각의 문헌들의 범위를 정하고, 그것들의 신학적 혹은 사상적 의도를 규명하는데 집중되었다. 그 결과 현재의 본문은 관심 밖으로 밀려나고 대신 그 이면에 있다고 추정되는 전승들에 대한 가설들로 넘쳐나게 되었다. 로스트가 주장했전 '왕위계승사'만 하더라도 지금까지 제시된 가설들의 수효와 다양성에 놀라지 않을 수 없다(Dietrich & Naumann 1995:169-228). 이같은 형편은 결국 전승들의 범위와 의도를 찾는 것은 물론 그것들의 존재여부까지도 의심스럽게 만들

었다. [239]

4. 편집비평

1943년 노트(M. Noth)가 자신의 기념비적인 작품『전승사 연구』
에서 신명기부터 열왕기까지를 포로기의 한 역사가가 유다의 멸망의
원인을 밝히고자 기록한 글(= 신명기 역사서)이라고 주장한 이래 사
무엘서의 연구는 새로운 방향으로 진행되었다. 학자들은 신명기부터
열왕기까지의 글을 통일성 있는 한 권의 책이라는 사실에 대체로 공
감하였지만, 이 책이 단 한 명의 손에 의해 쓰여졌을 것이라는 견해
에는 반응이 엇갈렸다. 이제 학자들의 관심은 신명기 역사서가 어떤
손(편집작업)을 거쳐서 현재의 모습이 되었는가에 모아졌다.

   학자들의 입장은 크게 두 가지로 나누어진다. 하나는 미국의 크로
스 학파가 주장하는 '이중편집이론'이요, 또 다른 하나는 독일의 스멘
트 학파가 내세우는 '삼중편집이론'이다. '이중편집이론'에 따르면 요
시야의 개혁운동을 지지하는 이들이 신명기 역사서의 '첫 판'(Dtr^1)을
만들었고, 후에 요시야의 개혁이 실패로 돌아가고 유다가 망하자 포
로기의 한 편집자가 유다의 패망의 원인을 므낫세에게 돌리는 '개정
판'(Dtr^2)을 내어 놓았다고 한다(Cross 1973:284-85; Nelson
1981:27-8). '삼중편집이론'에 의하면 포로기의 한 역사가가 신명

---

239) 다음 인용문은 로스트 이래 사무엘 연구가들이 줄곧 관심을 가져왔던 '다
   윗의 등극사' - 로스트에 따르면 이것은 사무엘상 16장-사무엘하 5장
   을 포함하는 전승이다 - 에 대한 언급이다: "Again, as in the case of
   the Ark Narrative, we have to note that not all those who have
   discussed the subject of the History of David's Rise are convinced
   that it ever existed as an independent literary entity"(Gordon
   1984:63).

기 역사서의 원본(DtrH)을 기록하였고, 후에 선지자 서클에 속한 편집자가 원본에 신탁들과 선지적 자료들을 첨가하여 개정판(DtrP)을 만들었으며, 마지막으로 율법을 중요시하는 반왕적 성향의 편집자가 세 번째 판(DtrN)을 내어 놓았다고 한다(Dietrich 1992²:136-37; Veijola 1975:127-42).

사무엘서에 기록된 내용들이 어느 한 순간에 돌연 쓰여진 것이 아니라 여러 자료들로부터 점차 형성된 것이라면 저자(혹은 편집자) 편에서 자료를 선정하고, 배열하며, 필요한 내용을 첨삭하는 등의 작업을 하였을 것이라고 생각할 수 있다. 그러나 편집 비평가들은 방법론의 특성상 본문을 전체로 읽을 수 없는 약점을 갖는다. 예컨대 사무엘상 8-11장에서 편집 비평가들은 왕에 대한 상반된 목소리를 찾아내고 그것들을 서로 다른 시대의 다른 편집자에게로 돌린다.[240]

결국 현재의 본문은 상호 모순된 신학과 사상을 담고 있어서 신학적으로나 문학적으로 아무런 통일성이 없는 글이 되고 만다. 그러나 새로운 연구들은 본문을 전체로 읽을 때 상호 모순되어 보이는 요소들이 오히려 새로운 신학적 의미와, 문학적 기교를 보여주는 매개체가 될 수 있다는 사실을 보여준다.[241]

---

240) 디트리히(Dietrich 1992: 91)에 따르면 포로기 시대의 신명기적 신학자들이 왕정에 대한 "씁쓸한 경험들"을 왕정도입 당시로 역투사하였고, 그렇게 해서 반왕적인 본문들(예, 삼상 8:6-19a)이 생겨나게 되었다고 한다.

241) 대표적인 예가 사무엘하 21-24에 대한 클레멘트의 연구(H. H. Klement, *2 Samuel 21-24. Context, Structure and Meaning in the Samuel Conclusion* (EUS 682), Frankfurt a.M. 1996)일 것이다. 이 본문은 한 때 아무런 합리성을 갖지 않은 무질서한 "첨가물 덩어리"로 여겨졌으나, 클레멘트는 이 본문이야 말로 사무엘서의 대단원을 맺는 결론부에 해당한다고 주장한다.

5. 현대문학비평

지금까지 살펴본 연구방식들은 모두 현재의 본문에 귀기울이는 대신 본문의 형성과정에 주목하는 것이었다. 이것은 본문을 파편화하는 결과를 가져왔고, 전체로서의 본문이 무시되기 일쑤였다. 그러나 지난 세기 중반을 지나면서 변화가 일어나기 시작했다. 제임스 뮬렌버그는 성경문학회(Society of Biblical Literature) 회장 취임 연설에서 양식비평의 한계 - "독특하고 다시 되풀이되지 않는 것"("what is unique and unrepeatable")을 배제한 채 문학적 관례나 형식을 지나치게 강조하는 것 - 를 지적하고, 구약의 예술적이고 수사학적인 특성을 강조하는 소위 '수사 비평'을 주창하였다 (Muilenburg 1968:1-18).

뮬렌버그의 제안은 구약학의 새로운 출발을 알리는 신호탄과도 같은 것이었다. 이제 학자들은 전체로서의 구약을 강조하기 시작하였고, 구약의 글들이 가지고 있는 예술적이고, 수사학적인 특성들을 음미하고자 하였다. 따라서 전에 모순과 긴장과 불필요한 반복으로 보이던 것들이 구약 저자들의 문학적 기교로 재평가되게 되었다. 사무엘서 연구도 예외가 아니다. 화란의 문예비평가 포클만은 현대 문학적 접근법을 활용하여 사무엘서의 내러티브를 분석하는 4권의 방대한 책(narrative art and poetry in the books of Samuel I-IV)을 썼으며, 미국의 저명한 주석가 브루그만 또한 일체의 문헌형성과정과 관계된 문제들을 제쳐놓고 본문을 전체로서 읽는 주석서를 내어 놓았다.

이들 현대 문학비평가들의 연구들은 현재 형태의 구약본문을 존중한다는 의미에서 환영할만하다. 그러나 이들은 구약을 그 역사적 맥락 가운데서 읽고자 하는 노력을 등한시 하며,[243] 본문의 문학적 측면에 대한 지나친 관심으로 인해 역사적 차원을 평가절하하는 경향을 보인다. 오늘날 우리는 구약 역사서에 대해 다음과 같이 평가하는 말을 자주 듣는다: "여기에 담겨있는 것은 과거를 전해주는 역사이야기가 아니라 사실상 과거를 창작해내는 역사이야기이다"(Barstad 1997:56). 심지어 어떤 비평가는 사무엘서에 담겨있는 내용이 "오락과 유희"를 위한 '이야기'일 뿐이라고 말하기도 한다(Hölscher 1952:77). 그러나 블룸(Blum 2004:22)이 잘 지적하였듯이 독자의 오락을 위한 이야기란 개념은 고대 이스라엘에게 역사-문화적으로 생소한 시대착오적 패러다임이다. 물론 사무엘서를 포함한 구약 내러티브에 문예적, 심미적 요소들이 없는 것은 아니다. 그러나 그 안에 있는 '역사적 진리주장'(historical truth claim)까지 도외시하는 현대문학비평적 방법론은 재고되어야 한다.

6. 정경적 접근법

지난 세기 후반에 수사비평과는 다르지만 최종본문의 중요성을 강조하는 또 다른 움직임이 있었다. 이것은 흔히 '정경적 접근법'(Canonical Approach)으로 알려져 있는데 미국에서는 차일즈가, 유럽에서는 렌토르프(R. Rendtorff)가 주도하고 있다. '정경

---

242) 화란 자유대학의 구약학자 딸스트라가 자신의 책 『옛날과 오늘의 독자: 구약 주해방법론』(Oude en Nieuwe Lezers. Een inleeiding in de methoden van uitleg van het Oude Testament)에서 말하는 것처럼 구약의 본문들은 특정한 역사적 상황 가운데 있는 독자들을 염두에 둔 글들이기에, 이들 "원독자들"이 처하였던 역사적 형편을 염두에 두고 본문을 읽는 것은 대단히 중요하다 (Talstra 2002:116).

적 접근법'에 따르면 정경은 단순히 성경의 범위에 대한 교회의 교리적 결정이 아니라, 권위적인 문서와 믿음의 공동체 사이의 지속적이고 역동적인 상호 작용 가운데 생겨난 것이라고 한다. 즉 권위 있는 말씀은 공동체에 형체와 내용을 제공하였고, 말씀을 수용한 자들은 다시 선택, 수집, 그리고 배열의 역사적이고 신학적인 과정을 통하여 글들에 형체를 부여하였다는 것이다. 따라서 성경 연구가들이 해야 할 일은 정경이 형성되는 과정 속에 본문 속에 각인된 '정경적 외형'(canonical shape) 내지는 '정경적 의도성'(canonical intentionality)을 찾아내는 것이라고 한다. 결국 현재의 본문이 어떻게 읽혀지기를 원하느냐에 학문적 관심을 기울여야 한다는 이야기이다.

예컨대 사무엘상 2장에 나오는 한나의 노래는 비평학자들에 의해 주로 주변문맥과 '맞지않는 삽입'(a confusing interpolation)으로 여겨져 왔다. 그러나 차일즈는 이 본문을 최종적인 본문과의 관계 속에서 읽을 경우 그것을 현재의 위치에 둔 정경적 의도가 무엇인지 밝혀진다고 말한다. 즉 한나의 노래는 "'낮추기도 하시고 높이기도 하시며', '땅끝까지 심판을 베푸시며', '자기 왕에게 힘을 주시는' 하나님"에 대한 찬양을 통해 뒤따라오는 역사를 신중심적(theocentric) 관점에서 읽을 수 있는 "해석학적 열쇠"를 제공하고 있다는 것이다 (Childs 1979:273). 이처럼 정경적 접근법은 현재의 본문 속에 각인된 정경적 의도에 주의를 환기시킴으로써 사무엘서 연구의 새로운 가능성을 보여주고 있다. 특히 이 방법론은 사무엘서를 비롯한 구약의 본문을 권위있는 하나님의 말씀으로 받아들이고자 한다는 점에서 환영할만하다 하겠다. 그러나 차일즈와 그의 노선을 따르는 학자들은 최종적인 본문에 각인된 정경적 의도와 구약의 각 본문들이 가진 고유한 역사적 맥락 사이를 차별화함으로써 신학을 역사와 분리시키는 한계를 노출시키고 있다.

7. 종합적인 평가

지금까지 자료 비평으로부터 시작하여 정경적 접근법에 이르기까지 다양한 연구방법론들을 간략하게 살펴보았다. 이 과정에서 우리가 발견한 것은 전통적인 역사비평학은 역사적인 측면을 강조하면서 현재의 사무엘서 본문을 파편화하는 경향을 보이고 있으며, 새로운 방법론은 문예학적이고 신학적인 측면을 강조함으로써 신학적인 논의에서 역사적 차원을 제쳐두는 경향을 보이고 있다는 사실이다. 이런 학문적인 양극화 현상 가운데서 취해야 할 노선은 무엇인가?

먼저 사무엘서를 연구함에 있어서 본문을 파편화하는 분석적 방법을 지양하고 현재의 본문을 전체로 읽는 노력을 기울여야 한다. 이것은 본문에 나타나는 여러 가지 언어현상(어휘, 문법, 구문 등)들과 수사적 장치들(어휘반복, 언어유희, 교차대구법, 인클루지오 등)을 고려하면서 각 분분들이 어떻게 상호 연결되어 통일된 메시지를 전하고 있는가를 살핀다는 것을 의미한다. 물론 필자는 사무엘서의 모든 내용이 어느 한 순간 단일저자에 의해 "단번에"(aus einem Guß) 기록되었다고 보지는 않는다. 사무엘서에 등장하는 '목록'들과 '시'들과 '에피소드'들은 다양한 기원과 출처들을 반영하고 있는 것이 사실이다. 그럼에도 불구하고 사무엘서는 신학적 주제면이나 문학적 구성면에 있어서 놀라운 통일성을 보이고 있다. 그리고 이러한 통일성을 올바로 음미할 때 사무엘서를 통하여 말하고자 하는 저자의 의도가 무엇인지 제대로 드러나게 된다.

또한 사무엘서 자체가 역사로서 읽히기를 원한다는 점에 대해서도 주의를 기울여야 한다. 즉 본문을 단순히 문학작품이나 신학작품 만으로 보지 않고 주전 11세기경 팔레스타인 땅에서 실제로 일어났던 사건을 다루는 역사기록으로 보아야 한다는 말이다. 사무엘서 자체가 처음부터 끝까지 이스라엘 역사 가운데 특정한 시간과 공간에서 일어난 사건들을 서술하고 있다는 확고한 믿음 가운데 있기에 본문을 존중하는 모든 주해작업은 사무엘서의 이러한 자기인식에 충실하지 않으면 안 된다. 나아가서 사무엘서가 지닌 이런 역사적 성격은 우리로 하여금 '구속사'라고 하는 보다 넓은 맥락 속에서 사무엘서를 읽도록 유도한다. 즉 사무엘서에 소개된 왕의 이야기들을 "때가 차매"이 땅에 도래한 종말론적인 메시야 왕과의 연관성 속에서 읽지 않으면 안 된다는 것이 우리의 확신이다.

무엇보다도 모든 종류의 해석작업에는 해석자의 관점이 중요한 역할을 한다는 사실을 상기해야만 한다. 엄밀한 의미에서 주관성이 철저히 배제된 과학적이고 객관적인 해석이란 존재하지 않는다. 이것은 구약의 본문들이 독자들 혹은 독서 그룹들(예, 유대교와 개신교)에 따라 매우 다르게 읽히고 있다는 사실에서도 드러나는 일이다. 그러므로 주해자가 자신이 서 있는 해석학적 전통과 나름대로의 해석학적 관점에 따라 본문을 다루는 것은 비학문적인 태도가 아니다(Talstra 2002:120). 사실 사무엘서를 포함한 구약의 본문들은 모두 그러한 해석학적 전통과 더불어 생겨났고 또한 후세대로 전승되었던 것이다. 구약을 하나님의 말씀으로 받는 신앙전통이 없었더라면 오늘 우리가 구약이 담고 있는 보화를 얻어 누릴 수 있었겠는가! 따라서 사무엘서가 일차적으로 하나님의 백성들을 향한 하나님의 말씀이란 신앙전통에 입각하여 이 책을 읽고 연구하는 것은 지극히 자연스러운 일일뿐 아니라 가장 타당하고 올바른 태도라 할 수 있다.

약 어 표

AASF	Annales Academiae Scientiarum Fennicae
AB	The Anchor Bible
AOTC	Apollos Old Testament Commentary
ARW	Archiv für Religionswissenschaft
ATD	Das Alte Testament Deutsch
BA	Biblical Archaeologist
BAT	Die Botschaft des Alten Testament
BCAT	Biblischer Commentar über das Alte Testament
BE	Biblische Enzyklopädie
BDB	F. Brown, R. Driver, C. A. Briggs, *The New Hebrew and English Lexicon,* Messachusetts 1979
BeO	Biblica et Orientalis
Bib	Biblica
BIS	Biblical Interpretation Series
BKAT	Biblischer Kommentar Altes Testament
BWANT	Beiträge zur Wissenschaft vom Alten und Neuen Testament
BZAW	Beihefte zur ZAW
CBQ	Catholic Biblical Quarterly
COT	Commentaar op het Oude Testament
CTJ	Calvin Theological Journal
DCH	The Dictionary of Classical Hebrew edited by D.J.A. Clines in Sheffield
Dtr	Deuteronomist
DtrH/DtrP/DtrN	Deuteronomistic Historian/Prophetic/Nomistic Deuteronomist
EF	Erträge der Forschung
EHAT	Exegetisches Handbuch zum Alten Testament
ETL	Ephemerides Theologicae Lovanienses
EUS	European University Study

FRLANT	Forschungen zur Religion und Literatur des Alten und Neuen Testaments
GKC	Gesenius-Kautzsch-Cowley Hebrew Garammar
HALAT	Hebräisches und Aramäisches Lexikon zum Alten Testament
HAT	Handbuch zum Alten Testament
HBTh	Horizons in Biblical Theology
HSM	Havard Semitic Monographs
HThKNT	Herders Theologische Kommentar zum Neuen Testament
HTR	Harvard Theological Review
Int	Interpretation
JBL	Journal of Biblical Literature
JETS	Journal of the Evangelical Theological Society
JQR	The Jewish Quarterly Review
JM	A Grammar of Biblical Hebrew by P. Joüon and S.J.-T. Muraoka
JSOT	Journal for the Study of the Old Testament
JSOTS	Journal for the Study of the Old Testament, Supplement Series
Jud	Judaism
KAT	Kommentar zum Alten Testament
NIBC	New International Biblical Commentary
NIB	The New Interpreter's Bible
NIV	New International Version
NS	Neukirchener Studienbücher
OBO	Orbis Biblicus et Orientalis
OT	De Boeken van het Oude Testament
OTG	Old Testament Guides
OTL	Old Testament Library
OTS	Oudtestamentische Studiën
PJB	Palästina-Jahrbuch

4Qsam$^{a\text{-}c}$	The Manuscript of the Books of Samuel from the Fourth Cave at Qumran
RB	Revue Biblique
SBLDS	Society of the Biblical Literature Dissertation Series
SJOT	Scandinavian Journal of the Old Testament
ST	Studia Theologica
SWG	Sitzungsberichte der wissenschaftlichen Gesellschaft
TB	Theologische Bücherei
THAT	Theologisches Handwörterbuch zum Alten Testament
TOTC	Tyndale Old Testament Commentary
TR	Thologia Reformata
TZ	Theologische Zeitschrift
VT	Vetus Testamentum
VTS	Vetus Testamentum, Supplements
WBC	World Biblical Commentary
WMANT	Wissenschaftliche Monographien Zum Alten und Neuen Testament
ZAW	Zeitschfirt für die alttestamentliche Wissenschaft

참 고 문 헌

Adam, K.-P., '»Wendet sich nicht ein Volk an seine Götter, zugunsten der Lebenden an die Toten?« (Jes 8,19). Unterwelt und Totenbefragung im Jesajabuch und in Samuel 28' in: F. Hartensteinu.a. (Hrsg.), *Schriftprophtie. Festschrift für Jörg Jeremias zum 65. Geburtstag,* Neukirchen-Vluyn: Neukirchener Verlag 2004, 103-120.

Albertz, R., *Religionsgeschichte Israels in alttestamentlicher Zeit I* (ATD 8/1), Göttingen 1996[2].

Alt, A., 'Die Staatenbildung der Israeliten in Palästina' in: ders., *Kleine Schriften zur Geschichte des Volkes Israel II,* München 1959[2], 1-65.

Alter, R., *The David Story,* New York 1999.

Anderson, A. A., *2 Samuel* (WBC 11), Dallas 1989.

Arnold, B. T., 'The Amalekite's Report of Saul's Death: Political Intrigue or Incompatible Sources?', *JETS* 32/3 (1989), 289-298.

Baldwin, J. G., *1 & 2 Samuel* (TOTC 8), Illinois 1988.

Bar-Efrat, S., *Narrative Art in the Bible,* London 2004.

Barstad, H. M., 'History and the Hebrew Bible' in: L. L. Grabbe (ed.), *Can a 'History of Israel" Be Written?',* (JSOTS 245), Sheffield 1997, 37-64.

Berges, U., *Die Verwerfung Sauls. Eine thematische Untersuchung* (Forschung zur Bibel), Würzburg 1989.

Birch, B. C., *The Rise of the Israelite Monarchy: The Growth and Development of 1 Samuel 7-15* (SBLDS 27), Michigan 1976.

Blenkinsopp, J., 'Theme and Motif in the Succession History (2 Sam. XI 2ff) and the Yahwist Corpus', *VTS* XV (1966), 44-57.

_____ 'Did Saul make Gibeon his Capital', *VT* 24 (1974), 1-7.

_____ 'Saul and the Mistress of the Spitrits (1 Samuel 28.3-25)', A. G. Hunter & P. R. Davies (eds.), *Sense and Sensitivity. Essays on Reading the Bible in Memory of Robert Carroll* (JSOTS 348), Sheffield: JSOT Press 2002, 49-62.

Blum, E., 'Von Sinn und Nutzen der Kategorie „Synchronie"' in: W. *Dietrich (Hrsg.), David und Saul im Widerstreit – Diachronie und Synchronie im Wettstreit. Beiträge zur Auslegung des ersten Samuelbuches* (OBO 206), Göttingen 2004, 16-30.

Bodner, K., 'Nathan: Prophet, Politician and Novelist', *JSOT* 95 (2001). 43-54.

_____ 'Layers of Ambiguity in 2 Samuel 11,1', *ETL* 80/1 (2004), 102-111.

Boecker, H. J., *Die Beurteilung der Anfänge des Königstums in den Deuteronomistischen Abschnitten des 1. Samuelbücher. Ein Beitrag zum Problem des „Deuteronomistischen Geschichtswerks"* (WMANT 31), Neukirchen-Vluyn 1969.

Boyle, M. O., 'The Law of the Heart: The Death of a Fool (1 Samuel 25)', *JBL* 120(2001), 401-427.

Born, A. van den, *Samuel* (OT IV), Roermond en Maaseik 1956.

Brettler, M., 'The Composition of 1 Samuel 1-2', *JBL* 116/4 (1997), 601-612.

Bright, J., *A History of Israel* (OTL), London 1972².

Brueggemann, W., 'On Trust and Freedom. A Study of Faith in the Succession Narrative', *Int* 26 (1972), 3-19.

_____ '2 Samuel 21-24: An Appendix of Deconstruction?', *CBQ* 50 (1988), 383-397.

_____ *First and Second Samuel*, Louisville 1990.

_____ 'I Samuel 1: A Sense of a Beginning', *ZAW* 102 (1990), 33-48.

Budde, K., *Geschichte der althebräischen Literatur*, Leipzig 1906.

Cassuto, U., *A Commentary on the Book of Exodus*, Jerusalem 1983.

Calvin, J., *Sermons on 2 Samuel Chapters 1-13*, trans. by D. Kelly, Pennsylvania 1992.

Cartledge, T. W., 'Were Nazirite Vows Unconditional?', *CBQ* 51 (1989), 409-422.

Caspari, W., *Die Samuelbücher*, Leipzig 1926.

Childs, B. S., *Introduction to the Old Testament*, London 1979.

_____ *Biblical Theology of the Old and New Testaments. Theological Reflection on the Christian Bible*, Minneapolis 1993.

Clements, R. E., 'The Deuteronomistic Interpretation of the Founding of the Monarchy in I Sam. VIII', *VT* 24 (1974), 398-410.

Clines, D. J. A. (ed.), *The Dictionary of Classical Hebrew Vol. IV.* ׳ - ל, Sheffield 1998.

Craigie, P. C., *Psalms 1-50* (WBC 19), Nashville 2004.

Cross, F.M., *Canaanite Myth and Hebrew Epic. Essays in the History of the Religion of Israel*, Cambridge 1973.

Davies, P. R., 'Whose History? Whose Israel? Whose Bible? Biblical Histories, Ancient and Modern', in: L. L. Grabbe (ed.), *Can a 'History of Israel' be written?* (JSOTS 245), Sheffield 1997, 104 -122.

Dietrich, W., *David, Saul und die Propheten. Das Verhältnis von Religion und Politik nach den prophetischen Überlieferungen vom frühesten Königtum in Israel* (BWANT 7), Stutgart 1992².

_____ *Die frühe Königszeit in Israel: 10 Jahrhundert v. Christus* (BE 3), Stuttgart 1997.

_____ *Von David zu den Deuteronomisten. Studien zu den Geschichtsüberlieferungen des Alten Testaments* (BWANT 156), Stuttgart 2002.

_____ *Samuel* (BKAT VIII/11), Neukirchen-Vluyn 2003.

Dietrich, W. & Naumann, T., *Die Samuelbücher* (EF 287), Darmstadt 1995.

Dillard, R. B. & Longman III, T., *An Introduction to the Old Testament*,『최신구약개론』 박철현 역, 고양: 크리스챤다이제스트, 1997.

Donner, H., *Die Verwerfung des Königs Saul*, (SWG 19, Nr. 5), Wiesbaden 1983.

Driver, S. R., *Notes on the Hebrew Text and the Topography of the Books of Samuel with an Introduction on Hebrew Paleography and the Ancient Versions and Facsimiles of Inscriptions and Map*, Oxford 1913².

Dumbrell, W. J., *Covenant and Creation. An Old Testament Covenantal Theology*, Devon 1984.

_____ 'The Content and Significance of the Books of Samuel: Their Place and Purpose within the Former Prophets', *JETS* 33 (1990/1), 49-62.

Durham, J. I., *Exodus* (WBC 3), Nashville 1987.

Eichrodt, W., *Theologie des Alten Testaments I. Gott und Volk*, Berlin 1957[5].

Eissfeldt, O., *Die Komposition der Samuelbücher*, Leipzig 1931.

_____ *Einleitung in das Alte Testament*, Tübingen 1964[3].

Elliger, K., 'Die Dreißig Helden Davids', *PJB* 31 (1935), 29-75.

Engnell, I., *Studies in Divine Kingship in the Ancient Near East*, Oxford 1967.

Esler, P. F., '2 Samuel – David and the Ammonite War. A Narrative and Social-Scientific Interpretation of 2 Samuel 10-12', in: id. (ed.), *Ancient Israel. The Old Testament in Its Social Context*, Minneapolis 2006, 191-207.

Eslinger, L., 'Viewpoints and Point of View in 1 Samuel 8-12', *JSOT* 26 (1983), 61-76.

Evans, M. J., *1 and 2 Samuel* (NIBC 6), Peabody 2000.

Eynikel, E., 'The Parable of Nathan (II Sam. 12,1-4) and the Theory of Semiosis' in: S. L. McKenzie and T. Römer, *Rethinking the Foundations. Historiography in the Ancient World and in the Bible, Essays in Honour of John Van Seters* (BZAW 294), Berlin 2000, 71-90.

_____ 'The Place and Function of 1Sam 7,2-17 in the Corpus of 1Sam 1-7' in: W. Dietrich (Hrsg.), *David und Saul im Widerstreit – Diachronie und Synchronie im Wettstreit. Beiträge zur Auslegung des ersten Samuelbuches*, Göttingen 2004, 88-101.

Fensham, F. C., 'The treaty between Israel and the Gibeonites', *BA* 27 (1964), 96-100.

Firth, D. G., *1 & 2 Samuel* (AOTC 8), Illinois 2009.

Flanagan, J. W., 'Court History or Succession Document? A Study of 2 Samuel 9-20 and 1 Kings 1-2', *JBL* 91 (1972), 172-181.

_____ 'Social Transformation and Ritual in 2 Samuel 6' in: C. L. Meyes & M. O'Connor (eds.), *The Word of the Lord Shall Go Forth, FS D. N. Freedman*, Winona Lake 1983, 361-371.

Fohrer, G., *Einleitung in das Alte Testament*, begründet von E. Sellin, Heidelberg 197912.

Fokkelman, J. P., *Narrative Art and Poetry in the Books of Samuel Vol. 1. King David*, Assen 1981.

_____ *Narrative Art and Poetry in the Books of Samuel Vol. IV. Vow and Desire*, Assen 1993.

_____ *Reading Biblical Narrative: An Introductory*, Louisville 1999.

Fouts, D. M., 'ADDED SUPPORT FOR READING "70 MEN" IN 1 SAMUEL VI 19', *VT* XLII (1992), 394.

Frankfort, H., *Kingship and the God. A Study of Ancient Eastern Religion as the Integration of Society and Nature*, Chicago 1978.

Frisch, A., '»For I Feared the People, and I Yealed to Them« (1 Sam 15,24) – Is Saul's Guilt Attenuated or Intensified?', *ZAW* 108 (1996), 98-104.

_____ '"AND DAVID PERCEIVED"(2 SAMUEL 5,2). A DIRECT INSIGHT INTO DAVID'S SOUL AND ITS MEANING IN CONTEXT", *SJOT* 18/1 (2004), 77-92.

Frolov, S. & Orel, V., 'Rizpah on the Rock, Notes on 2 Sam. 21:1-14', *BeO* 37 (1995), 145-154.

Fuß, W., 'II Samuel 24', *ZAW* 74 (1962), 145-164.

Gardner, A. E., 'The Identity of Bath-sheba', *RB* 112/4(2005), 521-535.

Gooding, D. W., 'An Approach to the Literary and Rextual Problems in the David-Goliath Story: 1 Sam 16-18 [1]' in: O. Keel (Hg.), *The Story of David and Goliath: Textual and Literary Criticism* (OBO 73), Göttingen 1986, 55-84.

Gordon, R. P., *1 & 2 Samuel* (OTG), Sheffield 1984.

_____ *I & II Samuel. A Commentary,* Cumbria 1986.

_____ 'Word-Play and Verse-Order in 1 Samuel xxiv 7-8', *VT* XL(1990), 139-144.

Goslinga, C. J., *I Samuël* (COT), Kampen 1968.

Greenberg, M., 'Some Postulates of Biblical Criminal Law' in: F. E. Greenspahn (ed.), *Essential Papers on Isreal and Ancient Near East,* New York 1991, 333-352.

Grabbe, L. L., 'Are Historians of Ancient Palestine Fellow Creatures – Or Different Animals?' in: L. L. Grabbe (ed.), *Can a 'History of Israel' be written?* (JSOTS 245), Sheffield 1997, 19-36.

Grant, J. J. M., '2 Samuel 23:1-7', *Int* 51 (1997), 415-418.

Gray, M., 'Amnon: A Chip Off the Old Block? Rhetorical Strategy in 2 Samuel 13.7-15. The Rape of Tamar and the Humiliation of the Poor', *JSOT* 77 (1998), 39-54.

Gressmann, H., *Die älteste Geschichtsschreibung und Prophetie Israels (von Samuel bis Amos und Hosea),* Göttingen 1921.

Gunkel, H., 'Die israelitische Literatur' in: P. Hinneberg (Hrsg.), *Die Kultur der Gegenwart. Ihre Entwicklung und ihre Ziele. Teil I, Die orientalischen Literaturen,* Berlin 1906. 51-102.

_____ 'Die Grundprobleme der israelitischen Literaturgeschichte' in: ders., *Reden und Aufsätze,* Göttinen 1913. 29-38.

Gunn, D. M., *The Story of King David. Genre and Interprretation* (JSOTS 6), Sheffield 1978.

Gutbrod, K., *Das Buch vom Reich. Das zweite Buch Samuel* (BAT 11/II), Stuttgart 1973².

Hamilton, V. P., *Handbook on the Pentateuch* (Michigan 2005), 『오경개론』 강성열, 박철현 역, 고양: 크리스챤다이제스트, 2007.

Hayes, J. H., *An Introduction to Old Testament Study,* Nashville 1980².

Hertzberg, W., Die Samuelbücher (ATD 10), Göttingen 1960².

Hill, A. E. & Walton, J. H., *A Survey of the Old Testament,* 『구약개론』 유선명 정종성 공역, 서울: 은성, 1996.

Hölscher, G., *Geschichtsschreibung in Israel. Untersuchung zum Jahvisten und Elohisten,* Gleerup 1952.

Howard, Jr., D. M., 'The Transfer of Power from Saul to David in 1 Sam 16:13-14', *JETS* 32/4(1989), 273-283.

_____ *An Introduction to the Old Testament Historical Books,* Chicago 1993.

Janowski, B., *Sühne als Heilsgeschehen. Studien zur Sühnetheologie der Priesterschrift und zur Wurzel KPR im Alten Orient und im Alten Testament* (WMANT 55), Neukirchen-Vluyn 1982.

Japhet, S., *I & II Chronicles. A Commentary* (OTL), Louisville 1993.

Jenni, E. & Westermann C. (Hrsg.), *Theologisches Handwörterbuch zum Alten Testament Band 2,* Gütersloh 2004[6].

Kaiser, O., *Einleitung in das Alte Testament. Eine Einführing in ihre Ergebnisse und Probleme,* Gütersloh 1984[5].

Kaiser, Jr, W. C., *Toward an Old Testament Theology,* Michigan 1991.

Kaminsky, J. S., *Corporate Responsibility in the Hebrew Bible* (JSOTS 196), Sheffield 1995.

Keil, C. F., *Lehrbuch der historisch-kritischen Einleitung in die kanonischen Schriften des Alten Testaments,* Frankfurt a.M. 1853.

_____ *Die Bücher Samuelis* (BCAT), Leipzig: Dörffling von Franke 1875.

_____ *Genesis und Exodus* (BCAT), Leipzig 1878.

Kellermann, D., 'Die Geschichte von David und Goliath im Lichte der Endokrinologie', *ZAW* 102 (1990), 344-357.

Keys, G., *The Wages of Sin. Reappraisal of the 'Succession Narrative'* (JSOT 221), Sheffield 1996.

Kim, J.-S., *Bloodguilt, Atonement, and Mercy. A Theological and Exegetical Study of 2 Samuel 21:1-14,* Frankfurt a.M. 2007.

Klein, R. W., *1 Samuel* (WBC 10), Colombia 1983.

Klein, J., *David versus Saul. Ein Beitrag zum Erzählsystem der Samuelbücher* (BWANT 158), Stuttgart 2002.

_____ 'Davids Flucht zu den Philistern (1 Sam. xxi 11ff.; xxvii-xxix)', *VT* LV(2005), 176-184.

Klement, H. H., *2 Samuel 21-24. Context, Structure and Meaning in the Samuel Conclusion* (EUS 682), Frankfurt a.M. 2000.

Klostermann, A., *Die Bücher Samuelis und der Könige,* Nördlingen 1887.

Kraus H.-J., *Geschichte der historisch-kritischen Erforschung des Alten Testaments,* Neukirchen-Vluyn 1969[2].

_____ 'Vom Kampf des Glaubens. Eine biblisch-theologische Studie' in: H. Donner u.a. (Hrsg.), *Beiträge zur alttestamentliche Theologie,* Fs. W. Zimmerli, Göttingen 1977, 239-256.

_____ Psalmen 1-59 (BKAT XV1), Neukirchen-Vluyn 2003[7].

Kuenen, A., *Historisch-kritisch onderzoeck naar het ontstaan en de verzameling van de boeken des ouden verbonds Eerste deel. Het Ontstaan van de Historische Boeken des Ouden Verbonds,* Leiden 1861.

Kwakkel, G., *According to My Righteousness. Upright Behaviour as Grounds for Deliverance in Psalms 7, 17, 18, 26 and 44* (OTS XLVI), Leiden 2002.

Laato, A., 'Second Samuel and Ancient Near Eastern Royal Ideology', *CBQ* 59 (1997), 244-270.

Lamparter, H., *Das Buch der Psalmen I. Psalm 1-72* (BAT 14), Stuttgart 1977.

Leuchter, M., 'A King Like All The Nations: The Composition of I Sam 8,11-18', ZAW 117 (2006), 543-558.

Long, V. P., *The Reign and Rejection of King Saul: A Case for Literary and Theological Coherence* (SBLDS 118), Atlanta 1989.

_____ 'The Art of Biblical History' in: M. Silva, *Foundations of Contemporary Interpretation*, Michigan 1996, 281-429.

Longman III, T., *HOW TO READ THE PSALMS*, Illinois 1988.

Malul, M., 'Was David Involved in the Death of Saul on the Gilboa Mountain?', *RB* 103(1996), 517-545.

McCann, Jr., J. C., *The Books of Psalms* (NIB IV), Nashville 1996.

McCarter, Jr., P. K., *I Samuel* (AB 8), New York 1980.

_____ *II Samuel* (AB 9), New York 1984.

Mendenhall, G. E., 'Covenant Forms in Israelite Tradition', *BA* 17(1954), 51-76.

Merrill, E. H., *Kingdom of Priests. A History of Old Testament Israel*, Michigan 1987.

Merz, E., *Die Blutrache bei den Israeliten* (BWANT 20), Leipzig 1916.

Metzger, M., *Grundriß der Geschichte Israels* (NS 2), Neukirchen-Vluyn 2004[11].

Muilenburg, J., 'Form Criticism and Beyond', *JBL* 88 (1968), 1-18.

Na'aman, N., 'The List of David's Officers (Šālîšîm)', *VT* 38 (1988), 71-79.

Nelson, R.D., *The Double Redaction of the Deuteronomistic History* (JSOTS 18), Sheffield 1981.

Neufeld, E., 'The Sins of the Census', *Jud* 43 (1994), 196-204.

Noth, M., *Überlieferungsgeschichtliche Studien. Die Sammelnden und Bearbeitenden Geschichtswerke im Alten Testament*, Tübingen 1957[2].

_____ 'Samuel und Silo', *VT* 13 (1963), 390-400.

_____ *Geschichte Israels*, Berlin 1976[8].

_____ *Könige (I, 1-16)* (BKAT 9/1), Neukirchen-Vluyn 1983[2].

Nowack, W., *Richter, Ruth u. Bücher Samuelis* (HAT 4), Göttingen 1902.

Nyberg, H. S., 'Studien zum Religionskampf im Alten Testament', *ARW* 35 (1938), 329-387.

Olyan, S. M., '"Anyone Blind or Lame Shall Not Enter the House": On the Interpretation of Second Samuel 5:8b', *CBQ* 60 (1998), 218-227.

Pannenberg, W., *Grundfragen systematischer Theologie. Gesammelte Aufsätze*, Göttingen 1967.

Peels, H. G. L., '2 Samuël: een fundamentale profetie' in: A. G. Knevel, M. J. Paul, *Verkenningen in de oudetestamentische messiasverwachting*, Kampen 1995, 42-50.

_____ 'Het Oude Testament als Document van Openbaring', *TR* 46/4 (2003), 356-378.

_____ *Shadow Sides: God in the Old Testament*, Cumbria 2003.

Pisano, S. J., *Additions or Omissions in the Books of Samuel. The Significant Pluses and Minuses in the Massoretic, LXX and Qumran Texts*, Göttingen 1984.

Polzin, R., 'HWQY and Covenantal Institutions in Early Israel', *HTR* 62 (1969), 227-240.

_____ *David and the Deuteronomist, A Literary Study of the Deuteronomic History. Part Three, Second Samuel*, Bloomington 1993.

Popovic, A., 'Saul's Fault in 1 Sam 13,7b-15a – Why has the first Israelite King fallen?', *Antonianum* 68 (1993), 153-170.

Preuß, H. D., *Theologie des Alten Testaments Bd.1. JHWHs erwählendes und verpflichtendes Handeln*, Stuttgart 1991.

_____ *Theologie des Alten Testaments Bd.2.Israels Weg mit JHWH*, Stuttgart 1992.

Preß, R., 'Der Prophet Samuel: Eine traditionsgeschichtliche Untersuchung', *ZAW* 56 (1938), 177-225.

Propp, W. H., 'Kinship in 2 Samuel 13', *CBQ* 55 (1993), 39-53.

Provan, I., Long, V. P., Longman III, T., *A Biblical History of Israel*, Louisville 2003.

Rad, G. von, *Der Heilige Krieg im alten Israel*, Göttingen 1969[5].

_____ 'Der Anfang der Geschichtsschreibung im alten Israel' in: ders., *Gesammelte Studien zum Alten Testament* (TB 8), München 1971. 148-188.

_____ *Theologie des Alten Testament Band 1. The Theologie des geschichtlichen Überlieferungen Israels*, München 1992[10].

Rendtorff, R., 'Samuel the Prophet: A Link between Moses and the Kings' in: C. A. Evans and S. Talmon (eds.), The *quest for context and meaning: Studies in Biblical Intertextuality in Honor of James A. Sanders* (BIS 28), Leiden 1997, 27-36.

_____ *Das Alte Testament. Eine Einführung*, Neukirchen-Vluyn 2001[6].

_____ *Theologie des Alten Testaments. Ein kanonischer Entwurf. Bd.2: Thematische Entfaltung*, Neukirchen-Vluyn 2001.

Richardson, H. N., 'The Last Words of David. Some Notes on II Samuel 23:1-7', *JBL* 90 (1971), 257-266.

Rost, L., *Die Überlieferung von der Thronnachfolge Davids*, Stuttgart 1926.

Scheffler, E., 'Saving Saul from the Deuteronomist' in: J.C.De Moor & H.F. van Rooy (eds.), *Past, Present, Future. The Deuteronomistic History and the Prophets*, Leiden 2000, 263-271.

Schenker, A., *Der Mächtige im Schmelzofen des Mitleids. Eine Interpretation von 2 Sam 24* (OBO 42), Göttingen 1982.

Schley, D. G., 'The *Šālîšîm*, Officers or Special Three-man Squads?', *VT* 40 (1990), 321-326.

Schmitt, G., *Du sollst keinen Frieden schließen mit den Bewohnern des Landes. Die Weisungen gegen Kanaanäer in Israels Geschichte und Geschichtsschreibung* (BWANT 91), Stuttgart 1970.

Schnackenburg, R., *Das Johannesevangelium. Erster Teil: Einleitung und Kommentar zu Kapitel 1-4* (HThKNT IV/1), Freiburg 1979.

Schulz, A., *Die Bücher Samuelis. Zweiter Halbband, Das Zweite Buch Samuel* (EHAT 8), Münster 1920.

_____ 'Narrative Art in the Books of Samuel' in: D. M. Gunn (ed.), *Narrative and Novella in Samuel. Studies by Hugo Gressmann and Other Scholars 1906-1923* (JSOTS 116), Sheffield 1991, 119-170.

Segal, H. H., 'The Composition of the Books of Samuel', *JQR* 56 (1965-1966), 32-50.

Seters, J. van, *In Search of History. Historiography in the Ancient World and the Origins of Biblical History*, New Haven 1983.

Soggin, A., *Das Königtum in Israel. Ursprünge, Spannungen, Entwicklung* (BZAW 104),

Berlin 1967.

Spina, F. A., 'A Prophet's 'Pregnant Pause': Samuel's Silence in the Ark Narrative (1 Sam. 4:1 – 7:2)', *HBT* 13 (1991), 59-73.

_____ 'Eli's Seat: The Transition from Priest to Prophet in 1 Samuel 1-4', *JSOT* 62 (1994), 67-75.

Staalduine-Sulman, E. van, *The Targum of Samuel,* Kampen 2002.

Stoebe, H. J. *Das Erste Buch Samuelis* (KAT VIII1), Gütersloh 1973.

_____ *Das Zweite Buch Samuelis* (KAT VIII2), Gütersloh 1994.

Taggar-Cohen, A., 'Political Loyalty in the Biblical Account of 1 Samuel XX-XXII in the Light of Hittite Texts', *VT* LV (2005), 251-268.

Talstra, E., *Oude en Nieuwe Lezers. Een inleeiding in de methoden van uitleg van het Oude Testament,* Kampen 2002.

Thenius, O., *Die Bücher Samuelis*, Leipzig 1864^2, ix-xiii.

_____ *Die Bücher Samuels*, Leipzig 1898^3.

Tidwell, N. L., 'The Philistine Incursions into the Valley of Rephaim', *VTSup* 30 (1979), 190-212.

Troeltsch, E., *Gesammelten Schriften II. Zur religiösen Lage, Religionsphilosophie und Ethik,* Tübingen 1913.

Urlich, E. C., Jr., *The Qumran Text of Samuel and Josephus* (HSM 19), California 1978.

VanGemeren, W. A., *Interpreting the Prophetic Word,* 『예언서 연구』 김의원 옮김, 서울: 엠마오: 1993.

Vanderkam, J. C., 'Davidic Complicity in the Deaths of Abner and Eshbaal: A Historical and Redactional Study', *JBL* 99/4(1980), 521-539.

Vannoy, J. R., *Covenant Renewal at Gilgal. A Study of 1 Samuel 11:14-12:25,* Cherry Hill 1977.

Večko, T. S., 'Saul-the Persecutor or the Persecuted One?' in: J. Krašovec (ed.), *The Interpretation of the Bible: The International Symposium in Slovenia* (JSOTS 289), Sheffield 2001, 201-214.

Veijola, T., *Die eiwige Dynastie. David und die Entstehung seiner Dynastie nach der deuteronomistischen Darstellung* (AASF 193), Helsinki 1975.

_____ 'David und Meribaal' in: ders. (Hrsg.), *David. Gesammelte Studien zu den Davidüberlieferungen des Alten Testaments,* Göttingen 1990, 58-83.

Wallace, R. S., *Hannah's Prayer and Its Answer: An Exposition for Bible Study,* Michigan 2002.

Walters, S. D., 'Reading Samuel to Hear God', *CTJ* (2002), 62-81.

Waschke, E.-J., *Der Gesalbte. Studien zur alttestamentlichen Theologie* (BZAW 306), Berlin 2001.

Watts, J. W., *Psalm and Story: Inset Hymns in Hebrew Narrative* (JSOTS 139), Sheffield 1993.

Weber, B., *Werkbuch Psalmen II. Die Psalmen 73 bis 150*, Stuttgart 2003.

Wenham, G. J., *Genesis 1-15* (WBC 1), Nashville 1987.

Weiser, A., *Samuel. Seine geschichtliche Aufgabe und religiöse Bedeutung. Traditionsgeschichtliche Untersuchungen zu 1. Samuel 7-12* (FRLANT 81), Göttingen 1962.

Wellhausen, J., *Prolegomena zur Geschichte Israels*, Berlin 1927[6].

_____*Die Composition des Hexateuchs und der historischen Bücher des Alten Testaments*, Berlin 1963[4].

Westermann, C., *Genesis Kapitel 1-3* (BKAT 11.1), Neukirchen-Vluyn 1999[4].

Wette, W. M. L. de, *Lehrbuch der historisch-kritischen Einleitung in die Bibel Alten und Neuen Testaments. Erster Theil*, Berlin 1840[5].

Willis, J. T., 'Cultic elements in the story of Samuel's birth and dedication', *ST* 26 (1972), 33-61.

_____'Samuel versus Eli, 1 Sam. 1-7', *TZ* 35 (1979), 201-212.

_____'The "Repentance" of God in the Books of Samuel, Jeremiah, and Jonah', *HBTh* 16 (1994), 93-175.

_____'David and Zion in the Theology of the Deuteronomic History: Theological Ideas in 2 Samuel 5-7' in: B. F. Batto and K. L. Roberts, *David and Zion. Biblical Studies in Honor of J. J. M. Roberts*, Eisenbrauns 2004, 125-140.

Würthwein, E., *Studien zum Deuteronomistischen Geshichtswerk* (BZAW 227), Berlin 1994.

Yadin, A.,'Goliath's Armor and Israelite Collective Memory', *VT* 54 (2004), 373-395.

Young, E. J., *My Servants the Prophets*, Michigan 1952.

Zehnder, M., 'Exegetische Beobachtungen zu den David-Jonathan-Geschichten', *Bib* 79 (1998), 153-179.

Zenger, E. (Hrsg.), *Einleitung in das Alte Testament* (KSTh 1,1), Stuttgart 2004[5].

Zimmerli, W., *Grundriß der alttestamentlichen Theologie*, Stuttgart 1989[6].

Zwickel, W., *Einführung in die biblissche Landes- und Altertumskunde*, Darmstadt 2002.

김성수, 『내가 너로 큰 민족을 이루게 하리라』, 수원: 합신대학원출판부, 2000.

김지찬,『거룩하신 여호와 앞에 누가 서리요: 설교자를 위한 사무엘서 연구』, 서울: 한국성서학 연구소, 2003.

김진수,'사무엘하 21-24장의 위치와 기능',『Canon & Culture』2 (2008), 191-220.

_____'기근, 처형, 그리고 회복: 사무엘하 21:1-14에 나타난 하나님의 이미지', 『성경과 신학』50 (2009), 179-211,

_____'사무엘서의 문학적 성격',『한국개혁신학』26 (2009, 10), 239-272.

_____'사무엘서의 구조와 메시지',『신학정론』28 (2010, 11), 364-389.

_____'구약시대 왕의 제도와 구속사',『신학정론』29 (2011, 6), 11-42.

성주진, 『사랑의 마그나카르타: 신명기의 언약신학』, 수원: 합신대학원출판부, 2007[2].

현창학,『지혜서 연구』, 수원: 합신대학원출판부, 2009.

주 제 색 인

(가)

가나안　15, 20, 21, 57, 68,
84, 102, 103, 124,
127, 133, 162, 234,
257, 258, 270, 325,
366-370, 373, 387

감사시　32, 41, 46, 80, 319,
320, 349

강신술　195, 196, 200

거인　16, 39, 151, 155,
157, 174, 175, 177,
181, 319, 344, 345

결혼제도　276, 289, 292, 293
374

경계석　329

계승사　263-265, 267, 394

고고학　26, 27, 176, 391

고대근동　26

골리앗　16, 75, 151, 154-
158, 174-178, 180-
182, 186-187, 253,
259, 344

교차구조　32-34, 36, 37, 46,
81, 114, 115, 206

구속사　10, 17, 121, 361,
363, 364, 366, 401,
414

구원역사　16, 57, 73, 356,
363, 389

구원자　16, 115, 127, 147,
175, 178, 183, 346,
352, 358, 365, 384

구조적표식　38, 46, 53

궁정사　263

기브온　37, 216, 217, 224,
255, 269, 308, 324-
330, 334, 357, 358

기름부음　75, 80, 125, 126,
128, 130, 131, 133,
142, 157, 159, 169,
170, 175, 178, 208,
211, 232, 233, 251,
253, 259, 287, 304,
307, 324, 353

길갈　51, 104, 107, 114,
117, 131, 133, 135-
137, 139, 140, 143,
306

길보아　151, 197-199, 206,
213, 216

그리스도　15-17, 52, 60, 88,
90, 127, 173, 180,
186, 211, 232, 236,
256, 325, 363, 382,
386

근친상간　286, 287, 293

(나)

나기드　125, 126, 129, 133,
134, 147

나단　18, 34, 244, 248,
250, 251, 259, 280,
281, 315, 379, 391,
394

나르시즘　301

나발　189-194, 233, 253,
259

나실인　69, 70, 73

낙원　200, 266, 369, 377,
378, 381

노아언약　365

(다)

다말　34, 37, 90, 279,

289-297, 300, 302, 305

다윗언약 33, 207, 231, 243, 247-249, 251, 252, 341

다윗의 애가 46, 212, 213, 320

다윗의 자손 15, 382, 383

다윗의 평화 256, 284

대리통치자 314, 385

대칭구조 38, 49, 53, 207, 320, 322, 349

독서전략 51

독재자 39, 122, 123, 233, 277, 385

동성애 181

드고아 여인 299, 300

드보라의 노래 75

등극사 117, 159, 160, 186, 231, 259, 270, 394, 395

(라)

리스바 220, 222, 323, 331- 333

(마)

만군의 여호와 67, 161, 238

맛소라 본문 32, 78, 79, 92, 97, 142, 145, 152-154, 212, 275, 294, 313, 328

맹세 184, 185, 190, 194, 221, 233, 276, 278- 281, 326, 331-333, 342, 345, 357, 379

맹세공식 281

메소포타미아 22, 218

메시야 31, 72, 105, 201, 355, 379, 401

모세 15, 19, 57, 60-62, 72, 74, 91, 94, 102, 104, 107, 109, 121, 123, 128, 134, 137, 163, 166, 241, 281, 292, 297, 306, 339, 368, 370, 371

못(Môt) 103

목록 29, 30, 32-34, 36, 40, 42, 44, 46, 136, 206, 207, 219, 313, 314, 320, 322, 332, 347, 348, 357, 392, 393, 400

목자 171, 172, 175, 191, 193, 229, 233, 244, 325, 384, 385

무조건성 248

문학 19, 23-26, 28-30, 36, 38, 43, 46, 52, 53, 58, 59, 76, 113, 114, 116, 151, 158, 198, 206, 207, 241, 263, 264, 265-267, 273, 282, 319-322, 334, 343, 347, 349, 352, 355, 357, 391- 393, 396-398, 400, 401, 414,

미리암의 노래 75

민족주의 326, 358

(바)

바벨론 27, 329, 376, 378, 379

바벨론 연대기 27

바알 68, 102, 103, 137, 296, 239, 296

바알-아낫-주기 103

반왕적 47, 48, 114, 115, 119, 391, 396

밧세바 10, 32, 34, 40, 44, 265, 266, 268, 273, 274, 276, 277, 279- 284, 286-289, 293, 296, 302, 303, 310, 311, 314

번제 106, 133, 143, 144, 161, 239, 336, 341, 359

법궤 22, 29, 33, 34, 58, 59, 61, 86, 87, 89, 93-101, 104, 106,

	109, 166, 205, 207, 209, 231, 239-244, 247, 258, 264, 306
법궤 이야기	58, 94, 97,99, 100, 166, 231, 239, 241, 394
변증	160, 267
보응	229, 230
봄베르그	18
봉신(vassal)	130, 181, 237,364
부동의 원인자	167
부록	30, 31, 33, 319, 334, 357, 390,
블레셋	16, 21, 22, 29, 33, 34, 39-43, 45, 52, 58, 59, 86, 87, 89, 92-96, 98-101, 104-109, 118, 123, 126, 127, 130-133, 139-148, 151, 155- 161, 174, 182, 187- 190, 195, 306, 319, 322, 328, 332, 343- 347, 352, 358, 373, 393
비교교량	48
비문	27, 28
비유	193, 255, 272, 280, 281, 320, 344, 354

(사)

사사시대	20, 52, 57, 59, 71, 72, 100, 103, 108, 128, 137, 162, 247, 310, 315, 377
사자공식	85, 282
사법비유	280, 281
산당	128, 129, 255
삼부작	46, 320
서곡	46, 387
선견자	18, 125, 128, 138, 139
선악과	200, 283, 364, 365, 384
선지자	16, 18, 19, 22, 29, 43, 51, 52, 57-62, 88-94, 97, 98,101-

	103, 108, 109, 113, 114, 116-119, 122- 141, 144-148, 158, 159, 164, 169, 171, 174, 175, 178, 188, 192, 193, 195-197, 200, 201, 232, 244, 250, 251, 258, 259, 280, 282, 284, 287, 288, 303, 309, 315, 324, 340, 341, 344, 356, 375-384, 391, 396
선지적 관점	19, 28, 52
선지적 표식행위	194
섭리	19, 22, 52, 106, 124, 125, 134, 169, 174, 229, 231
성령	70, 130, 170, 172, 178, 200, 285, 356
성소	58, 61, 66, 67, 71, 73, 74, 78-83, 88-91, 95, 98, 103, 108, 109, 129, 134, 244, 250
성전	67, 88, 95, 98, 136, 191, 209, 244-247, 258, 259, 341, 376, 379
세계관	24
세바의 난	304, 306, 308
세례요한	73
속죄	98, 105, 106, 327, 329, 341
솔로몬	27, 30, 88, 122, 123, 129, 244, 246, 255, 263, 264, 266, 277, 288, 311, 341, 367, 373-377, 394
수사비평	398
수정주의자	26-28
스토리	159, 267
승리의노래	75, 76, 78, 108
시내산 언약	135, 136, 243
시문학	25, 26, 52, 76
시므이	221, 271, 307, 308,

시온 310

시온 231, 234-238, 240, 241, 243, 247, 258

신명기 (역)사가 114, 119, 122, 123

신명기 역사서 27, 320, 395, 396

신본주의 61, 209, 315, 370

신정(theocracy) 39, 119, 122, 205, 326

신현 136, 351

실로 58, 61, 67, 78, 80, 83, 88, 95, 108, 345

심판선고 85, 93, 141, 283, 285

십계명 244

십일조 122

(아)

아낫 103

아담 15, 195, 200, 283, 367, 369, 373, 374, 378, 380, 384, 395, 387

아말렉 36, 123, 151, 159, 161, 162, 163, 165, 170, 179, 196, 198, 199, 208, 210, 211, 238, 255, 259, 326, 344

아브넬 34-37, 152, 158, 190, 190, 205, 208, 215-228, 230, 269, 308, 312

아브라함 15, 16, 20, 63, 72, 74, 80, 147, 177, 233, 249, 271, 356, 366-369, 373, 377, 382

아브라함 언약 15, 20, 72, 249, 377

아비멜렉 137, 199, 264, 305, 313

아세라 68

아스다롯 102, 103, 136

아이러니 87, 139, 165, 174, 188, 275, 300

안식 245-247, 345, 373,

385

암논 34, 37, 286, 289-298, 300-301, 305

암몬 전쟁사 268, 271, 273, 274

애가 46, 105, 180, 208-212-214, 228, 257, 320, 416

양식비평 136, 391-393, 397

언약 15-17, 20, 22, 26, 33, 34, 37-39, 50, 53, 62, 72, 83, 96, 97, 99, 100, 109, 123, 128, 130, 131, 133, 135, 136, 137, 147, 148, 181-185, 192, 207, 222-224, 227, 231-233, 243, 246-252, 258-260, 265, 269, 278-280, 284, 286, 287, 306, 314, 326, 327, 329-334, 341, 342, 345, 354-359, 363-369, 376-382, 386, 389

언약관계 26, 39, 97, 100, 109, 130, 136, 137, 147, 185, 258, 259, 265, 269, 314, 326, 331, 333, 334, 357, 364-366

언약궤 96, 99, 243, 274, 301

언약문구 248

언약백성 269, 278, 314, 326, 376

언약의 저주 136, 185, 329

언약적 사랑 286, 314, 341, 355, 359, 363, 368, 369, 374, 376, 378, 380, 381, 382, 386, 387

언어유희 86, 87, 190, 400

에덴동산 367, 387

에벤에셀 106, 107

에봇 60, 82, 201, 239

에피소드 5, 10, 39-41, 178,

	190, 253, 265, 319, 343, 348, 352, 355, 357, 400
여호수아	16, 57, 63, 91, 96, 133, 147, 174, 177, 247, 254, 256, 257, 319, 326, 368
여호와의 맹세	331, 342, 345
여호와의 전쟁	124, 246, 252-254, 275, 345, 346, 358
여호와의 신	130, 132, 139, 141, 171, 172, 175, 182, 188, 194
연대관계	324, 325, 372, 388
연대책임	330
역사성	27, 52, 176, 210
역사기록	19, 23-28, 52, 53, 401
역사비평	24, 390, 400
영탄법	212
예루살렘	20, 33, 34, 44, 83, 95, 173, 194, 205-209, 234, 235, 239-243, 263, 269, 271, 275, 276, 296, 297, 300, 303, 305-311, 341, 378, 379, 382, 383
예배	20, 33, 34, 44, 83, 95, 173, 235, 339, 257, 258, 325
오기(lapsus calami)	65, 144, 145, 298, 313
왕권남용	39-41, 50, 315, 341, 342, 348, 355
왕도	42, 50, 51, 147, 307, 314, 315, 355, 381, 382, 385
왕의 법전	128, 315, 370, 371
요나단	9, 131, 141-144, 180-187, 198, 208, 212-215, 225, 257, 265, 268-270, 275, 281, 314, 323, 331-333
요시야	123, 395
요압	39, 216-218, 224-230, 274, 275, 278, 298-301, 312, 313, 340
우가릿	103, 123
우상숭배	84, 256, 340
유언시	10, 41, 42, 319, 320, 348, 352, 355
유토피아	25, 26
음악	4, 156, 173, 257, 259
이가봇	86, 89
이독(variant)	78
이야기 체계	87
이집트	122, 123, 130, 324, 346
인구조사	32, 35, 39, 42, 319, 320, 322, 336-340, 348, 357
인클루지오	46, 400
임마누엘	201

(자)

자료비평	11, 390, 391
재판관	302, 327
전승사	11, 31, 61, 393-395
전제정치	244
정결의식(예식)	105, 277, 338
정경	11, 115, 151, 398-400
정경적 접근법	11, 388-400
정복전쟁	133, 146, 253
정신감응	196
정치선전	160
제비 뽑기	36, 115, 140
제사장	17, 29, 57-60, 68, 77, 82-91, 98, 100, 103, 104, 106-109, 124, 194, 195, 201, 202, 228, 239, 306, 378, 389
제왕신학	33, 50, 51, 267, 363
종주권	136
중복오사(dittography)	62
지혜	40, 73, 151, 177-

179, 185, 211, 251,
254-256, 259, 267,
300, 313
지혜문학   267
진멸   127, 162, 163, 165,
198, 199, 325

(차)
창조   15, 68, 269, 285,
363-368, 377, 384,
39
창조언약   365-368, 377
최소주의자 27
출애굽   20, 57, 98, 109, 161,
165, 178, 193, 250,
258, 269, 306,
351, 367, 368, 369,
친왕적   48, 114, 115, 390
칠십인경(역)   17, 18, 31, 70,
78, 97, 152-155,
185, 212, 275, 294,
298

(카)
케리그마   266, 267
쿰란사본   78, 294

(타)
탈굼   77, 78, 275
탈리오의 법 330
탈무드   18
트렌스요르단 22, 52

(파)
파격구문   328
팔레스타인 22, 52, 67, 109,
198, 323, 401
페러디   272
펜타폴리스 21
편집자   31, 84, 154, 161,
285, 395, 396
편집비평   395
포도원 비유 255
프롯   59, 159, 206, 264
플롯구조   59, 204
피의 보수자 330

피의 복수법 35
피흘린 죄   10, 32, 38, 299,
319, 320, 322, 323,
329

(하)
하나님(의) 나라 15, 16, 73,113,
135, 179, 183, 186,
214, 215, 235, 248,
256, 388
하나님의 등불 90, 91
하나님의 불변성 167
하나님의 사람 23, 85, 90, 93,
100, 123, 144, 307
하나님의 주권 47, 77, 125, 145,
168, 169, 248
하나님의 형상 329, 364
하나님의 후회하심 166, 167
한나의 노래 8, 46, 74, 75, 77,
78, 80, 81, 121,
320, 399,
할례   175, 181, 198, 215,
370
허구의식   25
헤렘   163
혼합주의   128
헤셋   10, 34, 268, 275,
314
화목제   132, 135, 143, 239
활노래   211
회개   59, 73, 102, 104-
107, 138, 139, 164,
193. 284, 286, 288, 340, 372
히타이트   21, 123, 136, 181,
234, 283, 326, 329

인명(저자) 색인

Adam 195
Albertz 67
Alt 21, 126, 379
Alter 96, 107,129, 155, 171, 178, 182, 184, 193, 215, 223, 234, 256, 293, 298, 301, 344
Anderson 207, 212, 221, 232, 239, 242, 272, 276, 280, 281, 284, 290, 293, 297, 298, 299, 306, 313, 353
Arnold 210
Baldwin 63, 84, 85, 92, 101, 104, 105, 222, 233, 294, 299, 301, 311
Bar-Efrat 289, 290, 291, 297
Barstad 398
Berges 119, 126, 134
Birch 119
Blenkinsopp 195, 229, 266, 328
Blum 398
Bodner 275, 282
Boecker 119
Boyle 191, 193
Born 235
Brettler 75
Bright 21, 328
Brueggemann 24, 32, 33, 66, 67, 127, 169, 172, 180, 181, 232, 235, 236, 256, 266, 270, 295, 302, 344, 346
Budde 320, 390
Cassuto 337
Calvin 239, 288
Cartledge 70
Caspari 393
Childs 30, 38, 114, 321, 355, 379, 399

Clements 122
Craigie 351
Cross 395
Davies 26, 27
Dietrich 21, 24, 28, 39, 79, 81, 83, 92, 117, 145, 159, 160, 331, 344, 394, 396
Naumann 394
Dillard 257
Donner 144, 161
Driver 353
Dumbrell 62, 88, 243, 245, 249, 250, 251, 326, 365
Durham 338
Eichrodt 269
Eissfeldt 42, 47, 390
Elliger 346
Engnell 259
Esler 268, 272,
Eslinger 47
Evans 299
Eynikel 59, 280
Fensham 280
Firth 47, 65, 85, 145, 155, 217, 218, 241, 288, 292, 294, 295, 308, 313, 356
Flanagan 33, 44, 206, 240, 265, 266, 314
Fohrer 31
Fokkelman 24, 65, 84, 90, 96, 97, 197, 219, 221, 222, 275, 277, 281, 293, 298
Fouts 97
Frankfort 324
Frisch 164, 165, 236
Frolov 331

Fuß   336
Gardner   277
Gooding   157, 174
Gordon   61, 64, 74, 85, 92, 105, 115,
           116, 124, 126, 159, 168, 170,
           188, 189, 190, 191, 194, 207,
           212, 223, 235, 236, 243, 246,
           249, 265, 272, 290, 306, 312,
           313, 379, 395
Goslinga   71, 84, 101, 130, 132, 156,
           168, 196,
Greenberg 330
Grabbe   27
Grant   348
Gray   291
Gressmann 392
Gunkel   392, 393
Gunn   4, 23, 264, 266, 267, 269, 281
Gutbrod   292
Hamilton   366
Hayes   393
Hertzberg 101, 106, 125, 126, 132, 141,
           206, 271, 276, 278, 287, 302,
           303, 310
Hill   22
Hölscher   23
Howard   21, 172
Janowski   327
Japhet   246
Jenni   410
Kaiser   31, 148, 250, 251, 372
Kaminsky   324
Keil   63, 73, 88, 91, 92, 101, 104,
           105, 122, 130, 133, 141, 156,
           168, 232, 286, 337
Kellermann 155
Keys   267
Klein   48, 49, 92, 101, 126, 129, 131,
           154, 189, 194
Klement   34, 35, 36, 49, 270, 321, 347,
           396
Klostermann 320
Kraus   252, 371, 392

Kuenen   152, 263, 320, 391
Kwakkel   350
Laato   244
Lamparter 371
Leuchter   122
Long   25, 27, 139, 140, 142, 145,
           188, 221, 257, 345
Longman   27, 257, 258, 345
Malul   226
McCann   371
McCarter   62, 65, 98, 105, 126, 141, 145,
           148, 160, 185, 218, 221, 233,
           267, 271, 281, 290, 292, 298,
           328, 337, 353
Mendenhall 136, 326
Merrill   22
Merz   330
Metzger   103
Muilenburg 397
Naɔaman   411, 422
Nelson   395
Neufeld   336
Noth   29, 47, 61, 73, 97, 114, 265,
           320, 395
Nowack   328
Nyberg   353
Olyan   235
Orel   331
Pannenberg 24
Peels   6, 26, 167, 245
Pisano   78, 154
Polzin   38, 46, 299, 300, 320, 321,
           329, 344, 350
Popovic   143
Preuß   131, 170, 171, 374
Preß   114
Propp   292, 293, 300
Provan   22, 27, 58, 59, 87, 86, 87,
           144, 158, 257, 345
Rad   20, 68, 229, 252, 278, 350, 379
Rendtorff 47, 61, 107, 108, 122, 235, 398
Richardson 353
Rost   58, 159, 263, 264, 274, 394

Scheffler 138
Schenker 338, 339
Schley 346
Schmitt 328
Schnackenburg 386
Schulz 99, 331
Segal 320
Seters 206, 265
Soggin 119
Spina 78, 79, 89, 92, 93
Staalduine-Sulman 78
Stoebe 67, 84, 98, 101, 128, 130, 132,
140, 145, 168, 210, 212, 218,
234, 274, 293, 298, 325, 328,
338, 344
Taggar-Cohen 181
Talstra 398, 401
Thenius 30, 391
Tidwell 237
Troeltsch 24
Urlich 294
VanGemeren 19
Vanderkam 226
Vannoy 47, 121, 135, 136
Večko 166
Veijola 271, 396
Wallace 76, 84
Walters 42
Waschke 171
Watts 75, 76, 78, 351
Weber 381
Wenham 364, 365
Weiser 120
Wellhausen 47, 114, 263, 285, 390
Westermann 364
Wette 152
Willis 58, 60, 74, 167, 168, 237, 240
Würthwein 414
Yadin 176
Young 141
Zehnder 181, 182
Zenger 47
Zimmerli 171, 373, 379, 381

Zwickel 176
김성수 248
김지찬 279
성주진 2, 7, 120, 367
현창학 178, 255

성 구 색 인

창세기
1-11장
1:28/ 219, 363,364
      367, 368, 373
2:9/ 367
2:16-17/ 364
3:1/ 211
3:15/ 366, 367
3:22-24/ 378
6:2/ 289
6:18/ 364
8:21/ 369
9:1-7/ 365
9:5-6/ 300
9:6/ 329
12:1/ 366
12:2/ 15, 20, 52,
      124, 249, 367
15장/ 329
15:4/ 249
15:18/ 249
17:6/ 124, 367
17:7/ 366
17:8/ 366
17:16/ 20
20:7/ 19
25:7-10/ 233
30장/ 63
34장/ 297
34:7/ 191, 291
37:1-4/ 157
45:1-15/ 301

출애굽기
1:7/ 368

2:2/ 171
3:7-10/ 264
4:22/ 371
10:16-17/ 165
14:24,25/ 309
15:5/ 193
15:20/ 19
17:8-16/ 162
17:16/ 198
19:5-6/ 248
19:6/ 124
19:16/ 136
20:4-5/ 102
21:12/ 300
21:22-25/ 330
22:1/ 32, 281
22:16, 17/ 293
27:21/ 90
29:9/ 85
30:11-16/ 337, 339
30:12/ 339
33:11/ 91
34:7/ 161
34:30-35/ 178
40:20/ 244

레위기
1:4/ 106
7:31-36/ 84
10:1-2/ 98
15:19-24/ 277
18:9/ 290, 292
18:29/ 293
21:16-24/ 236
24:17/ 300

민수기
3:50/ 97
4:15/ 241, 242
10:35-36/ 95, 246
13:27/ 366
14:7/ 367
14:45/ 162
25:4/ 329
25:10-13/ 83
25:11/ 83
25:13/ 85
30:1-16/ 79
35장/ 297
35:16/ 330
35:31/ 300
35:33/ 330

신명기
4:32-40/ 369
8:11-14/ 245
10:16/ 370
10:19/ 192
12:10-11/ 246
12:11-12/ 247
13:14/ 84
15:7/ 192
15:21/ 235
16:13-15/ 65
16:18-20/ 368
17:14-20/ 121, 134
17:16/ 358
17:18-19/ 128
17:18-20/ 244,
370, 371
18:3/ 84

여호수아
3:5/ 338
5:2-10/ 133
7:1/ 119
7:15/ 191
9:7/ 325
9:15/ 326
10:11/ 309
15:63/ 234

사사기
1:21/ 234
2:18/ 101
3:13/ 162
6:8/ 19
6:34/ 132
9장/ 305
9:54/ 199
10:17-18/ 272
12:5/ 63
13:4/ 70
13:5/ 79
13:12/ 79
17:6/ 20, 369
17:7/ 63
19-21장/ 310
19:23/ 191
20:1/ 104
20:6/ 291
20:16/ 177
20:27-28/ 98
21:25/ 121, 370

사무엘상
1-3장/ 61, 88, 426
7:3/ 171
7:4/ 259
7:5/ 179
7:6/ 73
7:7/ 28
7:15-17/ 36, 42, 43,
            44, 53, 105,
            128

7:16/ 104
8장/ 36, 61, 115,
      170
8-12장/ 47, 48, 50
8-14장/ 9, 43, 44,
            45, 111, 113,
            117
8:5/ 147
8:5,19-20/ 147
8:7/ 168
8:10-18/ 121, 324
8:18/ 245
8:20/ 324
8:22/ 23, 124
9-31장/ 35, 36
9:1/ 48
9:1-10:16/ 48
9:5-10/ 23
9:16/ 126, 147, 199
9:17/ 279
10장/ 36
10:1/ 170
10:7/ 48
10:11/ 188
10:17/ 104
10:17-19/ 141
10:23/ 174
10:27/ 48
11:8/ 337
12장/ 135
12:6-12/ 136
12:12/ 22
12:13a/ 136
12:14-15/ 51, 168
12:14b/ 136
12:16-22/ 136
13장/ 51, 392
13:1/ 30
13:3/ 132, 140, 180,
            181, 239
13:5/ 21
13:7b-15a/ 161
13:12/ 106

13:13/ 144
13:14/ 43, 161,
      163, 272
13:15/ 337
14장/ 43-45, 111-
      114, 116, 117,
      138, 142, 144-
      146, 299
14:1/ 23, 298
14:6/ 181
14:11/ 235
14:13-14/ 117
14:24-46/ 48
14:28/ 32
14:29/ 151, 174
14:37/ 48
14:38-44/ 141
14:47/ 48, 53
14:47-48/ 145
14:47-51/ 42-44,
            53
14:47-52/ 113, 146
14:49/ 206, 223
14:49-51/ 29, 36,
            42
14:52/ 43
15장/ 36, 43, 44,
      113, 117, 159,
      161, 166, 252,
      259, 268, 302,
      321, 326, 329,
      335, 342, 346,
      352
15-31장/ 9, 151,
      159, 160, 208
15:1/ 159
15:3/ 16, 163
15:4/ 337
15:11/ 23
15:15/ 210
15:24/ 306
15:24-25/ 165
15:26/ 51

15:28/ 48, 168, 169
16장/ 117, 152, 155,
    156, 158, 175
16-18장/ 151, 152,
    158
16:1-3/ 23
16:1-13/ 48, 157,
    159, 169,
    170, 280,
    283
16:2/ 174
16:5/ 221
16:7/ 175
16:12/ 171
16:13/ 130, 172, 178,
    232
16:14/ 172, 194,200,
    231
16:14-23/ 152
16:17-23/ 152
16:18/ 173
16:18-22/ 158
16:20/ 48
16:21/ 152, 156
17장/ 151, 155, 156,
    174, 344
17:1-11/ 152
17:4b-7/ 176
17:7/ 28, 187
17:9/ 174
17:11/ 174
17:12/ 152, 153,156,
    157
17:12, 15, 55-58/
    153, 155
17:12-31/ 153, 156
17:15/ 152, 153, 156
17:25/ 158
17:26/ 175
17:28/ 260
17:32-39/ 153
17:33/ 152, 156
17:34-35/ 171

17:36/ 175
17:37/ 175
17:38/ 171
17:40-54/ 153
17:41, 48b, 50/ 152
17:43/ 154, 176
17:46/ 259
17:46-47/ 181
17:55-58/ 152, 153,
    155, 156,
    158
17:56-58/ 187
18장/ 151, 152,
158, 178, 186, 255
18:1/ 182
18:1-4/ 153
18:2/ 156
18:4/ 182, 188, 212
18:5/ 178
18:5-6a/ 153
18:6b-9/ 153
18:7/ 48, 308
18:10-11/ 153
18:12/ 182
18:12-16/ 153
18:16/ 178, 187
18:17-19/ 153
18:28/ 182
18:20/ 187
18:20-27/ 153
18:20-29/ 223
18:25/ 23
18:27/ 187
18:29b-30/ 153
18:30/ 151, 178
19:1-7/ 187
19:4-5/ 264
19:6/ 194
19:8-17/ 187
19:18-24/ 187
19:24/ 141, 200
20:1/ 183
20:3/ 183

20:8/ 183
20:13/ 183, 184
20:14/ 270
20:14-15/ 184
20:16/ 183, 185
20:17-23/ 23
20:20/ 212
20:30-31/ 184
20:31-32/281
21:10-14/ 189
22:1-2/ 232
22:3-5/ 201
22:11-19/ 200
22:17, 21/ 194
23:1/ 394
23:6/ 201
23:7, 8, 14, 24-29/
200
23:8ff/ 161
23:10-12/ 253
23:15-18/ 185
23:16/ 185
23:17/ 185
23:17f/ 265
24장/ 189
24:1-22/ 189
24:5/ 23
24:6/ 130
24:7/ 190
24:8-22/ 265
24:14/ 221
24:16-22/ 194, 200
24:17/ 259
24:18/ 48
25장/ 189, 191, 159
25:1/ 18
25:2-3/ 157
25:3/ 227
25:18/ 48
25:28/ 193, 345
25:29/ 193
25:30/ 126
25:37-38/ 192

25:44/ 223
26장/ 189
26:1-25/ 189
26:9/ 130
26:10/ 190, 194, 214
26:11/ 130
26:21/ 259
26:21-25/ 194, 200
27:1-12/ 189
27:5-12/ 179
27:6/ 18
27:8/ 179
27:8-9/ 198
28장/ 197, 259
28:1-2/ 179
28:2/ 179, 243
28:3/ 18, 246
28:4/ 197
28:6/ 196, 200
28:12/ 195
28:15-19/ 200
28:18/ 198
28:24/ 291
29장/ 197, 344
29:1/ 189, 197
29:1-11/ 179
29:1b/ 179
29:7-8/ 253
30장/ 179, 198
30:1ff/ 161
30:7, 8/ 253
30:23-24/ 255
31장/ 35, 36, 149, 151, 160, 197, 198, 208-210
31:1-6/ 22, 210
31:2/ 206
31:3, 4/ 210
31:4/ 199
31:7/ 198, 206
31:7-13/ 323

사무엘하
1-2장/ 35
1-8장/ 151, 206, 208
1:1/ 209
1:1-10/ 210
1:1-16/ 198, 208, 210
1:6-10/ 210
1:10/ 210
1:14/ 211
1:17-27/ 208, 212, 320
1:18/ 215, 391
1:19-27/ 28, 46
1:26/ 180, 185
2장/ 265
2:1/ 217
2-4장/ 23
2:1/ 217
2:3/ 217
2:4/ 205, 214, 232
2:4, 7/ 130
2:4-7/ 217, 332
2:8/ 215, 224
2:8-9/ 215
2:8-10/ 205
2:8-4:12/ 206, 224
2:9/ 206
2:11/ 222
2:12-17/ 216
2:13a/ 223
2:14/ 218
2:14-15/ 223
2:22/ 218
2:30-31/ 219
3장/ 269
3-20장/ 34-37
3:1/ 48, 216, 219
3:1-5/ 34
3:1-11/ 205
3:1-5:12/ 35, 37
3:2-5/ 29, 206,

219
3:6/ 220
3:6-21/ 34
3:6-4:12/ 208
3:7/ 220
3:8/ 221
3:9-10/ 222
3:12/ 223
3:12-21/ 216
3:14/ 223
3:15/ 223
3:17/ 223
3:18/ 224
3:21/ 224
3:22/ 227
3:22-30/ 216
3:22-39/ 34
3:23/ 227
3:24-25a/ 227
3:26/ 226
3:27/ 224
3:28/ 226
3:29/ 226, 230
3:30/ 218
3:31/ 228
3:31-39/ 215
3:34a/ 228
3:34b/ 228
3:35-37/ 48
3:36/ 16, 208, 228, 256, 311
3:39/ 227, 229
4장/ 269
4:1/ 225
4:1-12/ 34, 205
4:4/ 225
4:5/ 225
4:6-7/ 225
4:8/ 229
4:10/ 210
5-8장/ 32, 33, 240
5:1/ 233
5:1-3/ 205

5:1-5/ 231, 232
5:1-12/ 34
5:1-8:18/ 231
5:2/ 233
5:3/ 130, 233
5:6-10/ 205, 341
5:6-12/ 231
5:10/ 159, 209, 234,
    236, 394
5:11/ 236
5:12/ 234
5:13-16/ 29, 33, 34,
    206, 207
5:13-8:18/ 206, 207
5:17-21/ 253
5:17-25/ 33, 34, 43,
    205, 207, 209,
    231, 237, 240,
    373
5:17-6:15/ 240
5:19/ 48
5:20/ 237
5:21/ 237
5:22-25/ 253
5:25/ 159
6장/ 58
6:1-23/ 33, 34, 207
6:8/ 241, 242
6:13, 14, 16/ 258
6:14/ 239
6:16, 20-23/ 263
6:17-18/ 239
6:21/ 241
7장/ 252, 260, 341
7:1/ 345, 373
7:1-29/ 33, 34, 207,
    231
7:4-16/ 23
7:8/ 175
7:9/ 249
7:10/ 249
7:11/ 88, 345
7:11b, 16/ 263

7:12/ 249
7:14-15/ 286, 376
7:15/ 48, 306, 316
7:16/ 23, 306, 316,
    369, 378, 381
7:18-29/ 250
7:19/ 250
7:25/ 79
8장/ 43, 44, 145, 146,
    151, 159, 252,
    254, 268, 335,
    342, 346, 352
8:1-14/ 33, 34, 43,
    205, 207, 231,
    238, 373
8:11-12/ 238
8:11-15/ 48
8:14/ 145
8:15/ 16, 43, 373
8:15-18/ 33, 34, 42,
    44, 207, 266,
    334
8:18/ 306, 314
9장/ 38, 43, 44, 117,
    264, 265, 268,
    270, 271
9-20장/ 10, 23, 31,
    35, 37, 42,
    44, 49, 50,
    53, 263-268,
    314, 319, 321,
    334, 335, 342,
    348, 355, 356,
    394
9-24장/ 31, 32
9:1/ 268, 269
9:1-13/ 34
9:8/ 221
9:13/ 270, 312
10장/ 265, 268
10:1-5/ 271
10:1-6a/ 48
10:1-11:1/ 271, 273

10:1-12:31/ 34
10:2/ 268
10:3/ 272
10:6/ 274
10:6-19/ 274
10:9-14/ 274
10:12/ 274
10:15-19/ 273, 274
10:19/ 274
11장/ 268, 280
11-12장/ 266
11:1/ 265, 271, 275,
    394
11:2/ 23
11:2-12:25/ 273
11:3/ 303
11:10/ 265, 278
11:11/ 261, 274
11:14-21/ 23
11:20-21/ 264
11:25b/ 264
11:27/ 265, 266, 280
12장/ 266
12:1/ 280
12:5-6/ 281
12:6/ 32
12:7-8/ 283
12:7-15/ 23
12:8/ 283
12:9/ 315
12:9b/ 283
12:10/ 309
12:10-12/ 285, 287,
    288
12:11/ 303
12:11-12/ 284
12:13/ 164, 285, 288
12:14/ 287, 324
12:24-25/ 266
12:25/ 374
12:26-31/ 271, 273,
    274, 394
12:31/ 34

13장/ 32, 286, 288
13-20장/ 264, 266
13:1-2/ 289
13:1-14:33/ 37
13:1-19:44/ 34, 37
13:5/ 290
13:12/ 191
13:12,13/ 291
13:13/ 144
13:25/ 295
13:32f/ 264
14장/ 299
14:1/ 298
14:1-20/ 23
14:33/ 37
15장/ 302
15-19장/ 37
15:7/ 32
15:19f/ 264
15:23/ 378
15:24/ 306
15:24-29/ 265
15:31/ 23, 308
16:1/ 48
16:1-4/ 271, 310,
    334
16:5-13/ 48
16:7-8/ 307
16:11/ 310
16:20-23/ 221
16:21/ 303
16:22/ 303
17:1-4/ 304
17:14/ 304
17:23/ 304
17:24-18:8/ 48
17:27/ 272
18:1/ 337
18:5/ 309
18:8/ 309
18:9-15/ 301, 305
18:19-31/ 264
18:33/ 309

19:9-10/ 311
19:40-43/ 310
19:44/ 34, 37
20장/ 270, 321, 348,
    355
20:6/ 312
20:14/ 312
20:18/ 313
20:22/ 313
20:23-26/ 32, 34,
    42, 53,
    266, 314,
    313, 316,
    334
21장/ 334, 352
21-24장/ 30-39, 41-
    42, 44, 46,
    53, 319-
    322, 334,
    348-349,
    356, 391,
    396
21:1-14/ 32-33, 35-
    42, 45, 49,
    53, 269, 319-
    320, 322-323,
    329, 331, 333,
    335-336, 341-
    346
21:15-22/ 29, 32 38,
    39, 40-
    42, 45,
    53, 319-
    320, 322-
    323, 343-
    346
21:17/ 91
22장/ 32, 41, 80,
    349, 352
22:1-51/ 32, 38, 41-42,
    45, 53, 319-
    320, 322-323,
    348-349

22:2-51/ 46
22:14/ 80
22:21-28/ 349
22:29-50/ 349
22:32/ 80
22:51/ 80
23:1-7/ 28, 32, 38,
    41, 42, 45,
    53, 319, 320,
    322, 323, 348,
    349, 353-356
23:3-4/ 51
23:4/ 321
23:5/ 50, 248, 359,
    378
23:8-39/ 29, 32, 38-42,
    45, 53, 319,
    320, 322, 323,
    343, 346-348,
    355
23:34/ 276, 303
24장/ 32, 33, 35-
    39, 41, 42, 44,
    46, 53, 88, 317,
    319-322, 334,
    337, 340, 342,
    347-349, 355,
    356
24:1-25/ 32, 38-
    42, 45, 53,
    319, 320, 322,
    336, 343
24:10/ 164, 341
24:16/ 51, 341
24:18-25/ 341
24:25/ 322

열왕기상
1-2장/263, 265, 266,
    319, 334
1:20/ 264
1:24-27/ 264
1:53/ 265

2:13-25/ 221
2:26-27/ 88
2:42f/ 264
3:4-15/ 255
4:20-25/ 373
5:3/ 246
5:4/ 364
8:18/ 245
11:26/ 63, 244
12장/ 122
12:9/ 375
12:16/ 312
12:16-20/ 311
15:3/ 16
18:28/ 69

열왕기하
2:12/ 212
6:14-19/ 344
13:14/ 212
18:3/ 16
25:1-7/ 378

역대상
6:33-38/ 63
8:33/ 206
11:10-47/ 40
13:3/ 239
20:1/ 275
22:8/ 246
28:2/ 243
28:3/ 246
28:5/ 373
29:29/ 18, 391

역대하
3:1/ 341
11장/ 347
35:18/ 91

에스라
1:2/ 379

느헤미야
6:15/ 379

시편
7편/ 76
18:10/ 243
22편/ 45, 76
23:1/ 45, 384
42:3/ 65
45편/ 371
45:6-7/ 372
48:1-2/ 235
51편/ 284, 285
51:5/ 369
54:5/ 214
66:10-12/ 66
72:1-4/ 254
72:8/ 364
85:10/ 386
85:10-11/ 380
89:27/ 372
89:38-52/ 16
89:49-50a/ 379
99:5/ 243
99:6/ 91, 104, 108
110:2/ 364
127:3-4/ 219
132:7-8/ 243, 246
132:13-14/ 240
136편/ 269

잠언
16:33/ 134
26:8/ 193

이사야
1:21/ 375
6:5/ 98
6:7/ 98
9:6-7/ 382
11:1/ 16, 378
11:1-5/ 382
14:6/ 364

15:2/ 272
20:4/ 272
32:6/ 192

예레미야
5:3/ 193
7:12/ 95
15:1/ 61, 102, 108
29:23/ 291
31:31-34/ 380
33:20-21/ 378
33:20-22/ 382

예레미야애가
2:19/ 105

에스겔
9:3/ 95
10:18/ 95
11:23/ 95
18:32/ 214
34:3/ 385
34:23/ 382, 384
34:23-24/ 382
36:25-28/ 380
37:24/ 171, 382
37:24-25/ 382
45:9/ 375

다니엘
9:16/ 379

호세아
1:11/ 381
2:14-15/ 306
3:5/ 16, 378, 381,
      382
4:6/ 84
7:4/ 291
8:13/ 306
11:8/ 376
13:11/ 148

아모스
5:24/ 128, 375
7:27/ 306
8:11/ 90
9:7/ 21
9:11/ 378, 381, 382
9:13/ 382

미가
5:2/ 378, 382

하박국
1:4/ 300

학개
1:14/ 379
2:7/ 129

스가랴
7:12/ 193
12:8/ 382

마태복음
1:1/ 15, 382
1:6/ 279
1:23/ 201
3:11/ 106
3:17/ 383
4:1-11/ 177
4:3/ 384
4:8,9/ 211
4:23-25/ 387
9:36/ 175
15:30/ 236
20:1-16/ 180, 255
20:30/ 15
21:9/ 383
21:14/ 236
26:30/ 173
27:11/ 384

마가복음
2:15/ 387

11:10/ 15

누가복음
2장/ 73
2:13,14/ 173
2:52/ 90
4:16-20/ 232
7:11-17/ 387
8:40-56/ 387
9:57-62/ 186
11:24-26/ 173
19:1-10/ 387
20:41/ 15

요한복음
3:29-30/ 186
4:34/ 385
5:30/ 385
6:1-15/ 387
10:11/ 325, 384
11:43-44/ 387
19:28/ 385
19:30/ 385

사도행전
1:11/ 388
6:1/ 311
13:22/ 372

로마서
3:25/ 374
6:5/ 388
6:6/ 388
7:24/ 388
8:15/ 388
14:17/ 17

갈라디아서
2:20/ 388

에베소서
2:1/ 369
2:5/ 388

4:3/ 182

빌립보서
2:6-8/ 385

디모데전서
2:4/ 214

히브리서
11:1/ 184

야고보서
1:15/ 296
2:15/ 277

베드로전서
2:9/ 17, 388, 389

계시록
5:10/ 388
6:9-11/ 283
7:17/ 283
20:6/ 389
22:5/ 388